# 自然辩证法导论

鲍健强　胡　平
曹增节　黄少青　编著

科 学 出 版 社
北　京

# 内 容 简 介

本书是根据教育部《自然辩证法概论（教学大纲）》（2002年征求意见稿）关于课程体系和课程内容的调整思路与建议组织编写的硕士研究生教材。内容包括：概述（介绍自然辩证法的对象、内容和性质，自然辩证法的创立与发展，学习和研究自然辩证法的意义）、第一部分（自然观：主要探讨自然界物质的存在方式和演化模式、人与自然的互动关系）、第二部分（科学观：讨论科学发展的历史过程、科学精神和科学价值、科学理论的形成与发展、科学认识论与科学方法论）、第三部分（技术观：研究技术的本质和特点、工程技术的结构和类型、技术进步与技术创新、技术方法与技术转化、高新技术产业化）、第四部分（科学社会学：分析现代科学技术革命的特点和趋势、科学技术社会的体制化、科学技术与社会的互动、科学技术与可持续发展战略）。

本书既可作为高等院校和科研院所文理工科各专业硕士研究生《自然辩证法》课程的教材，也可作为大学本科高年级学生的选修课教材，还可作为广大科技管理干部、科技工作者、教育工作者及青年朋友的参考读物。

**图书在版编目 CIP 数据**

自然辩证法导论/鲍健强等编著. —北京：科学出版社，2008
ISBN 978-7-03-023054-6

Ⅰ. 自…　Ⅱ. 鲍…　Ⅲ. 自然辩证法-研究生-教材　Ⅳ. N031

中国版本图书馆 CIP 数据核字(2008)第 145897 号

责任编辑：王伟娟　胡志强 / 责任校对：鲁　素
责任印制：张　伟 / 封面设计：耕者设计工作室

科 学 出 版 社 出版
北京东黄城根北街 16 号
邮政编码：100717
http://www.sciencep.com
北京厚诚则铭印刷科技有限公司印刷
科学出版社发行　各地新华书店经销

*

2008年9月第 一 版　开本：B5(720×1000)
2024年3月第七次印刷　印张：20
字数：385 000

**定价：52.00 元**

（如有印装质量问题，我社负责调换）

# 目 录

# 第一章

# 自然辩证法概述

自然辩证法（dialectics of nature（英语）；dialektik der natur（德语）），是由恩格斯于19世纪中叶提出的一种自然哲学理论，是马克思辩证唯物主义哲学的重要组成部分，是人类认识和改造自然一般方法的科学，是研究自然界发展的一般规律和科学技术发展一般规律的认识。它是马克思主义关于认识和改造自然的已有成果的概括和总结，是随着科学技术的发展而不断丰富发展的开放的理论体系。

## 第一节　自然辩证法的基本内容

自然辩证法是特定时代的产物，这一理论来源于恩格斯的一束未完成的自然哲学手稿。事实上，由于种种原因，恩格斯本人并没有对其未来的著作命名，但他提出了一些基本思想：辩证法不仅在社会生活中和人类思维中起着举足轻重的作用，也是自然界发展本身所具有的规律，“辩证法的规律是自然界的实在的发展规律，因而对于理论自然科学也是有效的”[①]。1925年，苏联把恩格斯的手稿公开出版，并冠以《自然辩证法》（*Naturdialektik*）的书名，从此，自然辩证法就成为马克思主义哲学的一个重要的分支学科。

随着科学技术的不断发展，尤其是20世纪下半叶现代科学技术的日新月异，人类对自然界的认识不论在深度上，还是在广度上都有了突破性的进展。自然科

① 马克思．马克思恩格斯选集．第3卷．北京：人民出版社，1972．485

学在不断分化、细化的同时，呈现出综合化的特征，自然科学与社会科学出现了汇流和融合的趋势，许多边缘学科、横断学科、综合学科等新兴的交叉学科大量涌现。这一切极大地推动了自然辩证法的发展，丰富和充实了自然辩证法的基本内容。

经过100多年的发展，自然辩证法已经从传统的、狭义的自然哲学理论，发展成为一门包括自然哲学、科学哲学、技术哲学、科学思想史、科学社会学、科学方法论等在内的“学科群”。中国自然辩证法界的著名学者于光远在他的《一个哲学学派正在中国兴起》一书中，把中国自然辩证法的研究称为具有中国特色的复合型、综合性、开放式的学派。他所倡导的“大口袋”式的整合新学科的方式，使中国改革开放以来的新知识、新理论、新思潮、新学科层出不穷。面向社会需要、针对现实问题的各种跨学科的交叉性和综合性的研究方兴未艾，它们都在自然辩证法的大旗下孕育和发展。正如著名学者吴国盛教授所描述的：“从80年代的‘潜科学’、‘科学学’、‘人才学’、‘创造学’等，老三论（控制论、系统论、信息论）、新三论（耗散结构、突变论、协同学），西方科学哲学、科学社会学、科技政策和科技管理，到90年代的STS、信息高速公路、知识经济、生命伦理、环境保护、西方技术哲学、科学传播学等，新潮迭起，令人眼花缭乱。20年间大口袋式的笑纳，使自然辩证法本来具有的百科全书式的风格更加突出。”①

1987年，为了与国际学术界接轨，加强学科建设，国务院学位委员会在修改研究生教育的学科目录时，把自然辩证法学科的名称改成了“科学技术哲学（自然辩证法）”，并使之成为哲学门类（一级学科）下的二级学科。尽管学术界和理论界围绕着自然辩证法的名称、学科定位、学科性质、学科内容仍有许多不同的认识和争论，但是自然辩证法的基本内容还是相对稳定的。世纪之交，教育部组织有关专家对研究生《自然辩证法》课程的教学大纲和基本内容进行修订，增添了许多与时代发展相吻合的新思想、新理论、新概念和新观点，但是，源于恩格斯的《自然辩证法》的“三大块”——自然观、科学观和方法论，仍然是自然辩证法学科的基本内容，不同之处仅在于其内涵与外延有了新的变化。随着时代的发展和科技的进步，人们开始认识到自然辩证法不仅仅是自然界的辩证法，更重要的是辩证地认识自然和改造自然的辩证法。因此，自然、科学、技术、工程、社会和人类都辩证地连为一体而成为自然辩证法的基本内容。

事实上，由恩格斯所创立的自然辩证法，作为一门特殊的学科，经过一个多世纪的发展，现已成为一个以哲学理论和方法为基础、以哲学思维为核心、以哲学与其他学科的交叉和渗透为特征、以一般科学思想和方法论为内容特色、以马

① 吴国盛．中国科学技术哲学的回顾与展望［J］．自然辩证法通讯，2001，(6)

克思主义基本思想为灵魂的综合性和开放性的学科领域。

## 一、自然辩证法的研究对象

自然辩证法把自然界的本质及其规律、科学和技术的本质及其规律以及科学技术研究的方法论作为自己的研究对象，体现了它的学科性质的特殊性。从理论上讲，自然辩证法的研究对象是人与自然及其两者之间的关系，这种关系是历史发展过程的产物，并随着历史的发展不断地变化。从大尺度的历史看，首先是自然发展史，然后是人类发展史，最后是社会文明史。从本质上讲，人是自然演化的产物，自然界是人类赖以生长和发展的基础。但人类的伟大之处在于他所拥有的和不断进化的思维能力，在于他能够以一种认识主体反作用于自然客体，甚至能够调节人与自然的关系。人类文明的进步和人类社会的变迁，归根结底是在不断调节人与自然关系的基础上实现的。在人与自然、主体与客体相互作用的过程中，人类创造了两种结果：一种是知识形态和观念形态的结果，即认识和改造自然的科学技术知识体系以及认识和改造自然的科学研究方法；一种是科学技术知识的物质化结果，即留下了人类认识和改造自然的痕迹——人工自然或人化自然，如图 1-1 所示。

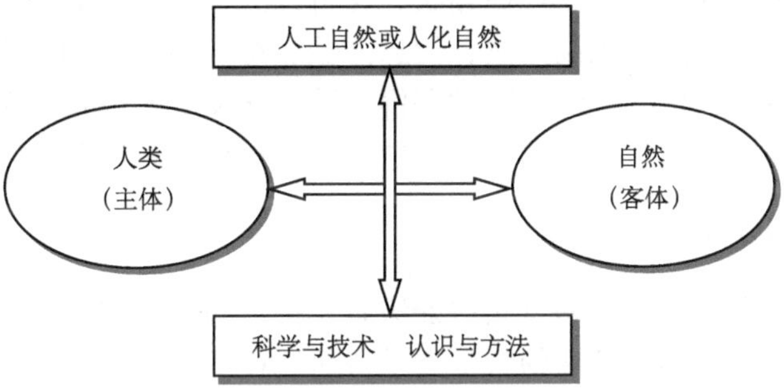


图 1-1　人与自然相互作用的关系图

自然辩证法围绕如何认识自然以及如何认识人与自然的关系，进行了深入的哲学思考。恩格斯创立自然辩证法的最大贡献是把辩证法扩展到了自然界。在恩格斯看来，“自然界的一切归根到底是辩证地而不是形而上学地发生的”[①]，“辩证法的规律是自然界的实在的发展规律”[②]。自然辩证法的理论核心就是用辩证法来认识自然界的发展规律、认识人与自然的辩证关系。辩证法有客观辩证法与主观辩证法之分，客观辩证法是支配着整个自然界的矛盾运动，而主观辩证法只

① 恩格斯．反杜林论．北京：人民出版社，1970. 20

② 恩格斯．自然辩证法．北京：人民出版社，1971. 47

不过是客观辩证法的反映而已。自然辩证法作为辩证唯物主义关于自然界以及人类认识与改造自然界的根本观点和根本方法，是在科学地解决人和自然界的矛盾的过程中产生和发展起来的，也是为合理地处理人与自然的关系服务的。因此，它始终把人与自然的关系放在研究的中心位置，并把辩证法的思想贯穿于研究的全过程。

自然辩证法是以马克思主义哲学为指导，以人与自然的关系为出发点，来考察自然界和自然科学，并从中揭示自然界存在和演化、科学技术产生和发展以及科学认识和研究方法的规律，在这个过程中形成了三个明确的研究对象：①自然界——包括天然自然、人工自然或人化自然，以及生态自然等等。既要从静态的角度研究自然界的存在方式，又要从动态的角度研究自然界的演化模式；既要考察和研究人与自然关系演变的历史，又要揭示人与自然协调发展的历史必然。②科技——包括自然科学和工程技术。既要从静态的角度研究科学技术的知识体系，又要从动态的角度研究科学技术产生和发展的历史过程；既要研究科学技术自身的内在发展规律，又要研究科学技术与社会发展的相互关系；既要研究科学技术的认识功能、生产力功能、文化功能、社会变革功能，又要研究科学技术与经济社会的协调发展（可持续发展）。③方法——包括传统的研究方法，如观察方法、实验方法、分析方法、理性方法、逻辑方法、数学方法等，也包括现代的研究方法，如系统方法、控制方法、信息方法、综合方法、创造性思维方法等。既要研究科学精神、科学价值、科学评价以及科学发展的模式，又要研究技术理论、技术预测、技术创新、技术市场、技术转让和技术方法等。

## 二、自然辩证法的课程内容

在中国，由恩格斯创立的自然辩证法具有特殊的地位和作用，它不仅作为一个学派、一门综合性和交叉性的哲学类学科而存在，而且作为一门研究生的学位课程在研究生教育的课程体系中占据了重要的地位，并发挥着任何其他专业课程所无法替代的特殊作用。目前，尽管由于大学的不同以及授课对象的差异，“自然辩证法”课程的教材五花八门、丰富多彩，课程体系和内容也各有特色、各有侧重，但是对应于自然辩证法的三个基本研究对象，其课程的核心内容却仍然是大同小异，主要包括三方面：自然观、科技观和方法论。

### 1. 自然观

自然观是人们对自然的本原、构成、演化以及人与自然关系的总看法和根本观点。虽然从具体科学的角度也能说明自然的本原是什么，它以何种方式构成，自然演化的方式、途径和机制以及人如何在自然中实现自身的价值和目标等问题。但是，具体科学的性质决定了它主要是研究自然界某一个方面的局部的和具体的问题。从事具体自然对象研究的科学家关注的是特定研究领域的问题，而很难关心自然界中各个局部之间的内在联系和整体规律，正如哲人所言“不识庐山真面貌，只缘身在此山中”。而自然观所涉及的问题主要是全局性的问题，自然观与一般自然科学理论的区别就在于它的立足点、研究方法和最终的结论是哲学思维的产物，是以自然科学为中介对整个自然界进行整体把握和抽象概括的结果。自然观是以一种“走出庐山看庐山”的方式，达到“走出自然识自然”的境界。自然观昭示给人们的是自然界的整体图景，而不是具体细节；是一般本性的全部展示，而不是特殊性质的局部揭示；是高屋建瓴般地对自然界的俯视，而不是支离破碎地对自然界的肢解。因此，自然辩证法是在对自然本性进行分析、归纳的基础上的理性抽象和辩证整合，目的是用具有普遍性的抽象概念和逻辑方法，在思维中再现自然的系统本性和基本规律，从而为人对自然的认识提供本体论、方法论和价值论的指导。

以自然科学的新发现、新发展、新理论为基础和中介，研究自然界发展变化的辩证法是自然辩证法与旧自然哲学的最大差别。17～19 世纪初的德国自然哲学，尤其黑格尔的自然哲学，企图凌驾于自然科学之上，包括并替代自然科学，用思辨构造自然的体系，用臆想代替自然现实的联系和存在，用想象填补科学事实的空白。马克思主义的自然辩证法恰恰相反，它是以自然科学的研究成果和历史发展为依据，从自然界客观存在的事实中抽象出来，从而形成对自然界各种事物发展变化的一般规律的认识和看法。自然辩证法所形成的自然观是随着科学技术的发展而不断丰富和发展的。

### 2. 科技观

科技观是人们对科学技术的一般性质、特点和发展规律以及科技在经济与社会发展中的地位和作用等方面的总观点和总看法。它强调要以辩证唯物主义哲学原理为指导，运用辩证唯物主义的基本立场、观点和方法，分析自然科学和工程技术的本质特点和发展规律。因此，马克思主义的科学技术观是自然辩证法理论体系的重要组成部分。马克思主义强调科学是人们对自然界各种存在的事物的客观认识，是对自然界各种事物的本质和规律的揭示。而技术是人们运用科学的认识成果来改造自然的能力的标志，是知识形态的科学成果转化为直接的和现实生产力的中介和桥梁。然而，随着现代科学技术的发展，科学技术化和技术科学化，科学、技术与生产的互动变得日益密切，科学技术是第一生产力的观念正成为人们的共识。当然，充分理解科学技术的认识功能和生产力是现代科学技术观的重要内容需要一个过程，同时，在这个过程中也应该充分意识到科学技术具有潜在的文化功能和社会变革功能。马克思主义的现代科学技术观还包括：从整体上认识科学技术的学科结构和体系，认识科学技术发展的动力机制，如科学理论与科学实验之间的矛盾是推动科学技术进步的内在动力，社会需要是其外在的驱动力；认识科学技术与社会各个要素，如经济、政治、军事、文化、教育、法律、宗教等的互动影响以及科学、技术、经济、社会的协调发展等具体内容。

3. *方法论*

方法论是人类认识自然和改造自然的一般认识论和方法论，主要包括科学方法论和技术方法论。自然辩证法所研究的科学技术方法论是以辩证唯物主义世界观和方法论及其原理为指导，依据科学发现和技术发明的历史过程和史实，根据现代科学技术中各门具体学科的特殊研究方法，从哲学的角度进行总结和概括，并从中提取科学技术研究的一般方法和理论，进而指导现代科学技术的具体研究，以便使人类更有效地去认识和揭示自然界和自然现象的客观本质和运动规律。

科学方法论由于本身适用的范围和概括或抽象的程度不同，分为三个层次：①特殊或具体的研究方法。主要是指各门自然科学的具体的和特殊的研究方法：如现代物理学用高能加速器的手段和方法研究微观粒子的物质运动规律，现代化学常用光谱分析方法确定研究对象的成分和含量；现代天文学用光学望远镜和射电望远镜等技术方法来观察天体运动规律等。由于各个学科领域所研究的对象的性质、状态和属性不同，研究的方法也各具特色，五花八门。②科学研究中的一般方法。它是从具体和特殊的科学研究方法中提炼和概括出来，并随着各门自然科学发展而丰富发展的。例如，实验方法就是科学方法论所要研究的一般方法，它不是进行具体物理实验、化学实验、生物实验、心理实验等，而是研究各种不同的实验所具有的共同特征和规律。实验方法虽然会因学科不同、研究对象不同而有所差别，但一些基本的环节、过程和规律是相同的：首先，实验的思路和技术路线总是以所要解决的、有价值的科学问题作为实验的目标；其次，在实验过程中，人们总希望从研究对象上获取尽可能丰富、全面的信息，这就离不开科学观察的技术、手段和方法；最后，实验所获得的感性材料还需要通过逻辑方法、数学方法和分析方法，进行一系列的科学抽象，从现象深入到本质，从感性上升为理性，从而获得对自然的本质和规律的认识，形成科学理论。因此，科学方法论所研究的一般方法，具有较高的概括程度和较广的适用范围。③具有概括面最广、抽象程度最高、普遍适用于人类认识活动的哲学方法。哲学方法的核心是马克思主义哲学中的唯物辩证法，它既是认识论，又是方法论，是从自然科学、社会科学和思维科学中概括出来的最普遍的科学方法。

科学技术方法论所要研究的主要内容还包括：探索科学研究的基本程序和逻辑起点。例如，科学研究是始于观察，还是始于问题？科研选题的依据和方法以及科学研究过程的战略和战术等。研究自然科学中的一般方法，如观察方法、实验方法、逻辑方法、理性方法、数学方法、假说方法、检验方法以及构建科学理论的方法。探讨现代科学技术发展所带来的新方法，如信息方法、控制方法、系统方法以及创造性思维方法的特点和规律。研究工程技术方法，如技术发明的构思方法、技术方案的设计方法、技术评价的方法等。

### 三、自然辩证法的学科性质

自然辩证法是马克思辩证唯物主义哲学的一个分支学科，它属于哲学门类。我们从自然辩证法的研究对象和研究的基本内容中不难发现：自然辩证法研究的是自然界、人类认识和改造自然以及科学技术发展的一般规律，而不是自然界中的特殊现象和局部规律，也不是人类认识和改造自然过程中的某个特殊过程和个别片段，更不是科学技术的特殊领域和具体学科。自然辩证法是在马克思主义哲学的指导下，从世界观、自然观、科学观、认识论和方法论的高度，从宏观上和整体上，认识与把握自然界发展变化的一般规律、科学技术发展的一般规律和人类认识与改造自然的一般方法。

从学科层次上看，自然辩证法在科学技术的具体学科与马克思主义哲学的普遍原理之间，处于一种中间位置，如图 1-2 所示。自然辩证法既不像辩证唯物主义哲学所研究的普遍规律那样具有最高的普适性和抽象性，又明显地区别于自然科学和工程技术的各门具体学科。自然辩证法是从科学技术具体学科的科学认识上升到马克思主义哲学的普遍原理的必经环节，是联系马克思主义哲学与科学技术的纽带。马克思的辩证唯物主义哲学、自然辩证法与具体科学技术之间的关系，是一般与特殊的关系。自然辩证法所研究的自然界发展的一般规律、科学技术发展的一般规律以及人类认识和改造自然的一般方法，一方面是在马克思主义哲学的指导下，依据科学技术发展的成果，从自然界本身以及人类认识和改造自然的科学技术实践中总结和概括出来的，另一方面是辩证唯物主义的世界观和方法论在自然界以及科学技术发展中的具体表现和应用。

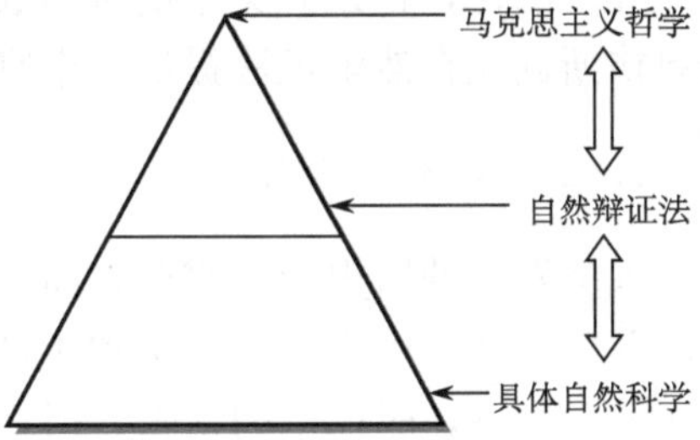

图 1-2 自然辩证法的学科层次图

自然辩证法作为一门哲学学科，不可能也不应该脱离自然科学去直接研究自然界，否则，就会犯与传统的自然哲学家相同的错误，走与旧的自然哲学一样的老路。恩格斯所创立的自然辩证法的划时代的意义，就在于它是植根于自然科学对自然界的实证研究，是依托自然科学已有的成果，把人类对自然认识过程中所建立起来的科学概念、规律和理论提升为更具一般性的哲学范畴、规律和原理，使人类得以从哲学的世界观和方法论的高度，从整体上科学地认识和把握自然界的一般规律性。当然，自然辩证法也不可能、更不应该以自己这种哲学研究代替自然科学的实证研究，它的任务只在于为科学技术的发展提供正确的世界观和方法论，是帮助和促进而不是替代科学技术的研究和实践。

随着现代科学技术的不断发展，科学技术对社会各个领域的渗透和影响日益增强，自然辩证法的研究领域也不断地拓展，学科的性质也呈现出综合性、交叉性和破界性。21世纪自然辩证法的跨学科和跨领域的研究已成为新的发展趋势，例如20世纪下半叶出现的科学社会学、科学伦理学、科学文化学、科技管理学、科学技术学、科技人才学、科技法学等，表明在新的历史条件下自然辩证法有了新的发展和进步。因此，我们对自然辩证法学科性质的认识需要与时俱进地提高。

## 第二节　自然辩证法的创立与发展

自然辩证法的形成与发展是与自然界的演化和发展史，人类认识自然和改造自然的历史以及自然科学和技术发展史密切相关的，是几千年来自然科学技术成就和哲学思想发展的优秀成果的科学概括、合理继承和发展的结果，也是许多相关学科，如科学哲学、技术哲学、科学社会学、科学认识论和科学方法论渗透、交叉、融合的产物。现代科学技术的不断发展同样赋予了自然辩证法新的内涵。因此，用大跨度的历史视野来看，审视自然辩证法发展的历史过程有助于我们加深对马克思和恩格斯所创立的自然辩证法学科的认识和理解。

### 一、人类的自然观演变的历史脉络

自然辩证法学科创立之前，人类对自然的认识，对科学的认识一刻也没有停止过。人类社会发展的不同历史时期，科学技术发展的不同历史阶段，人类都自觉或不自觉地形成与时代发展认识水平和生产水平相适应、相吻合的自然观、科学观和方法论，正是人类早期所形成的对自然的认识，对科学的认识，为马克思和恩格斯创立自然辩证法提供了丰富的养分和思想的基础。

#### 1. 远古：神话自然观

人类发展的历史十分悠久，而人类文明史则只有几千年。在人类处在刀耕火种的远古时期，由于认识水平和生产力低下，人类面对自然界，时而山崩海啸，时而和风细雨，时而电闪雷鸣，时而风平浪静，时而鸟语花香，时而叶落花凋，除了好奇，就是敬畏，甚至恐惧。而如何解释或说明自然界的千姿百态和千变万化，人类似乎力不从心，无能为力。于是，人类开始用拟人化的手段和神话描述的方式来解读自然现象，神话自然观就是在这种背景下产生的。正如列宁所说的："科学思维的萌芽同宗教、神话之类的幻想存在某种联系。当然，古代神话与巫术、宗教和迷信是有本质不同的。尽管古代神话同样也是对各种自然现象迷惘无知、恐惧敬畏的产物，但是，它包含了许多积极的因素，凝结了人类在长期与自然抗争中所积累的经验，是对各种自然事物和现象的初步认识。"

英国著名的科学史专家W.C.丹皮尔曾经说过："远古人认为自然界必定由种种精灵主宰，这些精灵和他们一样反复无常，但却更有力量。太阳变成了菲巴斯（希腊神话中的太阳神）的火焰车，雷电成了宙斯（希腊神话中的天神）或索尔（北欧神话中的雷神）的武器。"① 例如，著名希腊神话中，就有关于普罗米修斯为人类盗火的神话故事。普罗米修斯，在希腊语中的原意是"先知先觉者"，是奥林巴斯山上诸神之一。据说，天神宙斯派他到人间传授各种各样的技术和技能，但不允许他把火传给人类，因为，天神宙斯认为火只能由上天控制。普罗米修斯来到人间，在教会人类众多技能的同时，他发现火对人类的进步和发展有着举足轻重的作用，于是，他偷偷地把火种从奥林巴斯山上带到人间。这一举动触动了天帝宙斯，他将普罗米修斯抓起来残酷折磨和惩罚。普罗米修斯为人类盗取天火的神话故事，一方面反映了远古人类对火的巨大作用的认识，另一方面反映了其追求真理的献身精神。事实上，火是人类最早认识和利用的自然力，它在人类文明史上具有重要地位。火意味着能量和力量，人类一旦掌握了火，也就获得了改造自然的力量，同时也改变了人类自身的生存方式。当然，火也和水一样，"水能载舟，亦能覆舟"，火也能带来"玩火者自焚"的可怕后果。

古代神话自然观的最大特点，是人类对自然的看法是通过拟人的方式，用想象的神来描述自然现象，每一种自然现象都用一个神话来说明，尽管这只是一种人为的臆想和猜测，但也为人类以后认识自然奠定了思想基础。因为，希腊神话是带有强烈情感色彩的，"神—人"常常具有同形同性的特点，况且神话故事是可以随意编写和创造的。事实上，奥林巴斯山上的神是随着人类的想象力的发展而不断增加的。这种多神并存的现象，使人们感到难以理解和把握，于是人们又创造出一个统领诸神、至高无上、正直正义的天神宙斯，这种统一天神的努力促使了人类思维方式的变化，人们不再认为反复无常的自然现象是由神的偶然意志所决定的，他们开始意识到：在神圣的和普遍的法则下，天律是不变的。古希腊的自然哲学就是在希腊神话的基础上形成的，只不过是通过理性方式，从新的认识视角上完成的观念转变。

### 2. 古代：朴素自然观

古希腊自然哲学家中最早从神话自然观中摆脱出来的是泰勒斯，他希望寻找

① W.C.丹皮尔．科学史及其与哲学和宗教的关系．北京：商务印书馆，1989

世界的基始和自然的本原，他认为，千姿百态和千变万化的自然界存在着不变的天律，这种天律是唯物的、客观的，而不是唯心的，主观的。在泰勒斯那里，不需要拟人的天神宙斯。古希腊的自然哲学家正是沿着泰勒斯的思路，用理性方法和逻辑工具，研究宇宙的基本构成和规律，试图对整个自然界作统一的概括。古希腊自然哲学的最大特点是集科学与哲学于一体，自发地、直观地、朴素地、辩证地把自然界作为一个有机联系的整体予以统一解释。他们从千变万化的自然现象中，分别从万事万物的质和量的方面进行科学抽象，提出了各式各样的可能猜想，力图揭示自然界物质存在的统一本质和规律，从而形成了古代的朴素自然观。之所以称为"朴素"，是因为这时所形成的自然观，从总体上讲包含了科学的萌芽、辩证的思想，对自然界的总体图景的描述是正确的，它为近代科学革命和现代科技革命播下了科学理性的种子。正如恩格斯在《自然辩证法》一书中所指出的："在希腊哲学的多种多样的形式中，差不多都可以找到以后各种观点的胚胎、萌芽。因此，如果自然科学想要追溯自己今天的一般原理发生和发展的历史，它也不得不回到希腊人那里去。"

但是，古希腊的朴素自然观的不足之处，在于希腊自然哲学家对自然的认识是笼统的、模糊的、粗糙的，带有直观的性质并缺乏科学的论证。古希腊的朴素自然观具体有三大特点：①直观性。尽管肯定了自然界的物质性和统一性，但它只是把自然界的本原归结为某些具体有物质，如水、火、气等，而不能科学地说明自然界多样性的统一。②思辨性。尽管论述了自然界运动发展的辩证性，但它仅把自然界的运动看成是一个圆圈式的简单循环，而不能深刻地揭示自然界各种运动形态内在联系的过程性。③猜测性。尽管古希腊自然哲学家提出过许多天才的预见和猜想，并有许多预见与猜想被后来的科学研究所证实，如希腊自然哲学家阿那克西曼德猜测"人是由鱼变来的"，包含了生物进化的思想萌芽。早在公元前 3 世纪，希腊自然哲学家阿利斯恰斯就提出过地球围绕太阳运动的假说，它包含有近代天文学家哥白尼的"日心说"思想。但是，我们也应该看到这些假设和猜想缺乏严格的科学论证和事实依据，因而只能是真实与虚假并存，合理与荒谬同在，同时，还带有不少神秘主义的色彩。

从公元前 7 世纪到公元 5 世纪左右，古希腊自然哲学家开创了永载史册的科学文明，尽管当时形成的自然观是一种带有朴素的辩证思想，并夹带着一些不科学、不系统、不全面的因素，但是，古希腊时代所形成的理性和逻辑，已构成现代科学文明的两大支柱。所谓理性，就是承认存在一个不以人的主观意志为转移的客观世界和自然规律。从古希腊自然哲学开始，人们对理性思维预设了两个重要的前提：一是相信在纷繁复杂的现象世界背后有一个不变的、可以认识的事物的本质和规律的存在；二是相信人具备一种理性的认识能力，人类的思维与事物的存在在本质的意义上被同一，即正确的思维能反映事物的真实存在和本质。只要思维把握了事物抽象不变的本质，就等于认识和把握了现实存在的事物，从而达到认识的目的，获得确实可靠的知识。因此，人们提出了“理性给自然立法”。所谓逻辑，就是关注思维过程的形式化、规则化和通用化。古希腊科学的最高成就是欧几里得几何学，它集希腊古典数学之大成，构造了人类数学史上第一个在思维的条理性、语言的准确性、体系的严密性、推理的逻辑性上都是无可挑剔的公理化的逻辑演绎系统，让后人叹为观止和肃然起敬。正如著名的科学家爱因斯坦所说的：“我们推崇古代希腊是西方科学的摇篮，在那里，世界第一次目睹了一个逻辑体系的奇迹，这个逻辑体系如此精密地一步一步推进，以致它的每一个命题都是绝对不容置疑——我这里说的就是欧几里得几何学。”于是，爱因斯坦始终坚信：“我们能够用纯粹数学的构造来发现概念以及把这些概念联系起来的定律，这些概念和定律是理解自然现象的钥匙。”①

古希腊自然哲学家不仅培育了用理性和逻辑来认识自然界和自然现象的思维方法，而且孕育了朴素的辩证思维方法。例如，希腊自然哲学家赫拉克利特明确地提出：“一切皆流，一切皆变，无物常住”。他提出火是万物的本原，自然的基始是“火”，认为“万物都从火产生，也都消灭而复归于火”。他说：“世界是包括一切的整体，它不是由任何神或任何人所创造的，它过去、现在和将来都是按规律燃烧着，按规律熄灭着的永恒的活火。”这是以相互的形式表述了唯物辩证的自然观。他还坚信自然界的物质运动是永恒变化的，“人不能两次踏进同一条河流。”“太阳每天都是新的。”他在哲学史上最先提出了对立统一和相互转化的思想。因此，赫拉克利特被列宁称之为“辩证法的奠基人之一”②。总之，古代朴素的唯物辩证的自然观揭示了：“整个自然界，从最小的东西到最大的东西，从沙粒到太阳，从原生生物到人，都处于永恒的产生和消灭中，处在不断的流动中，处于无休止的运动和变化中。”③ 对这种以朴素的唯物辩证的自然观为基础，从整体上描绘的自然界物质存在方式和演化规律的总图景的方法，恩格斯给予了充分的肯定。只不过古希腊自然哲学由于还没有以近代意义上的系统科学实验作为基础，生产力发展水平比较低下且不可能为科学研究提供强有力的物质手段，因此人们只能依靠直观经验、运用猜测与思辨，在缺乏充分科学事实根据的情况下，运用创造性思维的力量，进行推理和概括，而不可能在细节上阐明自然界物质运动和发展的规律。

中国古代科学技术在世界科学技术史中占有特殊地位，曾经创造过光辉灿烂的古代科学技术。例如，中国古代的四大发明——火药、指南针、造纸和印刷

① 爱因斯坦．爱因斯坦文集．第一卷．许良英，范岱年编译．北京：商务印书馆，1976

② 列宁．哲学笔记．第2版．北京：人民出版社，1960.390

③ 恩格斯．自然辩证法．北京：人民出版社，1971.16

术，不仅对中国的科技、文化和教育产生了极其深远的影响，而且对近代欧洲文明的兴起和发展起了重要的推动作用。同样，在古代自然观方面中国的先哲们也提出了许多闪耀着朴素的唯物辩证法思想。例如，被后人称为哲学中的哲学、经典中的经典、智慧中的智慧的《易经》就是中国古代朴素自然观的集中代表。《易经》被西方人翻译成*Chang*（变化的学问）。博大精深的《易经》内涵丰富，哲理深邃，其核心思想反映在“三易”上，即①变易。认为自然界万事万物都是变化的，变化是绝对的，不变是相对的。②简易。认为自然界的物质变化是错综复杂的，但自然界变化的背后是有规律的，把握规律就可以化繁为简，化难为易。③不易。认为尽管自然界万事万物都是变化的，但有一个东西是不变的，那就是变化是不变的。

中国古代传统文化中还包含了一些深刻的自然哲学的思想：一是观物取象的唯物主义思想。《易经》曰：“易有太极，是生两仪，两仪生四象，四象生八卦。”中国古代圣人从自然界选取八种自然存在物——乾（天）、坤（地）、震（雷）、离（火）、巽（风）、兑（泽）、坎（水）、艮（山），作为构成自然界万物的本原和基始，并用阴爻和阳爻的不同组合，构成八卦。因此，中国古代的“八卦”从本质上讲是一种十分朴素的万物生成的唯物主义思想，它并没有用主观想象的神话去描述自然。后来中国古代思想家又提出了“五行说”，即自然界的万事万物是由金、木、水、火、土所构成的，以说明自然界万物的起源以及物质的多样性的统一。显然，中国古代的“五行说”与古希腊的自然界是由某种物质所组成的“元素说”具有相似性，都带有朴素的唯物主义思想。二是万物交感的阴阳对立思想。《易经》从复杂的自然现象和社会现象中抽象出“阴”和“阳”两个基本范畴，它对后来的哲学和科学发展有着深远的影响。在探索自然界发展的内在原因中，中国古代思想家发现，自然界的变化是由“阴”与“阳”两种相互统一、又相互矛盾的势力所推动的，通过此消彼长的阴阳交互，推动自然的变化与发展，而且他们坚信自然界任何事物的变化都是受阴阳总规律所制约的。中国古代天文学家就是用阴阳来说明日月运行和四时变化的，把有规律性的自然变化称为“阴阳有序”，把自然的反常现象称为“阴阳失调”。三是自然无常的辩证发展的思想。《易经》中充满了辩证的思想和发展的理念，认为自然与社会的一切事物，有进就有退，有得就有失，有起就有落。朴素的辩证自然观体现了“无平不陂，无往不复”这一物极必反的辩证理念，体现了古代圣人老子的“有无相生，难易相成，长短相形，高下相倾，声音相和，前后相随”的重要辩证思想。

总之，不论是古希腊的自然哲学家，还是中国的古代圣贤，他们都从各自的角度提出了朴素的辩证自然观的思想，为马克思和恩格斯辩证唯物主义的自然观和现代系统自然观的形成和发展提供了丰富的养分和重要的基础。

### 3. 中世纪：神学自然观

在欧洲历史上，公元 5 世纪到 15 世纪是一段长达 1000 多年的黑暗历史(dark age)，又称“中世纪”。有学者把公元 529 年，罗马皇帝查士丁尼下令封闭延续长达近千年的古希腊学术据点——柏拉图学园，作为欧洲正式步入黑暗的中世纪的标志。事实上，导致古希腊文明衰落的直接原因是基督教的兴起和传播。宗教神学的兴起使得基督教的天启思想开始取代人们对自然的探究，古希腊时代所形成的认识和理解自然的热情被宗教神学所窒息，科学成了宗教神学的“婢女”。著名的罗马教皇格里高利一世公开宣扬：“不学无术是最大的虔诚。”他下令放火焚烧了藏有丰富的希腊文化书籍的罗马图书馆，捣毁古罗马的许多建筑，迫害崇敬希腊文明的学者，古希腊科学文化遭到了空前的浩劫。为了禁锢人们的思想，诱导人们信仰宗教神学，教会建立了一种同基督教教义完全符合的特殊哲学，即经院哲学，并通过教会学校和神学院来宣扬宗教神学的教义、信条和思想，推行神学的自然观——上帝创世论。在经院哲学家看来，一切真理都已经由《圣经》和教会的权威提出来了，人们根本无需通过实际的研究去发现任何的真理，唯一留给人们要做的是对既定的真理进行一番合理的论证。经院哲学家甚至在讨论“天堂里的玫瑰是否有刺?”以及“一根针尖上能站几个天使?”这类无聊的问题，这与古希腊自然哲学家们热爱自然、追求真理、崇尚理性、求知创新的精神形成了巨大的反差。中世纪的经院哲学家安瑟伦甚至明确提出理性服从信仰的原则，断言上帝“把理解交给信仰使唤”[①]。他有一句令人惊叹的名言：“对基督教神学，不是理解了才信仰，而是信仰后才理解。”正是中世纪弥漫的这种无知和对宗教神学的盲从，扼杀了科学的思想、理性的精神，窒息了科学中怀疑一切的批判态度和追求真理的创新精神。正如恩格斯所言，中世纪并没有给科学留下点什么。中世纪所形成的神学自然观极大地阻碍了科学的进步和发展。近代科学发展的历史表明，自然科学要赢得地位，获得发展，首先要摆脱经院哲学所构建的神学自然观的束缚，打破宗教神学的一系列思想禁锢。

### 4. 近代：机械自然观

公元 15 世纪前后，欧洲掀起了一场波澜壮阔的反对中世纪宗教神学统治的文艺复兴运动。恩格斯将其称为“是一次人类从来没有经历过的最伟大的、进步的变革，是一个需要巨人而且产生巨人的时代。”[②] 从本质上讲，欧洲文艺复兴运动是一次冲破宗教神学思想束缚的思想解放运动，是以复兴古希腊的科学文化

---

① 邹铁军．西方哲学原著选读．上卷．长春：吉林大学出版社，1998.240

② 恩格斯．自然辩证法．北京：人民出版社，1971.2

和传统为主要目的的，它为后来的近代科学革命奠定了思想基础。科学是追求真的，宗教是追求善的，艺术是追求美的，成为那个时代人们的共同信念。

近代科学革命发端于1543年，这一年近代天文学家哥白尼正式出版了《天体运动论》，近代医学家维萨留斯出版了《人体结构论》。哥白尼提出的“日心说”是对托勒密“地心说”的否定，而托勒密的“地心说”是基督教创世论的基石和上帝存在的依据。尽管哥白尼本人是在《天体运动论》一书出版时去世，但没有受到教会的迫害，但后来“日心说”思想的继承者布鲁诺，却因宣传哥白尼的“日心说”思想，被教会烧死在罗马的鲜花广场。如果说哥白尼是从“天堂”向教会挑战的话，那么，维萨留斯是从“人间”向教会发难。“女人是男人身上的一根肋骨”是《圣经》里上帝创造人类的一段美丽的故事，夏娃（女人）是由上帝在亚当（男人）抽出身上一根肋骨造就的。千百年来，没有人对此有过任何怀疑，但是，医学家维萨留斯热爱真理，崇尚理性，不从教条和本本出发，通过大量的人体解剖证实了男人和女人的肋骨是一样的。这就戳穿了宗教神学的谎言，动摇了基督教教义的基础，触犯了教会，维萨留斯本人因此受到了教会的残酷迫害。因此，近代科学是在与宗教神学的抗争中，是经历了血与火的洗礼后，才真正地走上历史舞台。

从欧洲文艺复兴运动到近代科学革命，这一过程为近代科学的长足进步奠定了重要的基础。近代实验科学的崛起，使自然科学得以从传统的经院哲学和思辨哲学中摆脱出来，抛弃了凭借直觉、猜测和思辨方式等认识自然的传统，而走上了以经验为基础、以实验为手段、以逻辑为工具、以理性为准绳的科学发展轨道。近代科学中最伟大的科学家是牛顿（S. I. Newton，1643～1727），他不仅是近代科学的集大成者，经典物理学的奠基人，他的科学思想、方法和精神也影响着一代又一代的科学家。1687年，牛顿出版了《自然哲学的数学原理》科学著作，不仅总结和发展了伽利略（G. Galileo）、开普勒（J. Kepler）等的全部重要研究成果，而且把实验方法和数学方法有效地结合起来，把演绎方法和归纳方法有机地结合起来，并使之成为近代科学的一种精神和传统。研究宏观物质运动规律的牛顿力学为机械论自然观的产生奠定了自然科学基础。牛顿认为，惯性是物质的本质属性，物质自身没有改变存在状态的能力，物质要改变状态，只有依靠外力，牛顿认为：“只有当力作用于运动的物体之上，真正的运动才能发生或者有所改变。”牛顿由此推而论之：“哲学的全部任务看来就在于从各种运动现象来研究各种自然之力，而后用这些力去论证其他现象。”① 这就导致了近代科学家都希望用力学的术语来陈述所有自然现象，用“力”的概念和机械运动规律来解释一切自然现象。

---

① 牛顿著．塞耶编．牛顿自然哲学著作选．上海：上海人民出版社，1974

英国唯物主义哲学家霍布斯（T. Hobbes）和洛克（J. Locke）把牛顿力学的机械论从自然科学推广到自然哲学领域，对机械论作出更高层次的抽象和概括。他们认为，一切物质运动都是在绝对、均匀的空间和时间中的位移，都遵循机械运动规律，保持严格的因果关系。17世纪法国哲学家笛卡儿（R. Descartes）认为，“自然图景是一种受着精确数学法则支配的完善的机器”，并试图证明“动物也是纯粹的机器”。18世纪，牛顿力学的机械论思想的普及者伏尔泰（F. M. Voltaire）声称：“我们都是牛顿的学生，我们感谢他独自发现和证实了宇宙的真实体系。”[①] 他认为，牛顿以万有引力定律论证了宇宙是一架巨大的机器。正是由于牛顿力学对自然物质运动规律认识的巨大成果以及近代自然哲学家的不断提炼，一幅囊括一切层次和类别的完整的机器式的科学世界图景——机械自然观开始显露出来，自然、宇宙被描绘成一架正在精确运转的、硕大无比的机器。

与机器的自然图景的观念相联系的是自然规律方面的严格的机械决定论，即自然界物体运动系统的未来状态和行为，都是由系统内部所有物体在某一给定时刻的初始位置和初始速度，以及作用于物体上的力完全而精确地决定的。18世纪末，法国数学家拉普拉斯（P. S. Laplace）把机械决定论的思想推向了顶峰。他认为，宇宙间存在着普遍的必然的因果联系，这种联系是一条无穷的锁链，一切现象都是必然的，客观必然性就是因果之间固定不移的、恒常不变的联系，而自然的法则可以理解为机械的因果必然性。拉普拉斯把自然的因果规律发展成为绝对的机械决定论，并希望用一个数学方程式把大到天体运动，小到原子运动的规律进行概括和精确计算。尽管拉普拉斯是概率论创始人，但他坚持认为，用概率论的统计描述自然界的必然性是人类知识不完备的结果，是由人类智力缺陷所造成。

近代机械论的自然观的形成，一开始就具有进步性和革命性。它是在批判了宗教神学自然观后发展起来的，唯物论和机械论没有给神创论的“上帝”留下位置，当“上帝”完成对宇宙的“第一推动”以后，就再也不能左右自然过程和运动规律了。但是，随着机械自然观的发展，机械决定论的缺陷开始显露出来，这种用静止的、孤立的、片面的、形而上学的方法认识自然的方法，其结果是：把事物的局部夸大化；把联系的事物孤立化；把运动的事物静止化；把变化的东西僵死化；把复杂的事物简单化。显然，近代所形成的形而上学的机械论的自然观，不仅影响着近代科学家的思维方式，也阻碍了自然科学的进一步发展。因此，迫切需要用一种新的自然观来替代传统的自然观，这项任务正是由马克思和恩格斯来完成的。

---

① 伏尔泰．哲学通信．上海：上海人民出版社，1961．225

## 二、自然辩证法创立的时代背景和科学意义

19 世纪自然科学获得全面繁荣，蓬勃发展，被誉为“科学的世纪”。科学以前所未有的速度在各个学科领域中取得突破和成功，科学发现、发明接踵而至，层出不穷，使人眼花缭乱，目不暇接。科学研究从搜集经验材料为主的经验自然科学阶段向以加工、整理经验材料为主的理论自然科学的过渡，使人类对自然界物质运动规律的认识向深度和广度上拓展，并且把近代形而上学的机械自然观视为彼此孤立的事物联系起来，用动态的观点取代静止的观念，用一切皆变的思想代替一成不变的理念。正如恩格斯所指出的那样：“在自然科学中，由于它本身的发展，形而上学的观点已经成为不可能的了。”[①] 它预示着形而上学的机械自然观的破产和辩证唯物主义自然观的形成将成为历史的必然。

### 1. 自然辩证法创立的时代背景

历史证明，任何科学的思想和自然的观念，都是特定时代的产物。任何人或任何思想都不可能超越科学技术的发展水平和生产力发展水平，都不可能先知先觉地走在时代的前列，而是有一个继承和发展过程，有一个提炼和创新的过程，马克思和恩格斯创立自然辩证法也同样如此。

（1）哲学思想的渊源——马克思和恩格斯创立的自然辩证法是辩证唯物主义哲学思想的重要组成部分，而辩证唯物主义的哲学渊源主要来自于德国古典哲学。德国古典哲学中有两位哲学家的理论和思想对自然辩证法的创立有着深刻的影响：一位德国哲学家是康德（I. Kant，1724～1804），另一位是黑格尔（F. Hegel，1770～1831）。

康德是德国天文学家、哲学家。康德的哲学思想具有两重性，既包含了唯物主义经验论的思想，又包含了唯心主义先验论的思想。他对恩格斯创立自然辩证法影响最大的是关于太阳系天体起源的“星云假说”。1755 年，康德正式出版了《宇宙发展史概论》，在本书中，康德运用了唯物辩证法的思想和观点，创造性地综合了已有的科学发展成果，批判了当时自然科学领域中占统治地位的关于“天不变、地不变、物种不变”的形而上学机械自然观。根据当时天文学观测的资料和吸引与排斥相互作用的力学规律，提出了系统的天体起源和演化理论，即关于太阳系天体起源的“星云假说”，对“宇宙神创论”进行了有力的批判。康德认为，太阳和太阳系的天体是炽热高速旋转的混沌状态的物质，通过吸引与排斥的相互作用，由于吸引而不断地凝聚，由于排斥而发生分离和旋转运动，逐步形成和发展成为有序的天体系统，这为辩证唯物主义自然观的形成提供了天文学方面

① 恩格斯．自然辩证法．北京：人民出版社，1971.3

的论据。恩格斯对康德的星云假说给予了高度的评价，他说，“康德关于目前所有的天体都从旋转的星云团产生的学说，是从哥白尼以来的天文学取得的最大的进步。认为自然界在时间上没有任何历史的那种观念，第一次被动摇了。关于第一次推动的问题被取消了，地球和整个太阳系表现为某种在时间的进程中逐渐生成的东西。康德在这个完全适合于形而上学思维方式的观念上打开了第一个缺口，而且用的是很科学的方法”①。

黑格尔是德国古典唯心主义哲学的集大成者和辩证法大师。黑格尔自然哲学的最大特点：一是唯心主义，二是辩证法。所谓唯心主义，就是黑格尔哲学体系的基本概念（或出发点）——“绝对精神”。黑格尔认为“绝对精神”是在自然界和人类出现以前早已永恒存在着的某种宇宙精神，是脱离人的“纯粹”形式的思维过程本身。黑格尔把一切自然、社会和人类思维的现象都看做“绝对精神”的外部表现，并以唯心主义的方式，把“绝对精神”描述为超时空、超自然、超人类、超社会的纯粹思维运动。实际上，“绝对精神”就是上帝的别名，黑格尔只不过用哲学术语加以表述而已。所谓辩证法，就是黑格尔在展开他的哲学体系和揭示“绝对精神”从低级到高级，由简单到复杂，由局部到整体，由片面到全面，由空洞贫乏到具体丰富的过程中，充满着辩证发展的思想。正如恩格斯所说的，“黑格尔第一次——这是他的巨大功绩——把整个自然的、历史的和精神的世界描述为一个过程，即把它描述为处在不断的运动、变化、转变和发展中，并企图揭示这种运动和发展的内在联系。”“辩证的思维方式以及关于自然的、历史的和精神的世界在产生和消失的不断过程中无止境地运动着和转变着的观念，是黑格尔哲学留给他的继承者的遗产。”②

黑格尔哲学最大的成果就是辩证法。尽管黑格尔的辩证法是唯心主义的，但它却包含着“合理内核”。黑格尔哲学的历史贡献在于，它批判了近代科学发展以来，长期占统治地位的形而上学思维方式，把辩证法提升为客观真理和普遍规律，从而使辩证法成了一门哲学科学。它围绕着辩证发展的观念，论述了关于矛盾是事物发展的内在源泉的思想，关于发展是由量变到质变和质变到量变的转化思想，关于发展的形式是否定之否定的思想，以及一系列的辩证法的范畴，而且所有这些思想都不是无联系地提出来的，而是被归纳成为一个根本原则即对立统一的原则，并把它们从这个原则中引申出来并加以论证，从而使辩证发展的观念成了完备的理论。恩格斯在创立自然辩证法的过程中，吸取了黑格尔自然哲学的“合理内核”——辩证法的同时，又批判了黑格尔哲学的唯心主义出发点，明确指出，“对我来说，事情不在于把辩证法的规律从外部注入自然界，而在于从自

① 马克思．马克思恩格斯选集．第 3 卷．北京：人民出版社，1972.96

② 马克思．马克思恩格斯选集．第 3 卷．北京：人民出版社，1972.63

然界中找出这些规律并从自然界里加以阐发。”① 恩格斯在批判和继承黑格尔自然哲学所包含的有见识的和合理思想，将自然界、人类和社会历史统一起来，并把其看成一个统一的自然历史过程，并遵循着统一的客观辩证法的规律，他用彻底的唯物主义原则把它们作为统一的物质世界加以考察，这是马克思主义的唯物辩证法自然观区别于以往历史上任何一种自然观的最大特点。

（2）科学发展的背景——19 世纪的自然科学在经过长期的知识积累后，呈现出理论化和综合化的趋势，自然科学在各个领域都获得了突飞猛进的发展，出现前所未有的繁荣局面，尤其是物理学两次重大的理论综合（一是能量守恒与转化定律，二是电磁转化理论）以及生物学两次重大的理论综合（一是细胞学说，二是生物进化论）。物理学和生物学的理论综合深刻地揭示了自然界的普遍联系和发展的辩证法。当然，更多的学者把马克思主义的辩证唯物主义和辩证自然观的创立归结为科学的三大发现：能量守恒与转化定律、细胞学说和生物进化论。

能量守恒与转化定律最早是由法国工程师卡诺（S. Garnot）发现的。他是用抽象的方法构思了一台“理想热机”，简述了热能与机械能（功）之间的变换关系，揭示了热能转换为机械能是守恒的。1847 年，德国物理学家亥姆霍兹（F. Helmholtz）在《论力的守恒》一书中提出了完整的能量守恒原理，揭示了自然界一切物质都有能量，能量又有机械的、热的、电磁的、光的、化学的、生物的等各种不同的形式，其中任何一种形式都可以在一定条件下，以直接或间接的方式转化为其他各种形式，在转化过程中，能量的总和保持不变。能量是物质的运动的量度，能量形态上的转化反映了运动形式的转化。能量守恒与转化定律的发现，找到了物质各种运动形式之间的联系和转化的规律，为哲学上运动不灭原理以及运动形式相互转化原理提供了自然科学的根据，正如恩格斯所说的，“自然界中整个运动的统一，现在已经不再是哲学的论断，而是科学的事实了”②。

细胞学说最早是由德国植物学家施莱登（J. Schleiden）发现的。1838 年施莱登发表了一篇《植物发生论》的学术研究论文，第一次提出了细胞核是植物细胞普遍存在的基本结构，他认为，植物体无论怎样复杂都是细胞的聚合体；细胞是一切植物结构和功能的基本单位。随后，德国柏林大学的解剖学家施旺（T. Schwann）发表了《关于动植物结构和生长相似性的显微研究》的学术论文，把施莱登的学说推广到动物界，指出细胞是动物和植物有机体构造发育的基础，一切有机体都是由细胞按照一定的规律发育生长的结果。细胞学说的创立和发现，揭开了动物和植物等有机体的基本构造、产生机理和成长机制等奥秘，为人类在细胞水平上认识整个生物界的统一性提供了自然科学的理论和实验的依据。

---

① 马克思．马克思恩格斯选集．第 3 卷．北京：人民出版社，1972.52

② 马克思．马克思恩格斯选集．第 3 卷．北京：人民出版社，1972.526

生物进化论最早是由法国博物学家拉马克（B. Lamarck）提出的。拉马克于1809年出版了《动物学哲学》并第一次提出“生物进化”的概念。他认为，生物是由低级向高级逐步进化的，并以“用进废退”和“获得性遗传”法则来解释生物进化的机制。1859年英国生物学家达尔文（C. Darwin）发表了《物种起源》一书，书中用了大量的地质学、古生物学、比较解剖学、胚胎学等研究成果和资料，论证了以自然选择学说为核心的生物进化理论，提出了“物竞天择”的运行机制，说明了生物进化过程是在生物遗传和生物变异、生存竞争和环境选择等多重因素的共同作用下，以“优胜劣汰”的方式缓慢进化，而并不是基督教上帝创世论所说的“5000年前的猫与5000年后的猫是一样的。”因此，达尔文生物进化论使生物学真正建立在科学基础之上，它揭示了不论是自然界的生物，还是人类自身，都是自然界物质发展变化的历史产物，都是一个由简单到复杂，从低级到高级的发展过程，它为辩证唯物主义的自然观的创立提供了自然史的基础。总之，19世纪中叶，科学的三大发现为马克思主义哲学的创立和辩证自然观的形成奠定了重要的科学基础。

2. 恩格斯创立自然辩证法的历史过程

恩格斯的《自然辩证法》是在1873～1883年期间撰写的，但辩证自然观的思想萌芽却形成于19世纪40年代，阐明自然界和自然科学的辩证法是马克思和恩格斯共同的理想和共同任务，而系统地研究并建立自然辩证法的工作是由恩格斯承担的。恩格斯曾经说过：“马克思和我，可以说是从德国唯心主义哲学中拯救了自觉的辩证法，并且把宏观世界转化为唯物主义的自然观和历史观的唯一的人。可是要确立辩证的同时又是唯物主义的自然观，需要具备数学和自然科学的知识。”① 恩格斯很早就注意研究数学和自然科学，从事自然辩证法的探索。他的研究直接深入到当时自然科学发展的最前沿，因而对19世纪自然科学的三大发现及时地作了辩证唯物主义的综合概括，使马克思主义哲学牢固地建立在科学发展的基础上。恩格斯还运用辩证唯物主义和历史唯物主义观点，总结了自然科学的发展史，批判了自然科学领域中的唯心主义和形而上学的机械自然观，揭示了马克思主义自然辩证法取代近代形而上学的自然观、科学观和方法论的历史必然性。从1873年恩格斯告诉马克思“关于自然科学的辩证思想”以后，恩格斯为撰写《自然辩证法》一书投入了大量的精力，收集准备了许多研究材料，并形成了“这部著作的清晰的轮廓”。但是，不幸的是1883年，马克思的突然逝世打乱了恩格斯撰写《自然辩证法》一书的计划，他不得不把所有的时间和精力都用来整理和出版马克思的著作《资本论》和其他著作，直到1895年去世。由于种

① 马克思．马克思恩格斯选集．第3卷．北京：人民出版社，1972.51

种原因，恩格斯的《自然辩证法》遗稿一直被搁置，直到俄国十月革命以后，才由苏联马克思恩格斯研究院组织翻译，并于 1925 年由苏联国家出版社正式出版俄文版，同时，在德国法兰克福由国际出版社出版了德文版。中文版《自然辩证法》是由上海神州国光出版社于 1932 年出版。随后，许多国家都相继翻译出版了恩格斯的《自然辩证法》一书，使自然辩证法的思想在全世界得到了传播和发展。

《自然辩证法》尽管是恩格斯的一部没有写完的著作，但是已集中地反映了恩格斯研究自然观、科学观、方法论等辩证法内容的成果，因此，自然辩证法作为马克思辩证唯物主义哲学理论体系的重要组成部分，实际上已经建立起来了。恩格斯的《自然辩证法》一书是以手稿、札记、论文和片断等形式组成，共有 181 篇，其体系结构和主要内容分为七部分：①自然科学的历史发展。恩格斯主要通过对自然科学和技术发展史的考察，阐述科学技术发展的规律，阐明辩证唯物主义自然观替代形而上学的机械自然观是历史的必然。②自然科学和哲学。恩格斯论述了辩证唯物主义哲学与自然科学的关系，指出自然科学家自觉地学习唯物辩证法和哲学史的必要性和重要性。③自然界的辩证法。辩证法的规律和范畴。恩格斯以丰富的科学技术史和近代自然科学的材料，论述了唯物辩证法的基本规律和一些重要的范畴，提出以物质不同的运动形式作为科学分类的标准。④认识自然的辩证法。认识论和辩证逻辑。恩格斯论述了自然科学研究的辩证法的基本内容，即关于辩证唯物主义自然观和科学方法论的一些重要内容的精辟论述。⑤关于自然科学技术的辩证法。恩格斯阐述了科技与政治、科技与社会、科技与生产、科技与宗教、科技与哲学等有关辩证唯物主义科学技术观的重要内容。⑥数学和各门自然科学中的辩证法。恩格斯以辩证唯物主义哲学原理为指导，运用辩证唯物主义的立场、观点和方法具体地分析多门自然科学和数学中的哲学问题，说明了辩证唯物主义哲学对数学和自然科学研究的指导作用。⑦从自然科学向社会科学的过渡及人和自然的关系。恩格斯深刻地论述了人类是从自然界中分化出来，而劳动在从猿到人的转变过程中起决定作用，同时强调人类应该与自然界和谐共处和协调发展的重要性。

#### 3. 自然辩证法创立的划时代意义

恩格斯创立的自然辩证法对人类自然观、方法论和科学观的发展中具有划时代意义。

（1）在自然观方面，恩格斯创立的自然辩证法克服了古代朴素自然观，由于缺乏科学认识基础所造成的直观、思辨的局限性，吸收了古代自然哲学关于自然界运动、发展和整体联系的思想，以近代自然科学对自然界认识的最新成果为依据，批判了形而上学和机械论，深刻地揭示了自然界本身发展的辩证法，从而建立了一种反映自然界本来面目、适合自然科学发展需要的辩证唯物主义自然观。辩证唯物主义自然观的产生，标志着从古代的辩证思维到近代的形而上学思维，再回归到现代辩证思维的否定之否定的过程的完成。

（2）在科学方法论方面，恩格斯创立的自然辩证法克服了培根经验论的形而上学的缺陷和笛卡儿唯理论中的唯心主义倾向，把他们的归纳法和演绎法辩证地结合起来。批判了康德的“先验论”和黑格尔的“理念论”的唯心主义观点，并对他们尤其是黑格尔关于思维的能动作用的观点加以唯物主义改造，第一次把社会实践放到认识论和方法论的首要地位，阐述了在实践的基础上科学认识发展的辩证法，从而创立了辩证唯物主义的科学认识论和科学方法论。

（3）在科学技术观方面，恩格斯创立的自然辩证法与传统的观点不同。它不仅深刻地揭示了科学技术自身发展的内在逻辑，而且把科学技术的发展作为一种社会现象来考察，并由此提出了许多崭新的思想，如自然科学属于一般社会生产力的范畴；科学技术研究成果一旦进入生产领域可转化为直接和现实的生产力；经济和社会发展的需要是科学技术发展的基本动力；科学技术具有巨大的社会变革功能，是推动社会历史前进的革命力量。这就把辩证唯物主义和历史唯物主义贯穿于对科学技术的认识之中，深刻地揭示了科学技术的本质特征和辩证发展规律，从而创立了全新的马克思主义科学技术观，使人类的科学观有了新的发展。

## 三、自然辩证法与其他学科的关系

恩格斯创立的自然辩证法是集现代西方的自然哲学、科学哲学、技术哲学、科学社会学等多门学科为一体，具有百科全书式的学科特征，因此，了解相关学科的特点，对于解读自然辩证法，推动自然辩证法学科与国际学术界的接轨具有理论价值。

### 1. 自然哲学（philosophy of nature）

自然哲学是关于自然界的哲学学说。它是直接面对自然界，力图从整体上对自然界作出思辨和理论概括。它揭示的是自然和自然界自身存在、运动、变化和发展的客观规律性。它不仅包括对自然图景进行建构和描述的哲学，而且也包括对达到这一建构和描述的中介途径进行认识的科学哲学和技术哲学。

在科学与哲学漫长的发展历程中，人类的自然哲学也经历了不同的历史形态。古希腊的自然哲学是与自然科学融为一体的，自然哲学家所关注和探索的是自然界的基始和本原问题以及与之相关的世界图景的描述问题。古希腊的自然哲学由于缺乏实证科学的基础，因此表现出直观性、思辨性和猜测性等特征。随着近代自然科学从哲学中分化出来，自然科学走上了相对独立的轨道，但由于受古希腊自然哲学的影响，不少近代的自然科学家和哲学家仍然把自然哲学与自然科学混为一谈，如牛顿把力学和数学的研究著作称为《自然哲学的数学原理》。也有一些哲学家试图根据科学所提供的成果和材料，凭借抽象的思辨来建立一种凌驾于自然科学之上的关于自然界的理论体系。18世纪到19世纪初，德国古典哲学中的自然哲学，尤其是黑格尔的自然哲学就是这种自然哲学形态的杰出代表。黑格尔认为，“精神在自然内发现它自身的本质，即自然中的概念，发现它在自然中的复本，这是自然哲学的任务和目的。因此，研究自然就是精神在自然内的解放。”① 这种形态的自然哲学的特点，正如恩格斯所说的，“是用理想的、幻想的联系来代替尚未知道的现实联系，用臆想来弥补缺少的事实，用纯粹的想象来填补现实的空白”②。用个人思想的构造去超越人类认识的历史和实证科学对自然本性的揭示，这种唯心主义的、带有纯思辨性的自然哲学是与自然科学发展相违背的。恩格斯创立的自然辩证法作为马克思主义的自然哲学，是以自然科学所取得的成果为基础，通过对自然界本身的辩证联系的考察，建立起与当时科学发展和时代特征相吻合的关于解释自然的理论体系，从而从整体上对自然界做出唯物和辩证的理论解释，形成辩证的自然观和科学观。

因此，自然哲学是以自然科学发展为基础的。恩格斯之所以能创立自然辩证法，主要是因为恩格斯所处的时代的自然科学有了巨大的进步，恩格斯认为，“我们现在不仅能够指出自然界中的各个领域内的过程之间的联系，而且总的来说也能指出各个领域之间的联系了，这样，我们就能够依靠经验自然科学本身所提供的事实，以近乎系统的形式描绘出一幅自然界联系的清晰图画。”自然哲学是对自然界进行本体论考察，其理论体系的建构必须以科学技术的成果为中介，以人的主观认识为中介，而从中提炼和概括出自然界存在与演化的客观规律。

### 2. 科学哲学（philosophy of science）

科学哲学是对科学的反思和超越。科学哲学一词早在19世纪40年代就由英国学者威廉·惠威尔所创用，但它在很长时间内并不是作为一门学科的名称，而是作为一种哲学观、哲学追求的理想来使用。在莱欣巴赫的名著《科学哲学的兴起》一书中，科学哲学主要也是“科学的”哲学，即以实证科学为标准，像科学结果那样精确、完备、可靠的新哲学。

众所周知，自近代科学革命以后，自然科学与传统的哲学开始了分道扬镳的历史进程。自然科学在其认识和实验的过程中，逐步形成了以经验为基础、以实验为手段、以理性为特征、以逻辑为工具的科学传统和方法，并在科学发现和理论的发展中显示了巨大的认识功能。科学的历史和现实一再表明：自然科学的长

---

① 黑格尔．自然哲学．北京：商务印书馆，1980.18

② 马克思．马克思恩格斯选集．第4卷．北京：人民出版社，1972.242

足进步和卓有成效的发展，直接受惠于科学思维与科学方法的有效性、可靠性和精确性。与自然科学发展形成强烈和鲜明对比的是传统的思辨哲学的衰败和没落。

科学与哲学的这种反差到了19世纪更为引人注目。19世纪因自然科学全面繁荣，蓬勃发展而被誉为“科学的世纪”，各种科学发现、发明接踵而至，层出不穷，使人目不暇接。作为创立马克思主义哲学的自然科学基础——三大发现，即能量守恒与转化定律、细胞学说、达尔文生物进化论都是这个时代的产物。无数科学成果使人们对科学心悦诚服。科学家不仅为科学上的巨大成果感到欢欣鼓舞，而且为科学方法所显示的巨大威力感到自豪和骄傲。然而，传统的思辨哲学并没有因为科学的进步、时代的变化而转变自己的研究传统，它依旧继承柏拉图理念论的衣钵，沿袭笛卡儿“我思故我在”的思辨传统，力图构建世界图景，并对所谓哲学的“基本问题”做真理性的论证和解释。德国古典哲学中的黑格尔哲学体系就是这种思辨哲学的集中代表。思辨哲学家那种用古怪的图像语言、冗长的逻辑结构以及含混、玄妙、神秘、晦涩的语言来处理哲学问题的方法，使自然科学家感到厌恶。

事实上，自然科学的节节胜利的历史和现实，以及传统思辨哲学钻牛角尖而不能自拔的情景，无不触动着科学家们的心弦，左右着他们的视线。用科学的方法改造传统哲学，成为许多在学术上很有造诣和成就的科学家们的共同心愿。他们带着科学成功的喜悦和科学方法的武器跨进了哲学的殿堂，给传统的哲学带来了生机和活力。科学主义的哲学思潮正是在这样的科学和哲学的历史背景下不可抗拒地发展起来。

从历史的角度看，现代西方科学哲学是从逻辑经验主义开始的。但它的理论渊源来自于以孔德、穆勒和马赫为代表的实证主义思潮。实证主义哲学认为：以往的哲学争论“世界本原”等这类的哲学基本问题是超越经验认识的范围，是人的认识能力所无法解决的。因此，应该以自然科学为蓝本，以实证为核心建立新的哲学。在方法论方面主张经验至上，归纳万能，认为演绎推理不能产生新知识，归纳推理才是真正的推理。归纳的方法既是科学发现的逻辑基础，又是科学证明的逻辑依据。认为哲学应该抛弃本体论，研究认识论和方法论。事实上，实证主义的一些主张，后来就成为逻辑经验主义兴起的重要的思想基础。20世纪初崛起的、以维也纳学派为标志的逻辑经验主义是现代西方科学哲学中最强大、最正统的科学哲学流派。传统的哲学由此分化成两股独立的哲学思潮：①科学主义哲学思潮；②人文主义哲学思潮。

逻辑经验主义形成的初衷是力图用科学的方法把哲学改造成一种“元科学”。希望能建立统一的科学语言，使哲学也像数学那样具有一个形式化的公理体系，有严密的逻辑结构、精确的推导过程；使哲学的语言也能像物理学那样严谨、准确、合理、有效。在实现这一目标的过程中，逻辑经验主义者对科学本身进行了全面的哲学反思，提出了意义标准、对应规则、可证实原则、归纳逻辑、理论解释等一系列科学方法论问题。逻辑经验主义在认识论上强调感觉和经验是第一性的；在方法论上，强调归纳逻辑在科学发现和证明中的地位和作用。紧紧抓住科学认识过程的两个重要的思维工具——逻辑与经验，不断地概括和提炼，使哲学更符合自然科学的认识规律和过程，体现了对自然科学的数学传统（逻辑）和实验传统（经验）重视。

逻辑经验主义对西方科学认识论和科学方法论发展的贡献表现在：①极大地增强了哲学的方法论意识，使科学认识论和科学方法论作为一个独立研究领域的地位得到了确认。②逻辑经验主义把方法论的研究对象集中到科学知识的增长上，克服了以往方法论研究流于纯粹抽象思辨的倾向，从而获得了坚实的科学基础。③创立了现代逻辑思维方法，充实和发展了归纳逻辑和归纳方法的内涵和外延，为揭示科学理论深层结构提供了思维工具和认识工具。

历史是发展的，也是变化的。最先对逻辑经验主义正统派提出挑战和诘难的是波普尔（K. Popper）的批判理性主义。它最大的贡献是打破了传统的逻辑经验主义在现代科学哲学领域中的独尊和垄断的地位，开拓了西方科学哲学流派纷呈、学说更迭的繁荣局面。波普尔从批判理性主义出发，反对逻辑经验主义只注重理论建构的静态研究，片面强调科学理论的证明分析，夸大归纳逻辑的作用等观点，而提出科学哲学主要应该研究科学知识的增长和科学理论的发现，研究由此引出的科学认识论和方法论问题。波普尔认为，科学发展不是一个简单的积累过程，而是一个不断革命的过程。因此，应该从分析科学知识增长的动态过程入手，分析和揭示科学新思想和新理论产生的机制和过程，使科学哲学和科学方法论的研究更符合现代科学发展的实际。

波普尔的科学哲学思想的主要特征，就是以否定归纳主义为基础，从科学认识论和方法论的角度，对逻辑经验主义所倡导的归纳逻辑和归纳方法进行一系列发难的责疑。波普尔认为，从单称陈述中不能归纳出普遍陈述，有限不能证明无限，过去不能证明将来。这种不完全归纳既不能获得必然真理，也不能获得或然真理。因此，他提出科学理论不能被证实，只能被证伪。每一次科学理论被证伪时，都标志着科学的一次进步。因为，任何思维的成果都是时代的产物，总会存在着时代的局限性，认识的局限性，实验技术条件的局限性。科学真理是一个认识的过程，发展的过程，否定之否定的过程。尽管波普尔的证伪理论和方法也有许多缺陷和片面性，但是，证伪理论在一定程度上反映了现代科学革命的基本特征，即现代科学是新理论不断否定或取代旧理论的发展过程。

科学认识论和科学方法论是波普尔科学哲学思想的重要内容，他提出了许多新思想、新见解和新理论。由于波普尔在研究科学方法论的过程中，紧紧把握现代科学发展的最新成果，因此，他的许多研究成果和思想具有时代的特征。如关于观察渗透理论的问题，波普尔强调了科学认识过程中主体的参与性和能动性；关于科学研究的程序问题，波普尔提出了科学问题是现代科学研究的逻辑起点，修正了“科学始于观察”的传统观点，认为科学问题是促使理论的产生，促进科学发展。波普尔还精心构建了“猜测-反驳”方法论，并把它贯穿于科学研究的全过程。他的著名的“大胆猜测，严格检验”的思想，为众多著名科学家所接受和运用；同时，波普尔还对科学理论的“可证伪度”、“确认度”等问题进行了深入的探讨。由于波普尔的努力，科学认识论和方法论的研究逐渐在现代西方科学哲学中占据了中心地位。

在波普尔证伪主义之后，现代西方科学哲学出现了新的走向，即出现了以库恩（T. Kuhn）为代表的科学的历史主义学派。库恩主张用历史主义的方法研究科学史，从科学发展自身历史中揭示科学进步的真实过程。他既反对逻辑经验主义的科学发展的积累观，又反对波普尔忽视科学知识继承性的革命观。提出科学发展是通过科学范式（scientific paradigm）形成、变更、交替的动态过程来实现的，从而正确地处理了科学积累与科学革命的辩证关系。因此，科学范式是库恩科学哲学的理论核心。所谓科学范式，是指在一定历史时期内科学共同体“看问题的一种思维方式”，它包括世界观、自然观、方法论以及科学信念和价值标准等。

在科学哲学家库恩看来，科学的认知系统是由科学共同体（认识主体）→科学范式（认识工具）→科学疑点（认识对象）所构成，科学认识过程就是“三体运动”。库恩还对认识的三要素进行了独创性的分析：①科学认识的主体不是科学家个人，而是科学家集团，即科学共同体；②科学认识的工具不只是一般的思维工具，而是科学范式，它包括精神工具（方法）和物质工具（仪器）；③科学认识对象不是泛自然，而是由科学范式所限定的自然界的某一特定领域，并研究这个有限范围内的具体问题。从方法论的角度看，库恩通过提出科学范式和科学共同体概念，把社会和心理因素引入了科学方法论，从而拓展了方法论的视野，丰富了方法论的内容。库恩还深入地研究了“发散性思维与收敛性思维”的辩证关系，力图从运动中把握科学思维的规律，揭示科学发现、发明和发展的方法论原理。

“科学研究纲领方法论”是在 20 世纪 60 年代以后，由著名科学哲学家拉卡托斯（I. Lakatos）提出来的，它在西方现代科学哲学中占有一席之地。拉卡托斯主要通过批判和继承波普尔和库恩的学说，而发展了被称为“精致的证伪主义”的理论。他提出了科学研究纲领的基本结构，即它是由理论的“硬核”＋“保护带”＋“启发法”所构成的。拉卡托斯对科学方法论的主要贡献是在科学发现方法论方面，具体体现在：①科学发现是建设性的，“证实的”，而不是像波普尔所认为的是破坏性的、“证伪的”。②科学发现本质上是合理的、理性的、逻辑的。拉卡托斯坚持科学内史与外史是辩证统一的，他既承认科学发明受客观的规律性制约，又不排斥社会和心理因素的作用。③科学发现的核心就是对科学理论的评价。他第一次把理论的检验和评价提到科学方法论研究的重要地位上来，给方法论的研究带来了全新的认识角度。因此，拉卡托斯的许多观点赢得了科学哲学界的认同。

与拉卡托斯几乎同时代的还有一位科学哲学界的怪才费耶阿本德（P. Feyerabend），他提出了多元主义方法论。费耶阿本德的科学哲学在认识论上，主张“无政府主义”和非理性主义；在方法论上，主张多元主义方法论，声称“怎么都行”；在逻辑学上，主张反归纳主义，认为不存在什么具有固定规则的科学逻辑。然而，尽管费耶阿本德的理论把非理性主义因素贯彻到了极端，被科学哲学界称为“一头迷途的羔羊”。但是，作为对理性思维的一种补充，非理性主义能从哲学上提供很多有价值的启示。尤其是费耶阿本德所迸发的有关方法论的思维火花，更是包含了许多合理的成分。费耶阿本德正确地说明了一切方法论都有局限性，因此都有一定的适用范围。他认为，不应该把各种方法论对立起来，而应该使之相互结合和补充。科学研究方法不是唯一的、凝固的、僵死的，而是多元的、流动的、发展的和可选择的。创造性地运用科学方法论是科学发现的本质，科学创造的本身和过程充满着非理性、非逻辑的色彩，它与理性和逻辑形成一种张力和互补效应。从某种意义上讲，费耶阿本德的偏激思想给现代科学思维方法的研究带来了新意、启迪和思考。

现代西方科学哲学充满着生机和活力，它的各种思想和流派不断迭起和交错，发展和延绵。如科学哲学家劳丹（L. Laudan）提出了科学合理性模式，分析了科学目的、理论和方法论之间的复杂关系，并从中寻求形成科学理论的合理机制；夏佩尔（D. Shapere）提出了“信息域”理论。所谓信息域就是一组有着内在联系的信息群或信息，它构成为一个研究领域。信息域是开放的和发展的，不仅观察事实和理论观点会变化，而且科学研究方法和科学理论合理性的评价标准等元科学概念也会随着认识的深化而改变。此外，还有普特南的科学实在论、邦格的科学唯物主义等，它们都从不同的角度探讨了科学哲学与科学方法论的理论问题，并力图根据现代科学发展的最新成果，变革和调整科学观、认识论和方法论，试图让科学哲学“生命之树常青”，对科学的发展和进步带来新的启迪和思考。

当代自然辩证法学科的发展，一方面是以当代科学技术的最新发现和最新成果为基础，提炼和概括出与时代发展水平相吻合的当代自然观和科学观；另一方面也高度重视西方科学哲学的最新发展和趋势，以丰富自然辩证法的学科内容。当代科学哲学的新特点是重视和关注对科学的人文主义理解，努力建立科学与哲学的纽带，科学与人文的桥梁。

3. 技术哲学（philosophy of technology）

技术哲学是以技术的整体作为研究对象，是关于技术的本质特征、价值理念、结构体系、创造方法和发展规律的哲学学说。从历史渊源上看，技术哲学的肇始并不是一般哲学研究的自然延伸，而是技术研究向哲学层面提升的产物。如果说科学是认识自然的手段的话，技术则是改造自然的直接载体。近代科学革命直接引发了工业革命和技术革命，技术进步给人类社会带来的影响是全方位的，也是深刻的。关注技术的本体论、价值论、认识论和方法论，既是技术发展的客观要求，也是人类认识技术本质的必然趋势。

1877 年德国学者 E. 卡普（E. Karp）正式出版了《技术哲学纲要》一书，被学术界视为技术哲学研究的开端。E. 卡普用人类学的术语把技术看做人类与自然的一种联系，把技术发明看做创造力的物化结果，把技术活动看做人体器官的投影。E. 卡普认为技术设备的形状和功能本质上是人体器官的形状与功能的延伸和强化。E. 卡普对技术的进步与发展持乐观态度，他认为，技术是文化、道德、知识进步和人类“自我拯救”的手段。1927 年，德国学者 F. 戴沙发表了《技术哲学》一书，他从理论上把“技术可能性以潜在形式存在”的思想进行了系统的论证，认为每个特定的技术问题在一定时间和背景下，总会存在一个最优解。这个最优解不是被创造的，而是被发现的。一项实用性发明的任何技术改进都逐渐地接近这个最优解。当然，尽管技术哲学的概念较早就已提出了，但一方面由于从事技术研究的人囿于单个技术本身，加之技术领域又非常宽泛，因而不可能从哲理层面对技术进行整体的哲学概括；另一方面从事哲学研究的人员对技术的认识和理解非常肤浅，难以在技术哲学领域有所作为。因此技术哲学研究领域既未形成共同关注的主题，也没有公认的理论纲领和概念框架，更没有志同道合的学术交流共同体，这导致了技术哲学研究在一个很长的历史时期进展缓慢。

第二次世界大战后，新一轮技术革命在孕育中爆发，并持续展开，它一方面显示了新技术对经济增长和社会进步所产生的巨大推动作用，另一方面技术本身的负面效应正逐步显现，从而使许多科学家、工程技术人员以及从事科学哲学研究者开始对技术和技术本质进行全面的哲学反思，技术哲学再度受到人们的关注。1954 年法国技术哲学家 J. 埃吕尔出版了《技术社会》一书并在欧美产生较大的影响。他认为，现代技术已经囊括了一切，使人们生活在技术环境中，而不是自然环境中，人们的心理状态完全为技术价值所统治。技术使人类摆脱了时空的某些限制，但人类并没有因此而获得自由。日本学者则把技术哲学称为“技术论”。当代科学哲学家和技术哲学家 M. 邦格则明确提出技术哲学应关注的主题和应承担的使命是要回答以下几个问题：①技术知识与科学知识有哪些共同特征？

前者具有哪些特性？②在本体论上，如何区分人工自然与自然客体？③如何区分技术预测与科学预见？④经验规则、技术规程与科学定律有什么关系？⑤技术的价值体系和伦理规范；⑥技术与现代文化的关系等。M. 邦格认为，在认识论方面，技术与科学具有共同的认识前提，即承认外在世界是可知的，并可利用知识和技术加以改造。在本体论方面，凭借技术人们能有意识地、有计划地改造某些自然过程，能创造和消灭某些自然属性。技术的进步不是自然进化的结果，它反而会影响自然演化的进程和方向。

恩格斯《自然辩证法》是在辩证的自然观和科学观的基础上，提出了关于技术观的极其深刻的思想。恩格斯认为，技术的本质是“人对自然的能动关系”，劳动工具是劳动者与劳动对象之间的中介物，它“延长了人类的自然肢体”。技术的发展充分证明了恩格斯的英明论断：第一次工业革命即蒸汽机革命以及第二次工业革命即电力革命，从本质讲是技术革命，它们使人类的四肢得到了延伸。而第三次革命即计算机革命，则使人类的大脑功能得到延伸。如果生物技术和基因革命得以实现，人类的生命将得到延伸。技术给人类带来的进步是无法估量的。但技术同样也给人类带来众多的负面效应：如环境污染、生态破坏、资源短缺、交通拥挤、人口爆炸。1972 年，著名的“罗马俱乐部”运用系统运动力方法建立了一个“全球发展模型”，对世界未来经济与社会发展进行系统预测，最后的结论是令人悲观的。罗马俱乐部的学者们把世界性危机的总根源归结为科学技术的发展，并提出了经济社会发展的“零增长”概念。因此，在现代科学技术高速发展的今天，我们更需要以马克思的辩证唯物主义哲学为指导，辩证地认识技术的本质和规律，建立正确的科学发展观和技术发展观。因此，技术哲学也是与自然辩证法密切相关的学科。

### 4. 科学社会学（sociology of science）

科学社会学是关于科学的社会学或对科学的社会学研究，它的思想渊源由来已久，可以追溯到很远。当代美国科学社会学的创始人罗伯特·默顿（K. Merton）曾经把圣西门、孔德和马克思并列为科学社会学的三位远祖，这反映了科学社会学前史时期的学科和思想特征。其实，最早提出科学社会活动理想的是英国科学家和哲学家 F. 培根（F. Bacon），他以“知识就是力量”为基本思路，对知识问题进行了系统的探讨和阐述，在其出版的《新大西岛》一书中，培根以幻想的形式把改造社会的目标与发挥科学的社会功能融为一体，设计了一个科学家集中从事研究的场所——所罗门宫。培根以后，许多空想社会主义者都注意到了科学对社会进步的积极作用。法国学者圣西门（Saint-Simon）主张依靠工业化和科学来改造社会，建立有利于科学进步和实业繁荣的社会组织。西方社会学创始人、法国学者孔德（A. Comte）确立的用实证主义方法研究社会学的方法和原则对后来科学社会学的发展产生了深刻的影响。

马克思和恩格斯是东西方学术界都公认的科学社会学先驱。他们十分重视科学与社会相互依赖和相互作用的问题，对科学的社会功能有深刻的理解，并明确提出“科学是一种在历史上起推动作用的、革命的力量”。马克思和恩格斯认为，科学的社会功能具体体现在三个方面：①科学技术的社会功能体现在它本身是一种生产力，是推动社会生产发展的有力杠杆；②科学技术的社会功能表现在它还是一种特殊的社会意识形态，对人们世界观和思想方法的变革，对社会精神文明的创造具有特殊的职能；③科学技术的社会功能还反映在它为生产关系的变革开辟了道路。此外，马克思和恩格斯还充分注意到科学与社会的双向互动关系。这些理论和思想对于今天的学术研究和社会实践都具有指导意义。

在科学社会学研究中另一个重要人物是英国著名物理学家 J. D 贝尔纳（J. D. Bernal），他从 20 世纪 30 年代开始系统研究自然科学史、科学的社会作用以及社会经济因素对科学技术发展的影响，并于 1939 年发表了《科学的社会功能》这部巨著。在该书中，贝尔纳除了叙述了科学发展历史、比较资本主义和社会主义两种制度下科学的地位、论述科学的教育普及等问题外，还分析了培训科学家、改组科研工作、筹措科学经费、开展科学交流、发展科学的战略规划等问题，为后来的科学伦理学、科学心理学、科学组织与管理、科技政策等学科的形成和发展奠定了理论基础，并对科学社会学的产生与发展产生了积极的影响。

美国科学社会学家罗伯特·默顿对科学社会学的发展做过杰出贡献。1938 年他的博士论文《十七世纪英国的科学、技术和社会》运用数量分析和实证方法说明了 17 世纪英国社会的科学职业及科学兴趣中心的转移现象和特点，研究了新教伦理与科学家精神气质的关系，说明了科学作为一种社会建制是怎样受到以新教为标记的特殊价值关系而培育出现的。默顿运用经验分析方法论证了他的理论假设，明确体现出科学社会学的研究领域和根本方法。默顿的这篇博士论文被认为是科学社会学在美国诞生的标志，他本人也因此被誉为“美国科学社会学之父”。20 世纪 60 年代是科学社会学快速发展的时期，许多学者都在关注这一研究领域，讨论和研究的领域也不断扩大，如科学中的竞争与合作、科学的荣誉系统和奖励体系、科学的社会控制、科学家角色、分层和互动、科学中的“马太效应”、科学中的交流网络、科学计量学、科学伦理学、科学学派、科学共同体、科学管理学、科学经济学、科学政策学等，一方面涉及科学研究活动内部的社会学研究，另一方面涉及科学与社会双向互动的特点和规律研究。因此，科学社会学所包含的内容是十分广泛的，它也是自然辩证法的重要的学科基础。要把握自然辩证法的新发展就需要研究相关学科的发展特点和趋势，并以此丰富和发展马克思主义的自然辩证法。

## 四、当代科学发展与自然辩证法的新特点

恩格斯曾经说过“随着自然科学领域中每一个划时代的发现，唯物主义必然要改变自己的形式。”① 同样，随着现代科学技术的划时代的发展，自然辩证法也要改变自己的形式。因为，马克思和恩格斯所处的时代毕竟是在100多年以前，科学技术发展的水平与今天是不可同日而语了，科学技术不论在深度，还是在广度上都有了极大的拓展。尤其二次大战以来，科学突飞猛进，技术日新月异，科学成果层出不穷，技术发明目不暇接，科学技术全方位地渗透到人类生活的各个领域和方面。现代科学技术的进步为我们认识自然、认识科学、认识社会提供了新视角。

### 1. 当代科学的四大前沿

如果马克思所处的时代影响力比较大的科学成果主要是三大发现的话，那么当代科学中对人类认识自然影响最大的则是四大科学前沿：①宇宙天体。随着射电望远镜的出现，人类对宇宙的认识不断深化，宇宙天文学家的“可见宇宙”尺度已达到$3\times10^{27}$cm，相当于150亿光年。对人类认识自然和认识宇宙影响最大的研究成果是科学家提出的“宇宙大爆炸理论”，宇宙大爆炸标准模型与现代宇宙学的观测事实，如宇宙星系的谱线“红移现象”、3K微波背景辐射的发现、宇宙中氦素的相对丰度较高等最吻合，因此，被多数科学家所认可和接受。宇宙起源于150亿年以前的一次大爆炸，目前，整体宇宙仍处在膨胀之中，这一事实有力地证明了自然界是在不断演化、发展着的。②物质结构。如果说宇宙天体的研究是从宏观走向宇观，从宇观走向胀观的话，那么，对物质结构探索则是从宏观走向微观，从微观走向渺观。科学一方面在广度上，即空间尺度为$3\times10^{27}$cm之内探究宇宙奥秘；另一方面又在深度上，即在空间尺度为$3\times10^{-17}$cm之内来解答物质结构之谜。20世纪以来，举世公认的科学界最高奖——诺贝尔物理学奖，绝大部分授予了在这两个方向所取得的研究成果。20世纪科学的最大成果是突破了物质结构最小的单元是“原子”的概念，发现了原子内部结构是由电子和原子核组成，而且原子核内部还有结构，即质子和中子，进而发现质子是由三个夸克所组成。科学家从研究宏观低速的物质运动进入到研究微观高速的物质运动，人们对自然的认识随之不断深化。③生命科学。20世纪50年代，美国科学家沃森和克里克发现了DNA（脱氧核糖核酸）的碱基配对的双螺旋结构模型，使人们对生命科学的认识从细胞层面进入到基因层面上，这标志着分子生物学的诞生。到了20世纪90年代生命科学的前沿有两大领域：一是克隆技术的快速发

① 马克思．马克思恩格斯选集．第2卷．北京：人民出版社，1972．320

展，二是“人类基因组计划”的实施。前者是以英国科学家威尔莫特（I. Willmut）领导的研究小组于 1997 年运用克隆技术成功地克隆了“多莉”羊为标志，后者被认为是与“曼哈顿计划”（原子弹制造）和阿波罗计划（人类登月球）齐名的最伟大的科学技术，其目的在于要揭示生命的奥秘。人类基因组计划主要分三步：大规模基因组作图；对 30 亿个碱基进行全测序；解读基因组密码。这一计划的实施将揭开生命科学研究崭新的一页。④人工智能。1997 年，美国商用机器公司设计的“深蓝”机器人战胜国际象棋大师卡斯帕罗夫，标志着人工智能发展到一个新水平。人类经过几百年的努力，传统的机器不论在力量和速度上，还是在精确度和耐疲劳上都远远超过人类，成为人类四肢器官的强力延伸，至于机器能否在智力上超过人类，代替人类，则是哲学和科学长期争论的问题。然而，随着计算机高速发展，人工智能的发展也日益受到关注。科学家一直致力于运用机器来模拟人类思维，以使计算机不仅具有记忆存贮功能、逻辑推理功能、分析比较功能，而且具有视觉、听觉、触觉功能、自我学习和自我积累功能、网络反馈和联想存储功能以及高速寻找优化解功能。因此，人工智能是当代科学前沿中最活跃的领域之一。

如果说在宇宙天体和物质结构的研究中每一个科学的发现总是使人们欢欣鼓舞的话，那么，对生命科学和人工智能领域中的每一次科学进步人们则总是忧心忡忡。由于克隆技术的进步，人们担心“克隆人”的出现会动摇传统伦理道德的根基；基因革命会产生危及人类自身的新生命体或新生物，会引发“人口爆炸”；人工智能的发展将会由机器控制人类。传统的科学观面临新的挑战，传统的自然观也遭遇新的考验，这是 100 多年前马克思和恩格斯那个时代无法想象的。它也从一个侧面说明自然辩证法的理论应该随着现代科学技术的进步而与时俱进地发展。

### 2. 系统自然观的形成与发展

近代科学最伟大的成果就是抛弃了古希腊自然哲学家通过猜测与思辨对自然进行的整体认识的思维方式，而对自然界进行分门别类的研究。科学的分化、细化使我们对自然的认识和理解走向了深刻和精确。但是，它是以整体模糊为代价的局部清晰。然而，现代科学不断加强的整体化和综合化的趋势，使人们开始认识到自然本身是一个相互联系、相互影响的有机整体。要适应科学的综合化和整体化的特点，就应该创立新的思维方法来适应时代的要求，系统的自然观就是在这种背景下产生的。早在 20 世纪 50 年代，随着现代科学的发展，人们对自然的认识从深度和广度上有了极大的拓展，先后产生了系统科学的一般理论。例如，奥地利生物学家贝塔朗菲（V. Bertalanffy）创立了一般系统论；美国数学家仙农（E. Shannon）创立了信息论；美国数学维纳（N. Wiener）创立了控制论。尽管他们是从各自不同的学科出发研究系统论、信息论和控制论，但他们都对系统科学的创立和系统自然观的形成起了很大的促进作用。这不仅具有科学认识论和方法论的意义，同时也带来了现代自然观的一次变革。

近代机械自然观的重要特征是线性的、机械的和决定论的。其特点是把动态的现象作静态的处理，把复杂的现象作简化处理，把整体不平衡问题作局部平衡处理，把有机体问题作分割处理。而现代科学面对的是高度复杂的大系统，如生物系统、思维系统、气象系统和社会系统，它们已经不是简单的变量之间的关系，而是成千上万个变量的结构关系和功能关系，它并不是一般的线性关系或线性方程所能描述或把握的，而是需要新的研究方法和手段，需要新的思维方式和方法。这就为系统科学发展和系统自然观的形成提供了依据。系统科学理论并不是孤立的一门学科，系统自然观的形成也不是哪一位科学家的天才，而是现代科学发展的结果，是系统科学发展的产物，是由众多杰出科学家从不同的角度共同参与和发展起来的学科群，它推动了现代系统自然观的形成。

(1)“耗散结构”理论。“耗散结构”理论的创立者普利高津是比利时化学家，研究远离平衡态的耗散结构系统，它通过与外界进行物质、能量和信息的交换而维持系统自身结构。开放系统内部的非线性相互作用通过涨落有可能发生突变，进而使系统从无序走向有序。通过发现开放系统对初始条件的敏感性，揭示了远离平衡态开放系统的不可逆过程和演化机制。

(2)“协同学”理论。“协同学”理论创立者哈肯是一位著名的理论物理学家。哈肯从激光现象中得到启发开始研究远离平衡态的物理变相问题。他发现任何系统同时存在两种运动倾向：一种是无规则运动，它通常导致系统走上无序的道路；一种是由于子系统之间的关联引起的协调运动，它导致宏观有序。不同的协同运动导致不同的宏观结构。而决定系统相变的环境条件是控制变量的变化，协同学就是研究这种变化的动力学问题，从而为揭示系统相变和演化的内在机制作出了贡献。

(3)“超循环”理论。“超循环”理论创立者、德国生物家艾根在研究生命如何从物理和化学的层次突现出来的问题时提出了超循环理论。他发现在化学进化之后，存在一个生物大分子的自组织进化，在这个进化过程中，原始的蛋白质和核酸之间的相互作用形成了某种超循环组织，这种超循环组织能够稳定地协同整合地朝着自我优化的方向进化。超循环是以传统的化学催化循环为基础的，它使生物大分子具备自我复制能力和自我选择能力。艾根认为，超循环理论可以作为生物大分子进化的一般模式，解释由化学过程向生命过程转变的种种突变现象。

(4)“突变论”理论。突变论理论创立者法国数学家托姆是在用数学方法研究生物学问题时，发现微分拓扑学领域关于奇点的研究成果与生物形态分类学有密切的关系，他进而从这个角度切入，发展出突变理论。传统的数学分析以及用微分方程表述的理论物理学，处理的都是连续和光滑的情况，对不连续和突变现象的研究则不在其视域内。事实上，现实生活中量变引起质变的过程会出现“突变”现象，即从一种结构的稳定态变为另一种结构的稳定态。托姆突变论关注的是质变的关节点，即奇点、临界点、分岔点问题，通过构建数学模型来分析突变的类型、探索影响突变的因素，如控制因子和反应因子，以提出揭示系统突变的内在规律的数学表达和描述方式。

（5）“混沌学”理论。“混沌学”理论创立者美国气象学家洛伦兹是在用计算机模拟天气变化的过程中，一个微小的误差导致了两条分道扬镳的天气模拟曲线后，提出了著名的“蝴蝶效应”，即一只蝴蝶在巴西扇动翅膀会引起得克萨斯州龙卷风的命题。他发现天气变化是一个庞大而又复杂的非线性动力学系统，用传统的线性动力学模型是无法描述那些非周期性的和对初始条件的敏感依赖性问题。“蝴蝶效应”向人们揭示了一个非线性世界，同时也是一个真实的世界。混沌学理论揭示了混沌现象的几个基本特征，如系统内在的随机性、初始条件的敏感性、奇异吸引因子的非线性相互作用以及混沌是新事物、新结构、新功能的创生之源等。

现代的系统自然观是马克思和恩格斯的辩证自然观与现代科学技术发展相结合所形成的时代产物，它以系统概念为基础，探讨系统与环境、结构与功能、要素与要素之间的相互关系和作用，揭示了自然界物质系统的进化和演化机制，改变了人类传统的认识世界和认识自然的方式。

## 第三节　学习和研究自然辩证法的意义

### 一、改善知识结构，提高理论思维的水平

恩格斯早就指出：“一个民族想要站在科学的最高峰，就一刻也不能没有理论思维。”① 理论思维之巅是哲学思维，自然辩证法是马克思主义哲学的重要组成部分，属于哲学学科的范畴，但它与传统的哲学、纯粹的哲学又有一定的区别，它属于科学技术哲学，关注的是科学技术中的哲学思考和认识。为什么“会当凌绝顶”才能“一览众山小”？因为，只有站得高才能看得远。从事自然科学和工程技术学习和研究的人，由于长期囿于某个学科、某个专业、某个研究领域、某个研究方向进行专题研究，自觉或不自觉地会形成一种“见木不见林，见林不见森”的狭窄的技术视野，至于“天有多宽，地有多大”则并不重要，重要的仅是眼前和当前。这种缺乏理论思维水平，没有哲学思想武装的科技人员，充

① 马克思．马克思恩格斯选集．第3卷．北京：人民出版社，1972.467

其量只能是一个技术的“匠才”，而成不了科学的“将才”或“帅才”。自然辩证法教学面对的是中国知识界的精英——硕士研究生和博士研究生，他们既需要精深的专业知识，又需要广博的知识面和宽阔的科学视野。能“通古今之变，明天地之理”者，大师也，大家也。而要成为科学的大师或大家，就应该走出科学看科学，走出技术看技术，就像走出“林”才能看清“林”，走到高山之巅，才能把握“森”一样。

系统科学理论告诉我们：“结构决定功能”。众所周知，碳有四种同素异构体，木炭是由无序结构组成的碳；石墨是层状结构的碳所构成；金刚石之所以坚硬无比，是因为它是正四面体结构，至于新近发现的 $C_{60}$，则是一个奇妙的球体结构。一个人的能力和素质是由各自独特的知识结构所折射的，知识结构还决定着思维高度和力度。因此，自然辩证法的学习能够改善一个人的知识结构，使其开阔视野，活跃思维，使其能力得到培养，素质得到提高。

## 二、提高科学素养与人文素养，培养创新能力

自然辩证法（科学技术哲学）既具有科学文化属性，又具有人文文化的属性，因此属于多学科交叉、融合、渗透的学科，但主要是科学与人文的交融学科，因此，有些学者专家称之为“两栖”学科。自然辩证法是两种文化之间的一扇窗，通过它，一方可以看到另一方。一方可以伸出双手，紧紧握住对方的手，然后共同拆掉把双方隔开的那堵墙。①科学主义的特征：关注客观世界和物质世界。承认存在一个不以人的意志为转移的客观世界，是辩证唯物主义的思想基础。科学主义的本质是理性主义，理性主义的本质是遵循自然规律和社会规律，即物的规律和人的规律，而不以情感作为价值取向，不以好恶判断是非，不以直觉选择行为。决定行为之前先进行系统调研、逻辑分析、理性推理，做到有计划、有步骤、有目标、有方法、有反馈、有调整。②人文主义的特征：关注人的精神世界和情感世界，强调的是价值取向和道德规范。人类的精神力量主要来源于两个方面：一是智慧的力量，二是道德的力量。我们发现，由于科学技术的发展，人类的智慧大显神通，道德的作用却显得苍白无力；科学技术日新月异，伦理道德江河日下，智慧与道德越来越不平衡，最终导致了人类精神的分裂。在这一背景下，人文精神和人文素质开始突显，科学技术能解决许多问题，但它不是万能的，技术本身就不能分辨善恶，它只是物质力量的转换器和放大器；技术的功能是求利的，但利有义与不义之分；人类既可能用技术来行善，也可以用技术来作恶。技术的负面作用责任在人。主要不是知识本身的问题，而是人的价值观、伦理观、世界观方面出现了问题。

科学主义与人文主义不是对立的，科学精神和人文精神也不是分裂的，科学素质和人文素质更不是不相容的。因为，科学与人文两者的联结与沟通是由人的

本质所决定的：人是物质实体与精神主体的统一体，具有物质生命与精神生命双重生命。人类既需要关于自然和物的文化，也需要关于精神和人的文化。自然科学、工程技术是关于物的文化；社会科学、人文学科则是关于人的文化。要实现马克思和恩格斯所倡导的“人的全面发展”，就必须推动科学与人文的统一，物质与精神的统一，人与物的统一，从而融科学精神和人文精神为一体，集科学素质和人文素质于一身。从理论上讲，人离不开物，因为人是一种物质实体，具有“物”性，人同时又具有精神性，而唯有精神性才是真正的人性。唯有人才使物质与精神既相互分离，又相互转化；既一分为二，又融为一体。人类要改造物质世界，必须拥有物质力量，这就需要科学技术。人组成社会，有精神世界和精神追求，这就需要社会科学、人文学科。物的文化归根到底是为了最大限度地提高物的效益，人的文化归根到底是为了最大限度地调动人的积极性，实现人的价值。自然辩证法的学习和研究，是架通科学主义与人文主义之间的桥梁、联结科学精神和人文精神的纽带，同时它能提高学生的科学素质和人文素质，培养学生的创新能力。

### 三、树立科学的自然观、科学观、技术观和发展观

现代科学技术的日新月异和快速发展，使人们对自然界的认识不断深化，对科学技术的认识也随之发生了深刻的变化，并改变着人们对自然界的看法。现代科学的发展不但没有远离哲学，而且在自然观、认识论和方法论方面都提出了需要在哲学认识层面上加以认识研究的许多问题，如决定论与非决定论、对称与非对称、平衡与非平衡、可逆与不可逆、有序与无序、简单性与复杂性、偶然性与必然性、精确性与模糊性等。因此，学习自然辩证法对于我们树立辩证的自然观和科学的发展观都是非常有意义的。

马克思早在100多年前就指出：“科学是一种在历史上起推动作用的、革命的力量。”① 事实也证明了马克思的这一英明论断。现代科学革命伴随着技术革命、工业革命和产业革命，给人类经济社会带来了巨大的进步，改变着人类的思维方式、工作方式和生活方式。科学技术水平已成为一个国家综合实力的重要组成部分，也成为一个国家发展的基本国策和战略选择。科学已从科学家对自然的好奇和兴趣，演变成一种社会建制和国家事业，与经济、政治、文化、教育、军事、法律、宗教等社会各方面发生和发展着极为密切的联系，也受到来自社会各种条件和环境的制约。因此，从整体上认识现代科学技术发展的特点和规律，研究科技在社会系统中的发展机制，是自然辩证法关于科学技术观的重要内容。我们通过自然辩证法的学习和研究，一方面要认识到现代科学技术能够造福于人

---

① 马克思．马克思恩格斯选集．第3卷．北京：人民出版社，1972.575

类，对社会进步带来积极的影响；另一方面也要看到现代科学技术也带来了许多未曾预料的消极后果，如引发了诸如环境、生态、资源、人口等一系列全球性问题。因此，现代科学技术的发展需要社会评价，需要关注人与自然的协调发展，需要用科学的发展观来统筹人与自然的关系，这也是科学技术发展到今天所面临的新问题和面对的新挑战，同时也表明我们今天学习和研究自然辩证法具有深远的社会价值和现实意义。

# 第二章

# 自然界物质的存在方式

何谓“自然”?《中国大百科全书》中的解释是“自然”有广义和狭义之分:“广义的自然是指具有无穷多样性的一切存在,它与宇宙、物质、存在、客观实在这些范畴是同义的;狭义的自然是指与人类社会相区别的物质世界或称自然界。它是各种物质系统的总和”。①

自然观是关于自然界的基本观点或整体看法,具体来说,自然观既包括了自然界的存在观,又包括了自然界的演化观,同时也涉及人与自然互动的协调观。首先,自然观是从静态角度对自然界物质存在的方式,如对自然界存在的物质性、系统性和层次性的科学认识,对自然的构成、本质、形态和法则,即对物质的客观实在性、丰富多样性和运动规律性的理性把握。其次,自然观是从动态的角度对自然界物质演化模式,如对自然界演化的历史性、自组织性和无限性的客观认识。最后,自然观是从人与自然互动的角度,历史地考察人与自然关系的演变,认识纯粹的自然(天然自然)和人化的自然(人工自然)的特点和规律,强调人与自然的协调发展。因此,认识和把握自然界物质存在方式是人们形成辩证自然观和系统自然观的基础和前提。

## 第一节　自然界存在的物质性

### 一、物质的客观实在性是自然存在的本质

自然的基始或本原是什么?自然是统一于物质还是统一于精神?物质是依赖

① 中国大百科全书.哲学卷.北京:中国大百科全书出版社,1987.1253

于精神的独立存在还是精神依赖于物质的独立存在？自然界物质存在方式和本质属性是什么？这些都是千百年来关注哲学和科学的学者所讨论的重要问题。是否确信“存在一个不以人的意志为转移的客观物质世界和客观世界的规律性”是区别唯物主义和唯心主义物质观的标志。从笛卡儿的“我思故我在”到黑格尔的“绝对精神”，从叔本华的“唯意志论”到萨特的“存在主义”，强调的都是精神对物质的先导性，意识对存在的支配性，尽管他们在日常生活中也很难摆脱自然物质的客观实在性影响，但他们强调的是主体对客体的感受性，强调“我都不存在了，客观实在还有意义吗?”这是典型的人文主义对客观物质世界的理解，它带有强烈的非理性主义的色彩。当然，强调人的主观能动性和创造性是重要的，但必须以理性主义为基础。

20 世纪初，列宁在继承以往唯物主义传统和当时自然科学重大成就的基础上，曾经给“物质”下过这样的定义：“物质是标志实在的哲学范畴，这种客观实在是人通过感觉感知的，它不依赖于我们的感觉而存在，为我们的感觉所复写、摄影、反映。”① 100 多年前，列宁对物质的定义是对辩证唯物主义物质观的完整表述。尽管 100 多年间科学技术发展突飞猛进，日新月异，人们对自然界物质存在方式和演化方式也有了更深刻地认识，但是，列宁的物质定义仍然是我们理解物质的哲学范畴的重要思想锐器。

### 1. 自然的本质是物质的客观性

承认存在对于意识的根源性，精神对于物质的依存性的观点，既是辩证唯物主义的基石，也是自然科学的基础。列宁关于物质的定义，揭示了自然界物质的本质是其客观实在性。列宁从物质和精神谁是第一性这个根本问题上去把握物质的根本特性。正如著名的现代物理学家爱因斯坦所说的：“相信有一个离开知觉主体而独立的外在世界，是一切自然科学的基础。”② 天空的行星无论有没有人去观察研究，总是客观存在着的，并不是由人愿意不愿意它存在所决定的；微观基本粒子在人们未测量它们之前也是客观存在着的。尽管古希腊人提出了“原子”的概念，意思是物质不可再分的最小单元，但是，不可再分的物质单元是人们的主体意识，现代科学证明，原子不是不可再分的最小物质，原子中有电子和原子核，原子核心内还有质子和中子，这些都是人们还没有认识它们之前就客观存在着的，现在没有发现，将来一定也会发现。因为宇宙行星和基本粒子早在人类发现它们以前，至少已存在有上百亿年的历史。人类既不能把尚未被人感知的东西视为不存在，也不能认为人的意念能改变自然界的物质存在方式和状态。

---

① 列宁．列宁选集．第 2 卷．北京：人民出版社，1972.128

② 爱因斯坦．爱因斯坦文集．第一卷．许良英，范岱年编译．北京：商务印书馆，1976.292

### 2. 客观物质存在的可认知性

从科学技术发展的历史过程来看，自然界物质存在的特点和规律是可以被认识的，人类发展的历史就是从无知到有知，从知之甚少到知之甚多的过程。在历史上，不少哲学家认为人类的认知能力是有限的，它不可能认识无限的自然，对自然认知得越多无知的东西也越多。也有些学者认为，物质世界是不可知的，我们只能认识表象世界，而无法认识世界的本质。列宁的物质定义表达了物质的可知性，从而反对一切不可知论。从理论上讲，人类的感知能力是有限的，但人类可以通过科学技术的发展不断地提高人的感知能力。由于科学技术和生产力发展水平的限制，自然界物质的许多特性难以感知之，但这并不是说人类就不能认知其特点和规律。随着科学实验手段和观测技术的进步，人类或迟或早总会认识它，就像过去人们是用肉眼观察天体，近代以后是用光学望远镜去观察天体，如今人们是用射电望远镜来观测宇宙一样。观测技术和手段的进步，使人们对宇宙认识的深度和广度有了极大的拓展，从而对物质世界形成了宏观、宇观和胀观的认识层面。

### 3. 自然界客观物质的可证实性

物质是一个最广泛的哲学概括，它舍弃掉各种物质形态所持有的个性，仅仅保留客观实在性这个为一切物质形态所具有的共性。所以，它不仅适用于人们已经发现了的物质存在形式和形态，而且也适用于尚未发现的物质形态，因为，任何新的物质存在形式和形态必然是客观实在的东西，它是可以被科学所证实的。如果它仅仅是一种脱离客观世界，凭主观臆想或意念所构造的“物质存在”，那么，它是不能被科学所证实的。因此，列宁的物质定义揭示了一切物质形态的共同本质，克服了形而上学物质观的局限性。例如，历史上关于“场”是不是物质有过很多的争论，按照列宁的物质定义，“场”当然也是物质。现代科学已经证明了实物和场具有统一性，它们是物质的两大基本形态。现代科学通过实验和宇宙学推测出宇宙间还可能存在着大量暗物质和反物质这类新的物质形态，如果这类物质形态有朝一日被科学所证实，物质的客观实在性是自然的本质这一结论将会得到进一步证明。

## 二、物质的丰富多样性是自然存在的形态

自然界是物质的，而物质的存在形式是千变万化、千姿百态的。一方面，处于普遍联系之中的物质因其各自固有的本质而互相区别开来，这是物质的“空间多样性”；另一方面，处于不断发展过程中的物质，由于其发展过程中的阶段性、分叉性而表现出的多种形态，又反映了物质的“时间多样性”。现代科学技术的

发展使我们对自然界物质存在的丰富多样性有了更深刻的认识。如果用分类方法来考察，我们将不难发现物质存在多样化的特征。

1. 物质形态与反物质形态

根据构成物质粒子的电荷、重子数、轻子数、奇异数等量子数的同号异号性，我们可以把物质分为物质和反物质两种类型。何谓“反物质”?“反物质”是指完全由反粒子构成的物质。反物质中的反原子是由反质子和反中子构成的“反原子核”和绕核运动的正电子所组成，在整体上显电中性。而“反粒子”是指那些在重量、寿命、自旋、同位旋相同，但电荷、重子数、轻子数、奇异数等量子数异号的粒子。近年来，人们利用高能加速器已在核反应中制造出反氘核和反氦核。1996年，欧洲粒子物理实验室运用低能反质子环型加速器，生成反氢原子。同年，美国费米国立加速器实验室用反质子和正电子成功地制造出了反氢原子。人们同时也发现反物质的物理特性和化学特性与普通物质相同，当然，现代宇宙学研究中，有学者提出在我们已知的物质世界以外，可能还存在着一个“反物质世界”，这一科学的猜测和假说，还有待于科学实验的检验和证实。

2. 生命世界与非生命世界

生命世界或生物界可划分为植物、动物、微生物三大类。生物界物质形态的多样性，首先表现在物种的多样性。如目前全世界生存的植物有30多万种，动物150万种，微生物近10万种。其次表现在生物中的物质形态结构的多样性。从细胞组成的结构上看，植物中有单细胞和多细胞之分；动物中有单细胞和多细胞动物之分，也有无脊椎动物和脊椎动物之别，其形态更是千姿百态。无脊椎动物有原生动物、海绵动物、腔肠动物、软体动物、线形动物、环节动物、节肢动物等。脊椎动物有鱼类、鸟类、两栖类、爬行类和哺乳类动物等。而非生命世界就更庞杂了，基本粒子是非生命物质的最简单的物质形态，基本粒子中的质子、中子构成原子核，原子核与电子构成原子即化学元素。目前已知的元素有107种。各种化学元素组成单质和化合物。目前已知的无机化合物有100多万种。原子组成分子，分子能组成各种不同的宏观物体。从天文学角度看，人类已知的天体和天体系统有：太阳系、银河系、河外星系、星系团、星团、总星团等，它们都有不同的物质形态。

3. 凝聚态物质与非凝聚态物质

凝聚态物质包括固态、液态、超密态（或称超固态）。固态和液态物质是人们常见的凝聚态物质形式，但是，一般人对超密态物质知之甚少，科学研究表明，当物质在超高压下，将原子核外电子压进到原子核内，形成极大密度时，超

密态物质可以使 $1cm^2$ 物质重量达到上亿吨。科学推测：当恒星演化到密度高达 $10^5 \sim 10^8 g/cm^3$ 时形成白矮星；当演化到 $10^{14} \sim 10^{15} g/cm^3$ 时便形成了中子星。这时的状态就是超密态物质系统。气态属于连续性的物质系统，即非凝聚态物质。当将气态物质的温度升高到几千摄氏度时，也就是定向给原子核外电子增加动能，达到一定程度时，电子便脱离原子核的束缚，形成大量自由带电粒子和正离子同时并存的集合体，即等离子体态，这是一种新的非凝聚态物质。等离子态物质具有较大的导电率，它的运动主要受电磁力支配，它与一般气体分子间的短程相互作用力不同，是一种长程相互作用力，能引起一般气体中所没有的内部运动形态。如当电子和离子分开时，它们之间相互作用形成静电回复力，从而造成电子和离子的集体振荡。在高温等离子体中，原子核和电子的温度极高，其热运动异常剧烈，彼此猛烈碰撞，可发生核聚变反应，并释放巨大能量。因此，非凝聚态物质是自然界物质存在的一种方式，尤其是等离子态物质，又被科学家称之为“物质第四态”。

4. 实物与场

现代科学研究表明，实物与场是物质的两种基本的存在形式。实物是物质表现为具体形态的存在形式，是低速运动下相对静止的物质形态，是物质的显态存在形式。实物的特性是占据一定空间，互不可入，具有间断性，有固定的质量等，实物是看得见、摸得着、实实在在的。与实物不同，场是高速运动的物质形态，是物质的能量存在形式，是物质的隐态存在。场的特性是没有具体的形态，弥散于整个空间，没有间断性、没有静止质量，可以互相叠加。场由于其场量子的速度等于光速，所以它几乎只具有运动质量和运动能量，其静止质量和静止能量等于零。尽管场是看不见、摸不着的，但它却是实实在在的，而且在物质的存在和运动变化中具有重要作用。物质的实物与场是相互影响、相互作用的。物质的场的产生与实物的构成是分不开的。如实物的存在必然使它对周围实物产生引力，从而在它的周围也就相应地出现一个引力场；实物的运动变化离不开电，有电必然会出现电场和磁场。而能量场的产生则又会反过来影响实物的运动变化。实物的不同结构和不同的运动状态都可以影响场，使其发生变化；同时，场的不同结构和变化也会影响实物的结构和运动变化。实物与场不仅相互作用，而且可以相互转化。在一定条件下，电子和正电子可以发生“湮灭”而转化为一对光子，电子和正电子的质量、动量和能量也转化为光子的质量、动量和能量，这是实物转化为场；反过来，具有一定能量的光子也可以转化为一对电子与正电子，这又是场转化为实物。

物质形态的不同分类，从不同的视角向我们展示了自然界物质存在的多样性。当然，辩证的自然观不仅认为自然界物质存在具有丰富的多样性，而且认为物质存在具有统一性。就物质的存在来说，物质总是处在相互联系之中的，在某个层次上它们总存在共同的规定性，这是物质的“空间统一性”。就物质的发展来说，物质先后形态之间相互依存、相互转化的特性决定了物质先后形态的一贯性和连续性，这是物质的“时间统一性”。因此，我们不难发现，宇宙万物在化学元素上具有统一性；宇宙万物在基本粒子和夸克层次上具有统一性；质量守恒定律和能量守恒与转化定律证明了自然界中物质形态的统一性；实物与场同样存在着统一性。总之，从物质形态上看，自然界是一个既多样又统一的物质世界。

### 三、物质联系的普遍性是自然存在的法则

恩格斯曾经说过：“当我们深思熟虑地考察自然界或人类历史或我们自己的精神活动的时候，首先呈现在我们眼前的，是一幅由种种联系和相互作用无穷无尽地交织起来的画面。”[①] 辩证唯物主义的自然观认为，自然界是物质的，物质存在方式具有多样性和统一性。相互联系是物质存在的普遍法则，自然界在相互联系中表现出多样性，又在相互联系中体现不同层次的内在统一性。

自然界物质实体联系的普遍性是辩证自然观的基本范畴，通常是指事物与事物之间，事物的现象与现象之间以及事物内部诸要素之间的相互依存、相互制约、相互转化、相互影响、相互作用的关系。联系的普遍性是物质自身固有的本性和法则，是不以人的意志为转移的，它是客观的。宇宙间没有独立存在的事物，任何事物总是以这样或那样的方式或是以多种方式与其他事物相互联系着，整个自然界实际上就是由各种各样的联系交织成的一个巨大的网，诸事物就是这张网上的纽结。在自然界中，从巨大的天体到基本粒子，从人到单细胞，从个别原子到复杂的各种有机物、无机物，从个体生物到整个生态系统，无不处在普遍的相互联系之中，因而，相互联系具有普遍性。自然科学研究的一个重要内容是不断地揭示事物间的相互联系。理论物理学的研究表明自然界存在着四种基本的相互作用和联系：引力相互作用、电磁相互作用、弱相互作用、强相互作用。能量守恒与转化定律向我们揭示了各种物质形态、运动状态之间的相互联系。进化论则向我们揭示了生物界以及生物与环境之间的相互联系。

物质世界的相互联系不仅是客观的、普遍的，而且也是多样的、复杂的。从理论上讲，事物之间的相互联系是复杂的，这是由事物之间的相互联系的条件性、不平衡性和可变性等因素所决定的。事物之间多种多样的联系常常是错综复杂地交织在一起，相互影响，相互制约，互为因果，互为条件。事物相互联系的复杂性具体反映在两个方面：一方面，相互联系具有多重性、交织性，即事物内部和事物之间各种各样的相互联系同时并存；另一方面，相互联系具有可变性和

① 马克思．马克思恩格斯选集．第3卷．北京：人民出版社，1972.60

非线性，即在物质世界的永恒运动、变化、发展中，各种事物之间具体的联系无不处在动态的变化之中。由于事物内部矛盾和外部条件的变化，不仅使事物的具体联系会随时发生量的变化，而且在联系的性质和方式上也会发生质的变化，同时，各种不同的联系之间也能够互相转化。因此，事物之间及事物内部的相互联系不仅仅是跨层次的、不可还原的、复杂的非线性联系，而且是跨阶段的、突变状态之间的复杂的过程联系。事物普遍联系的观点是我们认识自然界物质存在方式的重要范畴，也是辩证自然观的重要理念。

## 第二节 自然界存在的系统性

众所周知，现代系统科学的理论和方法为人们认识自然界的存在方式、物质系统之间的相互联系、运动规律以及从本体论的角度描述自然界的总的图景提供了有力的工具。美国著名学者拉兹洛（E. Laszlo）认为，现代系统理论赋予人们一种透视的眼光，使人们得以用这种眼光来考察自然界、世界和宇宙。这是一种新的科学规范，一种作为“新的自然哲学”的“系统”观点，这种观点认为：“‘系统’是总的自然界的模型。”① 正是在这种意义上，我们可以认为，伴随着现代系统论的诞生与发展，“一种新的世界观正在全世界先进科学思考者的头脑中形成。”无怪乎国内的一些专家学者认为，如果马克思和恩格斯所创立的是辩证自然观的话，那么，100 多年后的今天，随着科学技术的发展、人们认识自然的深度和广度的拓展以及系统科学理论和方法对科学、技术、经济、社会的全方位的渗透，系统自然观将成为当代自然观的主要特点和趋势，并受到人们的高度关注。

### 一、系统是自然界物质存在的普遍方式

系统的思想由来已久，在古代中国的著作《周易》中，就提出宇宙万物是由乾（天）、坤（地）、震（雷）、巽（风）、坎（水）、离（火）、艮（山）、兑（泽）等八种要素所构成的各种系统，这就是所谓“八卦系统”。同样，先秦时期也提出了万事万物都是由金、木、水、火、土等五种基本要素所构成，即阴阳五行系统。因此中国传统文化中的有机论的自然观就带有系统思维的萌芽。在古希腊时代，人们就已确认系统是自然界物质存在的普遍形式。辩证法的奠基者赫拉克利特（Herakleitos）认为：“世界是包括一切的整体。”原子论的创导者德谟克里特（Demokritos）所著的《宇宙大系统》一书，明确地把整个宇宙或自然界看做一个巨大的系统。但是，究竟什么是系统，只是随着现代系统科学的产生和发展，

① ［美］L. 冯·贝塔朗菲．一般系统论：基础·发展·应用．北京：社会科学文献出版社，1987.213

这一概念才逐渐获得明确的界定。早在100多年前，恩格斯就从本体论上明确提出“系统是自然界物质的存在方式”。他认为：“我们所面对着的整个自然界形成一个系统，即各种物体相互联系的总体，而我们在这里所说的物体，是指所有的物质存在。”他还说：“只要认识到宇宙是一个系统，是各种物体相互联系的总体，那就不能不得出这个结论来。”①

现代科学技术发展表明，系统是自然界物质存在的普遍方式，从微观的基本粒子到宇观的总星系，从无机界到有机界，从天然自然到人工自然，从人类社会到人类思维，都无一不自成系统。现代自然科学的研究成果对此已经作了极其深刻、丰富的说明，在非生物界如基本粒子、原子、分子、地上物体、地球、太阳系、银河系、星系团、超星系团、总星系等，在生物界如生物大分子、细胞、个体、群体、生态系等，都是由其内部若干要素按一定规则相互联系、相互依赖而组成的具有确定结构与功能的相对独立的系统。“场”也是物质存在的一种形式，如电磁场、引力场以及传递强、弱相互作用的相应的规范场，也是以系统的方式存在着的。自然界的一切物质客体不仅自成系统，而且又互成系统。这也说明了自然界物质系统的普遍性。大系统中有小系统，小系统中有更小的系统；若干小系统相互联系、相互作用组成大系统，一些大系统则又相互联系、相互制约组成更大的系统，如此等等。总之，任何一个系统都是较高一级系统的要素；同时，任何一个系统的要素本身又是较低一级的系统。譬如，相对于地球、行星而言，太阳系是一个大的系统，而相对于银河系来说，太阳系就只不过是一个要素了。

对于有机自然界来说，系统作为物质存在的普遍方式是显而易见的。例如，分子生物学的理论和实验已经证实，DNA（脱氧核糖核酸）是一种高分子系统，具有双螺旋结构。脱氧核苷酸是构成DNA的基本要素，每个脱氧核苷酸又是由磷酸、脱氧核糖、含氮碱基等要素所构成的系统。DNA不仅具有一定的构成要素，而且还有其特殊的构成方式，从而表现出其特有的功能。这一结构的特点是：DNA分子是由两条头尾方向相反的脱氧核苷酸长链盘旋而成；DNA分子中的脱氧核糖和磷酸交替连接，排列在双螺旋结构的外侧，碱基则排列在内侧，两条链上的碱基通过氢键连接，形成碱基配对。另外，构成生物体较高一级层次基本结构和功能的单元是细胞，它是有机生命界中最基本的系统。作为统一整体的细胞系统又由细胞质、细胞核、细胞壁等基本要素所构成，细胞核又由核膜、核液、染色质和核仁等要素构成，这些客观事实说明，系统是有机界存在的基本方式。

## 二、自然界物质系统的基本特征和类型

自然界物质存在的系统概念是从各种具体的物质系统中抽象出来的具有普遍

① 恩格斯．自然辩证法．北京：人民出版社，1971.54

意义的科学概念，物质系统的基本特征和类型也现实地存在于自然界各种具体的物质系统之中。系统的科学概念作为对物质系统属性的科学概括，已成为具有普遍意义的哲学范畴。系统的概念科学地概括了事物的整体性、目的性、结构性、层次性以及整体与部分、系统与要素、系统与结构、系统与环境、结构与功能等之间相互联系和相互作用关系。科学地把握系统概念应当注意以下四个基本特征：①系统是具有一定关系和处在相互联系中的要素的集合，这一集合构成一个确定的统一体。任何一个系统必须有两个以上的要素构成，即承认系统内部应具有可分析的结构，单个的要素不成其为系统。②“系统”具有要素之间内在联系的结构性，系统的特性不是系统要素的简单叠加，而是一种非加和性。系统内诸要素之间、系统要素与系统整体之间的相互联系、相互作用，形成了特定的结构，而结构是系统中各种联系和关系的总和，这些关系可以是数量关系（数量结构），也可以是空间关系（空间结构），还可以是时间关系（时间结构）。自然界物质系统解构是科学研究的重要内容，也是认识系统的重要方法。③“系统”还在于“统”，即要素彼此之间联系成为一个统一的有机整体，要从整体上把握系统的特点和规律，构建系统模型是认识系统的主要途径。④系统作为一个整体对环境表现出特定的功能。功能是系统在内部关系和外部关系中所表现出来的特性与能力。功能是系统的属性，但它不是要素的属性，也不是某个部分的属性，而是系统整体才有的属性。系统的功能是通过要素间不同的结构表现出来。把这些共同点概括起来，我们就应当把“系统”理解为由两个以上相互联系与相互作用的要素组成的具有特定结构和功能的有机整体。

自然界之所以表现为物质系统的多样性，是因为自然界存在着不同类型的物质系统。如根据物质系统与其环境相互联系的程度，可分为：孤立系统、封闭系统和开放系统。所谓孤立系统是指系统与环境既无能量交换，也无物质交换。而封闭系统是指系统与外界有能量交换，但没有物质交换的物质系统，地球系统就是一个典型的封闭系统，它与太阳系只有能量交换，而无物质交换。开放系统是指系统不仅与环境具有能量和物质的交换，而且还有信息交换。人类和生物是一个典型的开放系统。根据物质系统的自组织程度高低，系统可分为有序系统和无序系统。根据构成物质系统要素的多少以及系统中要素之间构成方式的复杂程度，系统又可分为简单系统和复杂系统。根据物质系统空间域的大小，系统可分为宏观物质系统、微观物质系统、宇观物质系统，此外还包括更小空间尺度，即基本粒子的渺观物质系统以及更大空间尺度，即星团和总星团的胀观物质系统。根据人类在物质系统构建中的地位和作用，系统可分为自然界的天然系统和人工系统。根据物质系统状态参数和时间关系，系统又可分为动态物质系统和静态物质系统。当然，自然界的物质系统是多种多样的，人们还可以划分出更多的类型，如生命系统和非生命系统、连续系统和离散系统、精确系统和模糊系统、平衡系统和非平衡系统、线性系统和非线性系统，还有黑箱系统、白箱系统和灰箱系统。由此可见，自然界物质存在的系统性是具有普遍意义的。在我们认识自然的过程中，应该建立系统的自然观，从系统的角度出发，把握系统的内在联系，解读系统的结构，分析系统的外在功能，从而认识自然界物质系统的本质和规律。

## 三、自然界物质系统的基本属性

### 1. 自然界物质系统的整体性

物质系统的整体性是指系统的各个要素按一定的方式构成的有机整体，系统是诸要素的有机集合而不是各要素的简单机械加和，系统的性质、功能和运动规律不同于它的各个组成要素的性质、功能和运动规律，即系统具有各组成要素所没有的新的性质、功能和运动规律；另一方面，系统中的要素也具有它自身所没有的整体性质、功能和运动规律，与其未组成系统、独立存在时有质的区别。整体性是一切自然系统的普遍属性。从基本粒子到总星系，从核酸、蛋白质到人体，从天然自然物到人工自然物，每一具体物质形态都是以系统的形式存在的有机整体，呈现出各种不同的整体性。例如，由许多核苷酸单体按一定方式连接组成的核酸，具有储存和传递生物遗传信息的特性，而单个的核苷酸则不具备这一特性。而当以核酸为主的遗传体系与蛋白质为主的代谢体系之间出现了偶联作用，多分子体系内部建立了信息传递、控制与调节的新关系时，也就出现了新陈代谢、自我繁殖、生长发育和遗传变异等生命特征。人脑有成百亿个细胞，每个细胞与其他细胞又有成千种联系，正是这种难以想象的复杂联系和作用，产生了人脑这种最高级的思维功能。由于系统整体性的特点，因而组成系统的各个要素不能一一分解成独立的要素。如果强制要分解，则分解出来的要素就不再具备其在系统整体中所具有的性质、功能和规律。也就是说，组成部分（要素）是在整体制约下的相对独立的成分，一旦脱离了系统整体，就会丧失作为整体组成要素所表现出来的特性、功能和行为。这一点在整体性特别强的生命系统中表现得尤为明显。例如，人体系统整体中的各个器官只有在系统整体内部才能按照系统整体功能的要求，各司其职，相互协调，使人体这个系统整体保持内部的动态的稳定状态以及与外部环境的动态的稳定状态。如果把人的手或其他器官分解开来，那么这种分解出来的手或其他器官就不再具有它或它们在人体这个系统整体中原来所具有的那种性质和功能了。所以，系统的整体性又被表述为“整体大于它的各部分的总和”，用数学语言可形象地表示为“$1+1>2$”。“整体大于各孤立部分之和”是两千多年前古希腊哲学家亚里士多德提出的哲学命题，原意是强调整体不等于它的各构成部分之和，整体除了它的部分（要素）外，还加上它的形式。贝塔朗菲指出，为了理解一个整体或系统不仅须了解其各个部分，而且同样还须了解它们之间的关系。他强调从事物的关系中、从其相互作用中去了解系统整体的规律性。因此，贝塔朗菲用这个命题来表述系统的整体性，他说，亚里士多德的"整体大于各孤立部分之和"的论点，至今仍然是"基本的系统问题的一种表述"①。

2. 自然界物质系统的结构性

结构是指物质系统内各组成要素之间的相互联系和相互作用的方式。世界万物都是以一定的结构形式存在着、运动着和变化着的。物质系统的结构是多种多样和纷繁复杂的，但总的看来可分为两种基本形式：空间结构和时间结构。"空间结构"又可分为系统内部结构和外部结构。内部结构是指物质系统内要素之间的相互作用，在空间上形成的同时态的相对稳定的结构，即系统诸要素在空间上的联系与组合秩序，如DNA分子的双螺旋结构。有的自然界物质系统尽管存在十分短暂（某些共振态粒子的寿命为 $10^{-23}$ s），但也有其相对稳定的空间结构，并且正是这种结构使得该系统具有与其他系统相区别的属性。外部结构是指物质系统与它的环境之间由相互作用在空间上形成的一种同时态的相对稳定的空间结构。当然，内部结构和外部结构的划分是相对的，在一定条件下，二者是可以相互转化的。"时间结构"是指一种历时态的变动结构，即系统随着时间的延伸而呈现的流动性、变动性秩序。如某些自然界物质系统随时间的周期振荡，生命系统中存在的时间节律等。时间结构说明物质世界没有绝对不变的结构，任何结构都有自己产生、演化和发展的历史。由于任何事物都具有广延性和持续性，因此，系统的空间结构形式和时间结构形式一般是交织在一起的，系统诸要素不仅在空间上有相互结合的关系，而且在时间上有前后更替的顺序。任何具体事物的系统结构，都是空间结构和时间结构的统一，是稳定性结构和可变性结构的统一。

3. 自然界物质系统的功能性

功能是指物质系统与环境的相互作用中所呈现的作用、能力、功效等，是与系统结构相对应的基本概念，是系统内部固有能力的外部表现。它揭示了系统对外部作用的能力，反映着系统在与外部环境相互作用的过程中，对外部环境施加影响和作用的功效。例如，一个人的肝脏与其他器官之间有着密切的联系与关系。在这些关系中它起到合成一定的蛋白质和胆固醇的作用、贮存糖元与铁的作用、分泌胆汁以帮助消化的作用等，这些作用就称为肝的功能。对于自然界物质系统而言，结构是功能的内在根据，功能是结构的外在表现。结构和功能的关系

---

① ［美］L. 冯·贝塔朗菲．普通系统论的历史和现状．北京：科学出版社，1981. 305

是辩证的，一方面结构决定功能，物质系统有什么样的结构，就必然表现出相应的功能。物质系统的稳定结构规定着系统功能的性质和水平，制约着系统功能的范围和大小。另一方面，功能又反作用于结构。功能和结构相比，功能是相对活跃的因素，而结构则是相对保守和稳定的因素。系统功能在各种外在因素的影响下，可以经常不断地发生变化，这种变化又反过来影响结构。由于自然界的无限性和复杂性，自然系统的结构与功能的关系也是无限多样、变化无穷的，而且在一定条件下二者还是可以相互转化的。正如系统与要素的关系一样，原属于大系统内部的结构关系，在子系统之间则转化为功能关系了。例如，人体是一个复杂的大系统，它由各个子系统组成，这些子系统对于大系统来说是组成的要素；而就各个子系统来说，则各有各的功能，而且子系统之间可以有互补功能。显然，研究结构和功能的关系，有助于我们认识结构，利用功能；并进一步创造结构，获得新的功能。人类认识自然界物质系统的本质和规律，就是认识物质系统的内部结构和外在功能，人们既可以根据已知对象的内部结构来推测和预见对象的功能，也可以根据已知事物的功能来判断和分析事物的内部结构和相互关系，从而达到认识物质系统的本质，揭示物质系统的规律，把握物质系统的变化和发展。

### 四、自然界物质系统与环境的关系

系统科学的理论告诉我们：环境是相对于物质系统而言的，系统总是存在于一定的环境之中，凡是与系统组成要素发生相互作用而不属于系统的事物，均属于系统的环境，而功能是在系统与外部环境的相互作用中表现出来的。因此，自然界的物质系统不仅存在着系统内部各要素之间、系统整体与其中各要素之间相互联系和相互作用，而且也存在着系统与外部环境之间复杂的相互联系和相互作用。

自然界物质系统与环境之间的相互联系具体体现在三个方面：①环境对系统的作用。环境是物质系统存在的必要条件和基础，自然界的物质系统之所以能不断地演化和发展，是因为物质系统具有开放性，它与环境不断地进行物质、能量、信息的交换，系统通过这种新陈代谢和非线性的相互作用，使其内部产生涨落和突变，从原来无序状态转变到时间和空间有序的结构和状态。因此，环境对物质系统的发展和演化起着一定的诱导甚至支配作用，系统的性质和功能是通过环境显现出来的。②系统对环境的作用。系统有其内在的结构和独立性，它可以通过输入和输出对环境发生影响，系统可将环境要素变为自己的要素，可以抗拒环境的干扰而保持自身稳定和发展，甚至可以通过改变结构以适应环境的变化。物质系统与环境的相互作用是双向的，一方面系统与环境可通过协调两者的矛盾，形成相互促进、共生和谐、可持续发展的局面；另一方面系统与环境不能协调发展，就会打破物质系统与环境固有的和谐和平衡，最终损害物质系统自身的生存和发展。如当代人类在物质系统的活动所引起的环境污染和生态破坏，不仅危及人类的生存环境，而且危及人类自身的存在与发展，这也说明物质系统的变化对环境质量和发展的影响具有决定性意义。③系统与系统的作用。环境中事实上有其他系统的存在，系统与环境的作用往往表现为系统与系统的作用，系统与系统有并存关系、互依关系、竞争关系、吞食关系等。例如，生态系统既是人类的生存环境，也是与社会系统共存的独立系统，因此协调系统与系统的关系，系统与环境的关系都是十分重要的。环境是一个大的范畴，而生态系统是一个相对独立的系统。生态系统自身有其特点和规律，深入研究生态系统存在与发展的规律，有助于协调社会系统与生态系统的关系。因此，研究系统与系统之间的关系有着特殊的意义。

从理论上讲，物质系统的要素、结构、功能和环境都是完备地规定了系统的有机整体：系统的功能依赖于其要素、结构和环境，系统要素性质的变化、结构构型的变化、环境条件的变化，都会影响系统功能的表现，甚至导致系统的质变。因此，单有关要素的认识，或者单有关结构的认识，或者单有关环境的认识，都不足以逻辑地推出系统的功能[①]。

## 第三节　自然界存在的层次性

### 一、自然界物质系统是层次性与规律性的统一

自然界物质系统存在的层次性是物质系统互相联系的重要形式。自然界物质系统的层次性，不是指物质结构上的分层排列现象，如原子核外电子的分层排布、某些生物组织中不同性质细胞的分层排布等。物质系统的层次性，是系统之间纵向联系的形式，一方面系统由一定的要素组成，这些要素是由更低一层次的要素组成的子系统；另一方面，系统自身又是更大系统的组成要素。在一般系统论中，是用“等级性”、“等级秩序”来描述这一现象的。自然系统的层次性主要就是这种自然界物质系统的纵向联系的体现，也就是说，自然系统的层次性概念“揭示了物质系统之间纵向的或垂直的有序关系”[②]。此外，自然系统的层次性还包括两个方面：①系统在某一等级上又可以分为多侧面的层次，即同一级的复杂系统，可从横向上分为若干互相联系、互相制约而又各自相互独立的平行层次；②一个高度复杂的自然系统以纵向层次和横向层次为基础，还可以构成纵横交错的立体网络系统，形成交叉层次。

物质系统高低层次之间的基本关系是相互包含、相互转化的。低层次系统含有成为高一层次系统组成要素的内在条件，并在一定环境条件下转化为高一层次系

① 张华夏．物质系统论．杭州：浙江人民出版社，1987.153

② 张华夏．物质系统论．杭州：浙江人民出版社，1987.267

统的组成要素。高层次的系统中因此也就包含了低层次的系统，并可以在一定条件下分解为若干个低层次系统。现代科学研究表明：自然系统的不同层次之间存在着隶属关系和规律，高层次包含着低层次，并由低层次构成；低层次从属于高层次，但低层次的变化也影响高层次，高层次的系统也可以分解、还原于低层次的系统。如生命的形成和生物的进化就是由低层次向高层次演进的过程；生物死亡后，又分解、还原为低层次的物质元素。由于自然系统的不同物质层次有着不同的质的规定性，所以其有各自特殊的运动规律。一般说来，系统愈是处于高级层次，其运动规律愈复杂；反之，则相对简单些。但是复杂的运动规律并不违背低层次的运动规律，而是将低层次的运动规律包含于自身之中给其以适当的范围或极限。

物质系统层次的高低与系统结构的复杂程度没有必然关系，即高层次物质系统不一定就结构复杂。例如，分子结构并不一定比原子结构更复杂，生物细胞的结构也不比生物组织的结构更简单。系统结构的稳定程度也同样如此，高层次物质系统不一定比低层次系统更稳定，当一个系统瓦解时，它的各个组成要素自身的系统结构常常能保持稳定状态。例如，分子瓦解了，原子结构没有变；原子核被破坏了，其中的质子和中子还可以保持完整；生物体死亡了，它的某些器官、某些组织和细胞仍有生命活力。如果一个系统的组成要素自身结构不稳定，这个系统是难以稳定的，所以，低层次系统一般更稳定。

众所周知，整个自然界是有层次结构的，自然界每一个领域、每一个种类和每一个系统都是有层次结构的，不同领域、不同种类和不同系统的事物，它们的层次结构并不相同，但是在各个不同的物质层次结构之间又有下述一般的整体的规律性。

### 1. 物质系统层次的阈值

一定的物质结构层次与一定的量的阈值相适应。自然界中任何一个层次上的物质系统都不是无条件地存在着的，它只存在于一定的物质、能量、时间、空间的量的阈值中，在这个阈值内系统变化是连续的，当连续的变化超过一定关节点，到了一定的阈值之外，就由一个层次突变为另一个性质完全不同的层次系统，即一定的物质层次与一定的量的阈值相适应，这是物质层次结构的一个规律性。例如，就能量状态来说，我们对一个分子系统传递能量，在一定的阈值内，分子系统不会发生突变，一旦能量超过这一特定的值，分子系统就会突变为原子系统。如果继续对原子传递能量，在某一阈值，电子会从原子脱出，原子层次突变为等离子态。在一定的能量条件下，我们甚至能分裂原子核。由此可以看到一幅随着能量大小跨过一个又一个阈值，物质层次一层层消失。这就是能量阈值的变化引起与之相适应的物质层次的突变。同样，任何一个物质系统不但存在于一定的空间尺度中，而且存在于一定时间间隔内。例如，在某段最小的时间 $t$ 里，一个水分子中的氢与氧原子能够建立自己的运动节奏，从而形成分子，在比这个

时间 $t$ 更小的时间间隔里，原子之间的相互作用不能传递，于是分子不能存在，而只有原子存在。所以，任何一个层次上的物质系统与过程的存在都有一个最小的质量、能量、时间、空间的阈值与之相适应。

### 2. 物质系统层次存在关系

物质系统的尺度与它的组成元素之间的结合能成反比关系（表 2-1）。这一规律表明，系统的层次愈深，其中系统的尺度就愈小，它们的结合能反而愈大。将夸克结合为基本粒子的结合能非常强，以致人们将其称作“夸克禁闭”；将中子和质子结合成原子核的结合能就弱一些，不过它们的结合能也有 $10^5 \sim 10^6$ eV 的数量级。而将原子核与电子结合在一起的电磁力更弱，其结合能只有 $10^0 \sim 10^1$ eV；将原子结合为分子的共价键或离子键再弱一些，将化学分子结合为生命大分子的力更弱一些；将多细胞结合为生命整体的力量尤弱；至于维持生物群落的力量，则难以用物理和生物化学能与力来衡量，它们依靠位置的结构或通过信息的联系而结合。这是物质层次存在的必然条件。因为如果高层次的结合能不是小于而是大于低层次系统，则破坏其高层次的力量就足以使原子、核子、基本粒子等土崩瓦解。那么，哪里还有系统的多层次性呢？所以，我们不妨将这一规律看作是物质层次结构的存在定律。

**表 2-1　物质系统的尺度与结合能的关系**

| 层次 | $L$（cm） | $E$（eV） | $L \cdot E$ | 结合能与被结合元素静能比 |
|---|---|---|---|---|
| 单细胞 | $10^{-4}$ | $10^{-3}$ | $10^{-7}$ | $10^{-11}$ |
| 分　子 | $10^{-5} \sim 10^{-7}$ | $10^{-2} \sim 10^{-1}$ | $10^{-7} \sim 10^{-8}$ | $10^{-9}$ |
| 原　子 | $10^{-7} \sim 10^{-8}$ | $10^0 \sim 10^1$ | $10^{-7}$ | $3 \times 10^{-5}$ |
| 原子核 | $10^{-12} \sim 10^{-13}$ | $10^5 \sim 10^6$ | $10^{-7}$ | $2 \times 10^{-3}$ |
| 基本粒子 | $10^{-13} \sim 10^{-16}$ | $10^8 \sim 10^9$ | $10^{-5} \sim 10^{-7}$ | 1 |
| 夸　克 | ? | ? | ? | ? |

### 3. 物质系统存在的丰度律

物质系统的丰度与其高级程度成反比。也就是说，物质层次愈高级，该层次的物质系统在宇宙中的丰度就愈小。从宇宙大爆炸到形成有生命存在的地球，从基本粒子发展到人脑，这是物质结构层次由低级到高级不断上升的发展过程。但并不是宇宙中所有的物质都参与这个前进上升的过程，物质层次愈高级，该层次的物质系统在宇宙中的丰度就愈小。宇宙大爆炸后，只有一小部分物质形成氢气云；在氢气云中只有一小部分物质形成恒星；而在恒星的演化过程中，又只有一小部分氦和氢转化为较重的元素。它的丰度只占氢、氦总量的1%，这些元素中又只有一小部分后来被抛射到空间并聚集到行星中，至于变成生命物质的则是更小更小的部分，它的丰度占银河系总质量$10^{-9}$，而生命物质中则只有极小一部分有机会演化成人脑①。

## 二、自然界物质系统的基本层次

自然界物质系统究竟有多少基本层次，这涉及对自然系统的层次应该如何进行划分的问题。历史上有不少科学家和哲学家讨论过这个问题，其中还有一些人对物质层次进行了客观的分类。归纳起来，主要有下述几种划分的判据：①按物质系统的客体质量和空间尺度的大小来划分；②依据物质系统之间相互作用的性质和描述这种作用的不同理论来划分；③按不同自然界物质系统具有的不同的结合能形式与大小来划分物质层次；④以普适常数作为区分自然界物质系统的层次。早在100多年前，恩格斯就曾经论述过自然界物质系统的基本层次，他说："关于物质构造不论采取什么观点，下面这一点是非常肯定的：物质是按质量的相对大小分成一系列较大的、容易分清的组，使每一组的各个组成部分互相间在质量方面都具有确定的、有限的比值，但对于邻近的组的各个组成部分则具有在数学意义上的无限大或无限小的比值。可见的恒星系，太阳系，地球上的物体，分子和原子，最后是以太粒子，都各自形成这样的一组。"② 恩格斯在这里所说的"组"，其实就是我们现在所说的自然界物质系统的层次，虽然受到其所处时代的限制，但恩格斯的思想内涵是正确的。

现代科学的发展已经揭示，物质系统层次性是自然界的基本属性。从宇观到微观，从无机界到有机界，人们都能见到这种层次性。在宇观世界，存在着行星系、恒星系、星系、星系团、超星系团等层次；在微观世界，有分子、原子和基本粒子等层次。在生物界，则存在着生物大分子、细胞、个体、群体、生态系统和生物圈等层次。

## 三、物质的层次性是自然界空间结构的无限展开

自然界的物质是否无限可分，这是一个古老的哲学命题。中国古代先哲庄子曾经说过："一尺之棰。日取其半，万世不竭。"这一思想代表着中国古代的物质无限的观点。同时，中国古代圣人也曾说过："至大无外，谓之大一；至小无内，谓之小一。"这一思想则代表着物质只是有限可分的观点。古希腊的自然哲学家德谟克利特认为，原子是构成物质的最小单元，"原子"在希腊语中是"不可再

---

① 张华夏．论物质层次结构的形成．自然辩证法通讯，1993，(1)：23

② 恩格斯．自然辩证法．北京：人民出版社，1971．248

分”的意思。因此，物质不是无限可分的一直成为自然哲学家的一种信念。尤其是随着近代科学的发展，化学家道尔顿创立了“原子分子论”，他认为，分子是保持物质性质的最小微粒，分子是由原子构成，原子是不可再分的物质单元。道尔顿的“原子论”相对于德谟克利特的“原子论”是一次进步，他使原来的哲学命题转化成一个科学问题，并使之进入了科学家的研究视野。自然界物质系统的层次有限与否，既是一个科学研究问题，也是一个与科学进步密切相关的哲学问题。从微观角度看，物质系统层次有限与否，涉及物质是否无限可分，物质是否有最小的结构单元。从宏观角度看，物质系统层次有限与否，牵涉到宇宙有限与否。随着现代科学技术的发展，科学研究成果向人们揭示了这样的规律，即物质系统的层次性是自然界空间结构的无限展开。

在微观物质系统的研究领域，最先突破“原子”是物质构成最小单元的是电子的发现。20世纪初的现代物理学革命，把人们认识视野从探索宏观低速的物质运动转向研究微观高速的物质运动。随着物理学家发现原子是由原子核和电子所构成的，物质系统的有限阈值被打破，人们对微观物质结构的认识不断地深入。当人们发现原子核内部仍有可分的结构，如质子和中子时，一些物理学家仍认为物质不是无限可分的，于是他们认为质子、中子、电子等物质粒子是物质结构的最基本单元，称科学家发现的400多种粒子为“基本粒子”。然而，随着现代科学的发展，人们又一次发现基本粒子不“基本”，基本粒子是由夸克（层子）构成的。如今摆在物理学家面前的问题是：夸克是不是物质构造的最小单元？当然，有一些现代物理家正在按照物质结构层次无限的观点，积极探索夸克（层子）的结构，并提出了不同的模型。尽管现在还没有明确的科学实验证据，但我们相信随着现代科学的发展，实验技术和手段的进步，夸克（层子）结构将被探明，更下一层次的粒子的特点和规律将成为现代科学研究的重点和方向。当然，在现代条件下，物质的无限可分性，也许并不像古人那样把无限可分理解为可以无限多次的机械分割，也不是单调地重复其他某种物理或化学分割方式，但我们可以相信人类会以全新的方式来认识新的物质构成形式，因为物质系统在各个不同的结构层次上具有不同的性质，各有其自身的规律。因此，当物质的分割达到某一阈值（关节点），并进入下一个结构层次时，物质系统的性质会发生质的变化。如果以保持物质原有性质为前提，它的分割就是有限的。物质的无限可分性，是对这种有限性的突破，这就是物质系统分割问题上有限与无限的辩证统一。

在宏观物质系统研究领域，天文科学家和宇宙学家触及的是宇宙物质系统的结构层次是否有限的问题。现代宇宙学认为宇宙是有限的。爱因斯坦根据广义相对论，于1917年提出了“有限无边宇宙模型”，认为宇宙是一个弯曲封闭体，体积有限但无边界。这个模型克服了牛顿的均匀宇宙模型所无法克服的关于宇宙边界的困难，对现代宇宙学的发展产生了深刻的影响。从宇宙的有界到宇宙的无边，这是认识上的一次飞跃。从理论上讲，科学中的宇宙概念与哲学中的宇宙概念是不同的，科学中的宇宙概念是一定时代人类用科学的方法和手段对宇宙进行研究成果的总和，是人类所拥有观测能力和技术所触及的天地。从古希腊到中世纪，从托勒密到哥白尼，从光学望远镜到射电望远镜，不同的时代、不同的科学家、不同的观测工具，使我们对宇宙认识的深度和广度是不同的。尽管今天科学认识已达到 100 多亿光年的尺度，但是，人类认识到的宇宙总是有限的，因为时代在进步，科学在发展，人类对宇宙的认识永远不会停留在一个水平上。马克思和恩格斯的辩证自然观所说的宇宙是指客观存在的整个宇宙，而不仅仅是人们已经认识到的那个部分。现代科学认识到的宇宙范围在不断地扩展，证明了宇宙无限性。尽管在科学发展的各个阶段提出的宇宙模型总是有限的，但是，人们永远不会穷尽对宇宙的认识，从这意义上讲，宇宙也是无限的。宇宙无限性的概念，给科学的发展开辟了广阔的前景。当然，我们也不能以宇宙是无限的而否定一切有限宇宙模型的提出，否则，无限的宇宙就将永远不可认识，宇宙科学发展就会停滞不前。因此，我们需要用辩证的观点来认识宇宙的有限性和无限性。充分认识物质系统层次性是自然界空间结构的无限展开，有助于科学的不断进步和人类认识的不断深化。

# 第三章

# 自然界物质系统的演化模式

牛顿的经典科学主要研究客观的世界和存在的自然，却并不关注变化的世界和演化的自然。在牛顿看来，天上秩序井然，一切都在自己的轨道上按本守分地运动，万古不变。上帝在完成了第一推动力后，“动者恒动，静者恒静”，自然万物存在着，时间是可逆的、反转的。5000 年前的猫与 5000 年后的猫是一样的，因为，上帝创造猫是为了捉老鼠。按照牛顿力学，整个自然界借助万有引力联系起来，再加上运动三定律，在绝对时空中物体的运动状态就可以推算出来，物理事件只不过是整个统一因果链上的一个个环节。整个自然界就被描述为一个秩序井然的机械系统。正如 E. 拉兹洛所说的：“这个时代的特征是一个特殊的总观点的形成，这个总观点的中心是自然绝对不变这样一个见解。”[①] 按照这样的时代科学提供的见解，天地及其间的万物固定不变，一切自然现象都是互不联系、各自孤立的，它们只能在空间中彼此无关地无组织地并列着，复杂性只是表面的而非实质的，而且它们也没有时间上发展变化的历史，而仅仅是存在着的而非演化着的东西。

但是，细心的人们会发现世界并不是一成不变的，自然界也不是单调机械的。世界万物有新生，也有腐朽，一切产生出来的东西都会消亡，而同时一切消亡的东西又会获得新生。就如中国的《易经》所描述的那样，“万事万物都是变化的，变化是绝对的，不变是相对的。”但是，由于上帝创世论的影响和牛顿经典科学的巨大成就，人们对形而上学的机械自然观确信不移，他们宁可相信自然

---

① E. 拉兹洛．系统哲学讲演集．北京：中国社会科学出版社，1991. 34

是存在的，不变的，而不愿承认自然是演化的，发展的。然而，从16世纪开始，历经300年的发展，人们才开始从关注自然的存在，转向关注自然的演化。正如恩格斯指出的："事实上，直到上一世纪末，自然科学主要是搜集材料的科学，关于既成事物的科学，但是在本世纪，自然科学本质上是整理材料的科学，关于过程、关于这些事物的发生和发展以及关于把这些自然过程结合为一个伟大整体的联系的科学。"① 自然科学的新成就，从研究存在到研究演化，从研究组织到研究自组织，有力地冲击了机械自然观和形而上学自然观。

19世纪被称为"科学的世纪"，科学的发展从不同的领域对机械论的自然观发起了挑战。天文学领域中，康德-拉普拉斯星云演化说明确指出，"自然界不仅是存在着，而且是生成着并消逝着，它是一个从混沌到有序、从无组织到有组织自发运动和发展的过程。"随后，在地质学中，赖尔的渐变论批判了地球上只是发生反复灾变以及生物物种的神创说，揭示了自然界演化的思想，认为整个地球，而且地球今天的表面以及生活于其上的植物和动物，如同天体演化有其历史一样，也都有历史的演化发展过程。

恩格斯在《自然辩证法》中阐明了辩证自然观的基本观点："新的自然观的基本点是完备了：一切僵硬的东西融化了，一切固定的东西消散了，一切被当做永久存在的特殊东西变成了转瞬即逝的东西，整个自然界被证明是在永恒的流动和循环中运动着。"总之，在辩证自然观看来，自然界处于普遍联系之中，而正是这样的普遍联系构成了自然界的自组织的历史发展。在永恒的物质运动自组织演化过程中，一切产生出来的东西都一定会灭亡，一切灭亡了的东西总会获得再生，一切具体的物质形态都是短暂的，只有物质生生不息的运动才是永恒的。

## 第一节 自然界物质演化的历史性

在中国古代文字中，"演化"是指事物变化依据一定的程序和规则而发展的历史过程，它具有双重规定性：一是指自然界的进化、有序化的过程；二是指自然界的退化、无序化的过程。因此，自然界演化具有历史性、不可逆性、序向性和时间性。著名哲学家罗素认为："演化是复杂性和多样性的增长。"② 而自然界物质系统演化史是多样性和复杂性的展开史。正如恩格斯所说："自然界不是一成不变的事物的集合体，而是过程的集合体。"③ 现代自然观的最伟大的进步是我们可以用演化观来认识自然界发展的历史过程，因为，现代科学技术的进步已

① 马克思．马克思恩格斯选集．第4卷．北京：人民出版社，1972.224

② ［英］罗素．人类知识．北京：商务印书馆，1983.42

③ 马克思．马克思恩格斯选集．第4卷．北京：人民出版社，1975.240

经为自然界物质演化的历史性提供了大量的科学依据，也向人类展示了“四大起源和演化”的最新科学成果。所谓“四大起源和演化”，是指宇宙（天体）的起源与演化、地球的起源与演化、生命的起源与演化和人类的起源与演化。实际上，整个自然界物质的演化主要就是由这“四大起源与演化”所构成的。

## 一、宇宙的起源和演化

不论东方还是西方，人类面对宇宙星空和无边苍穹，都希望能够知道宇宙从何而来，归于何方？正如德国哲学家康德所说：“有两样东西，我们越是持久和深沉地思考着，就越有新奇和强烈的赞叹和敬畏充溢我们的心灵：这就是我们头顶的星空和我们内心的道德律。”[①] 从遥远的神话时代一直到今天，宇宙的起源始终是科学家、哲学家、神学家思辨和诗人的遐想中心。中国古代传说盘古开天地始于“混沌”或“浑沌”。古希腊著名的自然哲学家毕达哥拉斯认为宇宙是从“混沌”状态产生出“秩序”来的，于是它就用来指称他们周围观测到的有秩序的世界。《圣经·创世纪》宣称，宇宙是由上帝在6天之内创造的。直到20世纪，关于宇宙起源的学说才从神话和形而上学领域步入科学的殿堂，并成为现代科学研究的热点领域。

20世纪初，著名的科学家爱因斯坦在研究广义相对论和狭义相对论时，提出了一个静态、有限无边的宇宙模型，这成为现代宇宙学探讨宇宙系统结构、起源和演化的先声。随后，科学家哈勃发现了星系红移和距离之间的线性关系，科学家勒梅特修正了爱因斯坦的静态宇宙模型，提出了宇宙膨胀的动态模型。最引人注目的是美国物理学家伽莫夫等人把现代核物理学理论与宇宙膨胀模型结合起来，提出了现代宇宙学中最新、最有影响的大爆炸宇宙论和暴胀宇宙论，这些理论都是基于三个假设：①在大尺度上，宇宙是均匀的且各向同性；②宇宙早期的各种物质粒子和辐射处于热平衡状态；③宇宙的膨胀是一绝热过程。而这些理论假设是建立在许多重要的宇宙科学观测事实基础之上：①河外星系的谱线红移，可以视为河外星系远离我们而去，亦即宇宙不断膨胀的观测依据；②氦元素的丰度可视为在宇宙膨胀的高温阶段所形成的，不同年龄天体含有相同丰度的氦，也是在宇宙膨胀的高温阶段所造成的；③微波背景辐射对大爆炸宇宙理论预言的宇宙充满具有黑体谱的残余辐射是一个有力的支持。现代宇宙学理论向我们揭示了宇宙系统不仅是存在着的，而且还是生成着和演化着的。这种演化是一个从热到冷，从密到稀，从无序到有序，从简单到复杂，从低级到高级的历史过程。

现代宇宙学理论认为，宇宙起源于一个物质和能量高度集聚的“原始火球”

---

① ［德］康德．实践理性批判．北京：商务印书馆，1960.166

的大爆炸。宇宙大爆炸距离我们生活的宇宙大约有近150亿年。大爆炸是从“奇点”开始的，奇点可以理解为类似数学上的点的概念，它是在空间上无限小的点。在爆炸发生时的奇点时刻（即宇宙的0s时刻），宇宙的温度无限高，空间无限小，密度无限大。从大爆炸开始至$10^{-43}$s（普朗克时间）之间有一个过渡的混沌状态，它包含有随机涨落以及由初始状态的一种临界不稳定性造成的许多被称为“泡沫”的区域。在大爆炸后的$10^{-43}\sim10^{-32}$s，随着宇宙的膨胀，温度的下降，宇宙进入到一个叫做“假真空”的状态，这种“假真空”不同于真的物理真空，它具有巨大的能量密度（可能达到$10^{88}$J/cm$^3$，相当于原子核能量密度的$10^{59}$倍），表现出巨大的负压力，引起引力排斥效应，使宇宙从大约$10^{-35}$s后发生安指数急剧的膨胀即所谓“暴胀”，以致在这一极短的时间（$10^{-35}\sim10^{-32}$s）内，宇宙的半径增加了约$10^{50}$倍。暴胀骤然发生时，宇宙分裂为以事件的特殊视界而彼此隔离开来的区域，其中的每一个区域实际上就是一个独立的宇宙，它们在暴胀后都超过我们可观测宇宙的部分，而人类就只生活在其中的一个宇宙之中。在暴胀结束时，宇宙进入对称破缺阶段，由“假真空”态转变为“真真空”态，其多余的能量释放出来，在“真真空”中产生了诸如夸克、轻子之类的最基础的基本粒子，这标志着宇宙的诞生。而宇宙诞生之后又经历了以下几个演化阶段。

1. 基本粒子形成阶段

主要是强子和粒子的生成和湮灭并产生大量基本粒子的阶段。当宇宙时为$10^{-6}$s，温度降到$10^{12}$K时，夸克进入“袋”中，即发生夸克-强子转换，因而强子包括介子和重子（如质子、中子、超子等）成为宇宙中最活跃的进行强相互作用的基本粒子。当温度降低到$10^{11}$K，大约在宇宙时$10^{-4}$s，宇宙进入产生轻子及其反粒子占主要地位的时代，这时宇宙中的物质成分有电子、正电子、$\mu$介子、中微子和$\tau$子，还有一些从强子时代留下来的中子和质子。这个时期的主要特征是粒子的分解和正反粒子的湮灭，如中子衰变成质子放出电子和中微子，电子和正电子相遇湮灭为两个光子。由于这两个反应是不断进行的，因而产生了大量的光子和中微子，以致当温度下降到$10^{10}$K时，导致光子辐射占优势。这个时期中由于粒子衰变分解和正反粒子湮灭过程在持续进行，光子和中微子越来越多，宇宙开始进入到“光子海洋”式的辐射阶段。

2. 辐射核合成阶段

当宇宙大爆炸后的1s，温度降到$10^{10}$K时，宇宙进入辐射时代。在这个阶段中宇宙的密度和温度都有所下降，中子开始与质子形成重氢、氦等核素。当温度降到$3\times10^9$K（宇宙时为1～3min），轻子便急剧消失，伴随着释放出大量的光子。于是，宇宙几乎全由光子组成。当温度下降到$10^9$K、宇宙时为3min时，进行核反应形成化学元素。因为这时出现了自由中子和自由质子，它们之间进行核反应形成气氘（D），进而两个氘核相互作用又结合成氦（$He^4$）。辐射核合成阶段结束时，宇宙中氦的含量约为30%，由于氦十分稳定，所以这个氦丰度保留至今，又由于宇宙的氦基本上都是形成于这个阶段，所以不同天体和后来宇宙发展的不同阶段的氦丰度大体是一致的。随着宇宙温度的进一步下降，宇宙不断膨胀，并转为以实体发展为主的阶段。

3. 宇宙实体形成阶段

这一阶段由于宇宙的膨胀和温度的下降，电子和原子核结合成稳定的原子，实体粒子的密度大于辐射粒子的密度。当宇宙时$10^6$年，温度下降到约$3\times10^2$K，随着原子的形成，自由电子在宇宙中逐渐消失，宇宙中的实物粒子在辐射下变得透明，它们与辐射退耦，在宇宙进一步发展中起着主导作用。这时宇宙内实物粒子从等离子体演化成气状物质。随着宇宙进一步膨胀和温度下降，气状物质被拉开，形成原始星系，并进而形成星系团，然后再从中分化出星系。当宇宙时为50亿年时，在星系中进一步凝聚成亿颗恒星。恒星的演化，一般经历引力收缩阶段、主序星阶段、红巨星阶段、脉冲阶段或爆发阶段和高密阶段（包括产生白矮星、中子星、黑洞等）。而在恒星演化的特殊阶段和特定条件下便形成行星，发展出像我们太阳系那样的行星系统。

## 二、地球的起源和演化

众所周知，地球是宇宙的组成部分，是太阳系的一个行星。理论上讲，地球属于宇宙天体的起源和演化所讨论的对象，但由于地球与人类的关系特别密切，所以有必要单独地阐明地球的起源和演化问题。在地球起源、演化的基础上，我们才有可能揭示地球上的生命起源和演化，乃至人类的起源和进化。据科学测定，地球已存在46亿年了。地球形成之初是一个均质的球体，碳、氧、镁、铁、镍等元素混杂在一起，无圈层之分。随着地球质量和体积不断增大，由于引力热能的不断积聚，原始地球的温度逐渐升高，物质形态互相转化的物理化学过程开始活跃起来。当地内温度达到2000℃以上时，原始地球的物质便发生熔融和分化。于是，以铁、镍等重元素为主组成的物质在重力作用下下沉地心而形成地核，硅酸盐等较轻物质上浮形成地幔。地壳由地幔进一步分化而成，它是由硅、铝、镁的氧化物和盐类等更轻的物质组成。由于受到外部的因素如风雨、川流、潮汐等的作用，地球表面逐渐趋于平坦。

除了地貌的重大变化外，地球上的气候出现了冷暖交替，这不仅造成地球内部圈层分异，同时也是地表圈层产生的过程。被禁锢在地球物质中的一氧化碳、二氧化碳、甲烷、氨、水汽、氢、氮和一些含硫的气体逸出地表。它们在重力作用下被固定在地球周围，形成原始大气圈。以后，由于太阳辐射对水汽的光解作用和植物的光合作用，原始大气中产生了氧，并在氧化作用下，原始大气的成分逐渐变成为以氧和氮为主要成分的现代大气。水圈是从大气中分化出来的，早期的大气中含有大量的水汽，以后由于地表温度下降，水汽便凝结成雨降到地面。地壳低处的大量积水，经过漫长的地质年代形成了海洋，集聚在大陆上的水形成江、河、湖泊以及地下水和冰川。地表水、地下水和海洋息息相通，可以看做连续的水层。这就形成了这个行星上特有的水圈。地质时期地球上最重要的一个现象是生物圈的出现。当原始大气圈和原始水圈在地球上出现的时候，地球上还是一个没有生命的世界。但是，它们却为生命的产生和生物的发展创造了条件，在距今30多亿年前终于出现了生命，以后又不断进化，形成了繁荣的生物圈，使地球充满着生机和活力。

### 三、生命的起源和进化

生命起源指的是从非生命物质演变成原始生命的过程。历史上关于生命的起源曾经有两种假说，一种是“自然发生论”，另一种叫“天外胚种论”。前者认为生命是从无生命物质中突然或偶然产生的；而后者认为，生命是宇宙固有的现象，只要具备生命产生和存在的条件，“天外胚种”就会发展起来。20世纪以后，许多科学家以地球化学、古生物学、分子生物学以及有机合成和宇宙考察等研究成果为基础，开始对生命起源问题进行实证研究。科学家在生命本质的研究中，首先要搞清楚的是无机物如何转变为有机物，然后，再探索有机物如何转变成生命最初形式。1953年，美国著名科学家米勒创造性地设计了一个研究生命起源的实验。他模拟原始大气的状况，在真空的玻璃仪器中，用甲烷、氢气、水汽、一氧化碳、二氧化碳等原始大气（被称为“原始汤”），为原始的化学反应准备了物质条件。他所领导的研究小组分析出原始地球上是没有臭氧层的，太阳的强烈的紫外线直射地球，只有雷电、火山等提供能量。米勒在实验中连续地进行火花放电，模拟原始大气的闪电，经过一周的化学反应，最后在实验中形成了5种构成蛋白质的氨基酸，并合成了某些蛋白质和脱氧核糖核酸等生物大分子，从而使生命的起源得到了科学的证实。米勒因此获得了诺贝尔奖金。

现代科学家发现，只有当地球上原始大气圈和水圈、地表圈形成之后，才可能出现原始生命，才能形成生物圈。恩格斯早在一百多年前就认为：“生命的起源必然是通过化学的途径实现的。”① 现代科学研究成果证明，原始生命的起源和发展需要经过化学进化和生物进化两个阶段。生命起源的化学进化阶段，一般

---

① 恩格斯．反杜林论．北京：人民出版社，1970.70

认为在地球诞生之后大约10多亿年的时间。生命起源的化学进化过程大致经历了如下四个阶段：①从无机小分子合成有机小分子。由无生命的物质向生命物质的转化需要一定的物质基础，即甲烷（$CH_4$）、氨（$NH_3$）、水汽（$H_2O$）、氢（$H_2$）。这些物质在地球早期的大气中是大量存在的。此外，实现这种转化还需要一定的能量，来自太阳的紫外线，大气中的电击雷鸣，地下的火山熔岩等都是重要的能源。正是这些能源的作用，使无机小分子$CH_4$、$NH_3$、$H_2O$、$H_2$合成氨基酸、核苷酸以及单糖等有机小分子。②从有机小分子合成生物大分子。由于原始地球上的氨基酸、核苷酸、单糖等逐渐聚集，在太阳能的进一步作用下，氨基酸脱水缩合而成蛋白质分子，核苷酸脱水缩合而成核酸分子，单糖缩合而成多糖。这些不是普通的有机高分子，而是直接通向复杂生命的生物大分子。③从生物大分子组成多分子体系。在原始海洋中生物大分子愈积愈多，加上江河溶解和冲刷带来的大量无机盐及其他有机物，为形成多分子体系创造了条件。蛋白质和核酸聚成一种具有一定内部结构的颗粒，有人把这种颗粒叫做“团聚体”，也有人称之为“微球体”。它们漂浮在原始海洋中，外面包着原始的界膜，从而构成一个独立的体系。这种体系已经能够与外界环境进行原始的物质交换、能量转换和信息传递。④从多分子体系演变为原始生命。生命是由核酸和蛋白质组成、具有自我更新和自我复制能力的多分子体系。一些多分子体系经过长期的不断演变，随着结构与功能的逐渐完善，最终能把同化作用和异化作用统一于一体产生出原始的新陈代谢作用，并且能进行自我繁殖。这样，多分子体系就进化成为原始的生命物质，从此，原始生命通过与环境的不断相互作用而进入生物进化这一高级阶段。

生物进化是生命起源与进化的重要阶段。众所周知，细胞是生物的基本结构和功能单位，各种生物都是由细胞组成的。现代科学研究表明，细胞的起源与发展是生物进化的基础时期，这一过程大体可分为几个主要阶段：作为一种最简单的、非细胞形态的原始生命又经历了从非细胞到细胞、从原核细胞到真核细胞的演化过程。真核细胞大约在12亿年前出现，它具有植物和动物的双重性质，既能进行自养生活，又能进行异养生活，于是在一定条件下（大约于5亿年前）分化为单细胞植物和动物。植物沿着菌藻植物、苔藓植物、蕨类植物、裸子植物、被子植物的方向进化，动物则沿着无脊椎动物、脊椎动物的方向发展，而脊椎动物又沿着鱼类、两栖类、爬行类和哺乳类的方向前进，最后由哺乳动物类分化出了人类。

## 四、人类的起源和进化

人类的起源和进化是人类本身最关心的问题。人类是上帝创造的这一思想在长达千年的中世纪是一个不容置疑的真理，人类的祖先是亚当和夏娃则是基督教关于人类起源的经典表述。但是，科学是理性的，科学通过一系列科学研究、科学考证、科学观测、科学推理，证明了人类是从脊椎动物灵长类中的猿分化出来的。劳动是促成这一转变的决定性条件。“劳动创造了人本身”，而“劳动是从制造工具开始的”[①]。大量科学事实的发现说明，能制造工具的人类大约出现在距今300万年前。人类的起源和进化大体上分为以下四个阶段。

1. 古猿阶段

这是从猿到人发展的过渡阶段。已发现的化石代表，早期的有腊玛古猿，晚期的是南方古猿。腊玛古猿大约生存于距今1400万年～800万年前。这种化石最早发现于巴基斯坦和印度接壤的西瓦立克山。1980年在中国云南禄丰县也发现了腊玛古猿的头骨化石。腊玛古猿已能直立行走，这是由猿转变到人过程中的“具有决定意义的一步”[②]。南方古猿大约生存于距今500多万年到100万年前，这种化石最早是于1924年在南非（金柏利）发现的。1972～1974年，在坦桑尼亚和埃塞俄比亚又发现了距今400万～300万年前的南方古猿化石，被命名为南方古猿阿法种。从南方古猿的化石来看，这种古猿已能敏捷地直立行走，善于奔跑，其手与人手相接近。腊玛古猿和南方古猿虽然都能够使用天然工具（木棒、石块），但还不能制造工具，因此还没有完成从猿到人的转变。因此，它们还不能归入人属，而只是一种从猿到人过渡时期的动物。

2. 直立人阶段

猿人是人类的直接祖先，大约距今300万年至30万～20万年前，在文化发展史上属于旧石器初期。早期猿人化石是1960年在东非坦桑尼亚发现的，称为“能人”，距今约180万年。1972年在东非肯尼亚发现的早期猿人头骨，称“1470号人”，距今270万年。晚期猿人，亦称直立人，其主要代表是爪哇直立人和中国直立人。其中中国直立人头盖骨化石是1929年在北京周口店龙骨山发现的，距今50万～60万年。猿人头骨低平，眉脊骨突出，下颌前突，牙齿较大，他们已能制造石器，是最早能制造工具的人；他们不仅能采取植物，而且能狩猎熟食，保留火种，过着群居生活，也就是说，“我们的猿类祖先是一种社会化的动物”[③]。

3. 古人阶段

由于最早的智人（古人）化石是1856年在德国杜塞尔多夫城附近的尼安德特河谷中发现的，因而在人类学上早期智人阶段也被称作尼安德特人阶段。尼安

---

① 恩格斯．自然辩证法．北京：人民出版社，1971.149，154

② 恩格斯．自然辩证法．北京：人民出版社，1971.149

③ 恩格斯．自然辩证法．北京：人民出版社，1971.151

德特人大约生存于距今20万年～5万年前，已进入旧石器时代中期。中国已发现的这一阶段化石有陕西大荔的大荔人、广东曲江的马坝人、湖北西部的长阳人、山西襄汾的丁村人等。早期智人已能制作样式不同的标准化石器，能够狩猎巨大的野兽，用兽皮蔽体，同时他们不但能使用天然火，而且能人工取火。

4. 新人类阶段

晚期智人或新人类型，大约生活在距今4万～5万年以内，相当于旧石器时代晚期。由于这种类型的化石最早是1868年在法国南部克罗农发现的，所以也把新人类型的人类化石叫做克罗马农人类型。克罗马农人在形体上已很像现代人，已能从事绘画、雕刻等艺术活动，制造装饰品。中国的山顶洞人也属晚期智人，该化石于1933年在周口店龙骨山发现，距今18000年。他们不仅有精细的石器，而且有骨器，并用骨针缝制衣服，还有石珠、蚌壳、兽牙、鱼骨等穿孔做成的装饰品。他们的狩猎水平较高，能够布置陷阱捕捉猛兽，能够摩擦取火，用兽皮等做简易房屋。晚期智人大约从5万年前开始，逐渐发展成为现代世界的各色人种[①]。

宇宙天体、地球、生命、人类起源和演化构成了整个自然演化的全景画面。这一画面表明，大尺度上自然的演化，包括天体的演化、地球的演化以及生物圈、生态系统的演化；小尺度上的自然的演化，包括物理进化、化学进化、生物进化和人类进化，它揭示了宇宙从最简单的光子和夸克产生愈来愈复杂的层次系统：基本粒子、原子核、原子、分子、生物大分子、细胞、生物个体……直至人类。20世纪初以来，以相对论和量子论为代表的自然科学新成就，在极大和极小的两极取得了突破，极大地扩展了人类的视野。到了20世纪中叶，人们对于物质世界的认识，在宏观一极，已经扩展到了150亿光年的距离（$10^{23}$ cm）和150亿年的时间（$10^{27}$ s）；在微观的一极，已深入到$1/10^3$亿cm的尺度（$10^{-15}$ cm）和$1/10^3$万亿亿s的瞬间（$10^{-23}$ s）。人们在对观测宇宙的研究中，产生了惊人的后果，两极相通，把观测宇宙的起源和演化与基本粒子的起源和演化联系了起来，把相对论和量子论联系了起来。人们不仅仅在极大和极小的两端扩展了视野，而且出乎预料地发现了一个有历史的宇宙，一个在极大方向上发生着演化、在极小方向上也处于生生灭灭的宇宙。

## 第二节　自然界演化的方向性

自然界物质系统不是一成不变的，而是演化着、发展着、产生着、消亡着的，这是为现代科学研究所证实的客观事实，也是辩证自然观得以确立的基础。

① 陈其荣．自然辩证法导论．上海：复旦大学出版社，1995.85～87

尽管自然界物质系统的演化过程中仍然存在着值得科学家深入研究的科学问题，但现有的科学成果已经足以证明自然的演化是一个历史的过程，并且现在仍然处在演化和发展之中。同时，人们发现自然界的演化，不仅具有历史性，而且具有方向性，即进化方向与退化方向。如何科学地认识这两个截然不同的演化方向，这就需要我们科学地认识时间的方向性以及演化的方向性，探讨自然界演化过程中的可逆与不可逆、有序与无序等哲学范畴。

## 一、四维时空观确立的历史意义

20 世纪以前，人们相信经典物理学的时间概念，即时间与空间是分离的，时间与物质系统更没有什么牵扯或瓜葛。近代著名的物理学家牛顿认为，绝对的、真正的和数学的时间自身在流逝着，而且由于其本性，永远均匀地恒定地流动着，与物质系统运动的性质没有内在联系。时间仅仅是从外部描述运动的一个坐标系 $S'$所测得的时间间隔都是相同的，亦即“同时性”是绝对的。他同时认为时间是对称的，它没有方向，没有箭头，它可以是正，也可以是负，未来与过去是等价的。时间在牛顿的三维空间中是没有意义的。20 世纪初，相对论彻底否定了牛顿的绝对时空观。爱因斯坦指出，时间和空间都是相对的，时间和空间并非与物质及其运动无关。相对论表明，时间和空间随物体运动速度的变化而变化，“同时性”是相对的，时空本身与物质及其运动密不可分；时间不再是系统演化的外部参数，而成了系统演化的内部因素。爱因斯坦最大的功绩是把牛顿的“三维空间观”拓展为“四维时空观”，使时间成为空间结构中不可或缺的参数。

揭示“时间具有方向性”这一科学命题并不是哪一位科学家的功绩，而是科学发展从各个不同的学科和研究视角证实了的客观事实。①热力学发现熵增过程中时间具有方向性。即孤立体系的宏观自发过程是一个不可逆过程，满足“熵增原理”，不具有时间反演不变性，具有时间方向性。正如美国学者詹奇所说：“热力学引入了不可逆性，即过程的时间方向性，从而标志着向过程思维的转变。由于不可逆性，时间对称性被打破了，过去和未来被分割开来，宏观世界于是有了历史。”[①] ②生物学发现生物进化过程中时间具有方向性。生物进化论表明，生物呈现由低级到高级、由简单到复杂的进化图景。这是一个复杂性不断增加的不可逆过程。生命世界的过去和现在不一样。因而时间是有方向性的。生物学的时间箭头指示的是有序的方向，只不过它与热力学演化的时间箭头相反而已。③电磁学发现以振荡电磁所产生的电磁波的传播方向来表征时间的单方向性。实验表明，点源辐射球状电磁波只能向无限远传去，不能从无限远传来集中到一起为点源所吸收。这种由点源向外传播的电磁波称为“推迟波”，由无限远传来集中到

---

① ［美］詹奇．自组织的宇宙观．北京：中国社会科学出版社，1992.15

一起被点源所吸收的电磁波称为“超前波”。电台发射的讯号总要推迟一段时间才能接收到。因此，总存在由“推迟波”定义的电磁学箭头。④量子力学发现原子的自发辐射的时间方向。在原子内部，电子能从高激发能级自发地跃迁到低能级，而不能自发地从低能级跃迁到高能级。要使电子从低能级跃迁到高能级，必须使其受到外界的激发，并从外界吸收能量。这是不可逆过程。这样，也就可以把自发辐射定义的时间箭头称为量子力学箭头。⑤现代宇宙学发现自大爆炸起的宇宙不断膨胀的方向。反映宇宙起源于大爆炸的宇宙学是具有时间方向性的，科学家通常把宇宙大爆炸所定义的时间方向称为宇宙学箭头。

事实上，我们不难发现，自然界物质系统的演化过程都是不可逆的、有时间箭头的。自然界真实的物质演化的图景是：不可逆过程才是无条件的、绝对的。因为任何系统都处于一定的时间和空间之中，都有其演化的历史，在进化的单行道上不允许走回头路。相反，可逆过程倒是相对的，是一种理想过程，是舍去了许多规定的抽象的形式。经典力学、电动力学、量子力学等用可逆的物理议程描述客观世界，只是一种相对的、有条件的、简化了的认识，是忽略掉了不可逆性的真实过程的理论近似。自然科学对时间之矢的发现，为“四维时空”奠定了科学的基础，为自然界物质系统是一个不可逆的演化历史过程提供了科学的依据。

### 二、热力学与进化论：两个截然不同的演化方向

众所周知，按照经典力学理论，时间 $t$ 出现在牛顿方程中：$F=m\mathrm{d}^2r/\mathrm{d}t^2$。这个方程描述了质量为 $m$ 的质点在力 $F$ 作用下的运动规律。这里把时间符号 $t$ 改变为 $-t$ 时，方程的结果是不变的，即对于时间反演是可逆的、对称的。利用牛顿方程，可以决定过去，也可以决定将来，这里给予人们一幅可逆的、对称的力学世界的图景。由于牛顿力学的成功，力学图景也就成为了物理世界的图景。

然而，19 世纪中叶，物理学家相继建立起热力学第一定律和热力学第二定律，从而奠定了热力学的理论基础。热力学第一定律即能量守恒与转化定律，热力学第二定律则表述了能量传递方向，这就已经接触到自然过程的不可逆性问题。克劳修斯在 1867 年提出了热力学第二定律的熵表述进一步明确了热力学自然图景的方向性。按照热力学图像，大量粒子的系统的运动过程不可逆，如同热力学的傅里叶（J. B. J. Fourier，1768～1830）热传导方程所体现出来的，以 $t$ 代替 $-t$，方程的结果不再相同，即时间反演不再对称。按照熵增原理，一个孤立的系统，总是要朝向均匀、简单、消灭差别的方向发展。克劳修斯甚至把这一原理推向整个宇宙，从而得出了著名的宇宙热寂说的结论：宇宙总体上在走向退化之中，最终将不可逆地达到一个种种物理差别不复存在的“死寂”状态。热力学第二定律表述的物理学演化图景，实质上是一幅退化的自然图景。热力学时间箭头，指向退化，指向均匀无序，指向简单。

与热力学理论相反的是，在生物学中，达尔文进化论却告诉了我们另外一幅图景，一幅蓬勃向上的图景。复杂的生命有机体从无机界发展出来，从单细胞到多细胞，从低级生物到高级生物，经历了一个从低级向高级、从简单到复杂的不断演化的过程，这是一幅进化的自然图景。生物学时间之矢，奔向进化发展，奔向更加有序，奔向复杂性增加。生物学的进化时间箭头与热力学的退化时间箭头之间，如此截然不同，产生了克劳修斯与达尔文的矛盾。这个矛盾再一次加大了自然观中的巨大间隙。建立在牛顿力学基础上的熵增原理却无法解决这个矛盾，熵增原理在解释复杂性进化问题上的失效，实际上也暴露了牛顿力学的局限性，这就意味着在一定程度上动摇了牛顿力学大厦的基石。

著名科学家普利高津（I. Prigogine）指出，两种演化的方向，时间的可逆和不可逆，成为科学中一个十分矛盾的问题，造成钟表（存在）世界图景与演化世界图景的两种矛盾的现象，带来了自然观中的一个巨大间隙。这幅矛盾图景又涉及生物学的进化与热力学的退化之间的关系。尽管相对论和量子论带来了20世纪自然科学世界图景、自然观的重大变革，但是关于存在世界与演化世界的矛盾，关于物理世界与生命世界的两分问题依然存在。尽管热力学的退化与进化论的进化之间的矛盾，最终由普利高津用“耗散结构”理论加以解释，但在当时，至少热力学与进化论揭示了物质系统的演化是有方向性的。不论这种方向是退化还是进化，它都是对以牛顿经典力学为核心的形而上学机械自然观的一次批判和进步。

### 三、自然界演化的可逆性与不可逆性

与自然界演化密切相关的另一个科学哲学问题属于可逆与不可逆范畴。所谓“可逆”，是指如果系统从某一状态变到另一状态后，能够再回复到原来的状态，并且同时使系统的环境也回复到原状，这样的过程就是可逆过程。反之，若系统及其环境一经变化，则不能回复，这种过程就是不可逆过程。通常，可用数学语言对可逆与不可逆作出精确的刻画。人们把映射：$t \to -t$ 称为时间反演变换。如果描述一个过程的动力学方程在时间反演变换下保持不变，则称该过程是时间反演对称的，亦即为可逆过程，换言之，可逆性就是过程的时间反演对称性。例如，著名的牛顿方程所描述的质点运动是典型的可逆过程，运动轨线中的状态序列既可按 $t=+\infty$ 方向展开，也可按 $t=-\infty$ 的方向展开，两种过程具有相同的物理图像。这意味着系统的始态和终态、过去和未来是没有差别的。

实际上，自然界并不存在着绝对的可逆过程。因为，在可逆过程中，不存在因摩擦使机械能转变为热的损失，也不存在热量从高温物体直接传入低温物体时所引起的做功能力的损失。从某种意义上讲，可逆过程是一种理论近似。所谓“不可逆”是指如果用任何方法都不可能使物质系统和周围一切同时回复到原来

状态的过程。例如，热量能自动地从高温物体流向低温物体，而不能自动地从低温物体流向高温物体。又如，在两个容器中，一个充满红色墨汁液体，另一个充满纯净的水液体，当两个容器接通后，最终会使两个容器都是均匀的红色液体，而永远不可能自动地回复到初始状态。自然现象中不可逆的过程更是多种多样的。

物质系统变化状态的可逆和不可逆是对立统一的。自然界的运动有可逆性，也有不可逆性，可逆与不可逆是一个问题的两个方面。物质系统变化的可逆与不可逆是相对的、有条件的，而不是绝对的。状态变化有时从宏观上看是不可逆的，但从微观分子水平上看又是可逆的。现代化学研究表明，任何化学反应都是可逆与不可逆的辩证统一，自然界没有绝对不可逆的化学反应。著名的科学家普利高津认为：①不可逆过程是自然界的客观存在，并不是由于我们遇上复杂系统时，由于我们测量不精确而采用的附加的近似假定，相反，可逆过程是一种科学抽象的假定。②不可逆过程是一种普遍性质。不可逆过程同样存在于动力学中。如果把经典力学轨道变成相空间的分布函数，这中间就显示出不可逆性的作用。③在许多运动形态中，不可逆过程起着基本的建设性的作用。研究物质系统的可逆与不可逆过程的性质、特点及其关系，能使我们更深刻地认识自然界演化的本质和特点，正确地把握事物运动发展的方向性。

### 四、自然界演化的总趋势：有序化和无序化的交替与共存

美国著名的系统哲学家拉兹洛认为，自然界的演化是一种物质系统在“秩序上的展开”。这种“秩序的展开”，既可以是在空间结构上的展开，也可以是在时间结构上的展开；既可以是导致有序结构的破坏，也可以是导致更有序结构的产生①。自然界演化的过程有序与无序的两种发展趋势，既是矛盾的、对立的，又是辩证的、统一的。

何谓“序”？序的基本词义为“排列”，可引申为一种规则的状态。但在现代科学中，“序”的概念不仅表现为空间结构的某种规则性，而且反映了时间演化过程的某种规律性。因此，广义的序应该是指时空结构的规则性，这种规则性既可用来描述自然系统的状态，也可以用来反映自然系统演化的过程。如某一自然系统内部各要素的空间位置呈现有规则的排列，系统的变化过程有明显的周期性，系统的行为表现出一定的关联性等，即称该系统具有一定的序，称之为有序。与此相反，系统内部各组成要素之间混乱而无规则的组合及系统转化的无规则性则被称为无序。自然系统有序即意味着系统内部的某种组织性与确定性，系统无序则与系统内部的不确定性即混乱有关。任何系统都是有序与无序的不同程

---

① 拉兹洛．进化——广义综合理论．北京：社会科学文献出版社，1988.14

度的辩证统一，这种统一的不同程度，就构成了系统的一定秩序即有序度。如果系统向有序化发展，我们就说它的有序度愈来愈高；反之，如果系统向无序化发展，我们就说它的有序度愈来愈低。前者是从低级有序到高级有序的上升或进化过程，后者是从高级有序到低级有序、再到更低级有序的下降或退化过程。系统的有序度可以用多种形式来描述。

（1）用“熵”表示系统的有序度。在热力学中，系统的熵 $S$ 与相对应的微观状态出现的概率 $W$ 成正比，即有

$$S = K \ln W$$

式中，$K$ 是玻尔兹曼常数，$W$ 为系统状态出现的概率，混乱程度愈高，出现的概率愈大。因此，这一公式表明系统的熵愈大，系统的结构愈无序；熵愈小，系统的结构愈有序。

（2）用信息作为系统的有序度。在信息论中，信息被看做减少或消除不确定性的东西，因此信息量愈大，系统的结构愈有序；信息量愈小，系统就愈无序。计算信息量的公式为

$$I = \log \frac{1}{P} = -\log P$$

即信息量 $I$ 为事件出现概率 $P$ 的倒数的函数。这与前面计算熵的公式十分相似，不同的是信息量公式前面有个负号。因此，控制论的创始人维纳（N. Wiener）指出：“信息量是一个可以看作几率量的对数的负数，它实质上就是负熵[①]。信息量的概率非常自然地从属于统计力学的一个古典概念——熵。正如一个系统中的信息量是它的组织化程度的度量。一个系统的熵就是它的无组织程度的量度，这一个正好是那一个的负数。”[②] 既然信息量是负熵，那么，信息量表示的是系统获得信息后无组织的混乱状态被减少或被消除的程度。所以，系统的信息量愈大，熵就愈小，系统的有序度就愈高。例如，人的大脑是一个具有复杂结构的系统，它包含着巨量的信息，因此，人脑是高度有序的系统。

因此，自然界物质系统演化过程的有序化与无序化是相对的，而不是绝对的，两者交替共存于事物发展的过程之中。在自然界演化过程中，有序化和无序化是同时存在和同步发生的，二者是一个过程的两方面。例如，一个物质系统有序程度的提高，需要以负熵流的引入为代价，这相当于把系统的熵增转移到环境之中。或者说，系统的有序化过程是以环境中某些方面的无序化为代价，系统有序程度的提高以环境的有序程度降低为条件。例如，正常工作的激光器，必然以激励源中的耗散过程为代价；人类社会和经济的发展，往往伴随着生态环境的局

---

① ［美］维纳．控制论．北京：科学出版社，1963.11，65

② ［美］维纳．控制论．北京：科学出版社，1963.11，65

部恶化，不可再生资源消耗的增加。当然，自然界演化过程有序化与无序化往往是交替进行相互转化的。事实上，系统的有序化和无序化过程处于辩证的对立统一之中。一方面，没有离开有序的绝对无序，如分子的无规则热运动在宏观上表现为物体温度的高低；另一方面，也没有无序的绝对有序，人脑是一个高度有序的系统，但也并非绝对有序。人脑的进化并没有走到终点，它还要不断消除自身的无序，向更高的有序发展。按照现代自组织理论的观点，在远离平衡的非线性开放系统中，通过引入负熵和反馈环节，经过涨落或起伏，系统会从无序状态产生有序结构。同样，在有序系统中，在一定条件下，通过一定的方式会形成无序状态。因此，在序向背后，人们开始触及了自然界演化的组织方式和成序机制等深层问题。

## 第三节 自然界演化的自组织性

自然界物质系统的演化机制是现代科学研究的热点问题。随着20世纪60年代末以来的耗散结构理论、协同学、突变论、超循环理论、分形学、混沌学理论以及广义进化理论和复杂系统研究等众多新兴学科的兴起和发展，人们对自然界物质系统的演化过程中的有序模式生成与发展的自组织机制有了深刻的认识。系统自组织理论从系统的开放性、非线性相互作用以及系统演化过程中的分叉和涨落的现象等角度，揭示了自然界演化的内在自组织机理。

### 一、现代系统自组织理论

现代系统自组织理论开创者普利高津是以演化系统为研究对象，探索非平衡非线性热力学问题，从而创立了著名的系统自组织理论——耗散结构理论。众所周知，“自组织”是指自然自主地或自发地组织化、有序化和系统化的运动过程。如果说组织行为是由组织系统外部指令所导致的话，那么，自组织行为是由组织系统内部的某种机制所引发的。组织意味着有序化，自组织则是自发走向有序，它们是系统中两种重要的致序方式。哈肯说：“如果系统在获得空间的、时间的或功能的结构过程中，没有外界的特定干预，我们便说系统是自组织的。这里的‘特定’一词是指，那种结构和功能并非外界强加给系统的，而且外界是以非特定的方式作用于系统的。”①

当人们认识到物质系统是演化的，而演化具有两个截然不同的指向时，就会逻辑地提出下一个问题：是什么力量推动着物质系统的演化？上帝乎？人乎？应该说，上帝从本质上讲是人创立的，在人类还没有产生以前，自然界就处在演化

① ［德］H. 哈肯．信息与自组织．成都：四川教育出版社，1988. 29

之中，如果人类的力量对自然演化进程能够产生一定影响的话，这种影响充其量也只不过几百年时间。因此，物质系统的自组织才是系统演化动力与机制所在。1967年，比利时化学家普利高津在一次国际学术讨论会上提出了“耗散结构理论”。耗散结构理论认为，一个远离平衡态的非线性开放系统（不论是力学的、物理的、化学的、生物的系统，还是社会的、经济的系统），通过不断地与外界交换物质、能量和信息，在外界条件变化达到一定阈值时，就有可能从原先的无序状态，转变为一种在时间、空间、结构或功能上的有序状态。以耗散结构为基础的系统自组织理论为人们认识自然界的演化提供了新的视角。

耗散结构理论的创立，使我们有可能研究非线性系统在远离平衡态时所出现的新的有序现象和系统的演化机制问题。耗散结构理论揭示出，一个物质系统要能够自发组织起来，形成耗散结构必须满足几个条件：①系统开放。系统只有充分开放，才能与外界进行物质、能量和信息的充分交换，才可能驱使系统远离平衡态。②系统远离平衡态。如果系统处在平衡态和近平衡态，说明系统比较稳定，变化的可能性小，就不容易自发地向有序方向演化或发展。③系统内存在着自催化的非线性相互作用。正是这种非线性相互作用，原来在平衡系统看来是破坏性因素的“正反馈”，成为系统演化的建设性因素。④分叉与涨落。自然界物质系统演化的分叉现象，说明演化具有一定的偶然性，在演化过程中存在着一系列的临界点上的多种演化分支，而涨落则是一切演化进程中的质变起点。正是这种物质系统演化存在着分叉和涨落，使得系统进化存在着无限的可能性。

由于耗散结构理论揭示了“非平衡不可逆是组织之源、有序之源”，克劳修斯退化论和达尔文进化论的矛盾，也就在热力学第二定律所揭示的不可逆框架中得到说明，说明退化与进化是有条件和有依据的。过去被决定论思想看做是对整体行为偏差的分叉和涨落，在非线性和非平衡态系统中则作为建设性因素存在。普利高津学派所提出的“通过涨落达到有序”的思想，成为物质系统演化的最重要的自然科学成果。以系统自组织理论为核心的20世纪自然科学的新成果，逐渐形成了建立统一的系统学、探索复杂性的科学新方向，锻造着新的自然图景，并延伸到了自然科学、社会科学的众多领域，成为当代知识和实践领域关注的热点。在自然观领域，观测宇宙从整体上和各个层次上向世人提供了一幅客观物质世界自组织演化的自然图景。

### 二、演化机制：非线性相互作用

从理论上讲，线性和非线性概念最先是在数学上提出来的。从数学图像上看，在角度坐标系中，线性函数表现为一条直线，而非线性函数则表现为曲线。近代科学的发展，人们在处理线性问题上已经形成了一系列行之有效的方法，很多时候都可以找到它们的精确解。但是对于非线性问题，人们常常一筹莫展，既找不到统一的处理方法，也无法精确求解。20世纪以后，科学的研究发现，大量貌似简单的系统实际上却是非常复杂难解的，它们都涉及复杂的非线性问题，线性问题只是非线性问题的“理想解”，它忽略和简化了系统的一些相互作用的因素，而这些因素原来认为是不足为奇的。美国著名的混沌学家洛伦兹发现的“蝴蝶效应”就说明了这些因素在非线性系统中具有“初始值敏感性”特征。

事物间的相互作用是事物发展和变化的根源，即“相互作用是事物的真正的终极原因”，“只有从这个普遍的相互作用出发，我们才能了解现实的因果关系”①。物质系统的相互作用可分为简单的线性相互作用和复杂的非线性相互作用。从复杂的非线性相互作用与简单的线性相互作用的比较分析中，我们可以清楚地看出复杂的非线性相互作用在自然系统演化过程中的重要作用。在系统内部各个元素之间存在线性相互作用的情况下，系统的宏观特性仅仅是其每个元素单独特性的简单线性叠加，这种叠加还只是一种量的组合，并不会引起系统整体新质的改变，系统的整体性质也不会反过来改变其组成元素在孤立状态下的性质。因此，“在线性平衡热力学框架内，我们实在谈不到什么新的结构。”② 而非线性相互作用是较为复杂的作用方式，是具有相干性的作用机制，系统内部的作用关系不再是各种作用的简单叠加所能说明的，而是多种作用相互制约、耦合而成的全新的整体效应。这意味着系统内要素独立性的丧失，各要素按一定方式在大范围内协调运动，从而导致系统新质的出现。

自组织系统的相互作用都是非线性的。系统内部对立的双方成为不可分离的、有内在联系的东西，从而形成了有机的矛盾体系。矛盾双方既吸引，又排斥；既竞争，又协同，构成了系统的发展源泉和动力。那么，系统在怎样的情况下才能实现非线性相互作用呢？这就要取决于系统是否远离平衡态。在平衡态和近平衡态，系统内部的相互作用是一种线性相互作用，正是这种作用机制使得系统具有对内外各种扰动的“抗拒力”和趋于均匀的特性。而在远离平衡态时，系统内部的相互作用转变为一种非线性的机制，在这种相互作用下，系统表现出对各种扰动的高度敏感性，一个轻微的扰动都可能被系统响应、放大而波及整个系统，从而迫使系统向着某个新的结构演化。所以，普利高津说：“只有在系统保持‘远离平衡’和在系统的不同元素之间存在着‘非线性’的机制的条件下，耗散结构才可能出现。”③ 从追求简单性到探索复杂性，从崇尚线性规律到正视非线性问题，这是人类认识水平的提高和科学进步的重要标志，也使人们对自然界演化的机理有了一个新的认识视角。

---

① 恩格斯．自然辩证法．北京：人民出版社，1971.209

② 普利高津．非平衡系统的自组织．北京：科学出版社，1986.3

③ 湛垦华，沈小峰等．普利高津与耗散结构理论．西安：陕西科学技术出版社，1982.156

### 三、自组织演化的前提：系统的开放性

以耗散结构为基础的系统自组织理论的最大功绩就是在不违背热力学第二定律的情况下，指出了物质系统的进化与退化、有序与无序两种演化方式并不矛盾，而这种功绩的首要前提或必要条件是系统的开放性，它是系统自组织的前提条件。普利高津的耗散结构理论认为，系统的进化与退化、有序与无序是一个问题的相互联系的两个方面，二者可以依据条件不同而转化，这个前提条件就是系统的开放性。应该说，系统的开放性使克劳修斯退化论与达尔文进化论间的矛盾和冲突，可以在一个较高的水平上协调起来，从而为物理科学和生命科学之间内在地结合起来开拓了新局面。

众所周知，热力学第二定律的熵增原理表明：如果一个系统处在封闭状态，与外界全然没有任何物质、能量和信息的交换，那么，这个系统就会自发地、不可逆地向组织与有序解体，混沌与无序生成方向演化。熵增原理以否定的方式告诉我们：惟有系统开放，才可能具有发展潜力，才可能自发组织起来向更有序状态发展。系统科学的创始人贝塔朗菲从生物学的角度提出生命有机体之所以能够从无序到有序，从低级到高级，从简单到复杂，关键在于它是一个能与外界不断进行物质、能量和信息交换的开放系统。他指出："迄今为止，物理化学几乎只研究在封闭系统中进行的并达到化学平衡的过程，而活系统的特征却在于它们表现为开放系统，其组成成分处于不断更换即分解与合成之中。因此，对生物学来说，要把物理化学扩展到开放系统，并进一步建立具有根本意义的一般理论。"① 随后，普利高津创立的耗散结构理论以一个既简单又深刻的公式，在不违背热力学第二定律的前提下，定量描述了系统开放性问题：$dS=\mathrm{d_e}S+\mathrm{d_i}S$。这一公式指出，在开放条件下，按照热力学第二定律，此时只需要系统内熵产生 $d_iS\geqslant 0$，而对于系统与环境之间的熵交换则没有确定的要求，即 $d_eS$ 可正可负。当 $d_eS\leqslant 0$ 时，系统把熵产生排入环境中，相当于系统从外界引入负熵。如果系统充分开放，从外界引入足够的负熵，使得 $|d_eS|<d_iS$，则有 $dS<0$，于是系统有序程度可以提高，系统可能自发地组织起来，而形成有序结构（图 3-1）。

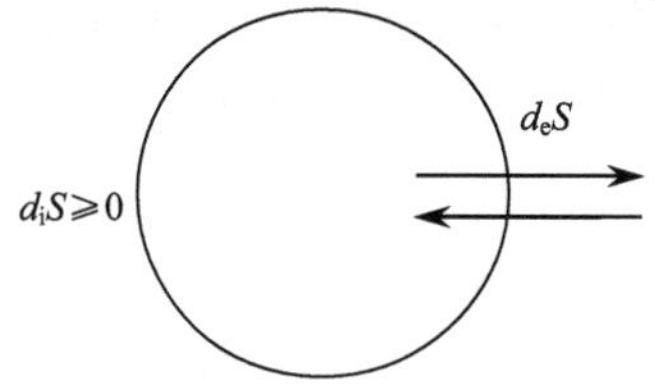


图 3-1 开放系统

物质系统的开放性使系统与环境之间建立了物质、能量和信息交换的相互作用关系。当然，现实的开放系统中，这种交换的情况是不同的：①物质交换。例如，复分解化学反应中两种反应物之间，AB＋CB＝AD＋CB，这里主要发生的

① 冯·贝塔朗菲．一般系统论．自然科学哲学问题丛刊，1984，4

就是物质交换。②能量交换。发电机实现机械能转化为电能，电动机实现电能转化为机械能，化学中的光合反应也属于系统主要进行能量交换。③信息交换。通信系统之间的数据传输，图像传送，声音传播等，系统主要进行信息交换，它很少甚至没有物质和能量的交换。④复合交换。生命有机体和人类社会的交换是复合的，既有物质和能量的交换，也有信息交换，只是交换的方式、频率、深度、数量和质量，以及交换过程给开放系统带来的影响不同而已，但从形式上，这种复合交换是多层面、多角度、全方位的。

理论上讲，凡自组织系统都是开放系统，但系统的自组织过程是对环境进行有选择的开放，有条件的交换。因此，自组织系统具有一定自我调节机制和能力，这种调节机制主要是以复杂的非线性的反馈网络形式，有条件地、有选择地、有过滤地向环境开放。例如，生命有机体尽管对环境的开放是充分的，但在新陈代谢过程中仍然是有条件和有选择地适应环境。又如，细胞也是通过细胞膜来进行有条件的对外开放，通过一系列机制，保持系统一定程度的稳定性和独立性，以利于形成系统的自组织发展。由此可见，无选择和无条件地开放系统，一方面对于系统的自组织毫无意义，另一方面对系统自组织过程也有可能造成破坏。系统自组织的本质是在系统适度开放性和系统相对稳定性之间，引发系统的变化和演化，因此，远离平衡态的非线性系统自组织是脆弱的，环境对系统的影响既不能太大，也不能太小，系统的开放度既不能太高，也不能太低，这样物质系统才能形成自组织演化。

### 四、演化过程的生序原理：分叉与涨落

现代非平衡态热力学和混沌学的研究表明，分叉是“现实世界中复杂系统的一种奇特的和基本的行为方式”，是“系统在远离平衡的状态和条件下的进化”①。在非平衡非线性的物质系统的演化过程中，人们惊奇地发现，传统意义上以必然性为基础的决定论失效了，取而代之的是以偶然性为基础的非决定论。其根源是非平衡非线性系统的相变，面临着众多可能的发展前途，存在着多样化的选择可能，而系统演化的分叉点就是系统从旧结构到新结构发生相变的临界点。因此，系统演化存在着“分叉性”，说明系统演化的方向存在着无限可能性，同时，也存在着系统演化选择的多样性和时空结构变化的不确定性。所以，系统自组织的生序基础是系统存在分叉，即存在着“可能性空间”。

由于系统存在着分叉现象和“可能性空间”，使得系统存在着稳定性分支和不稳定性分支两种抉择过程和路径，耗散结构理论创始人普利高津给了“抉择过程和路径”一个新的称谓：“涨落”，并赋予其更多的内涵。普利高津认为，自然

① E. 拉兹洛．世界系统面临的分叉和对策．北京：社会科学文献出版社，1989.1

系统处于远离平衡态的非线性区时，外部的作用被系统内的非线性机制选择、吸收，不断消除系统内混乱的产生，为系统向有序的转化提供了可能性。但究竟在什么时候，出现什么样的有序结构，都不能由系统内部的非线性相互作用单一地决定，而是非线性相互作用与系统内的涨落共同作用的结果。正是在这种意义上，普里戈金说："在非平衡过程中……涨落决定全局的结果，""通过涨落达到有序。"① 这就是所谓"生序原理"。

从理论上讲，涨落又称起伏，有时也被称为噪声或干扰，是对系统的稳定状态的偏离，它既可破坏系统的稳定性，使系统走向无序和混乱，也可使系统经过失稳而获得新的稳定性，实现系统在时空结构上新的有序。涨落是由组成系统的大量微观元素的无规则运动及外界环境不可控制的微观变动引起的，是一种随机的、不可预言的事件。当体系处于平衡态或平衡态附近的某一定态时，控制参数达到临界值，涨落会被放大，而成为能够根本改变系统原有状态和结构的巨涨落。涨落之所以被放大，其原因在于系统内部的微观元素即子系统之间的长程关联作用，由于这种关联作用把整个系统联成一个整体了，因而局域的事件会在整个系统迅速得到反应。只要发生一个小的涨落，它就能很快地传递到整个系统，使得系统状态依照新的特性而发生变化，即系统得以实现从无序向有序的转变，从低级有序向高级有序进化，从而跃迁到一个新的稳定有序时空结构和状态。

普利高津认为，"自组织的机制就是'通过涨落达到有序'。"并把涨落作为系统演化和发展的原初动力所在。科学研究表明，正是由于随机涨落的存在，驱动着系统中的子系统在获得物质、能量和信息时的非平衡过程，使得一些子系统"涨"、"起"，在瞬间具有更大的不稳定性，另一些子系统"落"、"伏"，在瞬间具有更大的稳定性，这样就使得有些子系统在获得资源上具有"优势"，有些子系统在获取资源上处于"劣势"，于是系统之中扩大了差异和不平衡。在一定条件下，特别是在系统分叉的临界区域附近，涨落加上非线性相互作用形成的关联放大效应，又进一步加剧了这一过程，系统以正反馈方式，雪崩般地形成序参量，并由这样的序参量主宰系统演化发展的方向和模式。涨落是随机的，带有偶然性。正是涨落诱发并形成了对系统演化起支配力量的序参量，从而提供了新结构的"种子"，并被系统的内部非线性相互作用机制所鉴别、选择，或者被平息，系统恢复稳定性；或者被放大，按照内部非线性机制决定的方向，系统宏观时空结构向某一分支演化。当系统被驱使得更加远离平衡态时，系统会逐级分叉，出现各种结构。因此，通过涨落机制和逐级分叉，物质系统从一种有序进入到更高一级的有序，并推动了系统的演化和发展，自然界，尤其是生物界形成了复杂的时空进化现象，这也是自然界演化过程中生序原理的本质所在。

---

① 普利高津．从混沌到有序．上海：上海译文出版社，1987.225

## 第四节　自然界演化的无限性

马克思主义的辩证自然观认为，自然界物质系统的演化是无限的，它表现在物质系统在时间上无始无终的发展，在空间上无边无际的存在。尽管人类对自然界的认识在时间和空间上总是有限的，但这并不妨碍人类从总体上认识自然界演化的无限性，这种认识是基于我们对自然界物质运动的永恒性和循环发展的周期性的规律性理解，它来源于对自然界演化过程时空变化无限性的认识。

### 一、自然界物质运动的永恒性和规律性

科学地认识自然界演化的无限性，首先必须认识自然界物质运动的永恒性。物质运动是标志宇宙间一切事物、现象和过程的变化的哲学范畴。物质和运动不可分割地联系着，运动是物质的根本属性，物质是运动的承担者。正如恩格斯所说："运动是物质的存在方式。无论何时何地，都没有也不可能有没有运动的物质。"① 实践证明，自然界的一切事物都是运动的，从宏观到微观、从无机到有机、从自然到社会、从物质到思维，没有绝对不动、凝固不变的东西。物质运动是永恒的，这说明物质变化是永恒，自然界的演化和发展是永恒，同时也说明自然界演化的无限性。

对自然界物质运动的永恒性的认识，从某种意义上讲，是从整体上认识自然界物质运动发展的一般规律性，认识自然界物质系统演化和发展的总趋势。自然科学总是以特定的和有限的客观事物作为研究对象，而永恒的和无限的问题则留给哲学家去思考，确切地讲是留给自然哲学家和科学哲学家去思考。自然界物质运动的永恒性来源于事物发展过程中矛盾的永恒性，而矛盾是自然界物质运动发展的根本动力。事物双方通过矛盾既对立又统一，推动事物的运动和发展。当然，这种对立统一的矛盾运动在不同的物质系统中表现是不同的。①在非生命世界中，即在物理世界中，它表现为吸引与排斥的矛盾运动。恩格斯认为"一切运动都存在于吸引与排斥的相互作用中。"② 事实上，非生命世界中的吸引与排斥是物质运动中两种相反运动趋势的对立统一，是对物理世界普遍存在的接近与分离、收缩与膨胀、凝聚与扩散、吸收与辐射、化合与化分、聚变与裂变等特殊矛盾运动的高度概括。吸引与排斥不仅在天体运动、分子运动、原子运动和化学运动中起到积极的作用，而且在一切天体的起源和演化过程中发挥了重大作用。总之，从存在的自然界到演化的自然界，从基本粒子到总星系，都存在着吸引与排

---

① 马克思．马克思恩格斯选集．第3卷．北京：人民出版社，1972.491

② 马克思．马克思恩格斯选集．第3卷．北京：人民出版社，1972.493

斥的矛盾，它是非生命世界运动发展的动力所在。②在生命世界中，即生物世界中，它表现为生物与环境相互联系、相互影响、相互制约和相互作用的矛盾运动。在生物进化的过程中，生物遗传与变异、内因与外因、渐变与突变、优胜与劣汰等生物现象都是对生物与环境对立统一关系的概括。生物与环境的辩证关系表现为，内因是生物进化的根据，没有遗传，何谈变异。但是，只有遗传，没有变异，生物何以从低级到高级，从简单到复杂，从无序到有序不断地进化？尽管变异带来创新，突变带来进化的可能性，但是必须经过自然选择，才会使进化的可能性转为现实性。因此，生物进化过程中，外因是条件。这个条件具体表现为外界环境条件对生物体的选择（称为自然选择），生物体的变异既有优异的和进化的，又有劣质的和退化的，自然选择就是对生物变异实行残酷的“优胜劣汰”，“适者生存”这一自然选择的不变原则。正是这样，生物才得以不断进化和发展，而不会永远停留在某一个水平上。这也是现代自然科学进步给人类所揭示出的自然界物质运动的基本规律。

## 二、自然界循环发展的周期性

众所周知，自然界发展的历史事实和现代科学对物质系统的研究表明，自然界的演化既不是单调地走向有序和进化，也不是单调地走向无序和退化，而是有序与无序不断地转化，进化与退化不断地交替，从而使自然界的演化呈现出周期性变化的特征。如太阳的东升西落、海洋的潮涨与潮落、气候的温暖与寒冷呈现出季节性交替等。这些自然现象的周期特性，为人们可靠地预见未来、反映过去提供了依据。不仅如此，自然界的演化发展中也表现出周期性。大至总星系、星系、恒星，小到基本粒子，都无一例外地经历着产生、发展、灭亡的不断重复的周期性过程。

自然界演化的周期性，是自然界演化过程中呈现出来的一种属性，是指自然系统经过一定的演化过程之后，向原来出发点的复归。但是，由于自然演化过程的不可逆性，这种复归不是一种简单的回复，而是在总的趋势上呈现上升的特征，即辩证法所理解的“否定之否定——发展的螺旋形式”①。现代天文学研究表明，恒星是由星际弥漫物质——星云的吸引和排斥运动形成，经历主序星、红巨星、白矮星等阶段。恒星演化晚期发生超新星爆发，大量向外抛射物质，恒星转化为新的星云，然后，新的星云又通过物质运动形成新的恒星，再经历恒星演化的各个阶段。也就是说，恒星经历了“星云——恒星——新的星云——新的恒星”的演化周期。这表明，自然界演化有着按循环方式组织的趋向。以恒星演化的周期性为例，超新星爆发后，相当多物质重新转化为星际物质，这表面上看来

---

① 恩格斯．自然辩证法．北京：人民出版社，1971.3

是简单的重复，但实际上经过一系列核反应，比较轻的元素已经合成了重元素，在以星际物质形成恒星而又重返星际物质的时候，重元素的成分增加了，因而这个过程是在新的、更高的基础上的回复。人们会问："为什么自然界演化会呈现周期性呢?"对此，我们可以用有序与无序或进化与退化的相互交替来加以说明。

系统自组织理论认为，一个远离平衡态的开放系统，通过与外界环境交换物质、能量和信息，从环境中获得负熵流来抵消系统内部的熵产生，就可能在一定条件下使系统从一种混乱无序的状态演化成为一种稳定有序的结构。同样，这一理论也揭示了通向混沌的道路，说明了系统从有序向无序的转化过程。在自然界的演化过程中，正是由于混沌可以产生有序，有序又将复归于混沌，才使得自然界经历了"混沌-有序-新的混沌-新的有序"的循环发展过程。在这种周期性发展中，无论是新的混沌还是新的有序，对于原来的混沌和有序而言，都具有仿佛向原来出发点复归而又不是简单回复的特征。

### 三、自然界演化过程的时空无限性

自然界物质系统在完成循环发展的一个周期后，自然界的演化并没有停止或终结，而是进入新的循环发展周期，并经历无数周期永恒地演化，无限地发展。从理论上讲，周期性或循环性的概念是理解自然界演化具有无限性的一个重要哲学观念。第一，人类并不能直接感受到自然界无限发展过程，只有循环运动是无限发展过程中可以直接感受到的东西；第二，"事物在直进中没有无限性，在循环中却有。"① 自然界是在循环运动中展开它的时间和空间上的无限多样性的。恩格斯认为，宇宙的演化是"物质运动的一个永恒循环"，在这个循环中，"物质的任何有限的存在方式，不论是太阳或星云，个别的动物或动物种属，化学的化合或分解，都同样是暂时的，而且除了永恒变化着、永恒运动着的物质以及这一物质运动和变化所依据的规律外，再没有什么永恒的东西。"②

恩格斯认为，当自然科学的发展水平难以解决或回答自然界演化过程中时空无限性问题时，人类必须借助于哲学思维来形成从自然观的角度把握演化发展的无限性问题。恩格斯强调，对自然界演化过程的无限性问题必须关注的两个方面：①"运动的不灭不能仅仅从数量上去把握，还必须从质量上去理解。"即要着重从质的不灭性方面来理解运动不灭原理，任何运动转化为其他运动形式的能力是不灭的、无限的。②"物质在它的一切变化中永远是同一的，它的任何一个属性都永远不会丧失。"即还必须从质的不灭性方面来理解物质不灭原理。按照这样的原理，宇宙中导致物质和能量逸散的过程与导致物质和能量集中的过程是

---

① 马克思．马克思恩格斯全集．第23卷．北京：人民出版社，1972．175

② 恩格斯．自然辩证法．北京：人民出版社，1971．24

不可分割地联系在一起的。在一定条件下能量要放散，而在另一些条件下能量则集结。恩格斯由此指出："放射到太空中去的热一定有可能通过某种途径（指明这一途径，将是以后自然科学的课题）转变为另一运动形式，在这种运动形式中，它能够重新集结和活动起来。""形成我们宇宙岛的太阳系的炽热原料，是按自然的途径、即通过运动的转化产生出来的，而这种转化是运动着的物质本来具有的，从而转化的条件也必然要被物质再生产出来。"既然在我们的地球上，在自然界本身的发展过程中，在一定的物质条件下产生了无数的有机物直到能思维的人类，那么当它在某个时候一定以铁的必然性被毁灭以后，"而在另外的某个地方和某个时候一定又以同样的铁的必然性把它重新产生出来。"这就是"物质运动的一个永恒的循环"①。

自然科学的发展，尤其是现代宇宙学的发展，正是沿着这个方向前进的，并且也已提出一些关于未来宇宙演化途径的新见解。1922 年，苏俄物理学家弗里德曼在解爱因斯坦引力场方程时得出宇宙未来演化的"闭模型"。按照这个模型，宇宙膨胀到某一最大体积后，即开始收缩，温度也随之升高，最终回复到"原始火球"的状态。然后在一定的条件下，宇宙又一次进行大爆炸，再一次膨胀，随着收缩和膨胀的无限更替，宇宙将不断地有生有灭、再生再灭、无限地循环下去。人们称它为脉动宇宙模型。许多科学家都赞同这种宇宙模型。美国著名天体物理学家温伯格在《引力论和宇宙论》（1972）一书中就强调："宇宙经历着一种振荡，其收缩和膨胀时期永远彼此交替下去。"② 美国宇宙学家莫兹设想过宇宙的脉动周期为 800 亿年③。还有一些科学家甚至明确指出宇宙的这种循环决不是循着一个永远一样的不断重复的圆圈运动，而是每经过一次周期性，就使规模进一步加大。这样，"我们的宇宙"就有可能通过"重复的连续更替"而表现出物质运动的永恒性和时空的无限性。虽然"我们的宇宙"是一个有限的空间模型，并且时间上也有它的开端（即时间上也是有限的），但这种有限时空并不表示时空的有限性。也就是说，对于任何一个具体的有限循环而言，都有起点和终点，但是，无数个有限的循环构成了无限的永恒的循环，这个无限的永恒的循环是无始无终的。而"无限时间内宇宙的永远重复的连续更替"，正是"无限空间内无数宇宙同时并存的逻辑补充"④。

---

① 恩格斯．自然辩证法．北京：人民出版社，1971. 24

② 温伯格．引力论和宇宙论．北京：科学出版社，1980. 398

③ 埃里克·詹奇．自组织的宇宙观．北京：中国社会科学出版社，1992. 89

④ 恩格斯．自然辩证法．北京：人民出版社，1971. 23

# 第四章

# 人与自然界的互动关系

人是自然界演化发展的产物，也是生物进化的必然结果。人类从自然界中分化出来后，随着语言的产生，意识的发展，智力的进步，人类开始以主体方式作用于自然客体，进行认识自然和改造自然的活动。从此，出现了人类与自然界相互影响、对立统一的新关系，人既依赖于自然，又作用于自然。人类与自然界的互动关系既影响着人类社会的发展，又影响着自然界的演化。事实上，随着现代科学技术的发展，人类已成为自然界演化发展中一种新的力量。因此，人类不仅要认识思维主体和自然客体，而且要认识人与自然界的互动关系。

## 第一节　人与自然关系的历史考察

人类的出现是自然界演化过程中最重要的飞跃和突破，尽管人类一直关注自身的起源，关心创造人类的究竟是上帝，还是自然，但是，传统的自然哲学家仅靠形而上学的思辨是很难得出令人信服的结论的。而宗教则从信仰出发，坚信人类是亚当和夏娃的后代。但马克思主义的辩证自然观认为，劳动创造人类，社会实践是人与自然对象性关系的纽带，一方面人作用于自然界，不断改变着自然的面貌；另一方面，自然界作用于人，不仅使人类生存延续，造就了各种社会文明，而且使人出现了新的进化。从历史的角度看，人与自然的关系经历了几个阶段，从敬畏自然、屈从自然、把自然供奉为神或上帝，到认识自然，一步步地揭示自然的奥秘，使人与自然关系发生变化。当人类运用认识自然的成果，以征服者的姿态大规模地改造自然、掠夺自然资源时，自然界给予了人类无情的报复，迫使其对人与自然的关系作出新的思考和新的调整。从某种意义上讲，人与自然的关系史，也就是人类文明发展史和社会进步史。

## 一、劳动创造人类，改变人与自然的关系

根据科学家的动物化石考古研究和达尔文生物进化理论，人类的远祖是从原始灵长类动物进化而来的。古猿从原始灵长类动物分化出来，至今已有5000万年的历史。科学家认为，与人类渊源最近的森林古猿，距今也已有2000万年的历史。森林古猿身材大小不一，但前后肢有了一定的分化。到了约1400万年前，地球上发生了一系列的地质构造运动，地球表面的气候和地理环境发生了巨大变化，森林开始消退，迫使森林古猿下地寻求新的生路。其中腊玛古猿成了“向人类转变”的早期代表。科学研究表明，古猿向人类过渡必须具备两个条件：一是下地直立活动；二是使用天然工具。腊玛古猿在发展和进化过程中逐渐具备了这两个条件。腊玛古猿是最早下地活动的古猿，它完成了由半直立姿势到直立行走的过渡。恩格斯称之为“迈出了从猿变到人的具有决定意义的一步”①。而天然劳动工具的使用为以后很好地劳动和制造劳动工具创造了条件，积累了经验，促进了从猿到人的最后转变。在人类的产生过程中，劳动起着极为重要的作用。恩格斯明确指出：“动物仅仅利用外部自然界，简单地用自己的存在在自然界中引起改变；而人则通过他所作出的改变来使自然界为自己的目的服务，来支配自然界。这便是人同其他动物的最后的本质区别，而造成这一区别的也是劳动。”②

劳动创造了人类是马克思主义的基本观点。人类的产生并不单纯是生物进化的结果，劳动才是使人类脱离动物界的关键。尽管早期的原始人更多地还是服从于生物学的规律，但随着人类思维能力的逐步提高，行为方式的不断改进，那种最初的动物式的本能劳动形式便逐渐让位于以认识和改变自然为根本目的专属于人类的劳动，从而确立了人类的历史地位。劳动之所以能够在物种方面把人从其他动物中提升出来，区别开来，是因为以下几方面的原因。

### 1. 劳动促进了从猿到人的生理转变

劳动引起古猿身体结构和活动方式的变化，其中，最重要的是前后肢体的分工，身体的直立。这些使得后肢向行走的腿过渡，前肢向劳动的手过渡。尽管这种过渡经历了漫长的岁月，但从猿到人的生理转变始终伴随着劳动。恩格斯在其《劳动在从猿到人的转变过程中的作用》一文中，明确指出：“手不仅是劳动的器官，它还是劳动的产物。”猿的身体直立后解放了前肢，为人手的形成奠定了基

① 恩格斯．自然辩证法．北京：人民出版社，1984.295
② 恩格斯．自然辩证法．北京：人民出版社，1984.304

础，在与自然界交互中，当人类从第一次使用天然工具到第一次制造工具转变时，劳动才真正确立了手的功能和地位。“手的专门化意味着工具的出现，而工具意味着人所特有的活动，意味着人对自然界进行改造的反作用，意味着生产。”[①] 从此，完成了由猿到人转变的一次质的飞跃。身体的直立还促使人的头部向上抬，减轻了颈部肌肉对头部重量的负担，使头部得以灵活转动，扩大视野，并加快了大脑的神经系统的进化。

### 2. 劳动促进了从动物心理到人的意识的转变

劳动具有目的性，体现为人在劳动中具有自我意识，需要一定程度的智力参与。而动物活动的本质只是受本能支配。如蜜蜂造房、蜘蛛织网、海狸筑堤等，都属于动物无意识的本能表现。劳动具有能动性，劳动是人和自然之间相互作用的过程。在这个过程中，人需要交流和交往，从而促进了语言的产生。不论是肢体语言，还是有声语言，都需要在劳动实践过程中，逐步约定成俗和相互认同。语言作为思维表达的工具，是与思维和意识相互依存的，而语言的发展有助于思维和意识的发展。正如恩格斯所说的：“首先是劳动，然后是语言和劳动一起——它们是两个最主要的推动力，在它们的影响下，猿脑就逐步过渡到人脑”。[②] 从而使猿的动物的心理转变成人的意识和思维。现代科学对人脑的结构与功能的研究证明，人脑内部机能的定位，与手的劳动直接有关，人的大脑皮层运动区管理手的区域比脚的区域大得多。当大脑里出现了语言中枢以后，思维和意识的进化就开始加速，并与猿脑的结构和功能拉开了差距。从脑量上看，晚期的猿人只有现代人脑量的一半。由此可见，在人脑进化的过程中，人脑的内部结构和功能都鲜明地打上了劳动需要的烙印。

### 3. 劳动促进了人类的协作和社会的形成

人在与自然界的相互作用中，从一开始就需要相互协作。这既是生存的需要，又是群居的需要。因此，人类劳动具有社会性，这种在相互协作中所形成的社会关系以及存在于社会关系中的社会规律支配着人类的生活，使人不仅是一种动物性的存在，而且是一种社会性的存在。作为社会性存在的人类，一旦从自然界中独立出来，就成为认识和改造自然的一种力量。这种力量是由具有社会性和协作性的人类共同构成的。因此，这种力量对自然界产生的影响是巨大而又深刻的，尤其是随着人类认识水平的提高和改造自然的能力的增强，使人与自然的作用与反作用关系变得十分复杂。这不仅影响着人类的生存环境，而且影响着人类

① 恩格斯．自然辩证法．北京：人民出版社，1971.150

② 恩格斯．自然辩证法．北京：人民出版社，1984.299

社会的发展。

显然，劳动创造人类的同时，也创造了一个与自然界对应的活动主体。与动物适应自然的活动不同，人类所进行的往往是主动作用和影响自然的主体性活动。人的活动是有目的和有意识的。人类具有把主体与客体、人与自然明确地区分开来的能力，并且反过来作用和影响自然演化与发展，从而出现了人工自然或人化自然。一些专家学者把它称为自然的“异化”现象。所谓“异化”，实质是矛盾的一个属性或存在方式，即矛盾的一方从另一方中产生的，也就是人是自然演化的产物，是自然界的一个组成部分。但是一旦它从自然（母体）中分化出来，获得相对的独立性后，就成为与自然界相对立的力量，制约和支配着自然。因此，劳动不仅创造了人类，同时也改变着人与自然的关系。

## 二、从敬畏自然到认识自然

人类的进化是一个漫长的历史过程。思维能力的进化和认识水平的提高更是经历了漫长的历史过程。人类早期对自然的认识是朦胧的、肤浅的、模糊的，甚至是错误的。但能够有意识地、独立自主地去认识、理解和探究自然，这本身就是人类的一大进步。人类在实践中发现：自然是千姿百态、千差万别、千变万化的。如春夏秋冬花开花落，日月星辰交相辉映，时而电闪雷明，时而急风骤雨；时而洪水滔天，时而山崩地裂……面对自然界的一切，人类的好奇心和敬畏心油然而生。是谁主宰着这一切？神灵乎？上帝乎？由于生产力水平和认识水平的限制，神话、巫术和迷信便成为早期人类解释自然的唯一手段。敬畏自然的本质是人类面对自然无能为力和束手无策的反映。说明在人与自然的关系中，人类被自然所奴役、所征服，处在一种被动的状态。祭天，造神是人类敬畏自然的直接形式。

古希腊自然哲学的萌发标志着人与自然的关系开始发生微妙的变化，即人类从敬畏自然转向认识自然。古希腊的自然哲学家第一次把自然界作为独立于人以外的客观存在和认识对象，并用理性的目光来审视自然，而不是用虚幻的神灵去想象自然和解释自然。他们坚信，自然是有规律的，这种规律是可以被人类所认识的。从此，人类走上了认识自然和探究自然的征程，尽管一开始这种认识常常是幼稚的或肤浅的，更多的是带有直觉、猜测和思辨的色彩的。但是，它为后来的科学发展和认识进步奠定了重要的基础。人与自然第一次出现了平等的关系——认识与被认识的关系。古希腊自然哲学家的最大贡献就是开创了用逻辑和理性的方法去认识自然的先河，对近代和现代自然科学的发展产生深远的影响。

尽管近代科学巨匠牛顿一直把对自然的研究作为加深对上帝认识的手段，并取得了众多的科学研究成果，如万有引力定律、微积分、光色理论等。但他始终认为人们只是发现了上帝对自然的“安排”。当牛顿第一次发现人的眼睛的视网膜成像构造，完全符合凹凸镜光学原理时，牛顿惊呼“上帝太伟大了”——原来上帝并没有穿衣服。在牛顿眼里“上帝就是自然，自然就是上帝”，上帝就像自然无处不在，无时不有。上帝并没有穿衣服是近代科学家的共同感觉。因为近代科学在实验科学的大旗的指引下，揭示了自然一个又一个的奥秘，揭开了自然一层又一层的面纱。以经验为基础的实验方法在掀起自然“头盖”中扮演了举足轻重的角色。伟大导师恩格斯对此作了高度评价：“在希腊人那里是天才直觉的东西，在我们这里是严格科学的，以实验为依据的研究结果，因而也就具有确定得多和明白得多的形式。”① 随着近代科学的不断发展，人类对自然界的研究从古希腊的整体研究转向分门别类地研究，人与自然的关系开始发生深刻的变化，人类有了充分的自信：自然界已不再是神秘的、不可知的。尽管现在仍有许多自然现象尚未被认识或被科学所解释，但科学迟早会揭开它的谜底，人们对此已坚信不已。人类第一次开始凌驾于自然之上，对自然进行指手画脚。

### 三、从改造自然到自然的惩罚

从敬畏自然到认识自然标志着人在自然界中的地位在不断地提高，自然科学家不仅兴高采烈，而且得意忘形，并认为，认识自然已不是科学的唯一目的，改造自然，从自然中索取人类所需要的一切才是全部科学真正的意义所在。近代科学家 F. 培根举起了“知识就是力量”的大旗，并成为一个时代、几代人的共同信念。向科学进军，向自然进军就像是一次次的军事行动一样。“战天斗地，人定胜天”成为 20 世纪中叶以前最时髦的口号。人们为改造自然的每一个成果喝彩，为科学大厦每一层的构建剪彩，甚至把科学视为“神灯”。应该讲，自然界是人类赖以生存和发展的基础，从自然环境中索取必要的物质和能量以改善人类的生存空间和生活条件是无可非议的。但问题是随着自然科学的不断进步，人类改造自然的技术能力的不断增强，人类对自然的征服欲望不断膨胀，开始毫无节制地向自然界索取，好像地球上所有的资源——土地、草原、矿产、森林、海洋、河流等都是为人类所准备的。地球成了人类攫取丰富资源的仓库和倾倒废物的垃圾桶。随着人类改造自然的深度和广度的不断拓展，人与自然的关系发生了微妙的变化——人类成为自然的征服者、掠夺者、统治者，甚至是破坏者。

人类征服、控制和改造自然的思想核心是“人是万物的尺度”，即人是自然的统治者和主宰者，自然界只有人类才有生存的价值和权利，人的利益才是决定其他自然物是否存在的价值尺度。这种“人类中心主义”思想的形成，从某种意义上讲，标志着人在自然界的主导地位的确立。从屈服自然到主宰自然，充分体现了人在与自然的相互作用中所具有的价值、尊严和巨大的能动性。正是在“人

① 恩格斯．自然辩证法．北京：人民出版社，1971.16

定胜天”的信念鼓舞下，人类创造了高度的物质文明。然而，不容忽视的是，在高度物质文明的背后隐藏着人类将面临的危机。因为人类向自然的索取从一开始就是单向的，由自身需要作为价值尺度，并不在意自然的承载能力、资源的消耗极限和环境的有效容量，而是一味地追求物质财富的不断增加。当资本主义处在原始积累时期，这种对自然的索取又被对自然的掠夺所取代。如果说漫长的农业社会是一种自给自足的自然经济的话，那么，工业社会从一开始就是一种资源经济，物质资源常常是与物质财富画等号的。古典经济学家亚当·斯密在其著名的《国富论》一书中，提出最有效的经济结构是放任主义的自由市场经济，把追求物质财富视为人类的本能，社会发展的原动力。因此，对自然界的放任掠夺变得天经地义。大片的森林被砍伐，导致了大量的水土流失、山洪暴发和洪水泛滥。当时人们并没有意识到这是生态环境破坏后，自然对人类的惩罚。烟囱林立是工业化初期的象征，人们却没有察觉到环境污染所带来的种种恶果。人类在改造自然的过程中所创造的技术圈，开始不断地入侵地球的生物圈，许多物种在不知不觉中消失。许多人并没有去关注、关爱和关心自然，仍然抱着“战天斗地”的信念，向自然界无休止地索取和掠夺。

早在100多年前，恩格斯就已经看到了人与自然之间所出现的这种征服与被征服的不正常关系，指出：“我们不要过分陶醉于我们对自然界的胜利。对于每一次这样的胜利，自然界都报复了我们。每一次胜利，在第一步都确实取得了我们预期的结果，但是在第二步和第三步却有了完全不同的、出乎预料的影响，常常把第一个结果又取消了。”① 他又进一步强调指出：“我们必须时时记住：我们统治自然界，决不像征服者统治异民族一样，决不像站在自然界以外的人一样——相反地，我们连同我们的肉、血和头脑都是属于自然界、存在于自然界的。”② 恩格斯的伟大之处在于预见性。实际上，到了20世纪60～70年代，自然对人类的惩罚已经波及社会各个方面。严重的环境污染开始威胁到人类的生存环境和身心健康。森林面积减少，生态破坏已经使大量物种消失，土地沙漠化进程加速，一些城市已受到沙尘暴侵害，一些地方酸雨频频，灾害性气候经常发生，危及人类的生存环境。加上能源短缺，资源匮乏，使人类社会文明和进步受到挑战，不得不引起人们的关注和思考。许多有社会责任感的专家学者开始重新审视人与自然的关系，并把人与自然协调发展作为人类社会未来发展的方向。

### 四、从主客二分到天人合一

古希腊自然哲学作为理性主义的开端，最大的特点是关注自然客体，把人作

---

① 马克思．马克思恩格斯选集．第3卷．北京：人民出版社，1972.517

② 马克思．马克思恩格斯选集．第3卷．北京：人民出版社，1972.518

为研究客观世界的主体。实际上，科学理性包含两方面内容：一是主客二分。即要把客观世界作为独立于人之外的事物来研究，并把客观世界分为本质世界和现象世界，目的是通过认识现象世界背后的本质，来揭示客观世界的内在规律性。在这个认识过程中，一方面坚持研究者的独立性和主体性，另一方面坚持认识对象存在着的不以主观意志为转移的客观规律性。二是认识自然的途径和方法。即要从客观世界的直观问题抽象出准确的概念，构造出符合客观规律的理论解释体系，通过逻辑推理演绎命题，通过归纳方法来提炼客观规律，用数学手段来揭示事物的质与量的关系，而不是仅仅对事物作简单笼统的现象描述和经验总结。从某种意义上讲，认识主体与认识客体分离是科学研究的前提，也是科学认识的基础。在西方，由于自然哲学始终关注自然，主客二分，强调客体是不依赖于主体而独立存在的客观实在，事物的本质和规律是不以人的主观意志为转移的思想，它导致和产生了科学发展的两大支柱：逻辑和理性。

从某种意义上讲，主客二分是人类进步的标志，也是自然科学得以发展的前提。但是，随着主体认识自然的水平的不断提高和改造自然能力的不断增强，人与自然的关系从人类敬畏自然，屈服自然，顺从自然，转向人类左右自然，控制自然，征服自然，直至大规模、无节制地掠夺自然。正是这种人与自然关系的急剧变化，自然以其特有的方式回报人类：环境恶化、生态失衡、水土流失、物种减少、土地贫瘠、资源短缺，甚至威胁到人类生存的空间和生活的状态。西方的一些专家学者在回顾和反思人与自然关系的历史演变时，认为主客二分是形成人与自然对立的根源。正如德国哲学家海德格尔所说："当我们把自然及其事物作为'客体'来对待时，我们所注重的只是一种强制性、榨取性的意义。我们强迫自然提供知识和能量，却没有耐心倾听自然以及生活，隐蔽于其中的东西的声音，没有为它们提供一个栖身场所。我们命令、剥削、肢解自然，也就注定了我们的对象、'客体'会反对我们。它们会以一种辩证的方式反过来惩罚我们。我们背弃了自然，我们也就失去了家园。"① 因此，西方人开始对中国传统文化中的"天人合一"的思想产生了浓厚的兴趣，认为应该从古老的东方文化中吸取现代智慧，认识到人与自然的关系应该是既对立，又统一；既相互作用，又协调发展，你中有我，我中有你地和谐共存与发展。

众所周知，在中国传统文化中"天人合一"、"天人同理"、"天人同类"、"天人相通"等思想始终占主导地位。"天人合一"思想的含义包括四个方面：①人是自然界的一个组成部分；②人和自然都服从自然界的普遍规律；③天道与人性同一，道德原则和自然规律是一致的；④人类追求的理想是天人和谐，即人与自

① 郭小平．科学的危机与人的困惑．读书，1990，(12)：18

然的协调发展[1]。被誉为哲学中的哲学，经典中的经典，智慧中的智慧的《易经》云："乾，天也，故称乎父；坤，地也，故称乎母。"又说，"乾为首，坤为腹，震为足，巽为股，坎为耳，离为目，艮为手，兑为口。"这就把人与天等同起来合二为一。随后的儒家、道家、阴阳家、纵横家甚至墨家都承传了这一思想。到了董仲舒则把"天人合一"思想发展成"天人感应"学说，不仅把自然与人等量齐观，而且认为自然现象与人世间现象能够相互感应。应该讲早期中国的"天人合一"的思想既有积极的一面，也有消极的一面。从消极面讲，中国传统文化中把认识主体与认识客体合二为一的思想，消解了科学从哲学之母中孕育而生的可能，取消科学认识对象实际上是取消科学自身。它导致了自然科学不能充分发展，自然界的内在规律性不能有效揭示。而西方的"主客二分"尽管导致了人与自然的对立，但在对立中推动了自然科学的发展。当然，现代西方学者之所以非常推崇"天人合一"思想，认为它是人与自然和谐发展的思想源流，可持续发展理念的思想基础，是因为他们看到了"天人合一"思想的现代价值和积极的一面。人类社会未来的发展始终会面临着人与自然的关系问题，人类赖以生存的基础——自然是有限的，因为我们共同拥有的只是一个地球。从整个宇宙看，地球只是一片"小舟"，天人合一，同舟共济才是人类的唯一选择。

## 第二节　天然自然与人工自然

从人与自然关系的历史考察中，我们不难发现，随着人类认识能力和科学水平的提高，人与自然的关系不断发生深刻的变化。其中最引人注目的变化是：人的实践使自然界成为人的认识对象、人的生存环境和人的活动要素，使自然界不断地打上人的印迹，人在天然自然的基础上不断创造出新的人工自然。从天然自然到人工自然，记载着人类认识自然和改造自然的过程，也是人与自然相互作用和相互影响的结晶。因此，充分认识人工自然的特点和规律，分析人工自然对天然自然的影响，不仅具有理论价值，而且具有现实意义。

### 一、自然界是人类赖以生存的物质基础

所谓自然界，从广义上讲，是宇宙中一切事物的总称，是各种物质系统相互联系的总称。从狭义上讲，自然界是指与社会相对立的社会以外的世界，或指自然科学研究的总体对象。不论是广义的自然界，还是狭义的自然界，首先都是人类赖以生存的物质基础。在整个自然界中，和人类关系最直接、最密切的自然界部分无疑是地球。虽然地球在宇宙中的地位微不足道，但它是目前人类唯一的家

① 张岱年．中国哲学中"天人合一"思想的剖析．北京大学学报，1985，(1)

园。人类在地球上的活动范围全部集中于地球表面，地球表面主要包括岩石圈、大气圈、水圈、生物圈和人类之间的相互交接地带。因此，从这里出发讨论人与自然的关系才最有实际意义。辩证的自然观认为，自然界可分为天然自然和人工自然。

天然自然是指人类暂时尚未与之建立信息联系或未被认识的那部分自然，以及人类已经触及、观测到和认识到的那部分自然。未被认识到的那部分自然包括：在空间上人类目前尚未观测到的总星系和总星团以外的那个无限广袤的宇观世界与胀观世界，以及基本粒子以下的未知的微观领域与渺观领域；同时也包括构成人类生存环境的宏观世界中尚未被人们所了解的自然事物和自然过程及其尚未探明的自然规律和特征。正因为它是人类所没有认识到的，即没有任何信息进入到人类研究视野的那部分世界，所以它暂时还不是人类的认识和实践的现实对象，而只是未来认识和实践拓展的潜在领域。而人类已触及并能够感知其信息的那部分自然界，主要包括从宇宙天体到物质结构，从总星系到基本粒子中人类已经认识或已经开始认识的物质系统。因此，这部分天然自然随着科学技术的发展，认识水平的不断提高而逐步拓展。自然科学史表征了人类认识的过程，探索的轨迹。

天然自然的概念有三层含义：①在人类没有产生以前的整个自然界。自然界是以自在的方式存在、演化着和发展着的，没有任何人类作用于自然界的印迹。由于它相对于人类的活动（包括认识自然和改造自然两部分），纯粹是“自在”的、“外在”的，故称为“自在自然”或“天然自然”。②在人类产生以后所没有或暂时尚未触及的那部分自然。尽管人类随着科学技术的进步，影响自然的范围在深度和广度上得到前所未有的拓展，但就一个无限的宇宙而言，人类对自然界的影响能力和影响区域仍然是十分有限的，仍然存在着人类还不能建立有效的信息联系的天然自然。③除去人类认识和改造自然活动过程中所建立的人工自然系统，余下的就是天然自然。用现代科学的眼光看，天然自然是需要人类未来进一步开发的“处女地”。这个“处女地”的范围仍然很大。因为，人类的科技水平和认识能力相对于如此宏大的宇宙而言，是微不足道的。况且人类常常是知道得越多，不懂的也就越多，就好像知识的球体越膨胀，直径越大，表面积就越大，未知与已知的界面也就越大。真可谓是“山外有山天外天，洞内有洞孔中孔”。这说明任何时代的人所触及和观测到的宇宙都是有限的，自然科学所能达到的领域也是有限的。正如恩格斯所说的“我们的自然科学的极限，直到今天仍然是我们的宇宙，而在我们的宇宙之外的无限多的宇宙，是我们认识自然时所用不着的。”① 这个“无限多的宇宙”说明天然自然是无限的，它为拓展人们认识视野

---

① 马克思．马克思恩格斯全集．第42卷．北京：人民出版社，1972.167

和观测所及自然，在广度和深度上提供了无限的可能性，也为自然科学的进一步发展提供了无限的可能性。

人工自然是相对于天然自然而言的自然界，是社会化的人为了从自然界获得维持自己生存所必需的生活资料和生产资料，有目的地应用科学技术和各种物质手段，在改造天然自然过程中所创造的属于人的自然。它包括人所影响、改造过的自然环境、生态系统和人类本身。人工自然是人类智慧的结晶和物化，是人类通过科技手段创造出来的存在物，是人与自然的有机统一。从某种意义上讲，人工自然是人把自然界提供给人的东西加上人的因素后还给自然界。因为“自然并没有制造出任何机器、机车、铁路、电报、自动纺棉机等，它们都是人类工业的产物；自然的物质转变为由人类意志驾驭自然或人类在自然界里活动的器官。它们是由人类的手所创造的人类头脑的器官；都是物化的智力”①。人工自然可以看成是人类与自然所构成的调控系统。它随着人类控制手段的逐步进化而拓展，技术发展史表征了人类改造自然的进程和方式。尽管千百年来，特别是近100年人类所创造的人工自然的规模是巨大的，但从总体上看，人工自然还是有限的。因为，人工自然不可能超越人对自然科学认识的范围，它只是自然界的一个组成部分，是把从自然所获得的自然信息物化而成的自然界。

天然自然和人工自然构成了最广义的自然界概念。而自然界的概念也包括人在内，人是自然演化的产物，也是自然界的一个组成部分。随着科学的进步，人类认识水平和思维能力增强，人类在自然界存在和演化过程中占有自己的地位，扮演举足轻重的角色，把自然界的一部分纳入人的社会实践活动之中。通过认识自然和改造自然的实践活动，人类不断地将天然自然转变为人工自然，使自然界打上了人类活动的烙印。因此，不仅自然界本身的力量推动其演化，人的活动也作为一支重要的力量介入自然界的演化进程。

从理论上讲，人工自然是在天然自然的基础上发展起来的，和天然自然具有某些共同之处，它们都是一种存在物，都统一于物质性，统一于大自然。但是，人工自然毕竟是人的创造物，是自然界演化发展过程中的一个新阶段，一种新产物。因此，它具有不同于天然自然的特殊性质、特殊过程、特殊结构和特殊功能。人工自然与天然自然既有联系，又有区别，同时又统一在自然界之中。人工自然与天然自然两者区别具体反映在：①从本体论上看，天然自然是一种“自在之物”，一种在人的意识之外的客观存在，属于“第一自然”。而人工自然依赖于人的意识、人的创造、人的想象，并根据自己的主观意愿和价值判断，有目的、有计划地创造出来，属于“第二自然”。②从属性上看，天然自然只具有自然属性，服从于自然规律。而人工自然既具有自然属性，又具有社会属性；既服从于

① 马克思．政治经济学批判大纲．北京：人民出版社，1977.358

自然规律，又服从于经济、文化等社会发展规律。③从演化与发展速度上看，天然自然的演化速度非常缓慢，例如，人类出现以前，地表自然全部属于天然自然，其间的气候、土壤、地质、地貌、水文、生物等自然因素的演化发展，只能用“地质年代”来计算。而人工自然则不同，其发展速度是迅速的，有时也是非常惊人的。人类的文明历史不过几千年，但在地表自然上都留下人类的足迹，举目遥望人工自然无处不在，从拔地而起的城市群到遍地农作物，从火车飞机到计算机电脑，从农业温室大棚到四季如春的办公室。人类已经离不开人工自然环境。④从相互关系看，天然自然可独立存在，而人工自然却要以天然自然为基础。人工自然尽管种类繁多，功能各异，但从物质循环和能量转化的角度，它们的物质和能量最终来源于天然自然。事实上，没有天然自然，就没有人工自然。我们应该关爱天然自然、关心天然自然、呵护天然自然，为人工自然的发展奠定一个良好的基础。

## 二、人工自然是人类文明进程中的产物

人类的文明史，是人工自然的发展史，也是人类认识自然和改造自然的历史。人工自然是把这种认识和改造自然的实践活动成果凝固成新的物质存在形式。从大的时间跨度看，人类经历了“三次文明浪潮”；从小的时间尺度看，人类社会经历了“三次工业革命”。剖析“三次文明浪潮”和“三次工业革命”有助于我们深刻地认识人工自然发展的脉络。

1980年，美国著名的未来学家托夫勒（A. Toffler）发表了名著《第三次浪潮》（The Third Wave），在世界各国产生巨大的反响。托夫勒并不像罗马俱乐部成员那样对未来发展持悲观主义态度，尽管他认为工业文明正在衰落，但并不代表世界末日的到来，而是孕育着一个新的文明：人与自然将从对抗走向协调。托夫勒把“三次文明浪潮”划分为：第一次浪潮是农业文明，历时数千年；第二次浪潮是工业文明，至今不过300年；第三次浪潮特征是信息社会，也许只有几十年的时间。“三次文明浪潮”具体表现如下。

### 1. 第一次文明浪潮，即农业社会

这一时期人工自然的发展是以金属冶炼技术和金属工具的应用和推广为特征的。人类刀耕火种、砍伐森林、开垦草原、驯养牲畜，发展了农业和畜牧业。手工业从农业中分化出来，创造了种类繁多的劳动工具、武器、纺织品和工艺品等。人类通过开运河、修沟渠、打深井，一定程度上缓解了因水文分布不平衡对生产、生活带来的不利影响；通过修路、建桥、造船、造车，极大地改变了交通运输条件；通过建造各种房屋，发展村落和城市，克服了自然条件对居住的限制，丰富了社会生活；通过大量建造碑、塔、寺、庙、亭、陵、墓，以表达某种

宗教、理念、文化和审美情怀。农业社会是人工自然萌发、初构的成长期，人类通过自己的聪明才智创造了一定数量和规模的人工自然，从根本上改变了早期物质活动的基本结构，使人类依赖天然自然和人工自然得以生存和发展。

2. 第二次文明浪潮，即工业社会

由于近代自然科学的兴起，人类认识自然和改造自然的能力不断增强，加速了生产技术的进步，并引发了工业革命，使人类对自然的驾驭能力大大提高。人类开始以崭新的方式从事生产活动，对自然界物质资源的简单获取和直接消费，转变为深度加工和间接消费。人类创造的人工产品超过了天然产品。人们从过去顺从自然、屈服自然的状态中摆脱出来，开始控制、征服和改造自然。化学工业的兴起，导致了染料、香料、杀虫剂、化肥、农药等人工合成物质层出不穷；钢铁和煤炭工业的崛起，为机器制造业创造了物质条件，从而实现了机械替代手工操作，极大地推动了生产力的发展；电力工业规模不断扩大，为工业生产提供了廉价、方便、清洁的动力；电力的发展也推动了电气设备工业的发展，发电机、电动机、变压器、电线电缆等工业品不断推陈出新。工业社会是人工自然的成熟期，在标准化、专业化、同步化、集中化、连续化、大型化等工业文明的法则指导下，以指数增长的方式创造了越来越多的人工自然物品，使人目不暇接，充分体现了人类认识自然与改造自然的智慧和能力。

3. 第三次文明浪潮，即信息社会

自1946年在美国普林斯顿大学研制成功世界上第一台电子数字计算机ENIAC以来，计算机以惊人速度快速发展。它不仅改变着生产方式、物流方式、学习方式、工作方式，而且改变着人们的生活方式和思维方式。计算机还可以创造出虚拟的物质世界，甚至还可以创造出虚拟的自然界。因此，第三次文明浪潮是以计算机技术、生物技术、空间技术、海洋技术为核心和标志的新技术革命的兴起和发展。这个时期人工自然的发展在质与量两个方面都产生了新的飞跃。计算机技术发展的前沿是人工智能（artificial intelligence）。所谓人工智能是指通过计算机来模拟人的思维过程，用机器完成人脑所具有的各种功能，不仅包括记忆、储存、计算、判断、推理，而且包括图像识别、语言理解、自我学习、自我适应、自我判断、自我积累和自我建构。在第三次文明浪潮中，人类不仅能创造出人工自然系统，而且能创造出人工智能系统，以替代人类一部分智力活动。信息化社会的最大特点是，人们通过信息流带动物质流和能量流的高效运行，提高了生产效率，传统的机器系统加上了控制系统和智能系统，使机器的效率成倍提高，使资源和能源的消耗成倍下降。托夫勒明确指出："第二次浪潮本身有两个变化，使工业文明不可能再正常生存下去。第一，征服自然的战役，已经到达一个转折点。生物圈已不容许工业化再继续侵袭了。第二，不能再无限地依赖不可再生的能源。”①

如果第二次浪潮更多的是征服自然、掠夺自然，第三次浪潮则更多的是关心自然、关爱自然，强调与自然和谐协调地发展。信息技术是耗能低，消耗少，低污染，高效率的技术，它对传统产业的改造和影响所产生的效益是巨大的。例如，互联网技术的发展改变了人们的通讯方式和交流方式。随着国际互联网技术的不断完善，世界范围内的交流将变得越来越快捷和方便，加上不断丰富的互联网上内容，将为你提供取之不尽、用之不竭的信息资源。如果说物质和能量是遵循守恒定律的话，信息资源的利用是一个增值和生序的过程。第三次浪潮中的另一项新技术是生物技术。它使人类可以按照自己的意愿，通过人为控制的方法改变生物的遗传性状，定向地创造新的生命体来制造产品或提高产品的产量和质量。生物技术与工程对解决人类目前所面临的疾病、环境污染、人口控制、优生优育、增加粮食、提供新材料和新能源等将发挥重要的作用，尤其是基因工程与技术正在面临的许多新的技术突破。在全球范围组织实施的、规模庞大的“人类基因组计划”——被称为20世纪下半叶人类最伟大的三个计划之一，即“曼哈顿计划”（原子弹制造）、“阿波罗计划”（人类登月计划）之后的计划。现代科学已向我们揭示：人的全部遗传信息储存于细胞核内染色体的DNA中。人的遗传基因约10万个，每个遗传基因是由A、T、G、C四种核苷酸按次序排列在两条互补地组成双螺旋结构的长链上，核苷酸总数达30亿个左右。该计划的目的是对人类基因组进行破译。其计划主要分三步：①大规模地对基因组作图；②对30亿个碱基进行全测序；③解读基因组密码，将基因组的基因与人类疾病相关联，了解基因在人体上的时空序的表达和分布情况。这是人类认识生命本质奥秘的巨大工程。如果说人工智能是研究人的思维过程的规律和特点，用机器模拟人的思维的话。那么，基因工程是研究人的生命本质。因此，第三次浪潮中，人类在认识主体以外的客观世界的同时，也开始认识主体本身的规律和特点。它对未来人工自然的发展将产生深刻的影响。

此外，近代科学革命以来的300多年历史中，人类经历了三次工业革命。它改变了人类社会发展的历史进程，加速了人工自然的发展。第一次工业革命是蒸汽机革命，主要是为英国当时不断发展的纺织机械化提供动力驱动机。由于瓦特利用潜能原理把冷凝器拿到汽缸外面，从而极大地提高了蒸汽机的工效和能耗，蒸汽机得到了普及和推广，推动了第一次工业革命，也孕育了大工业的产生和人工自然规模的扩大。第二次工业革命是电力革命，主要解决了动力的长距离传输，提供便捷的动力。当科学家发现了电流能够产生磁场，物理学家法拉第便在

---

① 托夫勒．第三次浪潮．北京：三联书店，1984.14

探索磁场如何产生电流，当法拉第发现切割磁力线能产生电流时，这个世界被彻底改变了。今天人类一刻也离不开电，如电车、电梯、电灯、电话、电视、电冰箱、空调、洗衣机、微波炉等。第二次工业革命，使人们的生活从简朴的自然状态发展到种类繁多、功能各异的人工自然状态。第三次工业革命是电子计算机革命，主要以信息储存、信息加工、信息处理、信息传送技术发展为主。信息社会中，除了各种自然资源和生产工具以外，信息已成为重要的资源和财富，影响着社会的运行效率。电子产品和信息通信产品层出不穷，如宽带网、电子信箱、移动通信、可视电话、电子货币、电子商务、光纤通信、卫星通信、数据通信、办公自动化、家庭智能化、城市数字化等。由计算机和互联网构成的信息网络体系，推动了世界经济一体化的进程，“地球村”的概念比以往任何时候都更为清晰。当然，也有专家学者在预测，目前正在酝酿着第四次工业革命——基因革命。如果说蒸汽机革命和电力革命主要是对人体四肢能力的延伸，那么，计算机革命是对人脑能力的延伸。而基因革命将改变人类生命本身的状态。例如，衰老基因的发现，将延长人类的寿命；疾病基因的发现，可医治众多的疾病患者；甚至会出现“人工生命”，其实克隆技术的发展已经为人工生命的发展提供了方向。因此，人工自然在经历了三次工业革命后，不仅层次丰富，范围拓展。而且人类对人工自然的依赖日益增强。但是，随着人工自然发展的“负效应”逐步显现，如环境污染、生态破坏、信息爆炸、城市拥挤、能源短缺等，不少人开始留恋天然自然，他们希望离开用钢筋水泥所包裹的城市，到纯朴、清新、没有人工痕迹的天然自然中去，享受纯自然的空气和阳光，过简朴的生活。

### 三、自然对人的异化：生态危机

我们应该清醒地看到，人类认识自然和改造自然，一方面是自然的人化过程，即人工自然迅速发展的过程；另一方面也是自然对人的异化过程。即在实践活动中人的本质力量对象化，自然界成为属于人的自然、为人所需要和利用的自然；同时，在一定条件下，人的活动结果却使自然摆脱人的控制，反过来成为祸害人、对抗人、奴役人的异己力量。马克思曾经说过：“只要人们还处在自发地形成的社会中，那么人本身的活动对人说来就成为一种异己的、与他对立的力量，这种力量驱使着人而不是人驾驭着这种力量。”[①] 人与自己的创造物——人工自然的关系是复杂的，人似乎没有能力完全控制自己的创造物。就如同父母生育子女，等到子女长大成人后，父母亲不可能完全控制自己的子女一样。在许多情况下，人的创造物都反过来奴役人，成了支配人的异己力量。人类创造人工自然物本意在于获得自由，但是随着自然的全面人化，人类逐渐成为自己创造物的

---

① 马克思，恩格斯．德意志意识形态．北京：人民出版社，1961.27

奴隶，失去了某些自由。甚至对所创造的人工自然会给我们什么样的后果，我们也一无所知。

众所周知，天然自然是一个生命体或生物群落及其生存环境相互作用的自然系统。当生态系统发展到成熟的阶段，它的结构和功能，包括生物种类的组成、各个种群的数量比例以及物质和能量的输入、输出等都会形成相对稳定的状态。但是，随着人类认识和改造自然的能力不断增强，人工自然发展就不断地打破生态系统的自然平衡或生态平衡。在恢复生态平衡的过程中，自然就会以一种特有的或极端的方式回报人类。生态危机就是这时产生的，这也是自然对人的异化的具体表现。从理论上讲，生态危机主要是指由于人类不合理的活动，在全球规模或局部区域导致生态过程即生态系统的结构和功能的损害、生命维持系统瓦解，从而危害人的利益、威胁人类生存和发展的现象。事实上，早在生态危机初露端倪、还未引起人们普遍重视的时候，马克思、恩格斯就远见卓识地提出了关于人与自然关系的真知灼见和科学预见。恩格斯在《自然辩证法》一书中提到一段经典的生态破坏而导致生态危机的历史："美索不达米亚、希腊、小亚细亚以及其他各地的居民，为了想得到耕地，把森林都砍完了，但是他们做梦也想不到，这些地方今天竟因此成为荒芜不毛之地，因为他们使这些地方失去了森林，也失去了积聚和贮存水分的中心。阿尔卑斯山的意大利人，在山南坡砍光了在北坡被十分细心地保护的松林。他们没有预料到，这样一来，他们把他们区域里的高山牧畜业的基础给摧毁了；他们更没有预料到，他们这样做，竟使山泉在一年中的大部分时间内枯竭了，而在雨季又使更加凶猛的洪水倾泻到平原上。"① 恩格斯在总结了人向自然界索取的教训后精辟地指出："我们不要过分陶醉于我们对自然界的胜利。对于每一次这样的胜利，自然界都报复了我们。每一次胜利，在第一步都确实取得了我们预期的结果，但是在第二步和第三步却有了完全不同的、出乎预料的影响，常常把第一个结果又取消了。"② 他强调指出："我们必须时时记住：我们统治自然界，决不像征服者统治异民族一样，决不像站在自然界以外的人一样——相反地，我们连同我们的肉、血和头脑都是属于自然界，存在于自然界的。"③

自然对人的异化，早在人工自然出现的时候就已经存在了，只是在低水平的生产条件下矛盾和危机并不突出。这是因为自然界本身存在着再生能力和自我调节能力，能及时地吸收、净化、转换人类对环境所造成的有限影响，不至于出现全球性的生态危机和环境改变。但从 20 世纪以来，随着现代科学技术革命所带

① 马克思．马克思恩格斯选集．第 3 卷．北京：人民出版社，1972. 517

② 马克思．马克思恩格斯选集．第 3 卷，北京：人民出版社，1972. 517

③ 马克思．马克思恩格斯选集．第 3 卷．北京：人民出版社，1972. 518

来的人对自然的巨大的干涉能力、改造能力、征服能力，全球的生态系统的自然平衡问题已达到了空前尖锐的程度。人们开始用“生态危机”一词来描述这个不可回避的事实，以警示人们。人类对生态系统的自然平衡的干预已超过了自然界的再生能力和自我调节能力，使不同水平的自然平衡都已濒临自我修复的极限。而生态系统的自然平衡的破坏，已经给人类生存空间带来不利的影响，从而引发了世界性的“生态危机”。长期以来，人类对待自然过于自私，人们追求的主要是如何使自然界来合乎人的需要、目的和特性，却较少考虑如何使人的需要和特性等适合自然的特性、法则和生态规律；人们普遍注重强调人改造、征服和战胜自然的力量的增长、提高与发展，而忽视人和自然之间物质交换的调节能力和人对不断变化着的自然界的适应能力的训练、提高和发展；人们一味陶醉于对大自然的胜利和统治，却忽视了我们对自然的每一胜利，都要受大自然的报复和惩罚。正如德国哲学家海德格尔（M. Heidegger）所说：“当我们把自然及其事物作为‘客体’来对待时，我们所注重的只是一种强制性、榨取性的意义。我们强迫自然提供知识和能量，却没有耐心倾听自然以及生活，隐蔽于其中的东西的声音，没有为它们提供一个栖身场所。我们命令、剥削、肢解自然，也就注定了我们的对象、‘客体’会反对我们，它们会以一种辩证的方式反过来惩罚我们。我们背弃了自然，我们也就失去了家园。”[①] 种种迹象表明，人类所直接面对的自然界生态环境系统正在向着不利于人类生存和发展的方向演化。无怪乎，20世纪末21世纪初，世界各国都对自然生态环境状况表现出前所未有的关注，“协调人与自然关系”的呼声与日俱增，而可持续发展战略也已逐步成为世界各国的基本国策。

## 第三节　人与自然的协调发展

人与自然关系经历了曲折的发展和演变，进入了一个新的发展阶段，即人与自然应该和谐共存，协调发展。不能以传统的“人类中心主义”的价值观来对待自然，不能以掠夺性的手段从子孙后代那里提前攫取自然资源，要充分认识全球的“整体性”和地球的“有限性”，准确把握我们所在地球的生存空间、环境容量、资源状况和生态要求，重新调整人与自然的关系，寻求和确立人在自然界中的正确位置和应有的责任。只有全面正确地理解科学技术的价值、功能和地位，才能为人类社会的可持续发展奠定科学的思想基础。

### 一、罗马俱乐部与《增长的极限》

20世纪中叶以后，人类面对全球性的能源危机、粮食危机、环境危机、资

---

① 郭小平．科学的危机与人的困惑．读书，1990，(12)：18

源危机、人口危机，开始了对人与自然的关系进行了全面深刻的反思和反省。一时间各种学术思潮此起彼伏，一些学术观点惊世骇俗，其中最引人注目的是“罗马俱乐部”。“罗马俱乐部”成立于1968年4月，是由来自多个国家的近100名专家学者组成的非政府的国际性研究组织。他们对现代社会的人口、粮食、能源、环境等问题进行跨学科的综合性研究。美国麻省理工学院教授梅多斯（D. L. Meadows）等提出的《增长的极限》（研究报告）是主要代表作。他们运用系统动力学，建立了一个包括人口、工业化、污染、粮食生产和资源消耗等5个对全球产生重大影响的变量的人类生态系统方程，定量地研究和预测世界发展的未来。按照系统方程模型的分析计算得出了这五种增长因素的共同特征是“指数增长”。例如，人口增长需要更多的粮食供应，从而需要更多的农业投资；而农业增产则需要使用更多的化肥和农药，这又会使环境污染日益严重，并且还要消耗更多的石油、煤炭等不可再生资源；而环境污染和自然资源枯竭反过来又影响人类自身。他们预测，“如果在世界人口、工业化、污染、粮食生产和资源消耗等方面按照现在的趋势继续下去，那么我们这颗行星上的增长极限将在今后一百年中发生。最可能出现的后果将是人口同工业生产两者出现相当突然和不可控制的衰退。”（梅多斯，《增长的极限》，四川人民出版社，1983年，第19、20、189页）他们认为，地球好比一个种浮莲的池塘，浮莲以每日按2倍的速度生长着，30天将覆满池塘，使池中生物窒息。如果到第29天才进行收割，那时挽救池塘就只剩下一天的机会了，而若置之不理，则将陷入无可挽回的境地①。他们提出，避免世界性灾难的最好出路是社会经济处于“零增长”状态。

1981年，美国著名学者里夫金和霍华德合作发表了新著《熵：一种新的世界观》。该书不像罗马俱乐部的报告，用数据分析来论证人与自然关系上出现的危机，而是从理论上，从世界观的高度，用高熵社会和低熵社会的概念来解释人类社会的存在方式。他们根据热力学第二定律中能量转换的不可逆性，提出：“无论在地球上，还是宇宙或任何地方建立起任何秩序，都必须以周围环境出现更大的混乱度为代价，而科学技术是增加这种混乱度的载体。”他们认为，科学技术是加速释放自然界所蕴藏能量的转换器。每一个加快能量流通的新技术所体现的所谓“高效率”，实际上只是加快了能量耗散的过程，从而增加了世界的混乱程度。20世纪后半叶，现代西方社会之所以出现一股强大的、引人注目的反科学主义思想，与人们反思人与自然的关系是分不开的。

尽管“零增长”、“低熵社会”等学术思潮中，有些结论过于偏激，甚至耸人听闻。但是，他们用极端的方式阐述的问题的确发人深思。它从另一个角度告诉我们：不要盲目地为科学技术的某些进步所陶醉，那种以征服者的姿态对大自然

---

① 梅多斯．增长的极限．成都：四川人民出版社，1983. 28

无情的掠夺和攫取，会带来“玩火者自焚”的恶果。我们必须建立新的自然观、科学观和技术观，必须正视科学技术的“双刃剑”所体现的正负两重效应。科学技术就本质而言，是人与自然的矛盾运动的产物。同时，它又不断地改变着人与自然的关系，越来越深刻地影响着自然界演化的方向和进程。众所周知，没有科学技术的进步，也许无法想象今天的人类在自然界中的地位。当然，现代科学技术高度发展的今天，我们也不能无视科学技术的异化现象和自然对人的异化现象。因此，要克服科学技术所带来的“负效应”，协调人与自然的关系，就必须强化科学技术的社会评价和控制。

应该看到简单地把全球生态系统失衡和危机归结为科学技术的发展是非理性的，让人类回到刀耕火种的原始状态也是不现实的。人与自然的关系协调更需要科学技术承担起新的责任，只要合理地发挥人的主观能动性，那么，自然界本身是不会成为人类社会发展的障碍。人与自然之间的物质、能量和信息交换过程中人是起决定性作用的。因为，在人与自然的对象性关系中，人是主体；在人与自然构成的调控系统中，人是控制者。要使人与自然协调发展，人类首先要在认识方面重建人与自然是相互依存的有机统一体观念，要在实践方面通过高度发展的科学技术来完善人类自身的认识和实践能力。科学合理地组织人类改造自然的实践活动，使人工自然朝着既有利于人类又有利于自然的方面发展。

### 二、后现代人类中心主义：生态价值观

面对接踵而来的全球性的环境问题和生态危机，迫使不少专家学者从世界观和价值观的高度，思考问题和危机产生的根源：引发人类生存困境的原因究竟是什么？理性的人类为什么会引发非理性的结果？人们很快找到了答案，原因似乎很简单，是千百年来“人类中心主义”的思想和行为在作祟。何谓“人类中心主义（anthropocentric)”？《哲学大辞典》是分三个层面解释的：①人是宇宙的中心；②人是宇宙一切事物的目的；③人按照自身的价值观解释和评价宇宙间的所有事物[①]。人类中心主义认为，人类是地球生物圈的中心，具有内在价值，是唯一的伦理主体和道德代理人，其道德地位优越于其他物种。因此，只有人作为理性的存在物才具有内在价值，其他存在物都无内在价值，仅具有工具价值，它们被排斥在人类伦理关怀和道德共同体的范围之外。

这种强调人与自然的分离和对立，无视自然界其他生命的存在价值，一切均以人为中心，把人类发展建立在对自然资源的掠夺性开发之上的传统的“人类中心主义”的思想，受到了当代关注生态和环境的专家学者的全面批判，认为人类中心主义所表现出来肤浅的功利主义价值观，是造成生态危机和环境问题的元

① 冯契．哲学大辞典．上海：上海辞书出版社，2001.1176

凶，它直接导致了人们对地球上资源毫无节制地开发，把地球作为废弃物排放的垃圾场。因而生态危机和环境问题的产生是不可避免的。他们提出人类要走出这一危机，就必须进行一场伦理革命和价值观变革，即走出人类中心主义的传统，不再把道德价值的重心定位在人类方面，而应该把人类作为生物共同体中具有平等关系的一员（非人类中心论的观点）。当代环境主义者把“人类中心主义”批评为人类的沙文主义、物种歧视主义和人类利己主义。

西方现代环境伦理学家为此创立了“非人类中心论”或“生态中心主义”的理论，其初衷是积极的，并给人们重新认识人与自然的关系带来许多新视角和新启示。他们认为，自然具有完全独立于人类评价的所谓内在价值，即在生物圈的时空范围内，各种植物、动物、微生物与自然环境编成目的与手段的立体交叉网络，保持着生物圈的生态平衡。它们具有内在的目的性和不可替代的内在价值。他们甚至认为，人类应该尊重其他生物物种的生存权利，要以自然界的利益为重，同自然界讲公正、讲道德、讲义务，把伦理观点扩展到生物圈乃至整个自然界。生态中心主义者告诫：人类要想继续在这个星球生活下去，延续人类的文明，就必须保护自然、关爱自然、善待自然，与自然界和谐共存、平等友好地协调发展。应该说环境伦理学家和“非人类中心论”者的许多观点是正确的，是对人与自然关系进行深刻反思的结果。于是，“走出人类中心主义”成为一种波及全球的社会思潮。

但是，人与自然究竟是一种什么关系？自然界是否存在着内在价值？人类在自然界的中心地位是否真的改变了？这些都是需要我们冷静思考的问题。一些学者在新的历史条件下，提出了新的理论和见解，认为人类不是走出“人类中心主义”，而是走进“后现代人类中心主义”。所谓“后现代人类中心主义”的核心理念，就是我们需要用理性的精神处理人与自然的关系。人不同于地表上自然的任何生物或生命，人是具有主体意识，价值判断，能从事目的性活动的，并具有主观能动性，在自然界的中心地位是不可改变的，无非是传统的“人类中心主义”中缺乏“生态价值观”的理念。所谓“生态价值观”是指人类在认识和改造自然的过程中，在考虑经济效益和社会价值的同时，也要评价环境影响和生态平衡等影响，科学及时地评价人类认识和改造自然的活动，以及所创造的人工自然会不会对生物个体、种群、群落和生态系统产生破坏和影响。所以，“后现代人类中心主义”对传统“人类中心主义”做出了扬弃，并引入了生态价值观，使传统的理念获得现代的内涵和价值。

一些专家学者之所以强调“后现代人类中心主义”，理由有三条：①任何时候、任何环境和任何条件下，人在自然界中的中心地位是不会动摇的。人总是根据自己特有的视角、方式和需要来认识和改造自然，否则，人就在自然中丧失了主体性地位。人类自身的整体利益是人类实践活动价值判断的唯一和终极的尺度。我们对自然界其他生物或生命的理解和关爱，只能是人的主体判断和理解。所谓站在自然的立场上或站在生物立场上，都不过是拟人化的说法。当人类生存空间和利益受到生态环境破坏的威胁时，才有人类关于“生态危机”的价值判断。事实上，“人是万物的尺度”并没有错，关键是我们需要建立什么样的尺度。②人类认识自然和改造自然的实践活动永远不会停止，这就说明主客二分的状态始终存在，无非是在认识和改造自然的过程中是以征服者和掠夺者的姿态出现，还是从如何协调人与自然关系的角度出发，从“天人合一”的理念出发，两者所带来的结果是截然不同的。人与自然的关系永远是既对立，又统一的，我们不能强调统一，忽视对立；或强调对立，忽视统一。人类中心主义思想在历史上曾经起过积极的作用，只是到现代，人类在改造自然的过程中忽视了生态系统自然平衡方面的诸多问题，从而使我们不得不面对“生态危机”的挑战。③人类具有认识自然和改造自然的能力，而科学技术是这种能力的直接反映。罗马俱乐部把科学技术的发展视为全球性危机的总根源，其实解决危机的出路和途径离不开科学技术本身，就像一些学者认为的那样，“人类中心主义”是导致环境问题和生态危机的主要原因，而解决生态危机则需要新的“人类中心主义”理念的支持。没有人类的意识和努力，没有人类的探索和创造，由谁来帮助人类走出生态困境？由谁来帮助人类解决生态危机？从来就没有救世主，全靠人类自身。今天，我们强调人在解决人类生存困境和生态危机的过程中发挥人的主观能动性和创造性，比任何时候都更为迫切和重要。因为，我们需要人类以积极的姿态共同来应对危机，而不是简单地强调和倡导一下“生态中心主义”，批判一下“人类中心主义”就万事大吉了。“后现代人类中心主义”就是在强调人类应该承担历史的责任，并担当起人类未来发展的道义。

### 三、当代新科学发展观：可持续发展理念

几百年来的工业文明，人类在认识自然和改造自然的道路上取得了辉煌的成就，也付出了沉重的代价。人类“战天斗地”，在向大自然攫取生存所需的资源时，根本无暇顾及自然的反应。因为弗兰西斯·培根关于知识的理念，一直是人们信奉的真理：人类统治宇宙万物的权力深藏在知识之中。传统的自然观是人类要成为自然的统治者，自然应成为人类的奴仆；传统的科学观就是要主宰自然，解读自然之谜，驾驭自然之力。然而，21 世纪之交，人类在反思人与自然关系中开始醒悟：发现人类是与其他生物“同舟共济”于一个地球。在宇宙间成千上万个星球中，目前还没有发现人类可以生存的行星。在地球上，人类也不过是许多生物种类中的一员，无非她有智慧、有意识、有能力，但她没有特权。如果我们仍然像过去那样无休止、无顾及、无节制地向自然索取的话，那么，“我们不是继承父辈的地球，而是借用了子孙的地球”。

正是基于对以人类未来命运的认识和对人与自然关系的把握，世界各国政府开始达成了共识：要超越国家利益、民族利益、局部利益和个人利益，关注人类的共同利益，关注人类的生存空间，关注地球的生态环境。在告别 20 世纪之际，迎接 21 世纪之时，人类从来没有像今天这样对其生存环境——自然界和地球这样敬重过。调整和协调人与自然的关系，不仅已成为科学家的共同话题，而且已成为各国决策者——政治家的施政纲领。而今联合国这个政治组织也成为推动全球生态环境保护的最大的和层次最高的国际组织。20 世纪末，最引人注目的一次全球性大会是，1992 年 6 月在巴西里约热内卢举办的“联合国环境与发展大会”。有 183 个国家和 70 多个国际性组织的代表出席会议，其中有 102 个国家元首和政府首脑到会并发言。大会的主题：“人类社会的可持续发展（Sustainable Development）”，会议还专门制定了《21 世纪议程》。

不少专家学者把《21 世纪议程》称为人类新世纪宣言，人类觉醒的标志。1987 年，联合国环境与发展委员会在《我们共同的未来》研究报告中，专门给“可持续发展”作了定义：“既要满足当代人的需要，又不对后代人满足其需要的能力构成危害的发展。”这是一种新的科学发展观。可持续发展理念是对人类认识自然和改造自然长期实践的总结，是科学技术高度发展的产物，也是人类以沉重的代价换来的理性认识的成果。提出新的科学发展观的目的是，使人类通过变革现有的生产方式和消费方式，来与地球的有限承载能力相适应，使人类的发展建立在不以破坏生态环境为代价的基础之上。显然，这是一种崭新的世界观、自然观、科学观和发展观，它标志着人类的进步与成熟。

面对 21 世纪，面对人类的未来，人类需要变革传统观念：我们不能盲目地陶醉在科学技术给人类带来的物质上的利益，而应充分意识到科学技术是一把“双刃剑”。中国古代圣人老子曾经说过，“福兮祸所伏，祸兮福所倚”。福与祸，利与弊都是相对的，也是转化的。当科学技术和生产力发展水平较低时，它给人类社会生活带来的进步和福利是有限的以及负效应和副作用也是微不足道的。这也是制约了人类对科学技术“正-负”双重后果的认识，对科学技术所引发的不利影响不能有效而又及时抑制的原因之一。在科学技术高度发展的今天，当一些负面影响和消极后果开始呈现出来时，一些人惊慌失措，另一些人却熟视无睹；一些人悲观失望，另一些人盲目乐观。面对资源问题、能源问题、粮食问题、环境问题、生态问题、污染问题，人类的出路何在？从理性的角度看，出路仍然在于科学技术，在于如何统筹协调人与自然的关系。人类不可能回到刀耕火种的时代，也不能割断人类的文明历史，更不能放弃对自然的认识和改造，而是应该树立新的科学发展观，用新的价值观来认识和评价科学技术给人类社会发展所带来的福与祸，给人类生存环境带来的利与弊。只有这样人类未来的家园才会更美好，否则，人类会自掘墓地，葬送自身。

走可持续发展之路，统筹协调人与自然的关系是人类社会发展的必由之路，也是科学发展观的具体体现。其基本的理念包括三个方面：①人类自身再生产与自然环境容量的持续协调发展，必须在有限的地球上，确立人口容量，在不损害环境和不耗尽可合理利用的不可再生资源的情况下，在不断提高人类生活质量和延长寿命的前提下，确定地球资源在长期稳定状态基础上能供养的全球人口容量，以求达到人类自身再生产与自然环境容量之间持续、稳定、协调发展。②经济再生产与自然环境修复的持续协调发展。自然环境具有自组织、自修复和自调节的功能。当经济再生产规模与速度没有超过自然环境自我修复的极限或临界点时，自然的再生能力是不会被破坏的，但是，经济再生产超过自然再生产的补偿能力时，就会影响和破坏自然界物质系统的承载能力。因此，经济再生产与自然再生产的持续协调发展过程中，既要遵循经济规律，也要遵循自然规律。③经济系统与生态系统的持续协调发展。经济系统是由人类生产、分配、交换、消费和积累等经济活动所构成的系统。人类在从事各种经济活动时，必须把经济规律与生态规律结合起来考虑，保护生态环境，维护生态平衡，注意经济效益与生态效益叠加的综合效益，以达到经济系统与生态系统的协调发展的良性循环。

人类社会不可能不发展经济，不从事经济活动，关键是在新的历史条件下，采取什么样的经济发展模式，走什么样的经济发展道路。20 世纪之交，国际社会和专家学者对人类未来经济发展模式走向提出了两大趋势：一是知识经济（knowledge economy），二是循环经济（recycle economy）。知识经济（KE）是基于知识和信息的生产、分配和使用之上的经济（联合国教科文组织的定义），是一种通过知识流和信息流来整合、优化物质流与能量流，使之高效化、合理化的经济运行方式，实现智力资源对物质资源的替代，实现经济活动的知识化。循环经济（RE）是以环境无害化技术、清洁生产技术、废弃物回收技术为主要技术基础，人类以友好的方式利用自然资源，以和谐的方式处理人与环境的关系，推动传统的经济流程从开环型转向循环型，通过元素代谢、工业共生、物质循环的方式，构建物质流、能量流和信息流高效耦合的生态化的产业链，实现资源消耗减量化和利用高效化，废弃物资源化和无害化，实现经济活动的生态化和循环化。知识经济已为人们所认识，而对循环经济的认识才刚刚开始。而循环经济将是未来经济发展的方向，它是科学发展观的具体体现，是经济增长方式变革的必然选择，是统筹协调人与自然关系的必由之路。

1994 年，中国发表了《中国 21 世纪议程——中国 21 世纪人口、环境与发展白皮书》。这不仅表明了中国政府和中国人民为解决全球环境与发展问题所履行的责任和义务，而且也为中国未来发展提供了经济社会与资源环境协调发展的战略蓝图、战略目标和行动纲领。21 世纪之初，中国政府就提出了“走新型工业化道路”的发展之路，它是总结了发达国家工业化过程的经验和教训，立足统筹协调人与自然的关系的基础上，力图走一条科技含量高、经济效益好、资源消耗低、环境污染少、人力资源优势充分发挥的新型工业化道路。不论是知识经济和循环经发展模式，还走新型工业化道路，都体现了“可持续发展”的理念，而用一种色彩来描述的话，这是一种“绿色”理念。绿色代表着生态、自然、清洁、环保、健康、无害，代表着和谐、融洽、协调、平和、生机和活力。绿色的思想已深入人心，绿色理念已渗透到社会的各个方面，如绿色科技、绿色工艺、绿色设计、绿色生产、绿色产品、绿色服务，另外还有绿色 GDP、绿色标准、绿色标志、绿色能源、绿色材料、绿色食品、绿色包装、绿色企业、绿色建筑，等等，好像一夜间世界被涂上了绿色，绿色思想正在渗透到人类生活的每一个细节。不论用什么理念来概括，不论用什么语言来表达，我们发现，关注自然、关爱自然、努力协调人与自然的关系，正在成为全人类共同的话题。它从一个侧面表明，人类正在走向成熟和自律。

### 四、循环经济：统筹协调人与自然关系的客观要求

循环经济是 21 世纪全新的发展观，它是人类对传统经济发展模式反思的结果，是可持续发展理念在经济发展过程中的具体体现。循环经济是一种全新的经济观，它是用循环经济理念重构传统的经济流程，运用生态学原理和规律来指导经济发展的可循环模式。循环经济是一种全新的生产观，它倡导最大限度地优化配置自然资源，提高自然资源利用效率和使用效益，充分考虑自然生态系统的承载能力，尽可能地节约自然资源和减少废弃物排放。循环经济是一种全新的科技观，它要求科学技术发展应有利于统筹“人与自然”关系，实现和谐发展。循环经济倡导的是一种全新的消费观，它提倡人类物质财富的适度消费，并在消费的同时就考虑到废弃物的回收利用和资源化，从而减轻环境的污染。循环经济也是一种全新的社会观，它倡导构建资源节约型和环境友好型社会，在走向小康社会的同时走向和谐社会和文明社会。总之，发展循环经济是人类面向 21 世纪的发展模式和发展道路的理性的选择，对人类未来产生重大而又深远的影响。因此，循环经济产生和发展是有深刻的时代背景，一方面源于人类所面临的资源环境与经济增长的矛盾的认识，另一方面是对传统的工业文明发展的反思和对人类未来发展的思考。

千百年来，人类一直在想方设法从大自然中获得资源，千方百计从资源中获得财富。传统工业化的早期，人们普遍认为自然界有取之不尽、用之不竭的资源，不是自然资源短缺，而是人类的开发资源的能力不足。然而，在现代科学技术和人类生存需要的双重驱动下，在近 100 年内，地球上的人口、资源消耗、经济规模呈指数增长，如图 4-1 所示。人们突然发现地球生态系统是一个特定常数，而经济增长是一个无限变量。全球经济总量快速增长不仅引发了资源短缺，

而且带来了环境污染和生态破坏。

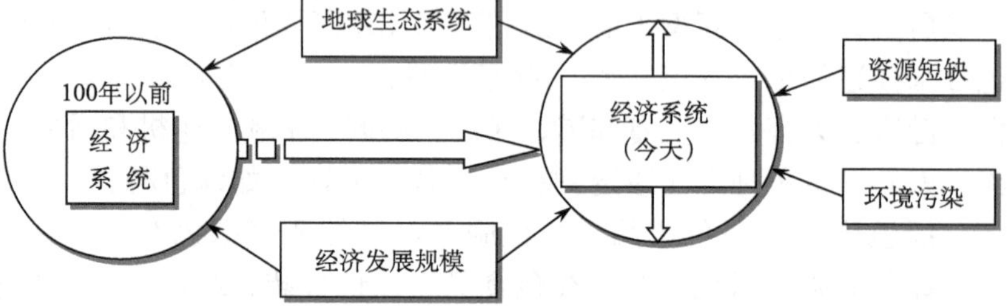


图 4-1 地球生态系统与人类经济系统交互所带来的矛盾

全球资源环境与经济发展的尖锐矛盾仅仅是一种表象，其背后的深层次原因是传统的工业文明和发展模式的缺陷所引发的。众所周知，人类文明的历史源远流长，早期人类与自然界相安无事，和谐共处，大自然像母亲般地用乳汁滋润着人类脆弱的农业文明。2500 年前，当古希腊自然哲学家播下了科学文明的种子以后，人类有了认识自然的工具和方法。16 世纪，当 F. 培根第一次提出“知识就是力量”口号后，人类有了改造自然的信念和手段。从自然界获取资源，积累财富成为 400 多年工业文明的共同价值取向。然而，20 世纪的传统的工业文明在科技革命的推动下，以前所未有的速度和方式大规模地开采自然资源，大量生产、大量消费、大量排放成为一个国家富有的标志。人类在享受工业文明所带来成果和财富的同时，也深深地感受到了人类赖以生存的自然资源与生态环境正面临着巨大挑战，从而不得不思考人类未来经济发展的方向和模式。

1. 传统工业文明：对自然资源进行无节制地掠夺性开发

传统的工业文明之初，由于生产力水平和科技发展水平的限制，人们一直坚信自然界有取之不尽、用之不竭的资源，唯一不足的是人类索取自然资源的能力有限。但是，随着科技进步和生产力水平的不断提高，人类对自然资源的利用，逐步由农业社会利用的动植物等可再生资源，转向工业社会利用的石油、天然气、煤炭、铁、铜、铝等不可再生资源。传统工业文明发展内在动力来自于市场主体不断追求物质财富的无限增长，导致了人们对自然资源进行大规模地掠夺性开采。这种以高增长、高投入、高消耗、高排放、高污染的发展方式，使得传统的工业文明渐渐陷入了不可自拔的危机之中。传统工业文明是建立在对自然资源与环境的自由免费索取和利用基础上，市场主体追求利益最大化与社会付出的资源代价和环境成本是不对称的。这种只追求个体或利益集团局部的经济利益最大化，对于人类自身赖以生存的生态破坏和环境污染毫不关心的行为，导致了传统的工业文明危机四伏。

循环经济是对以人类无计划、无节制、高强度地将地球上的物质资源作为“免费的午餐”过度开采为特征的传统工业文明进行深层次反思的结果。循环经济倡导的是一种与地球资源和自然环境相互协调、互为依存的经济发展模式，被称为“生态文明”或“生态工业文明”。它要求把经济活动建立在物质财富的丰度、经济数量的增长、文化水平的提高、产业结构的优化、人口的规模等社会环境指标与生物多样性、土地承载力、环境容量、可供使用的资源数量等自然环境指标综合分析、合理规划的基础上，实现协调发展作为追求人类社会进步的极致，即要求把经济活动组成一个“资源—产品—再生资源”的反馈式非线性经济，所有的物质和能源在这个不断进行的经济循环过程中得到最大限度的、合理的和持久的利用，从而使经济活动对自然资源的破坏和环境的污染等不利影响降到尽可能低的程度。

2. 传统工业模式：对生态环境先污染，后治理

传统工业模式认为生产过程消耗资源，排放废物是天经地义的事。传统经济本质上是将自然资源变为产品，产品变成废物的过程，是以反向增长的环境代价来实现经济上的短期增长，对资源的利用是粗放型、一次性的。从热力学两大定律的角度看，它是不断地将有用物质变成“废物”，使自然界熵值不断提高的过程。由此导致不仅在经济数量上的不可持续性增长，同时也严重地影响了社会在发展水平和质量上的改善，是一种不可持续性的发展。

20 世纪 60～70 年代，国外主要关注环境污染、环境保护、环境治理等问题，只关注人类经济活动造成的环境后果和生态影响以及产生污染后的末端治理方式，使之对环境和生态的影响降低到最低限度，并没有从经济运行机制，从传统的经济流程的缺陷上揭示产生环境污染和生态破坏的本质，没有从经济和生产的源头上寻找问题症结所在。因此，“边生产，边污染，边治理”，“先生产，后污染，再治理”成为那个时代的主要特征。尽管各国都制定了严格的排放标准，严厉的惩罚措施，健全的环境质量监控体系。但随着工业规模不断扩大，环境保护和治理的费用直线上升，生产成本不断提高。到了 20 世纪 90 年代初，美国化学工业用于环保的费用高达 1000 亿美元，清理已污染地区花去了 7000 亿美元。这种现象引起了有社会责任感的科学家的反思。环境污染的治理是治标还是应该治本?

如何破解人类所共同面临的资源与环境难题，发达国家为此进行了大量的探索。社会学家从社会体制上找原因，科学家从科学技术上寻出路，经济学家从发展模式上探根源。

3. 传统工业流程：开环式、单程型的线性经济

众所周知，传统的工业文明范式以一种“资源—产品—污染—排放”的单程

线性经济，其显著的特征是“两高一低”（资源的高消耗、污染物的高排放、物质和能量的低利用）。同时采用低利用率的工艺进行加工生产，导致大量“无使用价值的污染物”产生，并将其大量地排放到自然环境中。自 18 世纪产业革命以来，人类社会开启了工业化进程，它所创立的社会化大生产方式建立在了自然资源和生态环境免费使用之上；它所采用的技术范式具有单向线性不可逆性；它所面临的矛盾是生产无限扩大的趋势和自然资源有限供给的约束；它所实行的经济制度是私人资本的获利性和生态环境的无价性。随着经济的发展，产业系统的投入产出无论是单体规模还是地域规模，无论是资源转换速度还是转换效率，都在线性技术不断进步的作用下以指数形式加速增长，使工业化创造出辉煌的同时，也造就了全球范围内的环境污染、生态破坏、资源枯竭。以线性经济为主导的增长模式成了有史以来最为剧烈的反生态化进程。

循环经济是一种全新的经济观。它是用循环经济理念重构传统的经济流程，运用生态学原理和规律来指导经济发展的可循环模式。传统的经济系统必须改变原有对自然界无限索取的运转方式，向循环利用自然资源和开发再生资源的方向转变，向恢复自然生态和扩充环境容量的方向转变，实现这种转变需要对传统经济活动和经济流程进行生态化改造，模拟自然生态系统的运行方式，在原有传统线性经济的基础上增加反馈回路，通过废弃物的循环再生，实现资源的可持续利用。循环经济是人们根据生态学理论，用生态循环的理念来重构经济系统，通过模仿自然生态系统、试图参照生态系统物质循环和能量流动规律来重构经济系统，使传统的经济系统逐步纳入自然生态系统的循环过程之中。

1）传统经济：开环型线性经济流程

众所周知，传统的经济流程是一种自然而然的自发过程：资源→产品→排放（resource→product→castoff），可称之为“R—P—C”开环型经济流程，如图 4-2 所示。

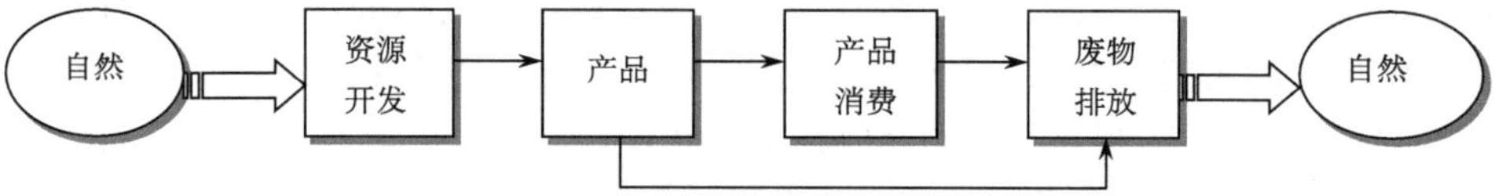


图 4-2 传统的经济流程

据统计，工业化生产的终极消费产品占资源开发原料的 20%～30%，即 70%～80%成为工业废弃物。而消费产品的不同的使用寿命周期又决定了它必然作为废弃物排放，成为城市垃圾的一部分。自然环境已不堪承受“R—P—C”开环型经济流程的废物排放，尤其是有毒、有害、危及人类生命和健康的危险废弃物的排放。

2）循环经济：闭环型非线性经济流程

现代循环型经济流程是一种关爱自然的自觉过程：资源→产品→再利用（再资源化）（resource→product→reuse）可称之为“R—P—R”循环型经济流程。循环经济（recycle economy 或 circular economy）是按照生态规律组织整体生产、消费和废物处理的过程，要求所有的物质和能源要在经济活动和经济循环中得到合理、持久和优化的利用，最大限度地提高资源环境的效率和配置，把经济活动对自然环境的影响尽可能地降低到最低程度。从废弃物被动的“末端处理”为主转向以生产和消费的源头控制废物产生的“管端预防”为主。

循环经济流程见图 4-3。

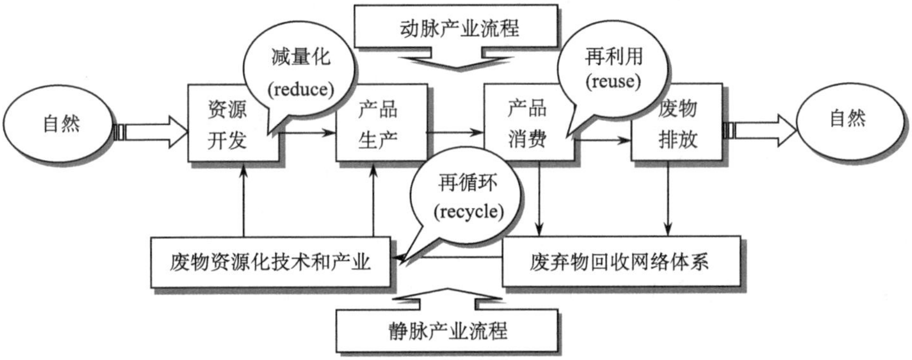


图 4-3　循环经济流程

循环经济是一种新经济发展模式，是以资源减量化、环境友好型、经济生态化为特征的全新的闭环式、循环化的经济模式。它的产生有两个重要的思想来源。

（1）“生态系统的自组织和自循环理论”。何谓“循环”?《辞海》曰：周而复始也。物理学把“物质系统从某一状态经过一系列变化回复到初始状态的过程”称为“循环”。生态学把“生产者（植物）—消费者（动物）—分解者（微生物）之间的完成的能量流动和物质交换的过程”，称为“循环”。自然界的生态系统之所以生生不息、演化发展、源远流长，是由于自然界的生物种群和群落之间的物质和能量是循环的。植物通过光合作用吸收了太阳能，进入动物的食物链网，草食性动物又为肉食性动物提供物质和能量，微生物能把所有的动植废物分解、消纳，并释放到环境，成为植物生长的养分，周而复始，循环不息。因此，生态系统的能量流动和物质循环的方式成为循环经济理念的重要思想来源之一。

人们通过对生态系统自然演化和循环过程的研究，意识到既然生态系统可以演化成一个物质和能量消耗降至最低的完美生态循环系统，那么，人类完全可以通过模仿自然生态系统的演进过程，把传统的经济流程系统重构成一个物质消耗少，环境损耗小的生态化和循环化的经济体系。传统的经济增长模式忽视了经济结构内部各产业之间的有机联系和共生关系，忽视了经济系统和生态系统间的物质、能源和信息的传递、迁移、循环的内在规律。根据“物质不灭定律”，自然界的物质是可以不断循环利用的，能量是可以梯级使用的。太阳能是各种能源形式的终极来源，如何充分利用太阳能，把人类的经济活动与地球生态活动有机地融为一体，成为生态系统网络中的一个组成部分，而不是像传统经济发展那样去打破生态平衡，是循环经济的重要思想来源。

（2）“宇宙飞船内物质循环的生存理论”。循环经济另一个重要的思想来源，可以追溯到20世纪60年代。美国经济学家K. 鲍尔丁根据当时阿波罗登月计划中宇航员的“物质循环的生存方式”，提出了经济发展的“宇宙飞船理论”。鲍尔丁认为，地球就像在太空中飞行的宇宙飞船，这艘飞船靠不断消耗自身有限的资源而生存。如果人们的经济还像过去那样不合理地开发资源和破坏环境，超过了地球的超载能力，就会像宇宙飞船那样走向毁灭。因此，未来经济增长方式和发展模式应该以新的“循环式经济”代替旧的“单程式经济”。把过去以物理学线性规律为特征的经济流程转变为以服从生态学反馈规律为特征的循环经济流程。

经济发展的“宇宙飞船理论”是循环经济的思想萌芽。从理论上讲，宇宙飞船是一个孤立无援、与世隔绝的独立系统，靠不断消耗自身资源存在，最终它将因资源耗尽而毁灭。唯一使之延长寿命的方法就是实现宇宙飞船内的资源循环利用，如将呼出的二氧化碳进行分解，使之转化为氧气，将尚存营养成分的排泄物进行科学分解，从而提取出营养物进行再利用，尽可能少地排出废物。尽管现代宇宙空间站的工作人员，可以定期地得到食物的补充，但如果没有资源循环利用，单单宇航员的饮用水都难以保证。同理，地球经济系统也可视为一艘宇宙飞船。尽管地球资源系统大得多，地球寿命也长得多。但是，只有大力发展循环经济，通过对自然资源循环利用，与地球生态环境系统和谐共生，地球才能得以长存，人类社会才能可持续发展。

“循环经济”一词，2005年被收入中国新版《现代汉语词典》（第五版）中。它标志着循环经济理念已从学界、政界和业界层面进入到社会公众层面。《现代汉语词典》（第五版）经反复斟酌修改，将这个词的释文定稿为：“运用生态学规律，以资源的节约和反复利用为特征，力求有效地保护自然资源、维护生态平衡、减少环境污染的经济运行模式。”这一释文整体上反映了循环经济的基本理念和概念内涵。

目前，理论界对循环经济的定义有许多，却没有统一的标准，其基本的内涵为：循环经济是以清洁生产技术、环境无害化技术、产业链系统集成技术、废弃物回收利用和再资源化技术为先导，以资源节约和环境友好为特征，以生态化的友好方式利用自然资源，实现传统的经济流程从开环型转向循环型转变，通过元素代谢、工业共生、物质循环的方式，构建物质流、能量流和信息流高效耦合的生态化的产业链，实现资源消耗减量化和利用高效化，废弃物再资源化和无害化，经济活动的生态化和循环化。

循环经济和传统经济的根本区别在于循环经济要求在各生产系统内部及不同生产部门之间以互联的方式进行物质和能量的交换与传递，实现最大限度地利用进入系统的物质和能量，从而获得资源低消耗、污染物的低排放、物质和能量的高效利用的理想结果。而传统经济系统的各部门间，其各项经济活动是一些相互不发生关系的线性物质流的叠加，其能量的利用是低效且单向的，这不仅导致了进入和流出这些系统的有效物质和能量远远大于系统内部相互交流的物质和能量流，而且导致了进入系统的有效物质和能量远远高于通过生产系统而获得的有益的物质和能量，未参与相互交流、在生产系统未得到充分利用的物质和能量则成为“废物”而大大提高环境的熵值，造成经济活动的“高开采、低利用、高排放”的低效特征。

从生态化和循环化的角度看，循环经济需要构建四大循环体系：①企业内部循环体系。是以清洁生产和节能降耗为特征。②企业之间循环体系。是以工业园区生态化改造为载体，通过企业间生态化产业链的“对接”和“延伸”，形成“工业共生”。③城市社区循环体系。即社会消费领域中，城市生活废弃物的回收和再资源化。④农业农村循环体系。主要发展短程生态农业和高效有机农业，减少化肥和农药的使用量、减少畜禽等养殖业的面源污染等。循环经济要实现的目标是“七化”，即生产清洁化、资源再生化、废物减量化、工业共生化、产业生态化、环境友好化、经济循环化。

# 科学理论

科学是探索未知的活动。科学探索是从科学问题开始，以科学事实为基础，追求对世界的理解与说明。科学知识和科学理论是这种探索的成果。

## 第一节　科学问题

劳丹认为，“科学本质上是一种解决问题的活动”[①]。形成并解决问题是科学研究的核心，科学的发展也就是不断发现科学问题并加以解决的过程。科学理论成就的高低与其所发现与解决的问题深度联系在一起。科学问题及其特征是科学哲学的重要议题之一。

### 一、科学问题及其性质

问题首先是作为认识主体的人所具有的心理状态，是人的心智活动方式的结果。英国科学哲学家波兰尼把问题看做心理上体验到的一种困惑和焦虑，认为这种困惑和焦虑激发起一种智力上的愿望，需要通过一定的智力活动得到解决。人的一切思维活动都与发现问题、解决问题的过程相关联。广义上，所谓问题就是“某个给定的智能活动过程的当前状态与智能主体所要求的目标状态之间的差距”[②]。

---

① Laudan. Progress and Its Problems. Berkeley：University of California Press，1977. 11

② 林定夷 . 科学问题与科学目标 . 中国社会科学，1991（5）：29～38

当然，人们所体验到的心理困惑或智能差距五花八门，随时随地，但不是所有人的所有这类体验都属科学问题。只有在科学理论背景下，在科学研究活动中产生的，由科学共同体认可的问题才能上升为科学问题。

下面几个问题就不是科学哲学所研究的科学问题。

第一类是常识性问题。例如，“天气预报说明天下雨吗?”“国际原油价格现在涨到了多少钱一桶?”……这类问题，仅凭常识就可以解决，并不需要进行复杂的科学探索活动。第二类是个体知识性问题。例如，一个昆虫学家对超导现象所感到的困惑也不是科学问题。它只是一个个体知识性的疑难，反映了个别认知主体相应知识背景的缺乏。对于整个科学共同体来说，这已经不是问题了。这一点提醒人们在进行科学研究中具备必要的知识储备和专业训练，系统掌握学科动态的重要性。第三类是诸如“天使有没有翅膀?”“人生的意义是什么?”等问题。它们不属于科学研究的范畴，科学无法也无需对此做出回答。

科学问题有着丰富的内涵和特定的外延。波普尔认为它是背景科学知识中固有的预期与其所提出的观察或某种假说等新发现之间的冲突。特定的背景知识给予世界特定的解释，形成了人们固有的心理预期。但新的发现或新产生的假说总是带来新的内容，突破原先的预期，从而对原有的背景知识来说，出现了问题。图尔敏则从另一个角度理解科学问题。他认为科学家通过认识他们目前解释自然界有关特征的能力与他们目前关于自然秩序或可理解的理想间的差距，找到和确定了目前概念的缺陷。他给出了一个简单的公式：

$$\text{科学问题} = \text{解释的理想} - \text{目前的能力}$$

首先，科学问题产生于对自然界的认识和理解过程之中，具有科学活动的背景。对于诸如虚幻臆测或主观信仰领域的事物，因其缺乏经验内容和科学价值不称其为科学问题。但诸如“中微子的能量有多大?”，“SARS 病毒是如何传播的?”则是科学问题。它们的提出基于特定的背景知识或者观察与实验数据，对这些问题的分析、研究和最后解答也依赖于相应的科学知识和实验手段。

其次，科学问题本身也是此前一系列科学活动的产物和成果。一个好的科学问题的提出，往往是科学家们对与之相关的背景科学知识的解释力与内在协调性做了深入的思考，对相关的经验现象进行了确认之后，并在已有知识能力范围之内进行了初步的努力。它同时展示了对已有知识与未知领域冲突边界的理性觉察，明确了解决问题的目标和方向。没有确定的科学知识来源，或者其求解的答案域完全开放，没有任何限定的问题不是科学问题。因为它既不是以往科学研究的继续，也不能引起进一步的科学思考，因而与科学活动没有什么关系。俗话说提出一个好的问题等于成功了一半，说的就是科学问题的这种独特价值。

科学问题还有很强的历史性。科学的发展与进步表现为一个又一个问题的产生、提出和解决的过程。在知识积累的某一阶段出现的问题吸引了科学家的注意力，激发了他们的好奇心、探索欲。他们的研究工作就围绕该问题展开。如果问题足够重大，就会吸引大量出色的科学家加入到对该问题的研究当中。投入的研究力量越大，该问题被解决的可能性就越大。当问题被最终解决之后，与之相关的更深层次的问题就会被人们注意到。新的问题又被提了出来，新一轮的解决科学问题的活动重新开始，而原先的问题也就不再是问题，而成为前沿性的知识。随着研究的深入和科学知识的逐步扩散与广泛传播，前沿性的知识演变为仅仅是一般专业性知识，甚至最后成为科学常识。例如，关于无线电的知识就经历了这样一种演变。科学问题的历史性还表现在对科学问题的关注受社会历史环境的影响。在知识进化的某个阶段，人们面对许多难以理解的问题，科学家们优先选择回答什么问题，虽然存在科学家个人偏好，但宏观上离不开社会历史环境的影响。特别是现代科研工作需要巨大的人力财力投入，政府的战略选择与预期的市场前景对于科学问题的提出与选择起着越来越大的作用。例如，第二次世界大战对提高火炮战斗力的迫切需求极大地促进了控制论和计算机科学的发展。

## 二、科学问题的种类

科学问题按不同的标准可以划分为不同的类型。从所关注的对象来说，科学问题包括实体性问题、过程性问题与关系性问题；从问题在科学理论在发展中的地位与作用来说，包括常规性问题与非常规性问题；从问题的来源来说，包括经验问题与概念问题。

### 1. 实体性问题、过程性问题与关系性问题

实体性问题是关于对象性质的问题，所问的是研究对象是什么。在科学研究中，面对新出现的事物和现象，科学家们需要识别与界定它们是什么，判定它们与过去已经认识和了解的事物是不是属于同一类型，如果不是，它们又有哪些新特性。这是一个“是什么”（what）型问题。对这类问题的回答构成了科学理论的基础。

过程性问题是关于事物发生、发展和变化的状态、过程和内在机制的追问，所追问的是研究对象怎么样或如何做。对于研究对象，仅仅认识其性质和区分其不同类型常常是不够的，还需要在此基础上对其产生和变化的过程与机理做深入的认识与探索。有的问题还需进一步弄清在自然条件下或实验室环境中如何操作，实现人们的意图。这是“怎么样”（how）型问题。这类问题有利于形成对事物规律性的认识。

关系性问题是关于事物之间或同一事物内部各要素之间关系的问题，所问的是它们具有怎样的关系，它们谁决定谁，数量上具有怎样的关联性。任何事物总是处在与其他事物相互联系、相互影响的联系网之中。科学研究所关注的对象涉

及许多事物或要素，有必要明确这些事物与要素之间联系的特殊性与多样性，特别是其中的因果性联系。这是“为什么”（why）型问题。对这类问题的研究将加深对于事物本质属性及相互关系、内在机制与运动变化规律的认识和理解。

### 2. 常规性问题与非常规性问题

不同的科学问题在科学发展过程中的地位与作用会有很大差别。有一些问题只是在认可某一科学理论与概念框架的基础上提出，而并不对其核心理念与关键原则构成挑战，对它们的解答将会补充、拓展或完善原有理论体系。这类问题被称为常规性问题。

另一类问题则与之形成鲜明对照。它们的提出对主流的科学理论与概念框架构成挑战，与当时主流的理论与原则形成尖锐对立。对它的正确解答将动摇原有理论的基础，或迫使其做出重大修改或调整。这类问题被称为非常规性问题。

科学实践中碰到的常规性问题是常见的和大量的，非常规性问题则较少出现，但它的巨大影响与颠覆作用十分明显。当主流科学范式成熟到一定阶段，非常规性问题开始激增，意味着科学革命快要来临了。具体的科学问题到底属于哪种性质的问题具有相对性。在科学史上起初被当作常规性问题处理的疑难，后来被证明是非常规性问题，或者，对新的科学理论来说不过是个常规性的问题，但对旧的理论却是个棘手的非常规性问题的例子屡见不鲜。

### 3. 经验问题与概念问题

关于什么是经验问题，劳丹认为很难下定义，只能例示，因为它是一个原始问题。“重物为什么有规律地下落?”“瓶子里的酒精为什么会蒸发?”“动物下一代为什么与上一代十分相像?”“自然界使我们感到惊奇或需要说明的事情”①，都属于经验问题。

经验问题不等于通常认为的经验事实。所谓的经验事实中常存在一些虚幻不实的东西，例如，古人认为的“腐肉化蛆”就不是经验问题。未曾发现的经验事实也构成经验问题。什么样的经验事实被看做经验问题，总是部分地依赖于我们的理论。经验问题是第一层次的问题，它们总是与构成该科学领域的客体有关，不研究构成该领域的这些客体，就无法对经验问题做出合适的解答。

所谓概念问题，劳丹认为，它是理论所特有的，不能独立于理论而存在。它们甚至不具备经验问题有时所特有的那种有限的自主性。如果说经验问题是有关某一领域的实体的第一级的问题，那么概念问题就是有关概念结构的基础是否牢固的更高一级的问题。因为概念结构是人们构造出来用以回答第一级问题的。

---

① Laudan. Progress and Its Problems. Berkeley：University of California Press，1977. 15

概念问题又有内部概念问题与外部概念问题之分。前者是由于理论内部逻辑不一致、自相矛盾，或者概念含混不清、同语反复所造成的。如法拉第早期为了消除电磁学中的超距作用而提出的“接触”粒子就存在这方面的问题。后者是一个理论与另外一个理论出现不一致或不协调，相互矛盾或相互消弱所产生的。如热力学第二定律所揭示的系统演化方向与达尔文的进化论出现矛盾就属于这类问题。

## 三、科学问题的意义

科学问题在科学研究中具有非常重要的意义，起着非常关键的作用。爱因斯坦指出：“提出一个问题往往比解决一个问题更为重要。因为解决问题也许仅仅是一个数学上或实验上的技能而已，而提出新的问题、新的可能性、从新的角度看待旧的问题，却需要有创造性的想象力，而且标志着科学的真正进步。”① 从选题到获取经验材料，从设计实验到分析数据，整个科学活动都是围绕科学问题展开的。科学问题规定着科学研究的内容、方向、方法和程序，决定着研究工作的价值。每一次具体的科学研究，总是以发现问题开始，以解决问题告一段落。

传统上对于科学研究的起点存在分歧。亚里士多德认为观察是科学研究的起点，通过观察形成一般性原理，再用它解释具体事实，从而获得关于个别事物的知识。在这个过程中，前一阶段主要运用归纳法，后一阶段主要使用演绎法。科学始于观察的观点在弗兰西斯・培根的归纳思想中得到体现和强化。

20 世纪以来的科学哲学家们改变了这种观点，认为科学始于问题。波普尔说：“科学和知识永远始于问题、终于问题——愈来愈深化的问题，愈来愈能启发新问题的问题。”② 他提出的科学发展四阶段模式，即 $P_1 \rightarrow \mathrm{TT} \rightarrow \mathrm{EE} \rightarrow P_2$。科学发展从发现问题（$P_1$）开始，然后提出试探性理论或假说（TT）尝试性地去解决所提出的问题，再对这种解答进行严格的理论批判或实验的检验，消除可能的错误（EE），最后又提出新的有待解决的问题（$P_2$）。他认为科学就是在这种试错过程中实现理论发展和知识进步。

科学史与科学哲学的研究支持科学始于问题的观点。科学史上青霉素的发现是个有趣的例子，它显示科学问题对于科学研究的价值甚于仅仅是观察。1928 年 9 月某一天，英国细菌学家弗莱明偶然发现，培养葡萄球菌的器皿里长了绿霉，它们周围的培养基清澈透明。类似现象，当时著名的微生物学家斯科特和细菌学家古在由直在实验室也观察到，都以为是实验操作不当引起的污染。当别人对观察的结果漫不经心的时候，弗莱明把它上升为一个问题。按照当时所掌握的

---

① 爱因斯坦，英费尔德．物理学的进化．周肇威译．上海：上海科学技术出版社，1962．66

② 波普尔．猜想与反驳．傅季重，纪树立，周昌忠等译．上海：上海译文出版社，1986．318

知识，葡萄球菌的繁殖区本应呈现黄色，为什么现在却是清澈透明呢？是不是绿霉中包含了某种能杀死其周围葡萄球菌的物质呢？问题引导行动。弗莱明经过近半年的探索，发现了青霉素，并因此荣获 1945 年的诺贝尔奖。同样的观察行为有着不同的结果，差别的关键在于经验观察能否形成科学问题。

强调科学始于观察的思想带有狭隘经验论色彩。这种观点错误理解了观察与理论、经验与思想的关系，试图要求研究人员在观察中不作任何猜测或假设，避免先入之见，尽可能多地观察并记录一切事实，然后从收集到的“中性观察材料”中归纳或总结出事物的规律。事实上，这种要求无法实现。从图尔敏到汉森，“观察渗透理论”的思想逐步得到确立，不仅不存在完全中性的观察材料，没有理论的参与，科学观察甚至变得不可能。

科学问题对科学观察具有定向作用。科学研究中的观察并非完全被动，等待事实自己显现出来，而是有所选择，有所取舍。观察什么或怎样观测，总是依赖所要回答或解决的问题。目的不同，面对的问题不同，科学家们即便对于同一对象或过程，观察的着重点，观察的方法以及观察的结果也会大相径庭。一块岩石，矿物学家看结构，地质学家看成因，冶金学家看品位，物理学家看质量，因为他们关心的问题不相同。

科学理论的进化过程可以看做一系列的科学问题不断地被提出又得到解决的历史。欧洲中世纪的正统天文学家托勒密的地心说面临两大问题：托勒密的理论与新的大量天文观测数据不一致，同时，托勒密引进大量的本轮和均轮与毕达哥拉斯—柏拉图理想严重冲突。哥白尼提出的以太阳为中心行星圆型运行轨道顺利地解决了这些问题。但哥白尼的日心说又带来自己的问题：哥白尼的日心体系与第谷长期积累的行星运动的观察数据存在较大误差。开普勒定律的提出使这个问题得到了较好的解决。但更多的问题接踵而至：为什么行星绕日公转周期的平方与离太阳的平均距离的立方成正比？牛顿运动三定律及万有引力定律的提出很完美地回答了这些问题。牛顿理论自提出后所向披靡，在解释无数的自然现象中取得前所未有的成功，但在解释如电磁现象、水星进动等方面则困难重重。这些问题只有到爱因斯坦提出相对论才得到解决。科学问题是科学研究的起点，可以说也是科学工作的灵魂和主线，贯穿于科学活动的始终。抓住了问题，也就成功了一半。

### 四、科学问题的来源

科学问题产生于科学实践的一系列矛盾当中。理论与经验的不一致、理论内部的不协调、不同理论之间的相互竞争以及社会需求与科学技术发展的局限性的冲突等，都可能激发出有价值的科学问题，预示着科学发展的方向。

理论与经验事实的不一致是科学问题产生的通常途径。理论一经提出，就面临来自经验事实的挑战与检验。它如果能合理地解释新的事实与现象，自身会得到进一步的确认，如果不能，就会留下疑虑与问题。当这些问题变得足够醒目，并且为科学共同体内越来越多的人意识到的时候，问题就会变得严重起来，原有的理论就面临被修改或抛弃的命运。科学史上维萨留斯问题就是这类问题的典型。在维萨留斯之前，人体生理学领域流行的是盖仑的学说。盖仑认为，肝脏吸收食物产生血液，并通过静脉系统流向身体各部分，再通过同样的静脉系统流回肝脏，形如潮水的涨落。心脏的右心室是静脉系统的一部，流到这里的血液会有一小部分透过心脏的隔膜进入左心室。在左心室里，来自右心室的血液与来自肺部的空气混合生成“生命灵气”，并通过动脉被输送到全身。也就是说，在盖仑潮汐运动的肝脏——静脉系统与动脉系统之间是通过右心室与左心室之间互通的隔膜相互联系。维萨留斯在人体解剖中发现“心脏间膜上没有小孔”，那么，左心室的血液是从哪里来的呢？在这一问题的引导下，塞尔维、科隆博和西塞尔皮诺等人发现了肺循环，哈维建立了新的血液循环理论。盖仑的理论最后被摈弃。科学史上类似的例子还有很多，例如，燃素说背景下的“金属煅烧后增重问题”、牛顿力学背景下的“水星进动问题”、“卢瑟福原子结构行星模型问题”等作为背景理论的反常问题在科学发展进程中扮演了重要的角色。

另一类问题来自理论内部的逻辑矛盾。逻辑上的无矛盾性和理论体系内部的自洽性是对一个科学理论的基本要求。任何理论如果出现这一方面的品质缺陷将会导致致命的结果。但是，某一科学理论从其最初作为假说被提出，到逐步确定其比较牢固的地位，再到被更新更好的理论所淘汰，其间往往经历许多阶段与环节，理论进化过程同时伴随着其内部的矛盾的产生与克服。科学家们如果发现某一理论出现了“悖论”或“佯谬”，要么尽快拓展或调整原有理论以消除隐患，要么建立新的理论以彻底化解难题。爱因斯坦发现电磁学方程在伽利略变换中不具有协变性，暴露出电磁理论与经典时空观的不一致。这一问题在随后创立的狭义相对论中得以解决。伽利略关于自由落体的思想实验揭示出亚里多德运动力学的内在矛盾，为经典力学的创立开辟了道路。

理论与理论之间的不一致同样也是科学问题的来源。对于同一自然现象与过程，不同的理论，或者同一理论的不同学派从不同的角度出发加以解释。这种不同的解释有时候是相互补充，但有时候又会包含矛盾与冲突，从中引出的问题对于科学的发展可能具有非常积极的意义。例如，科学史上关于光是波还是粒子的问题曾长期争论不休，寻求对此问题的解决深化了对光的粒子性与波动性的认识和理解，直到20世纪量子论建立，问题才得到完全解决。又如，热力学第二定律揭示系统具有退化性质，但达尔文进化论视野中的生物系统却处在不断进化当中。普利高津抓住这一问题，在一般系统论基础上提出耗散结构理论，促进了系统科学的发展。

政治、经济与社会发展的需要是科学研究问题的另一重要来源。科学的发展固然有着其内在理论的逻辑和合理化要求，也有着科学家求知欲与好奇心等个体心理学基础，但这一切往往离不开来自社会的种种需求。贝尔纳说，“人的需要和愿望不断地为探索和行动提供动力，因此，可以把科学看做我们取得必须的知识以满足某一特定的需要的方法之一。”① 有时人们对自然现象的惊异和好奇直接就是科学问题，例如，夜晚的天空背景为什么是黑暗的？子女为什么与父母长相相近？但更多的社会需求并不直接表现为科学问题，而是首先以一个技术问题或经济问题的面目出现，例如，如何提高作物产量？如何消除病虫害？如何降低电力成本？等等。然后技术问题经过分析研究、还原转化为各个专业领域科学问题如遗传学、分子生物学、电学、核物理学等方面的典型问题。这一特点也反过来表明，科学研究在某个问题上的突破并不意味着当下立即就具有应用价值。科学与社会需求之间存在一定的距离，对科学存在过分急功近利的要求不太现实。

## 五、科研选题

科研选题是科学研究工作的第一个环节，也就是形成、选择和确定所要研究的一个或一组问题。被确定下来的有待研究的问题或问题的组合俗称为课题。选题是一个重要而复杂的决策过程，对于科学研究工作意义重大，影响深远。贝尔纳认为，课题的形成和选择，无论作为外部的经济要求，拟或作为科学本身的要求，都是研究工作中最复杂的一个阶段。一般来说，提出课题比解决课题更难。所以评价和选择课题，便成了研究战略的起点，要从一大堆课题中挑出带实质性的课题来，而不能把它们同非实质性课题混杂在一起。科学家和科研管理人员关注如何才能选择到合适的研究课题。

科研选题应当遵循基本的原则。它们有的是体现科学本身的要求，如创造性原则和科学性原则，有的是来自科学外部的要求，如价值原则和可行性原则。

创造性原则要求科学研究所选择的课题应当是前人尚未提出或者尚未明确解决的问题，具有先进性、新颖性和突破性。这些问题可能导致新发现或新发明，至少也应当对前人的研究成果予以补充、深化或拓展。完全重复前人的工作在科学研究中缺乏意义。这一原则要求突现选题过程中文献检索的重要性。详尽周到的选题调研保证了选题既具备历史继承性又具有原创性。否则，科研工作还没有开始，其失败的命运就已经注定。

科学性原则要求选题应当具备科学理论基础或经验事实依据。既没有科学理论基础又没有经验事实根据的问题，自然不适合由科学研究来回答。当然，这样的问题仍然可能在其他的领域有其独特的价值。普通的动物有没有权力？亚当与

① 贝尔纳．科学的社会功能．陈体芳译．北京：商务印书馆，1985.462

夏娃为什么离开伊甸园？昨夜东南方流星陨落是凶是吉？它们分别是伦理学、宗教和占星术方面的问题，科学无法回答。

科学性原则并不意味着选题一定要与当时占统治地位的理论或学说完全一致。选题虽然是从现有理论与事实出发，但却是面向未来的事项，其结果具有很大的不确定性。现有的理论往往不是一个，而是存在多个科学理论或学说相互竞争，它们有时是齐头并进相互补充，有时是此消彼长。在这种局面下，如果过分拘泥于与当红的理论相一致，反而会束缚思想，失去科学创新的机会。倒是与流行的观点保持一定张力的研究课题时常能取得重大的突破。科学史上不乏这类例子。尤其是当科学处于非常规发展时期，许多日后被证明是意义重大的研究成果当初多少有些离经叛道。例如，1865 年，孟德尔提出关于非连续性基因遗传理论，对当时主流的连续性遗传观念构成很大挑战。但要强调的是，即便如此，科学选题仍然应从一定的理论背景或经验事实出发，完全不顾基本的科学逻辑和经验证据的所谓选题，可能是诗意的想象，也可能耽于幻想或陷于伪科学的泥沼，与科学无缘。

价值原则要求科研选题应当顾及人们的需要，其研究可能为社会提供有价值的成果。这里的满足社会需要包含多方面的内容，有的是纯粹对于大自然好奇心的满足，有的是有助于学科自身的进步与发展，有的是直接或间接产业化带来巨大的经济、军事或政治效益，尤其后者的特点越来越明显。与近代或经典时期的科学相比，现代科学发展更多地彰显其社会性甚至产业性。它不再是阁楼上的私人爱好与个人的单打独斗，而成为一种社会建制与团队作业。这就需要社会进行大量投入，提供多方面的支持。相应地，科学研究也要更多的满足社会的需求，在选题环节就开始考虑研究成果将来能否对社会产生尽可能大的正面效用。

可行性原则要求选题应当充分考虑研究的主客观条件，对研究工作能否取得预期成果进行可行性分析与评估。科学中值得探究的课题很多，但在特定的时间、人力、物力、财力等条件制约下，并非都有可能取得预期的研究成果。因此，为保证有限的研究资源取得尽可能大的科研效益，必须在众多的候选课题中进行分析、比较、权衡与筛选，评估其可行性。评估中所要考虑的因素通常包括研究主体的科研能力与研究条件，如研究团队构成、知识结构、科研经验、资金与设备、图书与情报等。也考虑包括研究客体即课题本身，如课题本身的质量及获得突破的可能性。

这四项原则在科研选题中缺一不可，但由于它们存在一些内在的冲突，具体选题过程中同时兼顾并非易事。创造性强的课题可能可行性差，价值高的可能科学性弱，可行性好的又无多少价值。因此，科研选题具有很强的策略性，有时为了求得尽可能大的价值，多冒一些失败的风险，选择具有高价值但却是低可行性的课题；有时为了得到原创性的成果，牺牲一些利益，选择具有高创造性但暂时看不到应用价值的课题。

选题过程通常经过调研、选定、论证与决策四个阶段。调研阶段对初步选择的研究领域进行调查与研究，确定该领域已经取得哪些进展，还有哪些问题尚待研究，哪些问题与自身的研究条件与专长相匹配或比较接近，它们的价值有多大，等等。在此基础上明确提出准备研究的问题，确定课题，设计研究方案与策略，提出开题报告，进行课题论证。在课题论证中，选定的课题及相应的研究方案还要接受同行专家与管理决策部门的评议与审查，以减少失误，提高决策的科学性、准确性和公正性。如果课题的论证成功，得到同行专家与决策部门的认可，科研选题才算结束，科学研究项目正式启动。

## 第二节 科学事实

没有问题就没有必要进行科学探索，而没有事实则不会有问题。自然辩证法经典作家与科学家们重视科学事实范畴理所当然。恩格斯说，“不论在自然科学或历史科学的领域中，都必须从既有的事实出发”①。巴甫洛夫认为：“事实就是科学家的空气。你们如果不凭借事实，就永远也不能飞腾起来。”② 对科学事实范畴的深入探讨，也同时会加深对科学本身的认识和理解。

### 一、科学事实及其性质

所谓“事实”，通常被认为是不言而喻的东西。它构成了科学思想和理论的基础，也常常被视为判定某种思想或理论真实性的最后根据。“事实”不仅具有本体论的先在性，还具有认识论的优越性。当我们认为这是一个“事实”，常常意味着“真实”、“事情的本来状况”、“客观事物”等诸如此类的意思。被人们正确认识到的客观事物、事件、现象、关系、属性、本质及规律是事实，没有被人们认识到，或者没有被正确认识的，它们仍然是事实。这是人们对事实的通常理解。

某些派别的哲学家，如分析哲学家们对事实的理解与通常的理解稍有不同。他们特别区分了事物（object，thing）与事实或事件（fact，event）。维特根斯坦宣称：“世界是事件的总和，而非事物的总和。”③ 也就是说，正是事件而非事物构成了我们的世界。事件或事实并非简单的事物，而是指“事物具有某种性

① 中共中央马克思恩格斯列宁斯大林著作编译局编译．马克思恩格斯全集．第20卷．北京：人民出版社，1972．7

② 巴甫洛夫．巴甫洛夫选集．吴生林，贾耕等译．北京：科学出版社，1955．32

③ Wittgenstein. Tractatus Logico-philosophicus. Translated by D. F. Pears and B. F. McGuinness. London: Routledge & Kegan Paul, 1974. 5. “1.1 The world is the totality of facts, not of thing”

质”或“某些事物之间具有种关系”。他举例道：“不把拿破仑称为事实，而是把他有野心或他娶了约瑟芬叫做事实。”① 卡尔纳普也认为：“事实是特定的事件。”② 在这个例子中，“拿破仑”、“约瑟芬”都是事物，“有野心”是“拿破仑”具有的一个性质，“娶了”是“拿破仑”与“约瑟芬”的一种关系。“拿破仑有野心”和“拿破仑娶了约瑟芬”才是一个事实。从语言形式上说，事实由一个句子或命题表达，而事物则用专名或摹状词来指称。

在科学哲学中，我们只关注那些纳入到科学活动领域的事实，即科学事实。科学研究和探索涉及一系列活动，从最基础的观察、实验、测量、计算到归纳、总结、构思假说、提出猜想，甚至天马行空的突发奇想。这些活动中最具有经验内容的观察、实验与测量活动的结果即所谓的科学事实。它们包括受控或自然条件下被观察对象的性质、关系、活动和过程等。这些经验内容被用数字、图表、图像、录音、语言文字等记表下来，构成了关于这些事实的陈述。这些所陈述的事实仍然具有很大的相对性。对于个别的观察者或报告者来说，它们被认定为事实，但要被认定为科学事实，须经受科学共同体的再确认。

科学事实一般分为两类：一类是人们依靠自身的感知觉获得的成果，如天上下雨、地下湿。另一类是指客体与仪器之间相互作用的结果。如电子仪器上所记录或显示的读数、图像，它们也被认为是对某类事实的描述。

科学事实应具有如下特点。

1. 个别性

科学事实在感知觉或仪器上以独立的、个别的方式呈现出来。它应当用单称命题表达。像“水分子是由两个氢原子和一个氧原子组成”或“铁热胀冷缩”都不是单称命题，它们所表达的不是科学事实，而是对若干科学事实加以概括后得出的关于一类事物性质的理论陈述。“水分子是由两个氢原子和一个氧原子组成”，或“这块铁热胀冷缩”，“土星周围有光环”才是单称命题，表达相应的科学事实。

2. 可重复性

科学事实应能够在相同条件下为多个观察者重复检验。反之，其客观性就应受到质疑。并且，这种重复性应由科学共同体来确定。J/$\psi$粒子首先在布洛克汶加速器和斯坦福的对撞机上被发现，后又在西欧核子中心的加速器中重现才成为公认的科学事实。可重复性是科学事实根本的特点之一。强调科学事实的可重复性，一方面通过重演可以排除假象和随机事件对观察对象的干扰，尽最大可能避

---

① 洪谦. 西方现代资产阶级哲学论著选辑. 北京：商务印书馆，1964.235，236

② R. 卡尔纳普. 科学哲学导论. 张华厦译. 广州：中山大学出版社，1987.3

免错觉；另一方面也可以借助科学共同体的力量防止个别人或小团体的不良行为，杜绝他们煞有介事地谈论子虚乌有的事情的可能性。

3. 精确性

科学事实还应当追求数量上的精确性。某一现象总是在特定的条件下出现。对科学事实出现的条件必须尽可能精确、全面地叙述，对所出现的现象应当尽可能精确详细地描述。过于笼统、粗略的经验很难形成关于事实的判断，因而损害其本可以具有的科学研究价值。

4. 系统性

独立的、个别的科学事实往往不是单独的或偶然地出现，相反，很可能是成批成组地出现，在相近的条件下以相近的方式表现出来。系统地，尤其是组织起来的科学事实对于形成科学判断和科学理论具有非常积极的意义。这也就是为什么同样的科学实验往往要在不同条件下重复多次的原因。迈克尔逊和莫雷为了检验以太效应，同样的实验在不同时间、地点、季节进行了多次，其目的就是要获得较为系统的科学事实。

科学事实因其较好的独立性和可靠性，在科学理论的形成与验证过程中扮演重要的角色。特定的科学事实是以往科学认识的初步成果，是这些成果中最为稳定的部分，又是随后的科学进步的基石。在新的科学概念和科学理论的构建、修正、补充过程中，科学事实都是最重要的准则之一。关键性的科学事实，如迈克耳孙—莫雷实验结果对处于竞争中的众多科学假说或学说具有举足轻重的作用，其支持或否定性的力量如此之大，有时被称为判决性实验或事实。大量的科学事实得以发现或得到很好的解释是科学进步和繁荣的显著特征。

## 二、经验陈述与理论框架

科学事实源自经验与观察，同时，又是发展科学概念、形成与检验科学理论的基础。因此，观察与理论的关系问题成为科学哲学研究中的重要话题。

弗兰西斯·培根以来的科学哲学传统认为，科学研究从观察开始，人们通过观察搜集到大量的事实材料，经过归纳、整理提出理论。观察独立于理论，并且是理论的基础和起点，理论依赖于观察。

逻辑经验主义继承和发扬了这一经验论传统，试图在更严格意义上区分观察与理论。他们将全部科学语言划分为两类，一类为观察语言，一类为理论语言。所谓观察语言指由那些对可直接观察的物体及其性质进行描述的术语及逻辑常项所组成的语句集合。所谓理论语言指由那些对不可直接观察的事物及其属性进行描述的术语及逻辑常项所组成的语句集合。科学理论中的基本定律就是用这类语句表达。举例如下：

| **观察术语** | | **理论术语** | |
|---|---|---|---|
| 这朵玫瑰 | 红色的 | 电子 | 负电荷 |

观察术语表达经验观察的对象。理论术语一般来自科学假说或科学理论，它与感觉经验没有直接的联系，分别由观察术语和理论术语及相应的逻辑常项构成观察语句和理论语句，如分别由上述两类不同的术语及相应的逻辑连接词组成下面两类句子。

| **观察语句（经验陈述）** | **理论语句** |
|---|---|
| “这朵玫瑰是红色的” | “电子具有负电荷” |

当然，理论语句并非总是用日常语言表达，越来越多的场合采用符号语言来表示。举例如下：

$$F = G\frac{m_1 m_2}{r^2} \tag{5-1}$$

$$\frac{\partial^2\psi}{\partial x^2}+\frac{\partial^2\psi}{\partial y^2}+\frac{\partial^2\psi}{\partial z^2}+\frac{8\pi^2 m}{h^2}(E-U)\psi=0 \tag{5-2}$$

科学符号语言不仅比日常语言表述准确、简捷、方便，有时候，形如公式(5-1)，甚至是日常语言所无法代替的。

按照逻辑经验主义的传统观点，观察语言与理论语言之间存在密切的关系。观察语言直接与经验世界发生联系而产生意义。理论语言通过观察语言间接地与经验世界发生联系而得到理解，其本身并无独立的经验意义。理论语言与观察语言的联系通过对应规则实现。所谓对应规则是指一些关于如何把理论术语和可观察的操作对应起来的推论规则。对应规则的地位十分重要而特殊。它被用来定义理论术语，赋予理论术语经验意义，规定将理论应用于观察的实验程序等。下面是一个常被引用的“对应规则”。

如果物体 $x$ 被置于天平上，天平指针指向数字 $y$，那么，$x$ 质量就是数字 $y$ 所指的数。

天平上的读数是可观察的，读数“$y$”是观察语言中的词汇；物体的质量不可观察，没有直接的经验意义，物体 $x$ 的“质量”属于理论语言中的词汇。此处的对应规则把二者联系在一起，规定人们通过怎样的操作，得到关于物体 $x$ 的质量是 $y$ 的含义。一般而言，对应规则具有三项功能：

（1）定义理论术语；

（2）保证理论术语具有认识意义；

（3）规定将理论应用于观察现象的实验程序。

随后的研究对于通过对应规则为理论术语提供操作定义的看法有所改进。卡尔纳普意识到，对应规则只能为理论术语提供部分经验解释。例如，“具有电荷”这样的理论术语无法完全用观察术语来定义。按照对应规则，“具有电荷”是这样定义的：

一个物体具有电荷，当且仅当在任何时刻 $t$，如果 $x$ 接触莱顿瓶，则莱顿瓶的金属箔在 $t$ 时刻张开。

这一操作定义逻辑上并没有排除那些从没有接触莱顿瓶的物体也具有电荷这一可能性。那些实际上具有电荷却没有接触莱顿瓶的物体不受此定义的约束。换句话说，一个理论术语具有比对应规则所定义的更多的含义，这些意义不能直接归结为经验观察。因此，卡尔纳普把理论术语的意义视为由两部分组成：一部分离可观察领域近一些，可以依靠对应规则与观察术语发生联系而得到理解；另一部分则要离可观察领域较远一些，需要靠理论系统中的公理间接地与观察术语发生联系，从而获得经验意义①。

亨普尔进一步发展了这一思想。他把科学理论的结构比喻为一张类似杂技演出中保护演员的“安全网”②。在科学理论这张网中，公理是网线，理论术语是网结，对应规则就是从观察层次上支撑起整张网的支撑杆。网线和网结虽然远离地面，但因为有固定在地面的支撑杆的支撑，整张网仍然是安全的。相应的，公理与理论术语虽然本身没有直接的经验意义，但通过对应规则，它们虽然远离经验，但也间接地得到观察语句的支持，也获得了经验意义。

### 三、观察渗透理论

在观察与理论关系问题上，长期以来存在不同的认识。归纳主义传统包括逻辑实证主义，坚持观察与理论的严格区分，认为观察经验独立于理论，是客观的、中立的，因而，构成了科学定律与科学理论的基础及检验标准。这种观点朴素而自然，长期受到科学家们的推崇。法国生理学家伯纳德认为，科学家进入实验室之前，要像脱下帽子、大衣，换上洁白的工作服一样，把原有的想法统统忘却，以便客观地面对实验结果。与此相对立的观点认为，情况并不是如所设想的那样。观察不仅不是完全中性的，可用以充当理论的意义基础和验证的权威，相反，观察却是以理论承诺为前提，观察与理论难以截然分开，观察渗透理论。受理性主义传统影响较深的科学家对此也有体会。爱因斯坦曾说：“是理论决定我们能够观察的东西……只有理论，即只有关于自然规律的知识，才能使我们从感

---

① R. Carnap. Logical Foundations of the Unity of Science. Encyciopdia and Unified Science，1938，(1)：1

② C. G. Hempel. Fundamentals of Concept Formation in Empirical Science. International Encyclopedia and Unified Science，1952，7.（Ⅱ）

觉印象中推论出基本现象。”①

理论渗透观察，或观察负载理论的思想由来已久。惠威尔（William Whewell，1794～1866）于19世纪中叶就曾论及理论与观察相互影响。他认为观念（理论）是理解经验（事实）的必要条件，人们总是在“时间”、“空间”、“原因”、“结果”等观念的指导下来理解经验事实。同时，观念也是表述经验事实的必要条件。批判理性主义创始人波普尔也提出过理论先于观察的思想。随后的科学哲学家汉森和查尔默斯等对此做了较为充分的分析与论证。

仅以对视觉观察的分析为例来看（从中得出的结论原则上也同样适用于其他类型的观察），理论渗透观察的观点具有更大的合理性。按通常的理解，“看”一个物体是直接的获得对象某方面的性质，如大小、形状、色泽等，只要是正常的人，具有正常的视力，在正常的情况下对于同样的对象，不同的人会得到同样的映像。这种经验的稳定性似乎表明了视觉观察的客观性和对于理论的中立性。但是，查尔默斯指出，视觉经验并不决定于视网膜上的映像，不同观察者视网膜上的映像相同，也不能保证他们的视觉经验一样。因为，看到什么，不仅仅依赖于什么被看到，很大程度上还依赖于看的人过去的经验、已有的知识、内心的期望等内在环境和精神状态②。对此，汉森曾明确表示：看见的比眼球接触的要多。

格式塔心理学的研究成果支持这种观点。人们在图5-1（a）中所看到的是一只花瓶，还是两张相对的人脸，取决于看的人是把白色部分还是黑色部分视为图像。图5-1（b）是一只野兔的头像，还是一只野鸭的头像？熟悉野兔的人倾向于看到的是一只野兔，熟悉野鸭的人看到的可能是一只野鸭。图5-1（c）是一位少妇，还是一位老婆婆？从一种方式看，看到的是少妇；从另一种方式看，看到的是老婆婆。同样的视感觉信号输入，得到不同的知觉结果。图像的知觉不仅与观察者的背景知识直接相关，而且归根结底是由观察者已有的知识决定的。简单的视知觉尚且如此复杂，更高级的科学观察更无法设想其如何可能脱离理论的影响。

科学观察不只是“睁开眼睛看”。开普勒与第谷登山同观日出，开普勒说他看到了太阳在天空的位置是固定的，是地球正绕着太阳旋转。而第谷观察到的却相反，地球是固定的，其他天体围绕着地球旋转。两个人观察同一现象怎么会得出不同的结果呢？对此，传统的观点认为，他们看到的东西相同，他们视网膜上呈现的图像也相同，只是他们对相同的观察结果做出的解释不同而已。汉森反驳到，“看”是经验，而不是视网膜上的物理状况。观察的主体永远是人，而不是

① 爱因斯坦．爱因斯坦文集．第一卷．许良英，范岱年编译．北京：商务印书馆，1976.211

② ［英］A.F.查尔默斯．科学究竟是什么？——对科学的性质和地位及其方法的评价．查汝强等译．北京：商务印书馆，2007，34

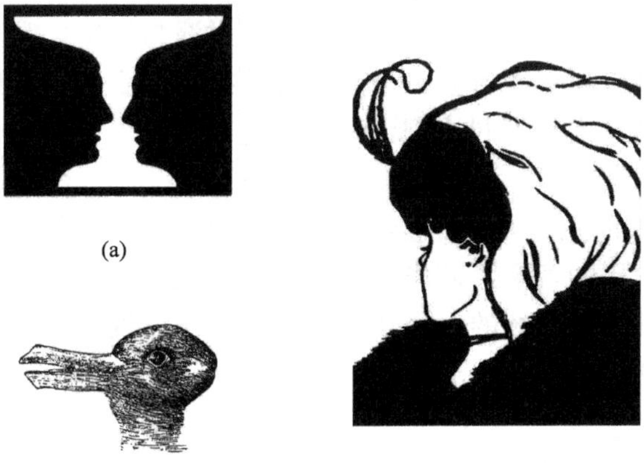

(a) (b) (c)

图 5-1

眼睛。眼睛与照相机一样是瞎的。看到的东西要比映像在视网膜上的丰富得多。看的不同结果，不是产生于解释之后，而是看的同时、解释之先。“看”是一种负载理论的活动。观察者有关某一事物的已有知识决定了他对该事物的观察。

观察中不仅渗透着理论，难以与理论严格区分，并且，理论构成了观察陈述的前提。

归纳主义认为，观察陈述是构成科学定律和科学理论的可靠基础。训练有素的科学家从观察陈述出发，通过归纳、概括形成普通命题。但这种看法不免肤浅。观察陈述不同于个别观察者的知觉经验，前者是公共的，后者是私人的、主观的、直接的。正因如此，理论对观察的影响和规范作用才不可避免。

形成科学所需要的普遍命题过程中，归纳与演绎一样，都是从陈述到陈述的推导，而不是从经验知觉直接上升到陈述的跳跃。作为归纳基础和材料的观察陈述不是直接可以获得的。它是一种公共实体，用公共语言阐述，因而，包含着具有不同程度的普遍性和复杂性的理论。例如，“今天的煤气点不着”，或者“电子束被磁铁的北极所排斥”，陈述中的“煤气”、“电子”、“磁铁”等诸如此类的词项都是成熟程度不等的理论中的成分。没有先前的相应的理论，这些观察陈述就缺乏意义。换句话说，观察陈述必须用某种理论的语言构成，不管这理论是多么模糊。更进一步说，观察陈述的精确性取决于它所利用的理论或概念框架的精确程度。同样使用“力”这个词项，物理学中的观察陈述和表述日常经验的陈述的精确度相距甚远，是因为前者的“力”的概念的意义来自精确、严谨的牛顿经典力学，而后者则来自五花八门、相对粗糙的理论。精确的理论是精确的观察陈述的先决条件和必要前提。

理论渗透观察还体现为理论对观察和实验的指导作用。观察和实验总是为了检验或阐明某个理论。只有与任务相关的经验、现象才需被注意和记录。区分有关与无关的基础便是在先的理论。没有理论的过滤与筛选，观察活动将陷于无穷无尽烦碎无关的细节而不知所为。当然，理论指导的后果，也使得观察与理论一样具有可错性。由于抱有不同的理论偏好而造成忽视重要的经验现象，或过分重视偶然的误差的观察错误，科学史上屡见不鲜。

理论渗透观察的思想，并不应当被理解成对观察和实验在科学理论发现、检验过程中的独特作用的否定，而应当被看做对归纳主义和经验论的理论观察严格区分的观点和基础主义立场的一个矫正。从这个角度说，它无疑是一种进步，更符合真实的科学活动。

## 第三节 科学说明

科学研究从科学问题出发，在科学经验和事实的基础上构建假说、发展理论，一方面试图通过解释和说明活动深入地理解经验事实，另一方面可以检验、修正和完善假说和理论本身。

### 一、理性说明的传统

所谓科学的说明，通常是将个别的经验事实及其特征归入更为一般的模式中从而获得理解。科学理论的重要功能之一是对经验事实和经验规律给出合理的解释、说明和预测。某一经验事物何以如此？为何具有如此的规律性特征？下次将会以怎样的方式出现？对诸如此类问题的回答构成了理论活动的重要内容，也体现了科学理论的认识价值。

理解、阐释与说明，而不仅仅只是遭遇和接受。面对春华秋实、物换星移、生老病死、电闪雷鸣，文明早期的人们发展出神话、传说，用拟人化的，但又是超人格的、神秘的力量说明其原因和机理。

古典文明时期人们倾向于在现实的物质性的世界中寻找原因。古希腊的原子论试图用原子在虚空中的运动解释事物的变化甚至人类的伦理实践。中国古代的阴阳说则用抽象的要素与结构展示物质世界和人类社会的运动规律。它们的共同特点是把现象世界的终极原因归结为一种或几种形而上学的实体，其中最富代表性的是亚里士多德的“四因说”。亚里士多德认为世界上的事物与现象的存在和生灭均有其原因。这些原因不外乎形式因、质料因、动力因与目的因，事物就是一个在一定原因作用下由潜存变成现实过程的结果。从此，因果作用的解释模式成为两千多年来解释和说明的主流概念，尽管围绕它的哲学争论没有停止过。这其中休谟和康德对于因果性概念的研究影响深远。

传统中有一对相互竞争的理性说明模式源远流长，活跃至今。这就是还原论与活力论。还原论者深信世界是由基本的要素或规则构成的，只要找到或弄清这些终极因素与法则，世界一切现象和事物，从一粒沙子到荣华富贵都将得到合理而明确的说明。活力论者则特别关注生物世界的独特性，主张类似生命现象与非生命现象这样不同的领域应当存在截然的界线，不能把高级的运动形式还原到低级形式而得到适当的说明。古希腊时期，前者的代表人物有留基伯、德谟克利物、卢克莱修、伊壁鸠鲁等，后者有亚里士多德。他认为生物体内存在一种非物质性的东西“隐德莱希”（entéléchie)。它使得生物体中惰性的物质产生活力和生机，具有实现其自我完善的倾向。

活力论的影响虽然长期不敌还原论，但在对涉及生物、生命问题的时候，仍然是一种可供选择的解释纲领。20 世纪早期，德国哲学家、生物学家汉斯·德里希仍然试图用“活力”（entelechy）来解释诸如壁虎断尾再生、创伤愈合等生物再殖、再生现象。他把“活力”视为如电场、磁场等一类的对象，认为它们虽然无法被直接经验和观察到，但确实存在。“活力”广泛存在于从植物到动物包括人类之中，其复杂程度与生物形态的复杂等级体系相对应。

近代科学的迅猛发展使作为理性解释和说明的现代形式的科学说明问题开始进入科学哲学的视野，摆脱传统说明中的形而上学成分，清除其中“形而上学的行动者”成为现代经验论的重要任务。有感于诉诸形而上学实体的说明传统根深蒂固，物理学家、哲学家马赫等人曾建议，科学不要问“为什么”，而代之以“怎么样”，对事物原因的追问让位于对现象的描述，这样就可以避免科学研究陷入形而上学的迷雾。卡尔纳普、赖辛巴哈等人批评汉斯·德里希等人的“活力”论解释只是为了说明而引入了一个名词。它并未带来新的科学发现，只是虚假的说明，有名无实。为了弄清问题，开展系统而深入地探讨，卡尔纳普、亨普尔和保尔·奥本海默等人开始了对科学说明的一般形式的研究。

他们试图经过逻辑分析，把科学说明的概念描绘得既精确又有坚实的哲学基础，以便为评定或改进任何实际的说明提供标准。具体来说，他们努力寻找任何能被称作“科学说明”的解释都应该满足的一份条件清单。这些条件单个看来是必要的，合起来看是充分的。当所有的条件都被满足时，此清单保证了一种说明的科学适当性。一个科学说明形式上是一个具有逻辑相关性的句子集，那些描述有待说明的事件的句子被称为“被说明句”，那些行使说明功能的句子被称为“说明句”。探讨科学说明一般形式就是分析说明句的结构及说明句与被说明句的逻辑联系的特征。换句话说，一个说明能被接受为科学说明，其说明句对于被说明句来说，科学上应当是适当的。关于“科学上适当的”的精确含义，具有不同哲学兴趣的科学哲学家理解不尽相同，但至少包括逻辑上的“充分性”，经验上科学共同体的“可接受性”。

科学说明中的说明句应当包括普适性的科学定律。当被说明句描述一个或一类经验事件时，如“2004年发生印度洋海啸”或“每年阴历八月十八的钱塘江潮最大”，说明句还要加上描述初始条件或边界条件的句子。定律与边界条件的合取可以推导出说明句所叙述的经验事实。当被说明句所刻画的是一般性定律，如“理想气体满足 PV＝nRT”“$E=mc^2$”，说明句没有提供边界条件的限制。若干一般性的理论概念和定律就足以推导出被说明句所表达的命题。

## 二、标准说明模型

“演绎规律模型”和“归纳统计模型”影响深远，构成了讨论科学说明具体问题的平台，也是推进对科学说明问题研究的基础。

### 1.“演绎规律模型”

亨普尔（C. G. Hempel，1905～1997）关于科学说明的表述被认为清楚和完整。他在20世纪30～60年代一直从事科学说明问题的研究，1948年提出的科学说明“演绎规律模型”成为此后研讨科学说明问题的基础。该模型的结构如下：

$$\begin{array}{ll} C_1, C_2, \cdots, C_k & (C) \\ L_1, L_2, \cdots, L_r & (L) \\ \hline E & \end{array}$$

式中，$C$ 是先行条件，指一系列描述有关个别事实的语句；$L$ 是普遍定律，指一系列表述可作为说明依据的普遍定律的语句。先行条件和普遍定律合在一起，即 $C \wedge L$，构成说明项，作为随后演绎推理的逻辑前提出现。$E$ 指描述有待说明的经验现象的语句，构成被说明项，作为整个演绎推理的结论出现。整个推理过程用命题逻辑表示：$(C \wedge L) \rightarrow E$。亨普尔的基本思想是通过把个别的经验事实及其特征视为普适性规律在约束条件下的特例而使其发生或性质得到阐明。这构成了他关于科学说明的“普遍适当判据”。

亨普尔举过汽车水箱被冻裂的例子：

先行条件：

（1）汽车停放室外；

（2）室外气温低于25°F①，气压正常；

（3）汽车水箱所能承受的最大压力为 $P_0$；

（4）水箱中装满了水，且密封。

普遍定律：

（1）正常大气压下水的冰点是32°F；

---

① 1°F＝5/9K

（2）冰点温度以下且体积不变时，水的压力会随温度下降而升高；

（3）当水箱受到的最大压力 $P$ 大于 $P_0$ 时，水箱爆裂。

被说明现象：

停在室外的汽车水箱爆裂了。

在例子中，被说明项并不限于表达个别事件的单称命题，也可以是表达经验定律的全称命题。被说明项如果是描述已经发生了的事项，它就是对一个事件的说明；如果是描述尚未发生的事项，它就是对一个未来事件的预测。从这个意义上说，说明与预测逻辑等价。

亨普尔“演绎规律模型”必须满足四个条件：

（1）说明必须是一个有效的演绎论证。该条件保证了说明项与被说明项的逻辑相关性。它意味着如果作为前提的先行条件具备，普遍定律为真，则作为结论的有待解释的现象不出现不可能。

（2）说明句必须至少包含演绎中实际需要的一个普遍定律。该条件也称“含摄性定律论旨”用以确保说明项产生被说明项是必然的，而不是偶然的。

（3）说明句必须是经验上可检验的。该条件旨在排除那些诉诸不能用观察、实验等确证或否证的非科学、伪科学因素的说明，如占星术所提供的说明。这一限制条件与早期分析哲学家们对科学命题的意义标准的理解紧密相关，十分明显地体现出科学哲学深厚的经验论传统。

（4）说明句中的句子必须是真的。该条件意味着科学说明不仅是一个有效的推理，更应当是一个论证。一个科学说明不仅仅要确保能从先行条件和普遍定律中推导出被说明的现象，还要确保结论是真的。结论的这种真，不是独立于前提而获得的，如果被经验证实，则是由说明项必然得出的。

在这四个条件中，前三个是逻辑条件，最后一个是经验条件，它们中的每一个，对于一个陈述集称得上是科学说明来说都是必要的，合起来则是充分的。

### 2. “归纳统计模型”

在“演绎规律模型”的基础上亨普尔、卡尔纳普等人又发展出“归纳统计模型”。前者处理的是关于决定论定律问题的说明，后者则拓展到关于统计规律问题的说明。“归纳统计模型”如下：

$F_x$ （先行条件）

$p(O, F) = r(0 \leqslant r \leqslant 1)$ （统计规律）

———————————————

$O_x$ （有待说明的现象）

模型中的统计规律可以是经验规律，如吸烟人群肺癌发病率；也可以是理论规律，如麦克斯韦分子速率分布规律。其含义是，如果 $x$ 具有 $F$ 的性质（或满足条件 $F$），且性质 $O$ 与 $F$ 之间存在概率 $r$ 的相关性，则 $x$ 具有 $O$ 的性质（或满

足条件 $O$）的可能性为 $r$。说明项与被说明项之间的联系是具有 $r$ 概率的可能性，故模型上使用的是双横线。注意与下面的说明区分开。

$$\begin{array}{ll} F_x & \text{（先行条件）} \\ p(O, F) = r(0 \leqslant r \leqslant 1) & \text{（统计规律）} \\ \hline p(O_x) = r & \text{（有待说明的现象）} \end{array}$$

这被称为“演绎统计模型”，说明项与被说明项之间逻辑上是演绎关系（故用单画线表示）。被说明项是 $x$，有 $r$ 的可能性，具有性质 $O$（或满足条件 $O$）。它所说明的是某个事件发生的概率，而不是某个确定的事件，科学说明的价值不大，倒是具有较大的科学预测价值。

归纳统计模型必须满足五个条件，其中前三个是逻辑条件，后两个是经验条件。

（1）被说明项能从说明项中以较高的或然性得出。（亨普尔主张模型中的 $r$ 应当接近于 1 才是一个好的说明。）

（2）说明项中至少有一个推导被说明项所需要的统计定律。

（3）说明句必须是经验上可检验的。

（4）说明句中的句子必须是真的。

（5）说明项中的统计定律须满足最大明确性的要求。

前四个条件与演绎规律模型的要求类似，最后一个条件较为特殊。它要求在面对若干均能或然性地推导出结论的统计定律时尽量选用概率高者。例如，“这批从 S 国进口的活禽被检测出感染了 H5N1 病毒”。“来自 S 国的活禽可能感染了 H5N1 病毒”与“来自 S 国东部疫区的活禽可能感染了 H5N1 病毒”都能概然性地说明被说明项的发生，但后者比前者显然更明确，发生的概率更高，因而更有说明效力。

归纳统计说明具有“认识相对性”的麻烦，也就是说它对人们的知识背景存在很大的依赖性。例如，“某甲今年 46 岁”。统计表明，“95%的人的寿命超过 45 岁”。这似乎是对某甲现今状况的良好说明。但人们如果知道某甲二十年前就被查出患有癌症，并且统计表明“癌症患者只有超过 1%的人存活期达到 20 年”，恐怕就要质疑前面说明的合理性。人们似乎更相信某甲是那百里挑一的幸运儿，而不认为是那 95%的平淡无奇的常人。对一个说明的评价依赖于人们是否知道更多的信息。为了避免这种统计说明的歧义性，亨普尔要求对被说明项的所有证据都有所了解。

### 三、说明模型的改进

亨普尔等的说明模型自提出以来，不断受到来自各个方面的质疑与反驳。这一方面暴露了模型本身的缺陷，另一方面促进了对科学说明及其相关问题的认识，加深了人们对于科学理论性质的理解。这些问题和争论涉及以下几个方面。

### 1. 含摄性定律问题

无论是演绎的还是归纳的说明模型，都有包含科学定律的要求，即所谓含摄性定律论旨。这一点对于科学说明至关重要。但对于什么样的命题是科学定律，什么样的命题是偶然概括却难以区分。举例如下。

（1）纯钚块的质量不超过10万kg。

（2）纯金块的质量不超过10万kg。

这两个命题在现有知识条件下都是真的。但真的情况并不相同。命题（1）表述的是定律。物理学知识揭示，纯钚的质量在达到10万kg之前早已越过了临界点发生热核反应了。命题（2）只是偶然的概括，虽然现有地质考察的数据支持这一说法，但没有任何根据完全排除某个时候在某个地方存在巨大纯金块，其质量超过10万kg。分别以这两个命题为普遍定律的说明的性质是否可以被同等看待？如果不能，区分这两类命题就是真正的难题。到目前为止，逻辑分析无法区分科学命题和偶然概括命题。

### 2. 说明与预测对称性问题

亨普尔认为说明与预测结构同一。一个适当的说明潜在地就是一个预测，反之亦然。因为说明就是一个推理或论证，如果被说明项描述的是一个已知的事项，它就是说明，如果被说明项描述的是一个未知的事项，它就是预测。但斯克瑞文的“梅毒市长”反例对说明与预测之间这种同构性提出了挑战。

假设某小城的市长瘫痪了，这种类型的瘫痪通常是由于长期梅毒所引起，并且这位市长的确身患梅毒年久未愈。那么，患梅毒长期未愈对于该市长瘫痪应当是一个良好的说明。但问题是，梅毒引发瘫痪的概率很低，一般只有10%的可能性。90%的梅毒患者并不会表现为瘫痪症状。那么，该梅毒市长很可能不会瘫痪应当被认为是良好的预测。对于同一对象的良好说明与良好预测的不一致表明，说明与预测的结构并不相同。

说明与预测的不同构还表现在，事后的说明通常比事前的预测要容易得多。生产、交通事故的调查可明确责任人及责任的大小，但却无法事先预测；进化论能较好地说明某物种的特性，但难以预测物种的生灭与变化。

说明与预测的对称性也不相同。说明具有方向性，是不可逆的。预测却有良好的对称性，是可逆的。考虑经典力学中的两个例子。

摆的长度与摆荡周期有如下关系：

$$T = 2\pi \sqrt{l/g}$$

利用该公式，人们既可以由摆长计算推测摆的周期，亦可以由摆的同期计算推测摆的长度。说明则不具有这样的对称性质。摆的长度是对摆的周期的说明，但不能说摆的周期是对摆的长度的说明。

自由落体运动中，物体下落的距离与下落的时间有如下关系：

$$x = \frac{1}{2}gt^2$$

人们可以利用该公式，由落体消耗的时间计算推测其经过的距离，也可以反过来由落体经过的距离计算推测落体消耗的时间。这里根本就无法用其中的一个变量说明另一个变量。

3. 内容相关性问题

亨普尔为说明模型给出的条件的充分性亦面临挑战。下面是几个著名的反例。它们都符合亨普尔关于科学说明的逻辑要求与经验条件，但却不能被认为是合适的科学说明。

**例 5-1**

所有金属都导电。
所有导电的物体都受重力吸引。

---

所有金属都受到重力吸引。

金属都受到重力吸引是因为有引力质量，而不是别的什么，如导电性等。

**例 5-2**

琼斯在 $t$ 时刻吞食了一磅砒霜。
所有吞食一磅砒霜的人都会在 24h 内死亡。

---

琼斯在 24h 内死了。

特别悲惨的是，琼斯刚吞食完砒霜后，一出门就遭遇车祸身亡，砒霜的毒性作用还来不及显现。

**例 5-3**

$$\forall x(A_x \rightarrow B_x)$$
$$C(e) \wedge A(o)$$
$$\sim B(0) \vee \sim C(e) \vee D(e)$$

---

$$D(e)$$

公式中第一、二句均为真，则 $\sim B(0)$、$\sim C(e)$ 一定为假，因为第三句还是真的，$D(e)$ 的真符合逻辑。但对公式进行代入，

所有金属都是导体。
森林被闪电击中，且这块表是金属。
这块表不是导体，或森林未被闪电击中，或森林着火了。

---

森林着火了。

结果就很荒谬，无法构成一个令人可以接受的说明。其实在公式中，这种荒谬性已经暴露出来。谓词 $D$（·）与谓词 $A$（·）、$B$（·）、$C$（·）之间看不出有什么实质性联系。而这类实质性联系被认为是科学说明中不可缺少的因素。

诸如此类的质疑表明，科学说明标准模型显然忽略了某些至关重要的因素。

4. 语境相关性问题

亨普尔等的科学说明模型与语境无关，即无论演绎模型还是归纳模型，在某一语境中成立则在所有语境中均成立。因为科学理论的说明能力是该理论本身的一个品质，与其真理性和可接受性紧密相连。一个理论的说明能力强显然是其自身优点的体现，同时也表明了它的真理性、可接受性。科学探索的目的就是追求对世界的科学说明。科学哲学家们的工作就是要揭示科学说明的逻辑结构和条件。

说明模型所遇到的种种麻烦促使人们反省传统，另辟新途。其中，范·弗拉森考虑说明的语境相关性的语用学进路是一种不错的选择。他认为，特定的说明是对特定的“为什么”型问题的回答。问题的结构限定了回答的性质。关于说明的理论也同时是关于“为什么”型问题的理论。

“为什么”型的问题当然是如“为什么……?”类型的问题。对这类问题的回答不能离开语境，因为要理解问题本身就要联系语境。如“为什么张三杀死了李四?”具体说来，这个问句是什么意思？考虑下列三个句法相同的句子。

A. 为什么**张三**杀死了李四?

B. 为什么张三**杀死**了李四?

C. 为什么张三杀死了**李四**?

问句是在请求相应的回答。句子中斜体字表明，三个句子的请求并不相同。A 句子对于有人杀死了李四并不质疑，但对于那个杀人的人偏偏是张三而非其他人产生疑问；B 句子对于张三与李四间发生的事是“杀死”而非暴打一通之类的行为请求回答；C 句子对于张三杀死人这一事实没有疑问，但对于被杀的对象是“李四”有疑问。“为什么张三杀死了李四?”这三个问句的差异十分明显，但这种差异偏偏被传统的科学说明模型忽略了。一个合适的说明，应当正视并恰当地处理它们。

范·弗拉森的办法是首先分析问题的结构。一个“为什么”型问题包含三个要素：对照类、主题与相关关系。所有由同样的句子可表达的不同问题构成一个“对照类”，这些共同的句子为“主题”。相关关系是一种标准，它规定什么样的问题是与语境相关的，因而是一个可接受的回答。相关关系本身由句子所提供的信息与提问人的兴趣与期待所决定。一般地，“为什么 $a$ 与 $b$ 存在 $F$ 的关系?”这类“为什么”型问题（$Q-F$（$a$，$b$））是一个三元集合。

$$Q-F(a, b)=\{主题,对照类,相关关系\}$$
$$=\{F(a, b), \{F(a, c), F(a, d), F(a, e), \cdots\}, R\}$$

问题当然有预设。$Q-F(a, b)$ 的预设了 $F(a, b)$ 为真，$F(a, c)$，$F(a, d)$，$F(a, e)$ 等为假。问题 $Q$ 也预设了对它的回答 $A$。$A$ 构成对 $Q-F(a, b)$ 的说明，当依据语境，$A$ 与主题 $F(a, b)$ 和对照类 $\{F(a, c), F(a, d), F(a, e), \cdots\}$ 之间存在着排除或禁止对照类的发生而保证主题发生的关系。上例中对于C句子的请求，“李四”掌握着对“张三”被定罪极为不利的证据，其他人手头没有类似材料，“张三杀李四灭口”能很好地解释为什么杀的是李四而非别人。那么，“张三杀人灭口”是对问题的适当回答。

对说明模型的语用化改造改变了传统模型的僵硬形象，相当程度上解决了上文提到的麻烦。同时，把说明看做科学理论、事实与语境三者的协调关系，也与科学实际更为吻合。在对一个说明的评价中，除了保留真与假这种绝对的标准，也引进了好与不好这样的相对标准。相对论早已确定了其不可动摇的主流地位的时代，对于工程技术中绝大部分问题，人们仍然采用牛顿经典力学进行解释、说明包括预测。照传统的观点，它们都是错误的。从语用说的角度看，这些说明包括预测虽然不是绝对的真，但已经相当地好了，人们乐于接受它。

范·弗拉森的语用学说明观背后是科学观的转变。他认为，接受一个理论，并不意味着认可它是真的，更不等于说它就是真的，而是因为它是经验上适当的。理论的功用就是“拯救现象”。因而，科学说明本身并不就是科学，而是科学的运用。科学运用的好坏就与人的愿望相关，而愿望总是特定语境下的愿望。成功的科学说明只是特定语境下对特定问题的适当的解答而已。

# 第六章

# 科学发展模式

科学发展、知识增长是不争的事实。但对于科学发展具有怎样的规律，科学发展过程具备什么样的动力机制，科学哲学家们众说纷纭。他们分别提出了多种模式，试图概括或揭示出体现在真实的科学发展中的深层结构与主要特征。这些模式包括从颇具古典气质的归纳累积模式到历史主义研究纲领的进化与退化模式。

## 第一节　归纳主义的科学发展模式

科学发展的一个直接表现是科学知识量的增长。特别是近代科学兴起以来，知识增长的速度更是达到了惊人的程度。伴随科学知识总量的增长，科学的形态与内部结构也相应发生较大的变化。近代科学哲学家们注意到这些现象，开始关注知识增长的方式与科学结构的变迁，着力研究科学发展的模式。

### 一、传统归纳主义模式

传统上对知识增长与科学发展的理解带有强烈的归纳主义色彩。从亚里士多德到培根，人们普遍认为，归纳增加了科学知识的经验内容。知识的基本单元是命题。一个新命题如果是从其他命题通过演绎法得到的，本质上并未增加新的内容，因为结论已经蕴涵在其前提当中。但它如果是通过归纳法从其他经验命题推论得出，则结论包含了前提中未曾断定的内容，因而增加了新知。这种归纳主义思想到培根时发展到顶峰。

弗兰西斯·培根是近代英国经验论代表人物之一，马克思称之为“英国唯物主义和整个现代实验科学的始祖”①。与其科学观相应的是，培根系统地发展了归纳逻辑方法。他一方面激烈批评经院哲学家滥用三段论演绎方法，另一方面也反对当时广泛流行的亚里士多德制定的简单枚举法。这种方法只根据少数经验，或者只是根椐那些手边的事实来做出决定，得出定理。他认为这几乎是产生错误的根源和一切科学的祸害。鉴于此，他特意把他用来阐述其新的归纳法的逻辑学著作起名为《新工具》，以示区别于亚里士多德的论述逻辑方法论的名著《工具论》。

19 世纪英国科学哲学家惠威尔（W. Whewell，1794～1866）第一次对归纳主义的科学发展观做了较为系统的表述。惠威尔早年毕业于剑桥三一学院，后任物理学教授、道德哲学教授和副校长。其代表性著作有《归纳科学史》、《归纳科学哲学》。惠威尔充分肯定科学是不断进步的，但他所理解的科学进步完全是从其假设主义立场出发。他认为，科学理论的形成过程就是用概念或理论综合广泛搜集的经验事实，即用概念或理论将众多的经验事实“捆绑在一起”。因此，科学进步不过是一个不断增长经验事实和不断综合理论的过程。在这个过程中，众多的事实综合成为现象定律，众多的定律又被综合成为理论，众多的理论又被综合成为理论体系。惠威尔把科学的这种进步形象地比喻为条条支流汇集而成江河的过程。例如，牛顿力学体系就是这种科学增长的典范。牛顿力学的江河就是由开普勒行星运动三定律、伽利略自由落体定律、潮汐理论以及其他各种理论与事实的支流汇集而成。

科学成果的汇集是一点一滴逐渐积累和连续不断的进步过程，先前的科学成果总是被后续的成果包融其中。即便是对于公认的新理论推翻或驳倒旧理论的科学史实，如拉瓦锡的氧化说推翻波义耳的燃素说，哥白尼的日心说推翻托勒密的地心说，惠威尔也做了有利于归纳主义的解释。他认为科学理论就是事实加概念，虽然后续的理论对事实的解释与说明与以前大不相同，但前续理论所包含的事实却被继承下来，成为新的理论发展的基础。例如，氧化说仍然接受了燃素说中把燃烧、呼吸、酸化等视为本质上同一的过程的思想以及相应的事实。

### 二、逻辑经验主义科学发展模式

进入 20 世纪，随着逻辑实证主义的兴起，归纳主义科学发展模式表现出更加深入而精致的形式。逻辑实证主义系指以维也纳学派为代表的哲学思想。该学派是 19 世纪二三十年代以维也纳大学为活动中心的一个哲学家团体，石里克、卡尔纳普等都是其中著名的代表。他们的纲领性思想是通过确立“意义标准”和

① 中共中央马克思恩格斯列宁斯大林著作编译局编译．马克思恩格斯选集．第 2 卷．第 2 版．北京：人民出版社，1995．163

“证实原则”以“拒斥形而上学”。逻辑实证主义思想渊源深厚、影响深远。逻辑原子主义是其前身，逻辑经验主义是其扩展。由于其学派成员众多，所持观点在细节上也不尽相同，但在科学发展模式上都具有注重经验与归纳的倾向。

与传统的哲学家们不同，逻辑实证主义者认为归纳不是发现的方法，而是证明的逻辑。因为理论不是从经验事实中归纳出来的，相反，正是为了说明经验事实，科学家们才发明了理论。但被发明出来的理论能否被接受，需要得到经验的支持，即得到经验证实或验证。除了形式科学（如逻辑学、数学）中的分析命题之外，经验科学中的命题的意义在于它能被经验证实或验证。否则，它就是形而上学命题，应当从科学中清除出去。

逻辑实证主义者也注意到，科学理论命题都是全称命题，有限次数的经验不可能完全证实它们。但他们仍然认为，经验证实或验证可以提高其确证程度。证实或验证的事实越多，理论的成真性也就越高。他们相信经验是稳定可靠的，经受过经验检验的理论也是确定的，不应当再会被推翻或抛弃。科学史上发生的旧理论被新理论取代的事实，正是理论归并方式之一。一个理论得到科学界的认可，意味着它在某个范围经受住了经验的检验。这种得到经验支持的理论被推广应用于新的领域，又要在新的范围内接受经验的检验。如果能通过这种检验，理论就得到了发展；如果不能通过，就应当在原有的理论基础上增加新原理，以便与经验保持一致。被抛弃的只是理论在新的领域不恰当的应用，真正被经验证实或验证了的部分本身是不会被推翻的，而是以某种方式被归并到更新更全面的科学理论之中。科学知识就是这样不断通过归并原有理论而得到增长。卡尔纳普将这个过程比喻为一组中国套箱，魔术师的小箱子套在一个大箱子里，大箱子又套在一个更大的箱子里。就这样层层相套，每一个箱子都被以一种特定的方式保存下来，没有一个箱子被遗弃。

惠威尔以及逻辑实证主义等传统的科学发展观构成了讨论科学发展模式的基础与背景。但由于其基础主义立场等内在缺陷，贯彻意义标准和证实原则困难重重，其在科学发展模式方面的观点与其他方面的思想一样，受到极大的挑战。他们过分强调归纳方法的作用，片面看待科学理论累积的过程，把科学的综合与归纳几乎理解为科学发展的唯一方式，忽略或歪曲了科学理论的革命与重构阶段。这既有悖于科学史的实际，自身也不无牵强之处，因而，遭到其后许多科学哲学家的批评也顺理成章。

## 第二节 批判理性主义科学发展模式

首位批判归纳主义科学发展观的学者是波普尔。卡尔·波普尔（Karl Popper，1902～1994）是伦敦经济学院教授，因贡献卓著，1965 年被授予爵士称号。波普尔哲学体系庞大，涉及科学哲学、本体论和社会历史哲学。其代表性的科学哲学著作有《科学发现的逻辑》(1934)、《猜想与反驳》(1963)、《客观知识》(1972)。波普尔自称其科学哲学为批判理性主义，又称证伪主义。他的科学方法论的核心是反归纳法以及在此基础上的经验证伪原则。

## 一、证伪原则

逻辑实证主义坚持经验证实原则，强调归纳法的作用。对此，波普尔指出归纳原则存在内在缺陷。所谓归纳原则就是承认从过去的经验可以推论出关于未来的原则。但这个归纳原则却无法证明其自身的正确性。如果说信奉归纳原则是因为我们过去的经验告诉我们从过去能推论出未来，那么这就犯了循环论证错误，是在用“过去能推论出未来”来论证“过去能推论出未来”。波普尔认为，建立在这种十分脆弱基础之上的归纳法，不可能有令人信服的论据来证明在经验中尚未遇到的事情与我们在经验中已经熟悉的东西相似。波普尔进一步指出，归纳法不仅不能得出必然性结论，甚至也不能得到或然性知识。因为过去多次的重复经验既不能证明未来的必然重复，也不能保证未来的可能重复。

波普尔的质疑有着深刻的背景。20 世纪初，相对论和量子力学的诞生动摇了传统的归纳累积科学发展观的基础。像牛顿经典力学这样经历过无数次事实的验证，取得过巨大成功的理论竟然都包含重大的缺陷和错误，不可避免地被新的理论所取代。那么，那种认为科学理论是由一些成功地通过经验证实，不可能再出错的概念、定律和事实集合而成的观点就值得怀疑。在质疑与批判逻辑实证主义的同时，波普尔提出了证伪主义思想及其科学发展模式。

科学是一系列命题的集合体。科学命题应当是全称命题，如“所有的天鹅都是白色的”。如果科学命题仅仅是一些特称命题，形如“有些天鹅是白色的”，或者“迄今为止所见到的天鹅都是白色的”，那么，科学理论就丧失了其十分重要的预见功能，其价值也就十分有限。

但是，全称命题的证实与证伪逻辑上具有非常明显的不对称性。要证实“所有的天鹅都是白色的”需要检验天下所有的天鹅，包括已经生存的天鹅和将来才生存的天鹅。这种需要根本无法满足。与证实不同，证伪这个命题就相对简单。该命题的矛盾命题是“至少有一只天鹅不是白色的”，只要找到一只非白色的天鹅，该命题就被证伪了。在科学实践中，证伪的任务比较容易完成。也就是说，数量极大的经验事实无法证实一个一般性结论，但少量的甚至只要一个经验事实就足以证伪一个一般性命题。一个经验事实只能证实一个单称经验命题，大量的经验事实也只能证实同样数量的单称经验命题，但一个经验事实却可以证伪整个科学理论。波普尔的这一思想也可以有另外一种表达方式。

$$((T \rightarrow P) \wedge \neg P) \rightarrow \neg T$$

科学理论 $T$ 真能演绎推导出经验命题 $P$ 真，如果 $P$ 被证实是假的，即 $\neg P$，那么逻辑上就能断定理论 $T$ 假，即 $\neg T$。这是一种从结论的被证伪而导致一个理论体系整个被证伪的推理方法。

## 二、猜想与反驳

受惠威尔等的假设主义影响，波普尔也认为科学理论都是大胆的猜测或暂时性的假设，其最终的命运都是被经验所证伪。科学知识的增长通过一个猜测被另一个更好的猜测所替代来实现。科学发展的模式是：$P_1 \rightarrow \mathrm{TT} \rightarrow \mathrm{EE} \rightarrow P_2$，即科学始于问题（problem），针对科学问题，科学家们提出各种大胆的尝试性的猜测，也就是假设性理论（tentative theory），经过经验与观察的检验，消除错误（elimination of error），并筛选出逼真度高的新理论。新的理论又会产生新的问题。如此循环，推动知识增长与科学进步。

波普尔的科学发展模型与逻辑实证主义思想有显著区别，这种区别主要集中在对于归纳方法和经验证实原则的态度上。

首先，波普尔否认科学是从观察开始，通过观察的积累归纳出科学理论。相反，他认为科学始于问题。新旧理论的冲突或理论与观察的不一致形成科学问题，正是科学问题促使人们思考，提出新的假设以消除矛盾。

其次，科学理论的形成不是如归纳主义者认为的那样是从大量经验材料中归纳概括出来的，而是一种大胆的猜测和理智的自由想象，更多的依赖于抽象思维、直觉和灵感。通常认为开普勒行星运动三定律是从大量天文观察数据中归纳而出，但波普尔认为诸如行星椭圆轨道等概念不可能是归纳的结果，只能是开普勒根据观测的数据，从一系列大胆的假设中筛选出来的。

再次，对于大胆猜测提出的尝试性理论的选择标准，不是检验其可证实性，相反，是分析其是否有可证伪性，即可错性。无可错性的理论不是科学的理论，应当予以排除。有可错性但已被证伪的理论自然也应当排除。对于同样具有可错性且尚未被证伪的理论，应当选择可错性高的理论。衡量可错性高低的标准有两条：一是理论的普遍性，二是理论的精确性。举例如下：

A. 所有的天体的运行轨道都是封闭圈。

B. 所有的行星的运行轨道都是封闭圈。

C. 所有的天体的运行轨道都是椭圆。

A 与 B 相比，“天体”的外延比“行星”大，A 比 B 具有更好普遍性，因此，可错性更高。A 与 C 比，“椭圆”比“封闭圈”的外延小，C 比 A 具有更好的精确性，因此，可错性更高。

一个理论的内容普遍性越大、精确性越高，该理论的可错性就越高，越容易被证伪，因而也就越具有科学价值。

上述对理论的这种评价被称为“前验评价”。通过了前验评价的理论还须接受“后验评价”。也就是将从这些理论中推导出的预见性命题与观察和实验相对照，检验它们是否一致。如果检验结果不一致，则淘汰该理论；如果一致，说明该理论得到了进一步的确认，则保留该理论。被确认的理论如果不止一个，应选择确认度或可证伪度高的理论。

最后，对于被保留下来的、确认度较高的理论仍然具有猜想与假说的性质，仍然具有可错性，有可能被以后的经验所证伪。它只是解决了原先的问题，在新的基础上，必定又会产生新的问题，展开新一轮的试错与证伪程序。

### 三、科学进步与真理

波普尔的科学发展模式与其证伪主义真理观密切相关。波普尔相信科学是发展的，通过猜想与反驳，后来的科学假学、猜想或理论比以前的更接近客观实在的本来面目。这就是波普尔的科学进步观。

科学理论进步性的衡量标准有两个方面。一是该理论的可证伪度，即理论被证伪的可能性大小；二是该理论是否经受住以往观察和实验的检验。一个理论的可证伪度越高，它就越进步；它能经受住经验的检验而得到确认，它才能被接受和认可。这两个标准中，前一项是对理论量的方面的要求，且具有先验性或逻辑性；后一项是质的方面的规范，且具有经验性。但它们都是对于科学理论进步性的实体性定义。具体来说，科学的进步是通过不断用进步性较高的理论取代进步性相对较低的理论这一知识增长过程来实现的。因此，科学理论的进步性具体表现在“知识增长的三要求”当中。

（1）新理论比旧理论应表现出更高的普遍性和简单性，能够把旧理论无法联系起来的事物、事实或新的理论实体相互联系起来，形成一个新的统一体。例如，牛顿力学之所以优越于亚里士多德的力学体系，是因为前者能把天上行星绕日公转与地球上苹果落体统一到一个运动方程中来，而后者根本没有发现二者的内在联系。科学史上把惯性质量与引力质量、场与微观粒子、电场与磁场、光与电磁波、热与分子的动能等原初被视为完全不同的东西统一起来的时候，都是知识快速增长、科学取得巨大进步的时候。

（2）新理论必须是独立地可检验的，即新理论不仅应当能解释旧理论已解释过的事实，还必须能解释旧理论无法解释或解释不好的事实。并且，还应当能给出新的可检验的推断，给出迄今未曾观察过的预言。如广义相对论对光线在引力场中弯曲的预言和光谱红移的预言就属此性质。

（3）新理论应能经受观察和实验的严格检验并得到验证。波普尔所说的验证，既非证实，亦非简单地证伪，而是确定理论的确实性或逼真性。

所谓逼真性就是指科学理论所具有的不断逼近真理的性质。波普尔的逼近真理观有些独特，也是其独树一帜的科学哲学重要组成部分。

受波兰学派逻辑学家塔尔斯基（A. Tarski，1902～1983）语义真理论的启发，波普尔持符合论的真理观。他认为真理是与客观实在相符合的认识。真理是客观的，不以人的意志和愿望为转移。波普尔坚持，一个理论可以是真的，即使没人相信它；另一个理论可能是假的，尽管我们充分地相信它并接受它。并且，他也认为科学的任务就是寻求真理。但是，与唯物主义反映论不同，他同时又认为，科学不可能得到“真理……我们也许永远也不能得到它，也许即使得到了它，也不知道。”① 因为客观世界存在于经验之外，人们没有相应的手段可以深入其中。

科学不能认识真理，但却可以探索真理。人们不能反映客观世界，却可以猜测客观实在，并且通过猜想与反驳的交替进行，使科学理论逐步向真理靠近。他说：“我的方法论的观点是……把历史的发展当做对客观真理的一步一步地逼近的过程。”②

从证伪主义立场出发，波普尔认为，任何一个具体的科学理论都只能证伪而不能证实。一个已经通过了经验检证而尚未被证伪的理论既有真实性的一面，又有虚假性的一面，因而都具有一定程度上的逼真性。科学的进步就是通过提高理论的逼真性而实现。

逼真性的程度称为逼真度，其公式为

$$V_s(a)=Ct_T(a)-Ct_F(a)$$

式中，“$V_s$”表示逼真度，“$Ct_T$”表示真实性内容的量，“$Ct_F$”表示虚假性内容的量。逼真度是理论（$a$）的真实性内容的量减掉其虚假性内容的量所得的差。

在波普尔看来，科学发展的过程也就是提高理论的逼真度的过程，就是努力提高理论中的真实性内容的量，或者降低其中虚假性内容的量的过程。物理史上，由开普勒定律到伽利略思想，再到牛顿的理论，一直到爱因斯坦相对论，就是这种过程。而且，这个过程仍在继续。相对论也不是最终真理，也仅仅是通向更好的理论进程中的一个步骤。

## 第三节　库恩科学革命论

由逻辑经验主义继承并发扬的归纳主义科学发展模式，把科学的进步视做知识的渐进积累过程。知识来自经验，由归纳方法获得，通过经验证实确定。整个

① K. Popper. Conjectures and Refutations: The Growth of Scientific Knowledge. Routledge. London 1963. 44

② K. Popper. The Logic of Scientific Discovery. London: Hutchinson, 1959. 29

科学知识体系，动态地看，是个铢积寸累的渐变；静态地看，是个“中国套箱”的结构。波普尔的证伪主义则把科学的进步视为通过猜想与反驳交替进行的永无宁日的“不断革命”过程。库恩（Thomas Samual Kuhn，1922～1996）对这两种科学发展模式均持否定态度。他通过对科学史的仔细考察，提出了自己以范式论为基础的科学动态发展模式。库恩的思想所带来的重大影响不仅仅在于它提出了一种不同于归纳主义与证伪主义的科学发展观，更主要的是，他动摇了它们的基础，把历史主义和相对主义带进了科学哲学，开创了科学哲学历史主义学派。科学哲学从此进入了一个关键性的转折期。

库恩早年毕业于哈佛大学物理学系，先后在哈佛大学、普林斯顿大学和麻省理工学院任教，曾担任美国科学史学会主席，是美国科学院院士。他的科学哲学思想相当独特，并具有多个方向发展的可能性。其科学革命论承前启后、影响广泛而深远。要深入理解库恩关于科学发展的动态模型，首先应当了解其独特的方法论和“范式”论。

## 一、历史主义方法论

库恩继承了图尔敏（S. E. Toulmin，1922～）、汉森（N. R. Hanson，1924～）以来的传统，强调科学哲学必须与科学史相结合。对于科学史，他持一种“自主性”历史观，即认为历史具有一定的人为的性质。他说：“历史学家的研究工作同孩子们看一幅方形拼板图没有什么两样。只是历史学家的盒子中还多一些另外的拼板。他已经掌握或可能掌握的资料虽然不是它们的全部但是却很多。他们的任务是从中选出一组可以排列的素材，在孩子们那里可以合理地组合成一幅图画，以表示一个可识别的物体；而历史学家及其读者则把它构成一个合理的叙述，其中包含各种可识别的行为和动机。历史学家搞研究，同孩子们玩游戏一样，也得遵守不可违背的规则。如在历史的叙述中与在拼板画中一样不能留有空白（空隙），等等。”①

当然，库恩所谓的科学史的自主性并非是说某个科学事件是否在历史上存在过是没有客观性可言的，而是说对于某个历史事件的估计、评价、看法具有一定的人为性质。因为，科学史并不是一部单纯记录科学事件的清单，也不是科学事件的大事年表，而是对科学历史事件的整体化和系统化的说明和评价。这种说明和评价总是依赖于特定的观点和范式。从不同的观点和范式出发，就会对历史做出不同的评价和说明。不同的历史评价和说明之间就没有什么真假可言。他甚至进一步认为，即便是对于某个具体的科学事件是否在历史上存在这样涉及历史事实的问题，严格说来，也很难说与历史学家个人的观点和看法无关。他曾以化学

① Kuhn. The Essential Tension. Chicago：University of Chicago Press，1977. 16，17

史上氧的发现为例，历史上由于对“发现”这一概念的理解不同，对于到底是谁首先“发现”了氧，化学史上出现过多种不同看法。究竟谁是谁非，至今也难以做出最后的裁决①。

库恩还把科学史分为内部史和外部史，并认为科学的发展就是一个由外部史为主逐渐走向以内部史为主的内在化过程。所谓科学内部史就是在科学家或科学家集团特定的观点或范式作用下自身发展演变的历史。所谓外部史就是科学之外因素，如社会、政治、经济、文化等因素对其影响和作用的历史。科学的发展与演进可以从它的内部因素和外部因素两个方面得到说明。一部科学史也就是科学的内部史和外部史相结合的历史。否认外部因素对科学史的影响，诸如前苏联时期魏斯曼-摩尔根遗传学说曾长期遭受批判和打击，而李森科的理论却得到大力扶持这样的历史事实就得不到合理地解释和说明。相反，如果否定科学家们的思想、观念等内部因素的影响和作用，科学史就会成杂乱而零星的历史事件的堆积，科学史的系统性和结构性也就不存在了。

动态地看，“任何一门新科学，在早期，由于科学家们的学术观点还没有完全成熟，科学家们的研究往往集中于当时社会需要与受社会价值决定的那些问题上，因而，他们的观点容易受当时的社会现实、思想、常识以及传统哲学观点等的影响。”② 他们所使用的主要方法常常是外部的方法。当时的科学史也总是以外部史为主。但随着科学自身的成长与发展，科学共同体逐渐形成，它们内部的专业思想逐渐统一，共同的范式逐渐确立，科学共同体内部交流性和外部封闭性加强，外部因素对它们的影响也随之相应的减少。这个阶段，科学家们所研究的就主要是由其内部所产生的课题。他们所使用的主要方法也从外部方法转向内部方法，科学史也就逐渐从以外部史为主转向以内部史为主了。

## 二、科学共同体和科学范式

范式论是库恩科学哲学的理论核心。这个核心思想建立在科学共同体概念基础之上。离开了这两个关键概念，其科学理论发展动态模型就难以理解。

所谓科学共同体，就是指在一定历史时期、一定学科领域中的科学家团体。这些科学家团体由于在共同的社会历史阶段接受了共同的教育、训练和熏陶，因而，他们具有共同的研究目标，持有共同的学术观点，使用共同的概念、术语或行话，采用共同的交流方式，分享共同的文献资料，甚至有着共同的心理素质，形成了一个学术共同体。科学共同体的共同学术领域的范围有大有小。它可以是全体自然科学家的共同体，也可以是一个学科的共同体，如物理学家共同体、生

---

① Kuhn. The Essential Tension. Chicago：University of Chicago Press，1977. 167～171

② Kuhn. The Essential Tension. Chicago：University of Chicago Press，1977. 118

物学家共同体等。

在共同体内部，成员之间的交流充分而顺畅，也容易达成共识。但在不同的共同体之间，他们的业务交流就比较困难，常常引起误会，甚至出现严重的分歧。

库恩的科学共同体思想的提出是科学哲学发展中一个进步，显示科学哲学家们从关注个别科学家的科学思想或科学哲学思想，过渡到更多地关注科学家的思想与当时的历史条件和社会联系上来。科学的发展如果仅仅归结为某个或某些科学家个人的品质、才能或灵感，就掩盖了科学和科学思想发展与社会的联系，科学哲学的研究将误入歧途。科学共同体概念的提出同时也体现了 20 世纪以来，科学研究的集团性、社会性日益突出的时代特点。一群独立的科学家之所以能形成科学共同体，按照库恩的说法，深层次上是因为他们具有共同的范式。关于范式的含义，由于库恩本人从没有给出一个十分清晰而确切的定义，人们只能从它众多的说明和使用方法中予以概括。库恩所谓的“范式”，大致上是一种理论和观点（形而上学）、方法、标准、仪器、设备、经典著作等的“不可分的混合体”。它是一定学科领域的基本理论结构以及在此基础上产生的基本观点与基本方法。它们影响、规范该学科领域的各个方面，为该学科领域的科学共同体提供了思考、选择、解决问题的准则，指明了他们的基本思路，并为整个学科领域的发展确定了基本方向。（夏基松、沈斐凤，《历史主义科学哲学》，1995 年，第 180 页。）范式的基础或核心部分就是使分散、零乱的经验材料系统化、整体化的理论结构或模式。并且，他认为范式是自主的、可变的或可以任意选择的。“科学哲学家们曾一再证明：根据同样一套材料总是可以提出一种以上的不同的理论构造。”①

不同的学科具有各自的范式。物理学的范式与动物学的范式的区别不言而喻。同一学科在不同时期，甚至在同一时期也有不同的范式。燃素说与氧化说体现了 18 世纪化学领域中两种不同范式。经典力学和相对论则是近现代物理学领域中的两种范式。

科学范式与科学共同体紧密相关。科学范式显示出科学共同体的心理学与认识论方面的特征。科学共同体体现了科学范式的社会学方面的特点。因为，科学是群体的活动，科学理论和思想不只是某一个科学家个人的产物，而是一批科学家科学研究的共同成果。科学范式为科学共同体提供了从理论框架到术语、范例等一整套开展科学研究的基础和工具，也为成员间的交流奠定了基础。一个科学共同体也就是遵循同一科学范式的科学家集团。科学范式的转换与科学共同体的聚散与组合实际上是同一个过程。

---

① Kuhn. The Structure of Scientific Revolutions. Chicago，1962. 76

### 三、科学革命论的动态发展模式

库恩在其范式论基础上，提出了以科学革命为核心的科学发展模式：即前科学→常规科学→反常→危机→科学革命→新常规科学。这一动态模式实际上也就是科学范式的形成、发展和更替的过程。它既继承了波普尔科学革命论的思想，又吸取了图尔敏和汉森从科学史角度研究科学哲学的传统，使科学发展模型与科学史紧密结合。

1. 前科学

库恩认为，范式是使学科成为科学的标志。学科在形成范式前的时期被称为“前科学”时期。在这一阶段，科学家们缺乏统一范式的指导和限制，没有形成统一的研究目标，没有提出相同的研究问题，对相同的现象做出完全不同的解释与描述，也没有指导整个集体进行共同研究的明确的准则和规范。科学史上亚里士多德以前的运动学、托勒密之前的天文学、牛顿之前的光学都属于前科学阶段。

任何一门学科在成为真正科学之前，都经历过这种从前科学到科学、从前范式到范式的转变和过渡。不过，由于各门学科性质不同，转变和过渡的历史阶段也不尽相同。最早实现这种过渡的是古代的天文学和数学，随后是中世纪的动力学和 17 世纪的物理光学，再后来是电学、化学、热力学、地质学和生物学。至于社会科学，许多部门至今仍然处在这个过渡之中。应用科学则根本无需基础科学或理论科学的那种范式，自然也无此类过渡可言。

2. 常规科学

常规科学时期也就是范式时期。学科的发展从无范式可循进入到有共同的相对稳定和统一的范式指导的阶段。范式的形成是常态科学阶段的基本特征。在这一阶段，科学家根据范式进行研究。例如，他们关心的重点是那些范式表明能揭示事物本质的事实和那些能直接与范式所作的预测相对照、检验的事实。他们把自然界的现象尽可能地纳入范式所确定的规则和框架之中，尽量扩大范式的应用范围和它所解释的事实知识，从而更详细地表现范式本身。对于那些不适合范式的现象，科学家们总是不予以注意，也没有什么兴趣，甚至根本就没有看到。常态科学阶段的研究是一种高度确定的活动。它既有确定的难题，又有确定的目标，还有确定的规则和方法。

这一时期的科学家集团对于共同的范式坚信不疑。如果在运用范式中发现有问题，如发现范式的预言与现实或实验结果不一致，以及运用范式解决问题失败。他们不会怀疑范式本身，而只会怀疑自己运用范式的能力，检讨自己运用范式进行设计、计算、使用的仪器及其他设备是否存在问题。范式是研究的工具。他们也不会随意变换工具，更改范式。因为“科学像制造业一样，更换工具是一种浪费，只能留到非改不可的时候进行”①。

常态科学具有保守性，其表现就是抛弃批判性对话。与此相对照，前科学时期或科学革命时期才以批判见长，以批判性讨论为主要特征。库恩曾说，哲学与大部分社会科学，中世纪除外，从来就没有丧失过批判的传统，但它们至今难以称得上是真正的科学；而希腊时代的数学、天文学和静力学放弃了这种批判性的对话形式，反而成了科学。常态科学保守性的另一表现是与要求创造的哲学保持一段距离。哲学对科学的作用，最重要的是给科学一种全新的观点和方法。常态科学并不需要这种哲学。相反，为了捍为自身的存在和统一性，常常倾向于压制创新，排斥新事物。

常态科学虽然本质上是保守的，是一种收敛式思维，即实质上是按既定方式，运用既定概念进行思考与研究，但仍然可以具有进步性。

常态科学的成就主要体现在三个方面：一是用既定的范式发现新事实，使理论更精确、经验更丰富。二是用新的事实来证明与巩固既定的范式，如水星近日点的岁差的测定，就为广义相对论的科学性提供了令人信服的事实根据。三是用新的事实发展既有范式，使之更加精确。如万有引力常数、焦耳数等的测定。这一方面显示了既定范式的强大生命力，另一方面又使科学在原有基础上以量的累积方式不断前进。

### 3. 反常与危机

所谓反常，就是在常态科学时期出现与范式的预期不相符合的现象。反常现象的特征就是顽固地拒绝被现有的范式所接受。波普尔认为反常导致理论被证伪，与此看法不同，库恩认为反常只是与理论不一致，并不证明理论一定错误。科学史表明，科学家们对最初出现的反常，往往采取不大在意的容忍态度，而愿意等待一下。“没有一个人曾因牛顿理论与声速及水星运动的不一致而怀疑过牛顿理论。前一个不一致后来在一个意外的有关热的实验中解决了，后一个不一致直到广义相对论建立才消失。”②

但是，如果出现大量长期难以解决的反常，或者出现与范式的本性严重不一致的反常，或者在各种不同实验环境中反复出现、特别引人注目的反常等情况，常态科学的危机也就来临了。这种危机实质上是范式的危机，也是科学共同体的危机。科学家们对范式的信念开始动摇，共同体开始分裂，意见分歧，纷争四

---

① Kuhn. The Structure of Scientific Revolutions. Chicago, 1962. 76

② Kuhn. The Structure of Scientific Revolutions. Chicago, 1962. 81

起。在这个过程中，种种改造旧范式、创立新范式的努力与尝试开始出现。反常引起的危机可能带来不同的结局，或者是常态科学解决严重的反常，危机暂时缓和或平息，或者由于科学家们意识到现有各种条件下严重的反常一时无法得到解决，只有等下一代科学家努力和新工具的帮助，危机被暂时搁置，或者出现了新范式，旧范式被取而代之，发生了科学革命。其中前两种结局，库恩认为都是暂时的，而后一种是必然的，不可避免。

### 4. 科学革命

危机是科学革命的前兆，科学革命是危机的结果。所谓科学革命，就是在科学危机积累到一定的程度，科学研究的范式发生革命性变化的阶段。科学史上，哥白尼日心说取代托勒密的地心说，爱因斯坦相对论取代经典力学等都是科学革命的典型。

库恩把科学革命看做不同于常态科学的另一个重要的科学发展阶段，是常规积累的中断与突破。科学革命的根本性内容是范式的转换，即抛弃旧范式，接受新范式。它同时又是一个重新概念化的过程，抛弃旧的科学概念体系，建立新的科学概念体系，对经验材料重新进行系统化解释的过程。科学革命必然带来科学问题的改变和解决问题合理性标准的变化。科学共同体放弃一种长期看待世界的观点和探索的科学方法，转而支持另一种往往与前一种不相容的观点和探索方法。当科学革命完成之后，用库恩的话说，“同行们对该科学领域的观点、方法和目标全部都改变了。”①

新范式战胜旧范式，科学革命时期就结束了，科学发展又进入新的常态科学时期。在新的常态科学时期，科学共同体拥有新的共同信念，科学在新范式的指导下以累积方式发展。随着常规科学的发展，研究工作中会出现反常，反常的大量增加又造成新的危机，危机积累到一定程度再次引起新的科学革命，原来的新范式又会被更新的范式所替代，科学发展又进入了下一个发展周期。科学就在这种累积与革命不断交替、循环往复中发展。

库恩的科学发展动态模式坚持积累与革命相辅相成，批判性地吸收了逻辑实证主义和波普尔的科学发展观。逻辑经验主义把科学看做表达事实的理论陈述的集合体，认为科学发展只是对这种知识集合的点滴增加，是一个连续的累积过程。而波普尔单纯否定模式认为反例对某一科学理论是致命的，科学知识发展是“不断革命”的过程。这两种科学发展观既不符合科学发展的历史，也有悖于现实的科学实践。事实上，科学累积发展中会有中断和跳跃，反例的出现并不总是给理论造成危机，科学共同体对于反例的容忍性以及同化与吸收反例的能力都比

① Kuhn. The Structure of Scientific Revolutions. Chicago，1962. 85

想象的要强得多。

## 第四节 科学研究纲领方法论

库恩的科学哲学思想纠正了波普尔证伪主义科学发展观的缺陷，但自身又陷入了非理性主义与相对主义。库恩所理解的范式是科学共同体信念的产物，科学革命是突发的、非理性的变革。新范式战胜旧范式所依靠的主要并不是理论本身逻辑的力量，而是心理上的信念和共同体的说服技巧。拉卡托斯（I. Lakatos，1922～1974）认为这两个极端陷入了误区，“科学史驳斥了波普尔，也驳斥了库恩。”① 他吸取库恩历史主义的合理观念，批判性地改造了波普尔的朴素的证伪主义，建立了自己精致的证伪主义理论——科学研究纲领方法论。

拉卡托斯生于匈牙利，早年参加过反纳粹运动，曾任匈牙利人民教育部高级官员，1956 年匈牙利事件后，经维也纳逃至英国，1961 年，在剑桥皇家学院开始其学术生涯。作为波普尔的学生和同事，他深受波普尔的影响。其主要著作有《证明与反驳：数学发现的逻辑》（1976）、《科学研究纲领方法论》（1978）、《数学、科学与认识论》（1978）等。

拉卡托斯的科学研究纲领方法论是一种精致的方法论的证伪主义。他首先把方法论证伪主义与教条证伪主义区别开来。他认为波普尔与他的证伪主义同属于方法论证伪主义。然后，他把自己的证伪主义与波普尔的朴素证伪主义区别开来，称之为精致的证伪主义，在此基础上阐明其科学哲学思想。

### 一、方法论证伪主义与教条证伪主义

证伪主义与证明主义相对。证明主义认为，一个信念仅当它能为确定的观察或经验所确证或证实才是可接受的，科学就是寻求证明、确实性或或然性。与此相对，证伪主义主张科学的合理性并不是寻求证明或证实，而是寻求反驳以检验理论。人们不可能确证一个理论，只有可否证的理论才是科学的。波普尔之后，证明主义的理论缺陷为人们所认识，证伪主义赢得了广泛的影响。但证伪主义本身在发展过程中也存在问题。拉卡托斯认为，存在一种教条的证伪主义。这种证伪主义坚持一切理论都是可错的，一切经验都是不可错的，不可错的经验观察能证伪一切科学理论。拉卡托斯认为波普尔和他自己的证伪主义与之不同，认为一切理论都是可错的，一切经验观察也同样是可错的。因而，可错的经验命题不能证伪可错的理论命题，而只能用某种约定的办法来证伪理论命题。

---

① I. Lakatos. The Methodology of Scientific Research Programmers. Philosophical Papers Volume 1. Cambridge University Press，1978. 6，7

具体来说，方法论证伪主义与教条证伪主义的区别主要表现在以下几个方面。

（1）教条证伪主义坚持观察命题与理论命题的严格划分。方法论证伪主义则认为一个命题究竟是理论命题还是观察命题，常常是由我们的方法论决定的，两者无法绝对区别开来。从望远镜中观察到的天文事实，包含了制造该望远镜的理论。他认为直接来自“眼睛的报告被说成是观察，也只表明我们依赖于关于人的视觉的某种含混的生理学理论。”①

（2）教条证伪主义把观察命题与理论命题之间的区别视为自然的，人们在心理上清楚明白、无可怀疑。方法论证伪主义则把二者的区别看做是约定的和相对的。它需要将受检验的理论同不成问题的背景知识区别开来。

（3）教条证伪主义认为理论是可错的，观察是不可错的。不可错的观察是判定可错的理论正确与否的最终裁决者。方法论证伪主义则认为不仅理论是可错的，观察、经验和实验也同样是可错的，因为后者当中已经涉及可错的理论。

（4）教条证伪主义其实也是一种证明主义。它认为理论是可以被证伪的，而方法论证伪主义则持相反的观点，认为证伪一个理论并不是证明该理论必定是假的。一个理论被证伪了，它仍然可能是真的。

## 二、朴素证伪主义与精致证伪主义

与教条的证伪主义划清界线后，拉卡托斯又努力与波普尔的证伪主义区别开来。他认为波普尔的证伪主义过于简单，故称之为朴素证伪主义。他在此基础上发展出一套精致的证伪主义。

在对待科学理论的问题上，波普尔的朴素证伪主义是原子论的，而拉卡托斯的精致证伪主义则是整体论的。前者认为科学理论是一系列各自独立的命题的集合，单个的命题是理论的基本单位；后者认为科学理论是由许许多多命题相互联系起来的整体，即“研究纲领”。科学评价的基本单位不是孤立的理论或理论的合取，而是一个研究纲领②。这一基本的区别导致二者在分界标准和证伪规则上的差异。

（1）分界标准也称接受规则，即区分科学理论与非科学理论的标准，也就是接受科学理论，拒斥非科学理论的规则。早期的证明主义（包括演绎主义与归纳主义）的分界标准是知识的确定性，认为科学知识的确定性来自经验的证实或理智的证明。然而，科学的现代发展动摇了这一观点。到后来，逻辑经验主义甚至

---

① I. Lakatos. The Methodology of Scientific Research Programmers. Philosophical Papers Volume 1. Cambridge University Press，1978. 44

② I. Lakatos. The Methodology of Scientific Research Programmers. Philosophical Papers Volume 1. Cambridge University Press，1978. 111

后退到概率的或然性也无济于事。波普尔反其道而行，认为“可证伪性”才是区分科学与非科学的标准，认为一切命题只有可以被经验证伪才是科学的，否则就是非科学的。拉卡托斯认为波普尔的“可证伪性”标准过于简单，忽略了理论明显的坚韧性。实际上，科学家的脸皮很厚，不会只因为与事实矛盾就放弃理论。他们通常会发明特定的假设以化解反常。理论一遇反常就被抛弃，明显与科学家的实际行为不符。库恩以科学共同体的共同信念作为“公认”的标准又滑向了主观主义与相对主义的另一极端。有鉴于此，拉卡托斯提出“超经验内容”的分界标准，认为任何一个理论，只要被确证其经验内容超过其他竞争者便是科学的。具体地说，一个理论要成为科学的理论，必须具有超量的经验内容，并且这种超量的经验内容中有一些已被证实。当然，它还应当与其他理论没有矛盾。

(2) 证伪规则又称淘汰规则，即确定如何证伪或淘汰一个理论的原则，与第一个原则密切相关。拉卡托斯的证伪思想不同于波普尔的朴素证伪主义，认为证伪一个理论的不是经验、观察或实验，而是另一个竞争性的理论。这个理论比先前的理论具有更多的经验内容，具有更强的预见能力。不是一个孤立的理论，而是理论的系列才能说明理论是科学的还是非科学的。评价任何科学理论都必须同它的辅助假说、初始条件等一起评价，尤其是必须同其先行理论一道评价。把“科学的”这个词用到单个理论上犯了范畴错误。因为任何经验、观察和实验都不能淘汰一个理论。通过一些辅助假说或适当地对该理论的术语重新加以解释，都可以从反例中挽救该理论。“自然界或许会喊不，但人类的智慧可能永远能喊得更响。有了足够的智慧和某种运气，任何理论，即便是错误的理论，都可以在很长的一段时间内受到‘进步的’辩护。”① 拉卡托斯的证伪不是波普尔式的“证之为伪”，而是一种“取而代之”。用一种用较好的理论淘汰先前较差的理论的过程。

### 三、科学研究纲领

拉卡托斯从整体主义思想出发，认为一门成熟的科学，既不是如逻辑实证主义所宣称的静态的单个命题，也不是如朴素证伪主义所坚持的动态的单个命题或命题的拼凑或集合，而应是一个动态的相互联系的命题整体，即科学研究纲领。“研究纲领”的思想显然受到库恩“范式”论的启发，但也与之存在明显的区别。它不像“范式”那样包括诸如仪器设备、教科书等庞杂混乱的内容，而具有确定的内在结构。它不是“社会——心理”的东西，而是理性的产物。

一个科学研究纲领由三个部分组成：硬核、保护带和启示法。三个部分紧密相连，结合成一个整体。

---

① I. Lakatos. The Methodology of Scientific Research Programmers. Philosophical Papers Volume 1. Cambridge University Press，1978. 6，7

硬核就是一个研究纲领中最基本的理论部分。它是其他理论或命题的基础与核心。它包括基本假设和基本原理、定律。特定的研究纲领中还包含一些重要的形而上学观点或哲学理论。牛顿三定律和万有引力定律是经典力学研究纲领的硬核，“物体永恒运动”的观点也是其中不可或缺的观点。在这一点上，拉卡托斯比波普尔、库恩等人走得更远，不仅是承认形而上学对科学的影响，而是肯定形而上学是科学的一个组成部分。硬核是不可动摇、不可反驳、不可否定的。否则，整个研究纲领就要被抛弃。

保护带即研究纲领中保护硬核不受反驳的一些辅助性理论或假说。当反常出现时，这些辅助性理论或假说通过不断修正、增删并复杂化等调整吸收反常，化解危机，保护硬核不受反驳。这类现象在科学史上屡见不鲜。托勒密派天文学家，通过增加本轮、均轮的数目，使它与新的天文观测数据相符，从而保护了其硬核——地心说。牛顿派物理学家设法检查关于大气折射、光线在磁场中传播等猜测，用以解释一颗行星运行的反常，以保护三大定律与万有引力定律。门捷列夫假定存在一些未知元素，以说明元素性质的周期性变化，保卫元素同期律。达尔文设想许多动植物灭绝了，以解释物种进化链的不连续现象，以保卫进化论。通过调整辅助性假说，研究纲领能够解释和预言更多的经验事实，增加经验内容的含量，从而实现自身的增长或进化。反之，研究纲领则进入退化阶段。

启示法指依据研究纲领硬核的含义，指示帮助科学发现的启示方法。保护带可以反驳并经常修改，但也不可以任意修改随意变换，而只有在理论受到了经验的反驳时，遵循启示法进行修改。启示法有消极与积极之分。消极启示法是一种为了保护硬核不受反驳的禁令，是消极地解决问题的手段。它引导科学家努力通过调整保护带以消除矛盾，解决反常，而不去怀疑硬核的合理性。经典力学研究纲领的消极启示法就是禁止科学家们把经验反驳的矛头指向牛顿的动力学三定律及引力定律。

积极启示法是一种鼓励性的方法论规定。它提示或暗示如何改进和发展科学研究纲领的可反驳部分，即如何修改和精炼可反驳的保护带以发展整个科学研究纲领。它一般是以硬核为根据，通过提出一系列模型来实现发展整个研究纲领的。例如，经典力学初创时期，牛顿提出一个具有固定位置的点状太阳和几个运动着的点状行星的行星系模型，以此构成一个方案展开其理论。

### 四、科学研究纲领的进步与退化

拉卡托斯所理解的成熟科学就是由硬核、保护带及消极启示法和积极启示法所组成的研究纲领。科学的进步与发展也就体现为进步的研究纲领替换退化的研究纲领的过程。

所谓进化的研究纲领，就是比旧的研究纲领具有更多经验事实的研究纲领。

具体地说来，一个进步的研究纲领，不仅能解释旧研究纲领的所有成功，而且还能做出更多的预言，即理论上的进步；并且，这些预言能得到事实的确证，即事实上的进步。同时，这种预见性的增长表现出一贯性与有计划性，而不是一种拼凑和偶然。牛顿的理论比当时的其他理论更好，因为它预测了哈雷慧星在 76 年之后返回的事实。爱因斯坦的理论比牛顿的理论更好，是因为它不仅能解释牛顿的理论已成功解释了的一切，还能解释一些已知的反常，如水星近日点的进动，并做出许多新的预言，如光线经过太阳附近时路径会弯曲。拉卡托斯与波普尔一样，把经验内容的增加作为科学理论进步的标志。

一个研究纲领的理论增长如果落后于经验的增长，只能对偶然的发现或竞争的纲领所预见和发现的事实进行事后的说明，那么，它就是一个退化的纲领。这类研究纲领，或者对大量新经验无法做出理论上的解释，或者只有偶然的发现而没有预见的发现，或者只能用事后的说明而无法预见新的事实与新的辅助性理论，其解释、说明和预见能力逐步退化乃至丧失，基本上是为了适应已发生的事实才构造出来的。简言之，理论落后于事实是研究纲领退化的根本标志。

拉卡托斯认为，科学史就是众多研究纲领相互竞争的历史。在竞争中，必有一种研究纲领取代一种或多种退化的研究纲领。这种取代就是科学革命。科学发展就是进步的研究纲领与退化的研究纲领不断交替的过程。在这种交替中实现科学知识的增长和合理性增加。科学发展的模型就是：科学研究纲领的进化阶段→科学研究纲领的退化阶段→新的科学研究纲领取代旧的研究纲领→新的科学研究纲领的进化阶段……

这一科学模式既与波普尔的证伪主义科学发展观、库恩的范式论科学发展观有渊源关系，但又有所改进。拉卡托斯认为一个退化的研究纲领只有在比它更进步、更有预见力的新的研究纲领出现时，才能被淘汰和拒斥，而且，取代常常要经历一个长期反复的过程。他批评波普尔一次性证伪一个理论的所谓的判决性实验是一种“神话”。同时，他也不同意库恩的说法。库恩认为“常态科学”不过是一种居于垄断地位的研究纲领。但事实上，完全取得垄断地位的研究纲领只是极少数。“科学史一直是，也应当是研究纲领相互竞争的历史，而不是，也不应当变成一连串的常态科学的历史。竞争开始越早，进步就越快。理论多元论要优于理论一元论。在这一点上，波普尔与费耶阿本德是正确的，而库恩则是错误的。”① 至于科学革命是否是群体性的信念转换，拉卡托斯给予了否定的回答。他坚持科学进步存在明确的判断标准，研究纲领进步与退化的客观评价可以在一系列研究纲领的比较中得出。

---

① I. Lakatos. The Methodology of Scientific Research Programmers. Philosophical Papers Volume 1. Cambridge University Press，1978. 64

# 第七章

# 科学方法

科学的独特品质在科学方法中体现得非常充分。科学之所以为科学很大程度上要归因于从事科学工作的人们所采用的一系列特点鲜明的思想、验证和组织材料的方法与手段。这些方法包括抽象、假说、观察与实验、数学、直觉与想象等。当然，其中也许任何一种方法都不是科学所独有的，它们也在一定程度上和一定范围内被其他文化意识形态所应用，但科学活动中使用这些方法或方法的组合，仍然显示其独特性。

## 第一节　科学发现

科学理论的提出表现出很高的创造性和艺术性，它通常是一系列严谨的逻辑推理的中断：旧的学说无法演绎得解释新的事实，新的设想打开了下一步科学推理的广阔空间。

### 一、科学发现的逻辑

是否存在科学发现的逻辑是科学哲学领域一个长期争论的问题。劳丹曾说："在科学哲学中很难找到一个问题领域，比发现的哲学更加充斥胡言乱语，更加混乱不堪。"① 一般来说，某一科学理论会经历一个发生学过程。它经历从无到有，从假说到理论，从个别人的猜测和意见到科学共同体的一致主张和行为原

① L. Laudan. Science and Hypothesis. D. Reidel，1981. 181

则。其中关键的环节是假说的形成和假说的判定两个阶段。假说的形成解决的是认识如何从经验跃升到理性知识的问题，假说的判定要处理的是假说的检验、理论的评价并决定是否予以接受等假说的辩护问题。传统的观点，从古希腊亚里士多德到近代归纳主义的代表培根，并没有把它们进行仔细区分，而是视为同一的过程来对待。自 19 世纪前期，科学哲学的早期代表约翰·赫歇尔和威廉·惠威尔开始，情况才发生变化。赫歇尔意识到“发现的条件”和“辩护的条件”并不相同，提出一个理论的程序与是否最后接受该理论也是相互独立的。惠威尔通过仔细考察科学发现的全过程，也得出了大致相同的结论。

惠威尔比较详细地探讨了科学发现问题。惠威尔所理解的科学发现是一个综合事实（经验）与观念（理论）的过程。这一过程大致经历三个阶段（图 7-1）。

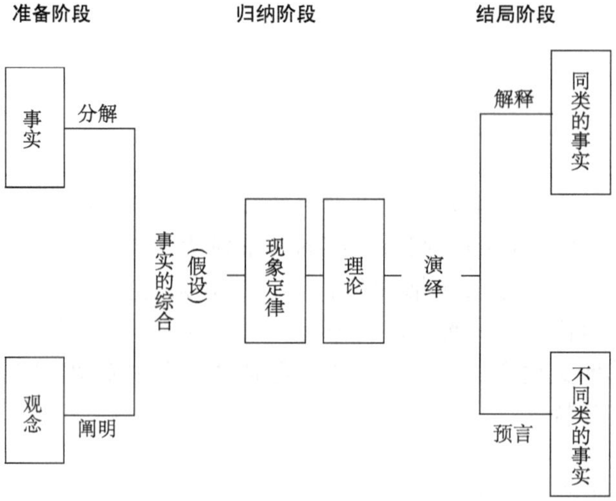


图 7-1 惠威尔科学发现三阶段

第一个阶段即准备阶段。这一阶段一方面要通过观察与实验搜集有关各种经验事实，并对其进行分析，将复杂多样的经验事实分解为一系列基本事实；另一方面对有关的观念加以澄清与阐明，形成明确清晰的概念。

第二个阶段即归纳阶段。这是整个科学发现中的核心环节。在这一阶段，要把已阐明的概念与被分解的基本事实综合起来形成现象定律，即关于事物现象的规律性的命题。这里所谓的综合，也就是用一个或一些概念或理论把有关的众多经验事实“捆绑在一起”。如开普勒定律就是将行星的公转周期和行星与太阳的距离等类似的经验事实捆绑在一起而形成的。这其实就是形成与提出科学假说的过程。这个过程并非通过任何归纳规则或程序，如弗兰西斯·培根的“三表法”、约翰·穆勒的“归纳五法”以及赫歇尔的“归纳九法”，都能顺利实现，而主要在于科学家的创造性、洞察力与想象力是否得到出色发挥。惠威尔曾说，科学的发现似乎在于形成若干尝试性的假说，以便从中选择正确的一种。但是合适的假说既不能通过规则来形成，更不能没有创造的才能。当然形成选择假说也有一些规则可循，如简单性原则、连续性原则和对称性原则等。

第三个阶段即结局阶段。新的理论或假说被综合出来之后，应当得到进一步巩固与扩展，即从新的理论出发演绎事实。一方面对同类的事实进行解释，另一方面预见不同类的事实，并通过观察与实验检验预见，从而确证新理论。

## 二、科学抽象

科学研究旨在揭示事物或现象的内在结构和稳定联系。从观察、实验、测量、统计得到的经验材料和数据还只是关于研究对象的粗浅认识成果。未经科学抽象加工，还不能完全满足人们的要求。

所谓科学抽象是把感性经验抽象到理性层次的思维过程。它通过对已经获得的经验材料进行分析和比较、分离和概括，抽取其中稳定的、本质的因素，形成科学概念或符号，从而把握研究对象内在结构和普遍规律。所谓分析，就是把研究对象分解为若干基本要素；比较就是把诸多事物或者事物诸要素进行对照，寻求其中的共同之处或不同之处；分离就是舍弃和剥离其中次要的、虚假的、表面的因素或方面，保留其中主要的、真实的、深层的东西；概括就是对经过分析、比较、分离后保留下来的事物的性质和联系加以明确，以概念的方式揭示对象的深刻内涵和本质特征。科学知识就是一系列科学抽象过程的产物。

以经验材料为基础的科学抽象的结果缺少了感性的生动性和直观性，似乎远离了经验世界，经验内容变得稀薄而间接，但却有可能更深刻更全面地揭示世界的本来面貌。“当思维从具体的东西上升到抽象的东西时，它不是离开……真理，而是接近真理。物质的抽象，自然规律的抽象，价值的抽象，等等，一句话，那一切科学的（正确的、郑重的、不是荒唐的）抽象，都更深刻、更正确、更完全地反映着自然。”[①] 科学的抽象是对感性直观的改造和深化，抽象成果是对经验材料的升华和结晶。仅仅“根据直接观察所得出的直觉的结论不是常常可靠的，因为它们有时会引到错误的线索上去”[②]。托勒密依靠直观经验建立起地心学体系，亚里士多德凭观察经验得出一系列动力学结论，直到哥白尼和伽利略指出其谬误之前，在欧洲广大的范围内竟然流行了许多个世纪。

科学思维之所以异于且高于感性直观，是由其独特的认识功能决定的。首

---

① 中共中央马克思恩格斯列宁斯大林著作编译局编译．列宁全集．第 38 卷．北京：人民出版社，1959. 181

② 爱因斯坦，英费尔德．物理学的进化．周■威译．上海：上海科学技术出版社，1962. 4

先，在科学思维中，现象与本质、真象与假象得以区分。辩证法认为，事物存在本质与现象之分。本质通过现象表现出来，现象可能与本质相一致，也可以与本质不一致，甚至会扭曲地反映本质。正如马克思所言："如果事物的表现形式和事物的本质会直接合而为一，一切科学就会成为多余的了。"① 抽象思维就具有去粗取精、去伪存真、由此及彼、由表及里的功能。

其次，抽象思维活动可以从偶然中寻求必然，抓住主要的、关键性的要素而撇开次要的、无足轻重的细节和随机干扰因素。严格来说，世界上没有一模一样的事物，也没有可以完全重复的过程。如果不排除偶然的因素，不忽略无关紧要的细节，识别一类事物，组织一个实验都不可能。正是把运动物体抽象成一个质点，才可以描述机械物体的一般运动规律，获得经典力学的运动方程；忽略种群内个体之间的差异，才能弄清物种的特征。

最后，抽象活动不仅能把握事物"抽象的规定"，还能形成"思维的具体"。完整的抽象思维过程经历两次飞跃，从关于经验对象的"感性的具体"到形成关于该对象的"抽象的规定"是第一次飞跃，再综合上升到"思维的具体"达到理性的全面把握是第二次飞跃②。经过两次飞跃，在理性层次上所呈现出的关于自然界的真实图景，无论在深度上还是广度上，都与当初感性的世界图象形成鲜明的对照。

科学抽象发挥其认识功能须具备一定条件。

首先，一定的经验材料和原始数据构成了科学抽象的基础。没有经验基础的思维可能是臆测与玄想，不是科学的抽象。科学抽象是处理经验材料的一种工具和从感性直观上升为理性知识的阶梯，缺乏经验内容的抽象就成了没有对象的工具，成了无米之炊。作为科学抽象基础的经验材料还有量的要求。虽然不同的学科，或者同一学科不同的发展阶段，或者不同的科学工作者，在从事科学研究进行抽象活动时对经验材料总量的要求差别很大，但往往存在一个最低限度。过少的经验数据或案例显然十分不利于研究工作的开展，影响思想的可靠性。在孤证和偶然的经验，或者总量虽然不少但过于支离破碎的经验基础之上的科学抽象，要有所作为勉为其难。

其次，恰当、正确的方法是科学思维卓有成效的保证。从经验材料出发抽象形成一般知识的具体过程和内在机理至今仍然是认识论、逻辑学、认知心理学、人工智能等学科关注的课题，虽然至今还无法给出一个完美的方法，但原则性的方法论成果有助于提高科学抽象的品质。同时，科学史上众多科学家的实践给后

---

① 马克思．资本论．第3卷．郭大力，王亚男译．北京：人民出版社，1975.923

② 中共中央马克思恩格斯列宁斯大林著作编译局编译．马克思恩格斯选集．第2卷．第2版．北京：人民出版社，1995.18

人提供了无数成功范例和失败教训。这些有限的知识和生动的历史案例，成为科学工作者正确运用抽象能力，避免误入歧途的指针和向导。

最后，科学抽象并非一蹴而就，而是一个不断深入的认识过程。事物不仅存在现象与本质之分，本质亦存在层次之别。科学认识不仅是透过现象揭示本质，并且要从浅层次本质过渡到深层次本质。随着观察材料的积累和实验水平的提高以及思维方法的改进和相关知识领域的突破，人们会发现自然更多更深的秘密。道尔顿发现化学反应生成物具有确定的比例，并在此基础上提出了原子论；孟德尔在豌豆实验的基础上寻求遗传规律；现代分子生物学和基因工程已发展到生物克隆阶段。这期间人们对无机界和生物界的认识经历了多次飞跃。这种飞跃至今仍看不到止境。

科学思维的成果表现为科学知识，其具体形态包括科学概念、科学符号、科学模型、科学判断、科学假说和科学理论等。其中构成科学概念和科学符号，作为科学知识的基本构成单元，最能体现科学思维的性质、功能和特点。

科学概念是科学认识中反映事物特有属性，特别是本质属性的思维形式。概念是人类“知识之网”的网上纽结[①]。科学的知识和思想是概念的体系。概念以及概念之间的相互联系反映和刻画客观对象的性质及其运动规律。科学进步就体现为新概念的形成、旧概念的改造、扩展、消亡等过程中。不同学科间的区别与联系也表现为不同范畴的概念体系间的异同。科学概念是科学的逻辑基础。

同任何概念一样，科学概念同样具有内涵和外延两方面逻辑特征。内涵是指反映概念中对象的特有属性或关系，属于概念的质的方面。外延是指具有概念所反映的属性或关系的对象的范围，属于概念的量的方面。现代物理学中的“电磁波”，一方面揭示了电磁波所具有的波粒二象性，遵循麦克斯韦方程组所描述的性质等；另一方面又涵盖了所有满足这些独特属性的对象的全体，不论它们的波长或频率等方面的性质有何不同。科学概念的内涵和外延是一个概念的两个不可分割的方面。内涵和外延任何一方的变化，都会引起另一个方面的变化。通常来说，这种变化是反向的。

科学概念与表达该概念的语词是两种不同范畴的东西，尽管它们存在密切的关系。概念是思维的逻辑形式，语词是思维的物质外壳和语言手段，二者之间也不是一一对应的关系。同一个科学概念可以用不同的语词表达，也可以用非语词如科学符号、科学模型等来表达。

与一般概念相比，科学概念还应满足另外一些特殊要求。

（1）逻辑上的确定性，也就是要具备明确性，不可模棱两可含糊不清。科学

① 中共中央马克思恩格斯列宁斯大林著作编译局编译．列宁全集．第 38 卷．北京：人民出版社，1986.181

概念的内涵必须含义明确，逻辑上可以被人们所理解，处于现实或历史上一定科学概念之间构成的可演绎的网络之中。这并不是要求科学概念一开始就能在现实世界找到其对应物，而仅仅是指逻辑上的自明性和与已有科学概念语义上的可确定性。

（2）经验上的可检验性。只有逻辑上的明确性还不足以把科学概念与哲学概念、神学概念等区分开来。科学概念还必须能够通过经验的检验。爱因斯坦肯定道："物理学中没有任何概念是先验地必然的，或者是先验地正确的。唯一地决定一个概念的'生存权'的，是它同物理事件（实验）是否有清晰的和单一而无歧义的联系。"[①] 其他科学学科概念也是如此，依赖经验的支持而具有科学价值。科学史上许多概念，如"燃素"、"以太"等由于最终得不到任何经验的验证而被抛弃。

科学符号是科学抽象又一个重要成果和表达方式。所谓符号就是那样一些经验对象，它们以自身的可感性质表达、传递另一完全不同类型对象的性质。可感性是符号的物质基础，含义是其实现功能的方式。符号是人类实践的伟大创造，使用符号是人类文明的巨大飞跃。科学思维得以进行并取得丰硕成果，很大程度上应当归功于广泛地、有意识地、系统地使用科学符号。

自然语言就是人们广泛使用的符号系统之一。它具有使用人数多，词汇丰富、生动，使用方便自然等诸多优点。因此，在科学思想的表达、知识创造和传播中仍大量使用它。历史上某些自然语言系统可能占据强势地位，成为科学活动中的共同语言，如中世纪欧洲的拉丁语、现代科技界的英语。

但自然语言系统由于其词汇的多义性、歧义性和语法不够严密和统一，仍然不能满足科学研究的需要。人们在自然语言符号系统的基础上，通过严格限制和改造，逐步建立起逻辑严格的人工语言符号系统，即科学语言系统。在这个改造后的符号系统中，增加了一些记号作为基本词汇或连接符，对一些基础性的、关键性的概念预先给出定义或约定，对一些重要的思想和推理过程给出固定而简明的表述形式，统一计量标准，等等。并且，这一切都分门别类地进行，形成一套套科学行话。这是人工语言符号系统发展的第一阶段。

人工语言符号系统发展的第二阶段便是形式化语言阶段。这种形式化语言的构建以数理逻辑为基础，以自然语言作为元语言，先定义一个形式系统的初始符号（词汇），并给出形成规则和变形规则。形成规则用以给出有意义（合式）表达式的类。变形规则用以规定从一个句子到另一个句子的运算。形式化符号语言具有极好的逻辑一致性、准确性、自洽性和简明性。它使得非数字的思维对象也可以演算。形式化了的科学语言虽然距离人们日常直观很远，却能更好地揭示世界的深层属性，在科学实践中取得巨大的成功。这常常不由得令人惊叹抽象符号

---

① 爱因斯坦．爱因斯坦文集．第一卷．许良英，范岱年编译．北京：商务印书馆，1976.118

的神奇。

## 三、科学假说的提出与检验

所谓科学假说，是指根据已知的科学事实和理论，对研究对象的性质及其规律所提出的假定性推测和说明。它是科学研究的重要方法，也是科学发展的重要环节。科学的发展表现为旧理论碰到了新问题，为解决问题而提出科学假说，检验、修改、抛弃或接纳假说，并把它上升为科学理论的过程。假说与理论相互转化和促进，推动着科学进步。

第一，科学假说的提出源于科学实践的需要。科学理论与科学事实发展的不平衡使科学假说的出现不可避免。最常见的情况就是已有的科学理论无法解释自然界新观察到的或实验中出现的新现象、新事实，需要对此提出猜测性说明。19世纪与20世纪之交，经典物理学中原子不可分的传统观念无法解释X射线、放射线及电子现象，于是，关于原子结构的种种猜想便应运而生。

第二，拓展原已成功的理论的冲动也会刺激假说的产生。有些科学理论对某一类现象的解释是如此完美，不由得使人们猜想它可能是更一般理论的特殊形态，从而开始对那一般理论的探索。例如，把光的波粒二象性推广到实物粒子的愿望促使德布罗意提出物质波思想；把物质波假说扩展到非自由粒子的想法催生了薛定锷方程。

第三，提出科学假说的动机源自综合已有理论与事实的需要。例如，波粒二象性猜想提出之前，光的波动说可以解释光的衍射等现象，但对于光电效应的解释却不成功；光的粒子说能很好地解释光电效应等，但对于光的衍射等现象的解释却无能为力。这就形成了对同一对象使用两种不同理论的局面，迫切需要一个统一的理论综合这些分歧。

第四，基于改进已有理论品质的愿望提出新的假说，包括改进原有理论的逻辑与美学特性。例如，哥白尼提出日心说，就包含不满于托勒密地心说本轮、均轮的解释过于复杂的因素。

科学假说是由若干要素组成的观念结构，其要素有事实基础、背景理论（包括推理规则），对现象的猜测，推演出的预见等。以大爆炸假说为例，谱线红移是被观察到的事实，广义相对论和基本粒子物理学等是已知的理论，在此基础事实和理论背景下形成的基本猜测是，在超高密、超高温状态下，由某种机制引起原始火球急剧膨胀，这一基本猜想引出关于“氦丰度”和“3K微波背景辐射”等预言。这些要素组成的有机整体构成了一个完整的科学假说。

科学假说具有科学性、假定性和易变性等特点。

科学性特点指科学假说应当具有一定的事实基础和理论前提。该特点把科学假说与荒诞幻想、无知妄说、迷信、神话等区别开来。一个科学假说不管多么惊世骇俗、出人意料，总是奠基于一定背景知识和经验材料。这些公认的前提和基础就是该假说的反对者也会认可。它们为进一步讨论该假说提供了可能。那种缺乏科学性的假说只能自说自话，没有科研价值。广义相对论当初被提出的时候，人们一时虽不好接受，但它仍然具有极好的科学性，拥有狭义相对论作为其理论背景，引力场中一切物体具有同一加速度等为其经验基础。

科学假说假定性表明，科学假说与得到公认的理论相比有更多的不确定性。假说拥有良好的经验基础和理论背景亦不能保证其真理性。它仍然是人们在面对科学问题时提出的一种带有猜测性和尝试性的解决办法，与那些经过严密的逻辑论证和长期实践检验过的公认的理论还存在距离，需要接受检验。一个具体的假说可能顺利地通过检验从而上升为科学理论，纳入到人类真理性知识的体系中，也可能在检验过程中发现必须有所修订或改进，也有的根本无法通过检验而被抛弃。如果说假说的科学性特点提醒人们在构思假说时不要跑得太远，应当接受已有理论和事实的规范的话，那么，其假定性特点则要求人们对待科学假说应当保持适当的慎重。从假说到理论过程的不确定性，突出表明了假说检验的重要性。

假说的易变性指其多样性、暂时性和相对性。真理是客观的。对于同一对象，真理性的认识应当是相同的、唯一的。但是，在科学实践中却常常不得不面对众多相互竞争的假说。之所以出现这种局面，一方面与科学研究方法和性质有关，另一方面又与认识发展规律相关。科学分门别类的研究事物，即便是针对同一对象，也可以从不同的侧面，从不同层次，采用不同方法进行研究和探索，因而，可以得出不同的结论。再加上人们的认识活动受到主客观条件的制约，其认识还是一个曲折反复的过程。因此，对于生命起源、宇宙演化、地质构造、微观物质结构等问题，同时出现诸多不同假说毫不奇怪。

科学假说的易变性提醒人们在面对复杂多样的假说时，避免滑向相对主义的陷阱。恩格斯说："对缺乏逻辑和辩证修养的自然科学家来说，互相排挤的假说的数目之多和替换之快，很容易引起这样一种观念：我们不可能认识事物的本质。"① 相反，正是不同假说的相互争论，相互启发促进学术繁荣。科学史上关于生物有机体的精原说与卵原说、关于燃烧现象的氧化说与燃素说、光的波动说与粒子说、物种起源的突变论与进化论、关于岩石成因的水成说与火成说等，这些假说之间的争论都对相应学科的发展起了极大推动作用，即便其中有些观点和思想后来被证伪了。

形成科学假说须遵守一定的方法论原则。它们用以指导处理假说与已确证的理论、已有经验及未来经验之间的关系。

---

① 中共中央马克思恩格斯列宁斯大林著作编译局编译．马克思恩格斯选集．第3卷．第2版．北京：人民出版社，1995．561

1. 对应原则

对应原则用来处理假说与已得到确证的理论的关系。它要求假说应当与已得到确证的理论相协调。除非存在特别的理由，否则，当假说与现有理论相矛盾，首先怀疑和修正的应当是假说。如果最基本的科学原理都不遵守，假说就很容易遁入妄说，丧失了应有的科学性。当然，这一原则不可被机械地理解为先行理论就是绝对真理。“确证”和“检验”本身是一个过程，属于历史范畴。所谓理论已“得到确证”或“通过检验”，仍然具有相对性，可以质疑、修正甚至推翻。但这种怀疑应当是有根据的、具体的，而不应当是抽象的毫无理由的。历史上种种研制永动机的方案就具有那类特征。有时候假说与已有理论表面看来存在很多矛盾，但深层次上却是一致的，如相对论与经典力学、非平衡热力学与经典热力学就是如此。新的科学假说把旧的科学理论作为特例或极限形式蕴含其中。这种假说形成方式对科学的发展影响巨大。

2. 解释性原则

解释性原则用来处理假说与已获得的观察试验的关系。它要求科学假说应当能更好地解释全部已有经验事实。如果新假说的解释力不及已有理论，提出新假说就没有多大必要；如果只能解释部分经验，其价值也大打折扣。1911 年，卢瑟福根据 $\alpha$ 粒子散射实验结果提出原子结构行星模型。这一模型虽然能解释许多现象，但无法说明原子发射不连续的分立光谱及原子的稳定性等事实，后来被波尔修正为轨道量子化原子结构模型。

假说解释具有一定的结构。

$C$ （先行条件）

$H_L$ （假说所假定的规律）

---

$E$ （被解释现象）

也就是说，已有经验作为被解释的现象，应当能够从假说所假定的规律和先行条件（包括边界条件和初始条件）的合取中合乎逻辑地推演出来。例如，对于水星近日点进动这一观察事实，勒维列提出“火神星”摄动假说，在牛顿力学体系下予以解释，结果并不成功。但广义相对论的引力方程与太阳系现有行星运动的先行条件相结合却能很好地解释该现象。这种成功的解释当时为广义相对论提供了有力的支持。

3. 可检验性原则

可检验性原则用来处理假说与未来经验的关系。它要求假说还应当能演绎出可用经验检验的命题或推论，以便接受未来经验的验证。如果说解释性原则着眼于假说的解释力，那么可检验性原则关注的就是假说的预见力。亨普尔认为，科学理论主要包含两部分内容，一部分是用来说明所假定的理论实体及其过程的性质与规律，即内在原理；另一部分是用来说明所假定的过程与可观察现象间的关系，即连接原理。连接原理是一个假说成其为科学假说，进而上升为科学理论的必要条件。一个只能解释过去的事实，无法预测未来经验现象的假说，丧失了基本的科学价值。

假说转化为科学理论还必须接受检验。假说检验是科学活动的重要组成部分。人们依据假说检验的结果决定对待该假说的态度。假说检验的方法包括逻辑分析与实践检验两种类型。

逻辑分析主要检验假说的逻辑品质。概念清楚、推理形式有效、逻辑自洽是科学理论的基本条件。没有逻辑缺陷的假说未必成真，但逻辑混乱的假说一定无法接受。逻辑分析是对众多假说进行审查与筛选的第一步。它有利于好的假说脱颖而出。

逻辑分析不仅要考察假说本身的逻辑合理性，还要分析假说与科学背景、相互竞争的假说之间的关系。假说与科学知识背景、假说与假说之间的关系是理论对理论的关系，暂时还不涉及其中的经验意义。因而，逻辑分析方法对于弄清这些关系极为有效，有时甚至是关键性的方法。

逻辑分析还是经验检验的重要辅助手段。逻辑分析伴随经验检验过程始终。在对假说进行检验时，应当设计怎样的实验？或使用哪些数据？检验哪些命题？对观察与实验中获得的材料如何处理？从中能得出什么结论？等等，这些问题都需要逻辑分析。科学假说的核心部分主要是理论命题或全称命题，而观察与实验的直接结果只是关于特定现象和过程的经验命题或单称命题。离开了逻辑分析，难以揭示二者的内在联系，也无法说明假说的性质和特征。

逻辑分析方法在不同性质的假说检验中所占分量会有所不同。抽象层次越高的假说，越依赖于逻辑检验。在数学领域，假说的成立与否，逻辑上的分析与论证差不多是决定性的和唯一的手段了。

实践检验即通过观察与实验确定假说性质的方法。这一方法是科学活动中最具特色的部分之一，是科学区别于其他学科如哲学、神学、艺术的重要特征。假说是否深刻揭示了物质世界的深层结构及其规律，归根到底要通过实践检验。科学形成了一整套通过观察和实验判定假说真伪的方法和程序。

传统上所理解的科学实践检验假说过程的一般程序是这样的。针对假说所推演出的经验命题或效应，设计出相应的观察或实验方法或方案，实施实验方案取得实验数据，把实验结果与当初的预见或预言相对照。如果它们是一致的，该假说被认为得到了证实，反之，则被证伪。但实际的情形要复杂得多。

假说所推演出来的结论可能非常难以被观察到。例如，当初广义相对论所预言的引力波十分微弱，到目前为止还没有仪器可以直接测量到。类似这种情况，只能通过观察获得相关间接证据，做出推测。有时候这种间接的链条可能很长，因而，从这种非常间接的经验出发得出的关于某个假说的结论可能出现很大的偏差。

从逻辑的角度看，科学实践检验过程也存在若干困难。全称命题的证实几乎不可能，充分条件假言推理肯定后件无法肯定前件。即便是否定后件否定前件式的证伪过程，实际上也不是处处行得通。1906 年，德国科学家考夫曼在实验中没有测量到高速运动中的电子质量的任何改变。据此，彭加勒怀疑狭义相对论的正确性。爱因斯坦指出："系统的偏离，究竟是由于还没有考察到的误差，还是由于相对论的基础不符合事实，这个问题只有在有了多方面的观测资料之后才能足够可靠地解决。"①

判决性实验是假说实践检验中经常提到的概念。所谓判决性实验是指可以决定性地判定一个假说的性质甚至命运的实验。19 世纪末，迈克耳孙-莫雷实验对以太说，1919 年爱丁顿对日全食的观测对刚提出不久的广义相对论及牛顿力学，就被认为是判决性实验的经典案例，认为它们决定性地证实或证伪了相应的理论假说。但科学上翻案的例子也不少。例如，关于 1850 年傅科证实波动说证伪微粒学的所谓判决性实验的说法，后来被否定了。一劳永逸、一锤定音的判决性实验固然省事，但关于其本身成立与否至今仍然是科学哲学家们争论的课题。法国物理学家与科学哲学家迪昂、美国科学哲学家奎因、拉卡托斯等认为，判决性实验是个神话，科学中不存在。他们基本上从整体主义立场出发，认为"整个科学是个力场，它的边界条件就是经验，在场的周围同经验的冲突引起内部的再调整"，因此，"在任何情况下陈述都可以认为是真的……反之，由于同样原因，没有任何陈述是免受修改的。"② 这种批评揭示了实践检验的相对性。

## 第二节 观察与实验

### 一、观察与实验

观察与实验都是科学家获取科学事实的主要方法，是科学认识的来源和验证或否证科学假说的重要环节。

#### 1. 观察方法

科学中的观察方法是指人们在一定的学说或理论的指导下，直接通过感觉器

---

① 爱因斯坦．爱因斯坦文集．第二卷．范岱年，许良英译．北京：商务印书馆，1979.181

② 奎因．从逻辑的观点看．江天骥等译．上海：上海译文出版社，1987.40，41

官或借助科学仪器，有目的的感知、记录被研究对象的性质或过程，获取直接经验或感性材料的研究方法。科学观察是科学研究中的基础性工作，像天文学、气候学等学科领域，没有大量的系统的严格的观察支持，学科的发展几乎无从谈起。

一般说来，观察是人们认识世界通常的手段，经常被人们在科学以外的许多领域使用。但是，科学观察具有较为严格的内容。在科学研究中要能使用好这种被广泛采用的方法，必须对科学观察的主体、程序等有严格的要求，专业人员按照公认的标准，采用规定的程序得到的观察结果，其质量显然高于非专业人士偶然观察的报道。

多种多样的观察，按照不同的标准可以划分为许多不同的类型，有自然条件下的观察和控制条件下的观察，有主动性观察与被动性观察。下面几类观察是其中比较重要的类型。

就观察的方式和手段来说，观察有直接和间接之分。直接观察即仅凭感觉器官进行的观察。中医的“望”、“闻”、“切”是典型的直接观察。这种观察方法简便易行、生动直接，其缺点也显而易见，观察过程和结果极易受客观环境的干扰和主观条件制约。对于同一个病人，白天与夜晚的观察，资深医生与新学徒的观察可能会存在巨大的差别。

间接观察即借助仪器设备进行的观察。这是科学活动中大量存在并最有成效的观察方式。在人的感觉阈限之外的经验内容只有通过各种观测仪器才能为人们所感知。借助仪器的科学观察极大地突破了人体直接感觉器官在灵敏性、持续时间、感知场地等方面的局限，使科学观察活动得以在前所未有的广度与深度上展开。科学仪器延长、扩大和增强了人们的感觉器官的能力，已成为认识世界不可或缺的手段和条件。尤其在现代科学研究中，各种高、精、尖的科学仪器的大规模应用司空见惯，离开了它们，现代科学研究多数领域的工作几乎寸步难行。现代科学仪器是现代技术与现代工业的产物，这在一个方面体现了科学、技术与产业的日益结合趋于一体的发展态势。

就观察内容的精细程度，观察有定性与定量之分。一般说来，对于科学研究来说，观察获得的材料越详细越丰富越便于从中得出有价值的结论。但观察活动也像人类其他活动一样受到时空条件与经济成本等方面的制约，有时相对于特定的研究目的，过分精细的观察材料既无必要亦无可能。研究人员常常要在观察的投入与产出之间取得适当的平衡，定性观察与定量观察就是这种平衡的一个结果。定性观察旨在获得被观察对象是否具有某些性质或与其他事物是否具有某种关系，而对其中的量的特征可以勿略不计。定量观察则要在定性观察的基础上，对被观察对象的性质与关系的量的特征予以重点关注，提取其中量化材料与数据。当然，同样是定量观察，如划分恒星的亮度与确定原子质量，其观察的精细程度也往往有天壤之别。

2. 实验方法

实验方法是指人们在某种思想或理论的指导下，通过干预、控制环境或对象的某些特征或参数，获取经验数据或感性材料的研究方法。实验方法较之观察方法更为复杂，更有成效，也更能体现科学工作的特点。

与自然条件下的观察相比，实验方法能较少地受研究对象和条件的局限，能更好地体现研究人员的研究意图，获得充足的实验材料。实验在“人为的简化和组合中确定现象间的真正联系。换句话说，观察是指搜集自然现象所提供的东西，而实验则是从自然现象中提取它所愿望的东西”。① 无关的、偶然的、次要的性质与联系被排除或弱化，相关的、必然的、主要的性质与联系被突出和强化，因而能够更清楚地呈现事物的本来面目。实验方法之所以被推崇，这是最主要的原因。

科学实验的结果应具备可重复性。这个特点高于对一般观察的要求。某些自然条件下的观察或许是偶然的、一次性的，其他科学家不一定有机会再次在相同的情况下遭遇。但如果某个科学实验在同行的实验室里无法重复，这种所谓科学实验的结果将得不到科学共同体的认真对待，更不可能获得认可。

实验在科学中的地位及在科学发展中所起的作用怎么强调也不过分。科学实验与科学理论建构并称科学的双翼。正是实验方法的不断完善和广泛采用，传统的自然哲学一统天下才逐步让位于经验科学的全面胜利。没有科学实验，近现代自然科学的崛起与繁荣就完全没有可能。“科学如果不是从实验中产生并以一种清晰实验结束，便是毫无用处的，因为实验乃确实性之母。”② 科学实验通过控制相应的条件与变量，简化或纯化自然现象，再现或模拟不可重复或难以重现的自然过程，放慢或加速事物的自然变化，深刻、形象、逼真地展示事物内在的结构和发展规律，给予科学理论从猜想到验证几乎所有环节以无可替代的确实性。

科学实验如此意义重大影响深远，如何操作运用也非三言两语能够说得清。从实验思想的设计到实验方案的选择，从实验过程的操作到实验结果的记录、整理和分析，各门学科均有其独特之处，一般地谈及它们的共同性对实际的工作几乎是隔靴搔痒。对于大部分经验科学来说，一个人成长为专业领域内的专家的过程，几乎就是学习、理解和应用该领域独特的实验方法的过程，其大部分时间和精力也就花费在设计和实施实验，分析和解释实验结果，继而又提出和实施验证新的猜想或学说的过程中。

---

① 巴甫洛夫．巴甫洛夫选集．吴生林，贾耕等译．北京：科学出版社，1955.115

② 丹皮尔．科学史．李珩译．北京：商务印书馆，1975.308，309

## 二、思想实验与仿真

思想实验即不通过实验室有形的实验工作，仅依靠想象和逻辑推导获取关于某一概念或思想状况的知识的方法。其特点是将概念演绎与实验仿真结合起来，取得某种如同实验室工作一样的效果。思想实验可以被看做科学实验当中一种非常特殊的类型。

在所有的科学方法中，恐怕还没有哪一种方法能像思想实验那样集中体现理性思维与实验方法的如此完美的结合。在科学的发展中，思想实验不止一次地起了非常关键性的作用。物理学史上的屈光定律、玻义耳定律、卡诺机中绝对的绝缘体、接触物体的绝对等温、可逆过程等概念、基尔霍夫的理想黑体概念等都曾是思想实验的经典成果，而亚里士多德、伽利略、笛卡儿、爱因斯坦、玻尔等伟大的科学家都是应用思想实验的杰出高手。

这里是库恩分析过的伽利略所设计的著名的思想实验。设想两个物体从最高点 $C$ 沿着斜面 $CA$ 和垂直面 $CB$ 同时开始无摩擦地滑下或滚下（图 7-2）。当它们到达三角形的底部时，应具有同样的速率。那么，它们中哪一方运动得“更快”？对于一个无法区分瞬时速度（速率）与平均速度（速率）的人来说，对此问题的回答将陷于极度的混乱。他将会被迫承认：沿着垂直面的运动同时快于、等速于、并且慢于沿斜面的运动。实验分析的结果将极大地促进现代运动学思想的建立。

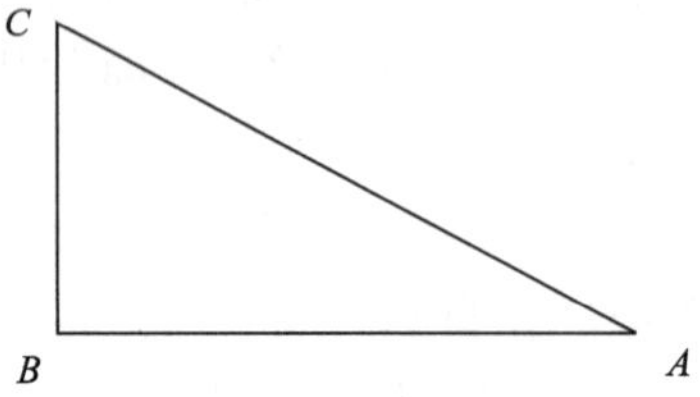


图 7-2 斜坡实验

实验室的有形实验之所以能在科学理论的建构与验证当中发挥作用，是因为有形实验能够向科学家们提供新的和未预料到的经验事实和信息。思想实验为什么也能起如此的作用呢？因为它看起来与有形实验恰恰相反，思想实验得以进行，似乎完全依赖于人们对某些概念的已有理解，也就是说必须完全依靠已经到手的信息。库恩的回答是，“如果二者能够有这样一些类似的作用，那就必定是因为有时思想实验给科学家接近这样一种信息的机会，这种信息既是快到手的，又因某种原因还不能接近。”①

---

① 托马斯·S. 库恩．思想实验的作用．见：必要的张力．纪树立，范岱年，罗慧生译．福州：福建人民出版社，1981. 237

思想实验的作用并不仅限于揭示思想中的“自相矛盾”或“混乱”。库恩已经意识到，大多数人在思想实验中既学习有关概念的东西，也学习有关世界的知识。历史上思想实验的作用十分接近于实际的实验室实验和观察所起的双重作用。首先，思想实验能够揭示自然界不符合以往坚持的一套预测。其次，它们还可以提示一些具体的途径，以利于今后通过这些途径对预测和理论两个方面进行修正。因为旧的概念的缺陷不仅仅在于它的逻辑缺乏一贯性，更主要在于它不能适合世界本身的结构。人们本来期望这套概念体系是能被应用于这个世界的。退一步说，思想实验的结果即使不提供新的数据，也比通常所设想的更接近于实际实验的结果。因而，能帮助科学家得到不同于他们以前坚持的定律和理论，即帮助改变或调整他们原有的概念以适应人们新的经验。在上述案例中，由于没有瞬时速度与平均速度的概念，思想陷入了逻辑矛盾之中，提示人们关注旧的运动学概念体系的缺陷与问题。

那么，思想实验到底是如何奏效的呢？当科学发展到这样一个关键时期，人们掌握的所有新旧经验要求从根本上重铸某些概念。但是，关于那种经验又存在某种一时不理解的东西，人们就容易感到糊涂，或许已感到不安。这时，一个合适的思想实验使旧概念陷入全面的混乱，因为它把只是模模糊糊感到反常转化为具体的尖锐的无法回避的矛盾。思想实验告知我们原有的概念或思想出了毛病。从这个意义上说，思想实验的结果可以与科学革命的结果相提并论。这些思想实验可以使科学家用他以前不能达到的知识作为他的知识的不可分割的部分。

马赫在研究了思想实验后，也得出了类似的结论。他说思想实验的作用“最容易通过悖论情境发生：由于悖论是造成问题的东西，因此这些悖论情境不仅使我们对问题的本性有最好的感觉，而且矛盾的成分将不容许思想安宁下来，从而启动我们称之为思想实验的过程”①。克劳修斯和 W. 汤姆孙在一个案例中，扬和菲涅耳在另一个案例中，都感受到悖论的冲击。

思想实验在许多方面比实验室的有形实验更有效。有些情况，我们在实验室难以完成，如爱因斯坦的两端发光信号的火车，有些则根本不可能在自然界中发生，但在思想实验中则很容易实现。正是在我们观念中的事实的或多或少非任意的表象，才使得思想实验成为可能。因为我们能够在记忆中找到我们在直接观察事实时未曾注意的细节。使用我们观念的东西比使用物理的东西更容易更方便，思想实验毕竟花费较少。

思想实验另外的好处是，在思想实验过程中被认为对于某一结果不重要的条件，能够在思想中随意变化而不改变最终结果。通过敏锐地掌握这个步骤，我们可以达到乍看起来似乎相当不同的案例，这就是思想概括的妙处。在心理上改变

① 恩斯特·马赫．认识与谬误．李醒民译．北京：华夏出版社，1999.196

那些对结果来说是决定性的条件非常方便。连续的改变某些条件很凑效，它将产生有关案例所有可能情况的一览表。在思想实验中，运用穆勒的共变法的条件得天独厚。在心理上把某些变量逐步缩减为零，或者缩减至在数量上不影响结果的程度，就可以找出继续存在的影响结果的关键因素或主要因素。

思想实验的效用和特点同样体现在思想实验与实验室的有形实验的密切联系之中。成功的思想实验也像普通实验室的工作一样，能在尽可能多的种类和尽可能广的范围内同化我们的经验，在实验过程和结果上，能够非常明显和确定地判断。我们在心理上、逻辑上与各种各样的条件相联系的众多推测，能够用有形实验实施任何进一步的检验。

可以更进一步地说，思想实验在任何情况下都是有形实验的必要的先决条件。每一个实验者和发明者在把有形实验转化为事实之前，都必须在他的头脑中进行有计划的安排。斯蒂芬森从经验中可能熟悉箱子、铁轨和蒸汽机。但是，正是通过每一次把它们在思想上组合起来，他能够进而在实践中建造机车。同样地，伽利略在能够实现研究自由落体的实验安排之前，必定在他的幻想中看见它被充分地描绘出来。

思想实验不仅在物理学中至关重要，而且在每一个领域里都重要，甚至在数学中也是如此。任何一个致力于数学探究或力图解决诸如积分微分方程问题的人都将承认，思想实验肯定在思想建构之先。历史上重要的和有效的不定系数法实际上是实验方法。

马赫甚至把思想实验提高到普遍方法的高度。他认为思想实验甚至是作为一般有效的人类认识方法出现的。除了科学家，计划者、空想家、小说家、社会乌托邦和技术乌托邦的作者都用思想做实验，精明而讲究实际的商人、严肃的发明家和探究者也这样做。人具有天生的实验倾向。人们最简单的生活经验中都在使用有形实验和思想实验方法。它们首先以简单的形式，在最有成效的领域得以逐步发展，然后被移植到自然科学中来，并在自然科学中得到最充分的使用和发展，取得骄人的成绩。

实验产生思想。思想在实验中得到验证与修订则得以流传。思想在实验中被否决则会被更新的思想所替代。新的思想又会要求更新的实验验证。如此反复不已，思想与实验一起逐步完善。

## 第三节 逻辑的思维方法

从观察与实验中获取的经验与数据需要经过思维的加工才能得出正确的结论。这一思维加工过程在科学研究中具有举足轻重的地位。思维活动存在若干层次与类型的方法。每一类思维方法均有相应的特点与规则。了解各种思维方法的特点，遵循相应的思维规则，有利于提高思维品质，取得高质量的成果。

## 一、形式逻辑方法

形式逻辑方法是思维过程中最基本的思维方法。遵循形式逻辑的规则是正确思维的必要条件与前提。形式逻辑方法内容丰富，此处特别强调演绎逻辑中的三段论、假言推理和归纳逻辑的求因果五法。

传统三段论是由两个包含着一个共同项的性质判断而推出一个新的性质判断的推理。其中，共同项为中项（M），包含中项的两个判断为前提，被推出的新的判断为结论。前提中包含结论中主词（S）的为小前提，包含结论中谓词（P）的为大前提。由于中词的位置不同，三段论可区分为四个不同的格。

| 第一格 | 第二格 | 第三格 | 第四格 |
|---|---|---|---|
| M—P | P—M | M—P | P—M |
| S—M | S—M | M—S | M—S |
| S—P | S—P | S—P | S—P |

大前提、小前提与结论作为判断，其本身又有四种不同类型，分别是全称肯定判断、全称否定判断、特称肯定判断和特称否定判断。因此，三段论的每一格都有 $4^3$ 个不同的式，理论上三段论的所有格式为 $4^4$ 个。事实上，它们中的大部分都是无效的推理形式，仅有 24 个是有效的。在这小部分有效的三段论中，通常也只有一小部分被广泛使用。

例如：

大前提：所有的 M 都是 P。

小前提：所有的 S 都是 M。

结论：所有的 S 都是 P。

这是一个最完全最常用的形式有效的三段论。但下面的三段论推理形式无效。

大前提：有些 M 是 P。

小前提：有些 S 是 M。

结论：有些 S 是 P。

一个具体的三段论推理必须遵守以下规则。这些规则也是判定一个三段论推理正确与否的标准。以下七条规则的最后两条是推论，可以从先行的五条规则推出。

第一，在一个三段论中，只能有三个不同的项。

第二，中项在前提中至少周延一次。

第三，在前提中不周延的项，在结论中不得出周延。

第四，从两个否定的前提不能得出结论。

第五，两个前提中如果有一个是否定的，结论是否定的。

第六，从两个特称前提不能得出结论。

第七，如果有一个前提是特称的，只能得出特称的结论。

三段论是人类历史上第一个公理化逻辑体系，自古希腊哲学家亚里士多德创立以来，对人类思维和科学思想的发展产生了不可估量的深远影响。

假言推理是另一种代表性演绎推理。所谓假言推理就是前提中有一个假言命题的推理。这种推理利用假言命题前后件逻辑关系得出结论。假言推理有三种类型，分别为充分条件假言推理、必要条件假言推理和充要条件假言推理。例如：

如果 p，那么 q，且 p，所以，q。

或者，如果 p，那么 q，且非 q，所以，非 p。

这是充分条件假言推理的两种形式，它的逻辑含义是，当 p 是 q 的充分条件，并且 p 真，就可以断定 q 真，但不能由 p 假断定 q 假。当 q 假时，p 假，但不能由 q 真断定 p 真。

只有 p，才 q，且非 p，所以，非 q。

或者，只有 p，才 q，且 q，所以，p。

这是必要条件假言推理的两种形式，它的逻辑含义是，当 p 是 q 的必要条件，并且 p 假，就可以断定 q 假。但不能由 p 真断定 q 真。当 q 真时，p 真，但不能由 q 假断定 p 假。

当且仅当 p，q，且 p，所以，q。

这是充要条件假言推理四种形式之一。如果 p 为 q 的充要条件，则意味着 p、q 逻辑上等值，同真同假，由其中任意一个命题的真可以推出另一个为真，由其中任意一个假可以推出另一个为假。

三段论和假言推理都是典型的演绎推理形式，具备演绎推理的一般特点，即只要前提真，推理形式有效，结论必然真。演绎推理的结论本质上虽然已经包含在前提中，似乎不能带来新的知识，但对于揭示已知命题的逻辑含义，建构、表达和传递知识都具有无法估量的作用。

须引起注意的是，无论使用何种演绎推理，能够从命题 p 推出 q，并不一定意味着 p 是 q 的原因。因为，因果联系所指的是经验世界事物或现象之间引起与被引起的关系，而“推得出”揭示的是逻辑上命题之间的真值联系。它们属于不同的范畴。p 推得出 q，也可能 p 是 q 的原因，也可能 q 是 p 的原因，也可能 p、q 之间根本没有任何因果联系。

传统形式逻辑中的“求因果五法”，即契合法、差异法、契合差异并用法、共变法和剩余法，对于探求事物或现象间的因果联系具有重要的作用。这些方法根据某个现象与其他先行或后行现象在某些场合里所显示的关系，概括或推断出一般性的结论。

契合法的公式：

| 场合 | 先行（或后行）情况 | 被研究现象 |
|---|---|---|
| (1) | A、B、C | a |
| (2) | A、D、E | a |
| (3) | A、F、G | a |
| ⋮ | | |

所以，A 情况是 a 现象的原因（或结果）

差异法的公式：

| 场合 | 先行（或后行）情况 | 被研究现象 |
|---|---|---|
| (1) | A、B、C | a |
| (2) | —、B、C | — |

所以，A 情况是 a 现象的原因（或结果）

契合差异并用法的公式：

| 场合 | 先行（或后行）情况 | 被研究现象 |
|---|---|---|
| (1) | A、B、C、F | a |
| (2) | A、D、E、G | a |
| (3) | A、F、G、C | a |
| ⋮ | | （以上为正例） |
| (1′) | —、B、C、G | — |
| (2′) | —、D、E、F | — |
| (3′) | —、F、G、D | — |
| ⋮ | | （以上为反例） |

所以，A 情况是 a 现象的原因（或结果）

共变法的公式：

| 场合 | 先行（或后行）情况 | 被研究现象 |
|---|---|---|
| (1) | $A_1$、B、C、D | $a_1$ |
| (2) | $A_2$、B、C、D | $a_2$ |
| (3) | $A_3$、B、C、D | $a_3$ |
| ⋮ | | |

所以，A 情况是 a 现象的原因（或结果）

剩余法的公式：

由 a、b、c、d 构成的复合的被研究现象是复合情况（A、B、C、D）作用的结果。

现象 a 是情况 A 作用的结果

现象 b 是情况 B 作用的结果
现象 c 是情况 C 作用的结果

---

所以，现象 d 是情况 D 作用的结果

“求因果五法”也被称为“穆勒五法”，是由英国哲学家约翰·穆勒在亚里士多德的简单枚举法、邓斯·司各脱的求同法、威廉·奥卡姆的差异法以及弗兰西斯·培根的三表法基础创立的。后来，又被约翰·赫歇尔拓展为归纳方法。它们的性质均属归纳法。其优势是从经验出发，概括出一般知识，其缺陷在于即便前提真实，遵循归纳的相应程序，结论仍然是或然的。

## 二、数学方法

所谓数学方法，就是运用数学的概念、原理、方法与技巧对科学研究对象的数量、结构等性质进行描述、分析、计算和推导的科学研究方法。自然科学自产生以来，数学方法一直就是最核心的研究方法之一，并且，其被应用的广度和深度与日俱增。

任何事物都具有量的特征，事物的质的规定性也可以通过量表现出来。在数学中，量的规定性被用“数”与“形”表达出来。数学正是通过对数与形及其变化与依存关系的研究加深了人们对于自然的认识。数学是一门拥有悠久历史的学科，自诞生以来，大致经历了萌芽时期（公元前 6 世纪）、常量数学时期（公元前 6 世纪～公元 16 世纪）、变量数学时期（17～18 世纪）和现代数学时期（19 世纪至今），形成了以代数、几何、分析三大分支为主体的庞大知识体系。它的发展为自然科学和社会科学的进步奠定了基础。

数学是科学研究的有力工具。应用数学自不待言，纯粹数学也不例外。数学史上经常发生这样的事情，原来是纯粹数学领域的探索成果，若干年后在科学研究中得到广泛的应用。古希腊数学家阿波罗尼奥斯在公元前 3 世纪完成的《圆锥曲线论》中所探讨的抛物线、椭圆和双曲线的性质，1800 年后被德国物理学家刻卜勒应用到光学及抛物镜的研究中，创立于 1860 年的矩阵理论，到 1925 年成为描述原子系统矩阵力学的基本数学工具；意大利几何学家们在 19 世纪 70 年代创立的张量计算，13 年后被爱因斯坦应用于相对论，希尔伯特在 20 世纪初创立的微分及积分算子的本征函数展开理论，20 多年后即被应用于波动力学。应用数学与纯粹数学之间的差别，用白劳德的话说，不过是“数学的短期的可以预料的应用与其长期的意想不到的应用之间的差别”。并且，“随着数学与科学活动的势头之增大，纯粹数学得到应用的速度就越快”①。

① F. E. 白劳德 . 纯粹数学与其他科学有关系吗？. 科学译刊（试刊），第一辑

作为科学研究的工具，数学为科学研究提供了高度抽象、简洁精密的形式化语言。数学中的点、线、面、各种数系、向量、矩阵、集合、函数、方程等概念既高度抽象，又定义明确，在使用中避免了歧义与混乱，虽然舍去了经验世界具体对象的多余的性质，但却能更好地刻画它们的深层结构与性质。斗移星转、江河日月，牛顿用几个方程就能概括它们的运动规律和引力相互作用；复杂多样的电、磁、光现象及其相互转换，麦克斯韦仅用一组偏微分方程就足以统一起来。数学的魅力在这些经典理论中体现得无与伦比。

数学还可以为科学研究提供定量分析与理论推导的方法、手段与技巧。人们在研究工作中，常常经历定性与定量两个阶段。定性的分析固然能给研究工作确定大概的方向，形成原则性的判断，也是研究工作中不可或缺的方法和阶段，但只停留在这一层次，其结果未免流于粗疏简陋。一门学科能否由定性研究进入定量研究阶段是该学科成熟与否的重要标志。定量研究的基本工具就是数学。通过对数与形的描述、变换、计算、分析、推导，科学家们掌握了研究对象量的特征，对事物达到更加精确、深入和全面的理解。科学史上许多重大的成就直接就是数学推导的结果。勒维列根据天体力学理论所做的数学推导预言了海王星的存在，孟德尔对豌豆杂交实验中个体不同性状的分布数据的分析奠定了遗传理论的基础，爱因斯坦从狭义相对论中用数学方法推导出质能关系式，麦克斯韦断言光就是电磁波。

数学是人类的创造物，但它与逻辑一样，具有一种先验的性质。换句话说，只要遵循数学的规则，如果一个数学命题是真的，从其出发所推导出的数学命题也是真的，不管这个推导的过程有多么复杂，推导的步骤有多么冗长。并且，数学所表达的性质、结构、关系等具有普遍性。力学中的重力场、热学中的温度场、电磁学中的电磁场、气象波中的气压场等，虽然分属不同领域，但其数量关系却存在惊人的一致性。数学上的全部概念、公式、方程都可以看做经验世界的异质同构体。代数方程刻画了相对静止的量的结构，微分方程刻画了变化着的量的结构，常微分方程刻画了两个以上变量之间的变化率的结构。数学的这一性质使人们借助有限的经验或实验数据得出一般结论成为可能。

应用数学方法解决科学问题的程序一般通过数学抽象构建数学模型，然后对数学模型进行分析与推演，求得模型的数学解，最后对数学解进行科学解释与评价。

运用数学方法的关键步骤是对科学问题进行数学抽象建构合适的数学模型。所谓数学模型就是用数学关系式描述的理想模型。在构建数学模型的过程中，要以通过观察、测量和实验等手段获得的数据为基础，以有关科学理论或科学假说为前提，用数学语言表述研究对象的状态和过程以及所要解决的问题。

构造数学模型首先要将研究对象视为一个基本的系统，并确定其中若干个基本量，用以刻画该系统的状态及其变化。如用质量、位置、时间等描述一个力学系统，用电流、电压、电阻等描述一个电学系统。其次，对系统中各特征量之间存在复杂多样的依存关系进行适当地简化。数学模型总是应当要比被研究对象较为简单、纯粹，否则，就没有必要使用它。合理的简化工作具有极高的工程学价值。它不仅能删繁就简，化难为易，更重要的是可以变不可能为可能。通过降维或降次的处理，求取近似值，人们在可以接受的误差范围内，暂时地把数学模型视为被研究对象，方便地开展进一步的研究活动。不做任何简化，不分主次巨细地考虑一切影响，恐怕连最简单的确定月亮的运行轨道也不可能。

数学模型有多种基本类型，使用最多的是确定性模型和随机性模型。确定性数学模型所描述的是自然界中的确定性现象，即从某一时刻的状态可以确定地推断出下一时刻的状态的那类现象。它常用代数方程、微分方程、积分方程以及差分方程来表述。这种方程的边界条件确定，给定初始赋值，就可以得到确定的解。随机性数学模型以概率论与数理统计为基本工具，刻画的是自然界中的随机现象及其联系。无论确定性模型还是随机性模型，都是以经典集合论为基础，它们虽然可以基本满足精确描述事物及其关系的要求，但无法很好地描述普遍存在的模糊现象。20 世纪 60 年代中期以来，随着模糊集合论的诞生，模糊数学得到快速发展，许多模糊数学的分支学科不断涌现，以此为基础的模糊数学模型在人工智能、情报处理、自动控制和社会科学等领域得到了广泛的应用。

### 三、系统分析方法

自 20 世纪 40 年代以来，一般系统论、信息论、控制论诞生，耗散结构理论、协同论、突变论、混沌动力学、超循环理论等非平衡自组织理论相继创立，系统科学群的研究取得了巨大成功，其研究成果被广泛应用于其他自然科学、社会科学和工程技术等领域。系统科学蓬勃发展也带来了系统科学方法的繁荣。系统的功能模拟方法、黑箱方法、信息论方法、控制论方法和自组织理论方法等也对人们的思维方式和研究方法产生深远影响。

系统科学方法即利用系统科学的理论和观点开展研究、处理问题的方法，其核心思想是系统思维。它要求把研究对象作为一个有机整体，运用系统、结构、功能、整体、要素、信息、协同、混沌、突变、序、熵等概念，综合运用系统科学的理论，从不同角度和层次揭示对象的性质及内在联系。

运用系统科学方法须遵循整体性、综合性、动态性、模型化和最优化等原则。整体性原则要求不仅要关注系统中各要素、各部分的性质和特点，更要强调要素之间的相互作用与依存关系及作为要素总和的系统整体，把它作为突现的新质加以研究。综合性原则要求把系统视为由各部分多要素的综合体，单一的系统有着复杂内部结构和多种多样内部和外部联系方式。动态化原则揭示了物质世界的系统还是一个动态过程，系统与环境之间，系统内部各部分之间存在物质、能量和信息的交换与作用，系统整体也有形成、坍塌、涨落、震荡等活动。模型化原则是说在运用系统科学研究分析问题时，应当对客观世界的系统原型进行科学抽象，构造相应的系统模型。这些模型包括实物模型、数学模型、符号系统模型、理论概念模型等。通过对该模型系统的分析研究把握原型系统的特点与规律。最优化原则也称整体优化原则，主要针对工程系统或人工控制系统而言。对于这些人工系统，应当在多种可能方案中，运用博弈论、线性规划、非线性规划、动态规划、决策论等理论和手段，经过多方综合筛选，取得系统最优。

系统科学方法具体包括信息方法、黑箱方法、功能模拟方法、自组织理论方法等。

（1）信息论方法就是以信息理论为基础，把研究对象抽象为信息的传输与转换过程，通过对该信息流程的分析与综合，揭示其性质与规律的研究方法。它的特点在于用以信息概念为核心的信息论概念体系分析系统及其过程，从信息论的角度看，信息就是信宿对于信源状态不确定性的消除。它具有极大的普遍性。信息方法是其他系统科学方法的重要基础。信息概念与熵、序参量、对称性、结构等系统科学中其他分支学科中的重要概念之间有着内在联系。系统获得的信息流就是一种负熵，系统的熵值减小也意味着序参量更高，系统对称性破缺加剧，系统的组织程度更高、结构性更强。更多的不确定性得到消除；反之亦然。把握信息的传输过程是处理问题的关键。一切信息过程都可以抽象为一系列程序：①信源发出信息；②信息经编码器转化成信号；③信号进入具有抗干扰能力的信道再输入解码器并转化为信息；④信息到达信宿；⑤信息得到加工处理。这是信息传输与转换的一般过程，也是信息方法的基础。

（2）功能模拟方法是以模型系统与原型系统之间功能相似为基础，通过研究模型从而揭示原型的性质和特征的研究方法。

模型与原型之间的功能相似有功能同构与功能同态两类情形。模型与原型两个系统的结构功能完全相同或大致相同称为功能同构；模型与原型之间功能近似具备模拟与被模拟的关系，模型由于做了适当简化而较易实现，则称为功能同态。功能同态模拟方法比功能同构方法应用更为普遍。功能模拟相似指两个系统表现出来的作用、能力指向、效果相似或可以通约。功能模拟方法重在建立与原型相似的合乎工程需要的功能而不必拘泥于原型的结构。

恰当使用功能模拟方法的关键，首先要深入了解原型的功能。其次，设计与创制与原型功能同态或同构的模型。再次，应用模型模拟功能，进行模拟试验，开展研究。最后，对模拟结果推广到原型，并对原型功能加以评估、说明和应用。

（3）黑箱方法。所谓黑箱，是指内部要素和结构尚不清楚的系统。黑箱方法就是通过研究这类系统的功能来推测其内部结构和机理的方法。利用系统结构与功能之间内在联系与依存关系，分析系统输入与输出的动态过程，是黑箱方法行之有效的基础。

运用黑箱方法有一些基本的环节和步骤。首先要确认黑箱，也就是要把所研究的事物及其联系看做一个系统，把它从环境中分离出来。确定了系统的边界才有可能讨论系统与环境的相互作用。其次，通过考察黑箱的输入与输出及其动态过程。再次，根据系统输出对于输入的响应特征以及有关知识建立黑箱内部结构模型。最后，通过对模型的研究和优化，建构关于黑箱内部结构和机理的猜想，以满足实际需要。

黑箱方法可以在无法打开或没有必要打开复杂系统的情况下，仍然可以通过对其外部特征的研究而大致认识和运用系统内部结构和特点，为完全了解该系统，变黑箱为白箱奠定基础。

（4）自组织理论方法。物质世界自组织现象鲜明地体现在远离平衡态的系统运动之中。因此，自组织理论被称为非平衡自组织理论。目前，内容丰富门类众多的自组织理论学科群已经形成。其中最主要的分支有耗散结构理论、超循环理论、突变论、协同学、混沌理论、生命系统论、资源物理学等。它们虽然知识背景和理论模式不尽相同，但它们所揭示的迥异于传统科学规律的自组织规律对思维方式的影响和内含方法论价值十分引人注目。

所谓组织是指把一系列相互独立的要素联合成一个整体的机制。它意味着要素之间的相干和有机联系，表现出突现性、非加和性、程序性和整体性。系统的组织可以表现为特定的时间结构，即系统要素的内在秩序沿着时间箭头方向呈现出有节律的变化状态，如生物钟和周期振荡系统；也可表现为特定的空间结构，即各要素在空间分布上呈现出的秩序状态，如树木的年轮。系统的自组织就是各要素或子系统，在一定外部环境中，按相干性、协同性等原则，依靠自身的涨落作用形成特定结构与功能的过程，是系统无序向有序的演化过程。

系统自组织行为的发生需具备若干条件。如系统必须是开放的，与周围环境不断进行物质、能量或信息交换，系统内部应当包含大量相互之间存在非线性作用的子系统，系统存在涨落，系统的宏观量的取值围绕稳定平均值起伏。

自组织理论中的耗散结构论揭示出开放系统在远离平衡态时，由于非线性作用而出现涨落的影响。如果系统的某些参量达到阈值，该系统就会产生非平衡相变，由无序态演变成有序态。耗散结构理论创始人普利高津把这个原理称为“通过涨落的有序”。

协同论揭示了各子系统相互竞争与合作推动系统演化的规律。协同论不稳定原理表明，新结构的出现要以原有结构失去稳定性为前提，或以破坏系统与环境的稳定平衡为前提。不稳定性在系统的有序演化中具有积极的建设性作用。它是新旧系统结构交替的媒介。支配原理表明，非平衡系统中是慢变量而非快变量起着支配作用。一方面它支配着各子系统的行为，另一方面它支配着系统的整体行为。慢变量引导、规范、支配着快变量的行为，使它们协同动作，最终才形成有序结构。序参量原理表明，与系统序的变化相关和一致的参数为序参量。在复杂系统中，少数几个序参量支配着子系统的行为和快变量的变化，其间不断的合作、竞争导致系统有序结构的形成。协同学正是通过建立和求解序参量方程来处理系统相关问题。

系统随着外界环境的变化，其作为演变过程中起主导作用的参数也相应发生变化。当这种变化接近临界点时，序参量的增大加快，并导致系统内各子系统的协同作用占据主导地位。当序参量的变化进入临界区域，则其突变到最大值，系统出现了新的有序结构。

突变论则揭示了自组织过程中非连续性变化的机理。突变理论的创始人勒内·托姆（René Thom）指出，在控制变量不超过 4 个，并且在作平滑可逆变化的情况下，系统的突变只有七种基本类型：折叠性、尖点型、燕尾型、蝴蝶型、双曲脐型、椭圆脐型和抛物脐点型。系统控制变量的变化导致其状态变量变化，而状态变量的变化的结果使能量函数从稳定状态变为不稳定状态，突变和飞跃便出现了。

适当地理解自组织理论为我们提供关于物质世界新颖而深刻的见解，以及研究和解决科学与工程问题定量而系统的工具。其强调事物发展的随机性和非决定论，事物的普遍联系和整体建构，外部条件与系统自组织过程相互作用等都具有富于启发的认识论与方法论价值。

# 第八章

# 一般技术

## 第一节　技术理解

如果我们只将技术理解为应用科学，是科学的外部扩张，则对技术的哲学分析就可以纳入对科学进行哲学分析的范围。这就使得技术哲学被看做科学哲学以及科学伦理学的组成部分。但是，20 世纪末，人们逐渐抛弃了 20 世纪 50 年代和 60 年代科学社会学界所持有的根深蒂固的科学→技术→经济发展的作用模式，承认技术发展有自己的独立范畴和独立规律，承认技术有自己特殊的本体论地位。这就为技术哲学学科铺平了道路。因此，理解科学与技术的区别及其相互关系，不仅是技术哲学的主要内容之一，也是技术哲学成为独立学科的前提条件。

在中国常常将科学与技术并列，简称为“科技”，如“科技是第一生产力”、“科技哲学”等。两种活动是否能够截然区分一直有着争论。

按贝尔纳的定义，科学被理解为一种特殊的知识体系、一种特殊的社会活动和一种特殊的社会建制。特殊的知识体系，指的是关于客观世界（生命世界、自然界与社会等）的事实及其规律的概括性和系统性的知识体系；特殊社会活动，指的是科学工作者们为了追求真知，采取经验理性的方法（即实验的和逻辑的方法）进行的社会性的科学研究活动；特殊的社会建制指的是科学研究的活动是在正式的与非正式的科学社团中进行的，这种科学社团或科学共同体有特定的行为准则和行为规范。简言之，科学是科学共同体采取经验理性的方法而获得的有关自然界和社会的规律性和系统化的知识体系。为了这个目的的活动叫做科学活动。

什么是技术呢？技术也是一种特殊的知识体系，一种由特殊的社会共同体组织进行的特殊的社会活动。不过技术这种知识体系指的是设计、制造、调整、运作和监控各种人工事物与人工过程的知识、方法与技能的体系。有时人们将各种人工的制品也列入技术的范畴，那是因为，这个人工制品如生产设备和科学仪器被看做物化了的知识或知识的（非语言的）物质的表达。而技术这种活动指的是技术专业共同体的人们进行的设计、计划、试制、检验和监测各种人工系统的活动。

科学与技术在目的、对象、语词与社会规范上有着基本的区别。

### 1. 科学的目的与技术的目的并不相同

科学的目的与价值在于探求真知，弄清自然界或现实世界的事实与规律，求得人类知识的增长。当然科学归根到底会起到控制自然、改造自然，增长人类物质财富的作用。但它的直接的和基本的目标是理解世界而不是改造世界，是解释自然而不是控制自然。它将控制自然、改造自然的目的与任务交给技术。技术的目的是要通过设计与制造各种人工物，以达到控制自然、改造世界、增长社会财富、提高人类福利的目的。当然技术工作必须不断掌握和增长知识并不断熟悉和运用科学的真理。但在技术活动之中知识不是作为目的来看的，而是作为达到设计、制造和控制人工物这个目标的手段来看的。理解科学与技术在目标上的差异是十分重要的。社会只能要求科学去创造知识，而不必苛求科学家去创造财富。有时科学不但不增加社会财富，反而要消耗大量的社会财富。例如，阿波罗登月计划作为一项研究月球的科学计划，它不但没有生产财富而且消耗了几百亿美元的财富才能把火箭和登月艇送到太空中去，而且大部分物质财富永远地丢失到太空中去了。所以我们不能用狭隘观点看科学的经济效益。宇宙起源、天体物理和基本粒子的研究似乎不能为我们生产面包与奶油，但它对于科学知识的增长来说比许多物质利益都更有价值。所以，可以对技术进行成本与效益的分析却不能对科学进行成本与效益的分析。

科学与技术在目的上不相同这个基本观念，早在古希腊时代已经确立。亚里士多德明确指出，科学研究的是自然实体和类的普遍性质与原因，是为了自身的目的而存在（for its own sake），而技术，即"关于生产的知识"，其目的在自身之外（exist for other's）。亚里士多德认为，科学有独立存在的价值，为此他提出下列这样的理由。他说：由于他们探求哲理，其目的是为了摆脱无知，非常明显地，他们追求科学是为了求知本身，而不是为了任何功利目的。这一点已为许多事实所证实。因为当生活必需品以及舒适与娱乐的用品都已经得到满足之时，人们便开始探求知识了。所以，非常明显，我们并不是为了其他目的而求知的。

对于亚里士多德来说，衣、食、住、行、知皆有独立的价值，科学的目的是求知，技术的目的是求用，二者是不同的人类活动，而且科学高于技术，沉思高于生产。所以在亚里士德多那里，科学与技术不但相互区别而且相互分离，彼此没有什么联系。这种描述，对于古代的科学（自然哲学）与技术的关系来说是合适的，它们后来构成了近代科学和技术产生的学术传统与工匠传统。

但是16、17世纪近代科学的出现在相当大的程度上背离了亚里士多德和古代科学与技术的分立传统。科学不单依靠思辨，而且依靠干预自然的实验手段和技术，不单依靠“四因论”，而主要是依靠数学的定量方法去认识自然；而技术又逐渐通过运用科学的成果而向前发展。但这种联系的加强并没有消除科学与技术的本质区别。到了19世纪下半叶，欧洲的科技发展情况变得十分清楚，一方面为了追求真理本身的“纯”科学，数学、物理、化学和生物学有了极大的发展，非欧几何理论，光的粒子说和波动说的争论和光的电磁学说，化学的分子结构学说和周期表的建立，生物学中进化论的兴起和孟德尔遗传定律的提出都很难说它们不是为了追求真理的目的而是为了追求应用的目的而发展起来。另一方面，工程技术依靠于科学大大发展起来，它发展了自己的化工技术，电气技术，农业技术，但却有自己的独立的知识体系，教育体系，技术学会和技术社团，并足以与科学的知识体系和教育体系以及科学的社团相抗衡。这些又进一步说明科学与技术是两种目的不同的人类活动形态，必须加以区分开来。这种区分时至今日也不能予以抹杀。亚里士多德的学术传统在相当大的程度上依然有效。如果完全否认亚里士多德那种为学术而学术的传统，就无异于对科学精神的扼杀。

2. 科学的研究对象与技术的研究对象并不相同

科学的对象是自然界，包括物理系统、化学系统、生物系统和社会系统，研究它们的结构性能与规律，理解和解释各种自然现象。而技术的对象是人工自然系统，即被人类加工过的、为人类的目的而制造出来的人工物理系统、人工化学系统和人工生物系统以及社会组织系统等。两者存在的模式，产生与发展的原因以及与人的关系上，有着明显的区别：前者是自己运动的，自发发展的和自然选择的，并无有意识的创造者进行设计与实施；而后者则是被动的，依靠于理性创造者而产生，依靠于人工选择而进化发展。它是人们有目的、有计划、有步骤地设计出来的。人工事物的范围十分广泛，不仅包括人们用以进行生产的工具与机器以及由此而生产出来的各种物质产品，而且还包括受人类活动影响的各种事物，非野生的动物与植物，人类创造的经济、政治和社会文化的组织以及各种人工的符号系统。所有这些系统虽然并不是无中生有，它原初的组成部分来自天然的世界，但是，一旦它们按照人们的目的与需要制造出来和组织起来，它便产生了自己的突现性质甚至可能出现突现的规律。例如，人工合成的新元素、新分子，新的基因和人们制造出来的机器人就有着自己的特殊的规律和特定的行为方式。现代人类不是生活在原始森林中，而是生活在人工“丛林”中。我们生活在其中的世界，大部分是由人工事物组成的。对于许许多多这样的事物，如果离开它们为了人类目的而设计出来的功能，就是无法理解的。假定有一个外星人，来到地球的上空，看到许多笔直的道路、道路上奔跑着的汽车以及汽车上面运送的成吨重的大肥猪之类，是不可理解的。天然的自然界是不会产生出这样的怪物，离开了人的目的以及这些人工物为达到这样目的而设计出来的功能，想用自然因果链来解释它们是不可能的。只有认识到它是人为的以及人为什么为之和怎样为之，再加上认识到它的自然机理，才能理解它们、解释它们。所以它们与自然物分属于不同的世界：天然的世界和人工的世界。天然的世界发展到一定阶段产生出精神状态的世界，而精神状态的世界在一定发展阶段上，又产生出人工的世界。而人工世界一旦产生和发展，它便独立于天然世界，并反作用于天然的自然界，影响甚至可能破坏自然界的生态循环。在讨论当代的科学与技术时，我们需要一个新的世界 3（人工世界）的本体论概念。

3. 科学与技术在处理的问题和回答问题使用的语词方面并不相同

H. 西蒙在《关于人工事物的科学》一书中讲到，“科学处理的问题是：事物是怎样的”（how things are），而技术处理的问题，或“工程师及更一般的设计师主要考虑的问题是，事物应当怎样做（how thing ought to be），即为了达到目的和发挥效力，应当怎样做”。英国某工厂为了解决人造皮革问题，找来了科学家与工程师。科学家，包括物理学家和化学家，他们关心的问题是知识。他们所关心的问题是皮革的结构是怎样的，他们大谈天然皮革的三维空间分子结构是如何复杂，目前如何不能精确描述，所以合成皮革是没有希望的。他们没有考虑人造皮革的目的以及人造皮革应具有什么功能。可是工程师和技术专家却从不同角度提出问题：为了达到人们用皮革来做什么的目的，我们应该制造出一种什么样的材料，使其起到替代比较短缺的天然皮革的作用与功能。同一种人类的目的以及为此要求人造物所具有的功能，可以用各种不同的结构来达到的。这样考虑问题是一种技术思维方式或者说是一种技术精神。同样，对于一项技术来说，例如，一部汽车，设计它的工程师光只了解它怎样运行是无意义的或意义不完全的。因为设计者在设计时并没有这部汽车，它必须研究清楚它的目的与功能以及它应该怎样工作才能达到目的，才是他的有意义的或意义完全的知识。由于科学和技术所问的问题不同，就产生了所使用的逻辑和语言有所区别。在科学中只出现事实判断从来不出现价值判断和规范判断，只出现因果解释、概率解释和规律解释，不出现目的论解释和功能解释，因而它只使用陈述逻辑，而技术回答问题就不仅要使用事实判断而且要做价值判断和规范判断，不仅要用因果解释、概率解释和规律解释，而且要出现目的论解释和功能解释。因此必须要发展出一种决策逻辑、规范逻辑和技术解释逻辑，这就是技术哲学所讨论的技术逻辑有别于科学逻辑的地方。由于问题和回答问题的判断形式以及判断的逻辑有别，在技术中出现了科学中不出现或很少出现的语词。如“目的”、“计划”、“设计”、“实施”、“机器”、“部件”、“装配”、“效用”、“耐用性”、“质量”、“成本与效益”等，这些语词都或多或少与人类目的性概念相关，与科学词语的“价值中立”表示迥然不同。

4. 科学与技术在社会规范上并不相同

科学共同体的基本规范，主要遵循由 R. 默顿总结出来的四项原则：普遍主义（世界主义）、知识公有、无私利与有条理的怀疑主义原则。可是，这四项原则对于技术社会共同体并不完全适用。科学是无国界的，它的知识是公有的、共享的，属于全人类的。可是技术是有国界的，未经公司或政府的许可是不能输出的。技术的知识，在一定时期里（即在它的专利限期里）是私有的，属于个人或雇主的。科学无专利，保密是不道德的，而技术有专利，有知识产权，泄漏技术秘密、侵犯他人的专利与知识产权是不道德的，甚至是违法的。当然，技术共同体与科学共同体也有共同的规范，例如，怀疑精神与创新精神、竞争性的合作精神、为全人类造福的精神即科学利益、企业利益与社会利益不能协调时，社会利益优先原则是新时代的科学精神和科学规范，也是新时代的技术精神和技术规范。

以上讨论的科学与技术的划界问题是从科学与技术的连续统中截取两极用二分法来加以分析的。这并不意味着在现实世界中我们能够将任何一种科技活动都可以作出非此即彼的划分：不是科学活动就是技术活动。设计和创造一个核反应堆，研究铀 235 裂变时放出几个中子，能否造成链式核反应以及由此推算铀 235 爆炸的临界质量是多少，这是科学研究还是技术研究呢？研究某些工厂排放出来的污染物对城市生态环境造成什么影响，在什么程度上是科学研究又在什么程度上是技术研究呢？一种科学仪器的制造是科学活动呢还是技术活动呢？至于科学家和技术家的划分就更不可能有截然的界限了。例如，在科学家与技术家之间基本上有三种典型的人物。一种是波尔和爱因斯坦。他们的主要工作是从事物理学的理论工作，是典型的纯科学家类型。第二种是爱迪生。他的主要工作是从事技术革新和技术发明，在理论上并没有重大建树，他是典型的技术家。第三种是巴斯德。L. 巴斯德既研究了微生物和自然发生论的理论，但又同时坚持不懈地研究了酿酒业中的发酵问题，从而为法国酿酒业的发展做出贡献，并长期研究了蚕病的原因和解决方法从而“拯救法国的丝绸工业”。他提出了人类疾病的病菌说这个基本理论，却同时又是伟大的医生，治好了2 500个狂犬病人。他还获得了巴斯德消毒法的专利，但他为大众的利益而放弃了。像美国的奥本海默也属于巴斯德的行列。所以科学与技术，科学家与技术家和工程师，本来就是一个交集，是相互区别的又是相互联系的。不过值得注意的是，这个交集彼此都不能覆盖对方的核心部分，否则科学与技术便融为一体。在科学与技术的划界问题上，可以采取“建构型非本质主义”的立场。

科学与技术，在19世纪末有两极分化的趋势。从科学方面看，越来越脱离实际进入抽象的想象空间。19世纪末20世纪初发展起来的相对论和量子力学，以及与此相联系的宇观物理学和微观物理学，好像离技术的应用很远很远；而另一方面，技术家们特别是一批爱迪生们，发展了自己的工业、自己的专业组织和自己的社会规范，他们被科学家们看做“肮脏的人”，而他们却把科学家们看做“古怪的人”，好像要与科学相抗衡。可是发展到20世纪40年代和50年代，那些最抽象的理论取得了最实际的应用，如原子弹的爆炸和原子能的开发就是一个最明显的例子。特别是这时兴起了第二次工业革命，科学与技术密切结合起来：新的工业革命引进了以科学为基础的技术。新的产业普遍建立工业实验室或研究与开发（R&D）中心。世界上各种各样的大公司雇用了大批的科学家为技术服务。

这时，一些科学哲学家和科学社会学家开始建立技术发展的线性模型。他们将技术看做科学的应用或应用科学。他们认为，只要科学问题解决了，在技术上或迟或早地总会得到应用，从而推动经济发展。这个模型叫做科学→技术→经济发展的线性模型。这个模式的缺点是：忽略了现实生活中有许多技术上的发明与创新并不来自科学的新发现或科学理论的启示，而是来自经验性的或半经验性的发现以及来自技术知识的积累。技术知识独立于科学，有它自己的生命。在英国，X射线发现后，还不知道它是什么东西，在科学上当它还是个X的时候，就已经为美国医院用于透视了。大多数的中药，在科学上还搞不清楚它的成分、结构与机理的情况下，早就用来治病了。这些都是K. Kornwachs所说的“know how without know why”这些都不符合线性模式。从这里可以看出自然科学理论是不是技术知识的核心这个问题本身都是值得研究的，科学本身是不是总是技术的先导本身也值得讨论。

从发现（包括科学的发现）到技术上实现和经济上可行是一个极为复杂的过程。其中有许多中间的环节对于技术的目的，即制造人工的事物（人工装置、人工过程和人工状态）以满足人类需要来说，很可能是关键的东西，比起科学发现来说更为重要。在科技投资中有70%的投资用在这里而不用于基础科学和科学发现的研究。例如，在中国要将人送上月球，所要解决的问题主要不是科学问题，而是技术问题与经济问题。又如，在科学与技术的历史上，在弗莱明和钱恩发现了青霉素和D. 霍奇金查明它的分子结构之后，要能大量生产出一种实用的青霉素药物，在英国足足花了100万英镑，要解决的问题主要不是科学问题而是技术问题，即如何大规模合成青霉素的衍生物氨苄青霉素问题。1926年H. 斯托丁杰弄清了“塑料”的分子结构后经过十多年的努力，花费了二千多万美元才大批生产尼龙纤维。主要技术问题是如何设计和制造出一套高工艺的生产流程和化学方法生产尼龙材料和拉出尼龙纤维。所有这些都又表现出而且从动态上表现出，技术过程本身具有自己的区别于科学的独立生命，它自身的发展模式和自身发展规律。线性科技发展模型恰好忽略了技术的独立自主性。

20世纪90年代，技术哲学研究有了相当的发展，一些技术哲学家不满科技发展的线性模型提出了科学发展和技术创新的多种模式和非线性模型。较有影响的是W. G. 文森蒂（W. G. Vincenti）关于技术开发过程的设计概念和A. 里普（Arie Rip）关于科技发展的双分支模型（two-branched model）。他们的工作表明，技术哲学从技术的认识论结构及其发展规律性的研究中生发出来。

技术有自己区别于科学的独立生命，因而技术活动的过程有自己独特的范畴。技术活动就是人类有目的地创造人工事物的设计、制造与操控的过程。技术开发与科学探索活动不同，科学研究从科学问题开始，为解决问题解释现象而提出假设，再对假说进行经验的检验与理论的评价，从而提出新问题，构成一个研究周期；但是技术开发从技术问题（满足一种需要或实现一种预期）开始，并不是提出假设而是提出各种不同的设计，然后对不同的设计进行模拟与检验、评价与选择进而加以实施或制造，从而提出新技术问题。在这个技术开发过程中，设计是一个关键的概念。美国斯坦福大学W. G. 文森蒂教授在1990年出版的著作《工程师知道什么和他们怎样知道的》一书中和1992年出版的《工程知识，设计形式及其等级层次》一文中指出，常规设计是工程事业的主要部分，这样大量的和广泛的活动，如果没有认识论的重要性，是很反常的。常规设计有两个基本的概念：一是操作原理。它说明“某个装置是怎样工作的”即“它的特征部分怎样在组合成统一的操作中实现它的特别功能以达到所追求的目标”。飞机设计的操作原理就是由燃料推动和空气阻力引起的上升力与这种运载工具的重力之间的平衡原理。二是常规型构。它说明“这个装置的形状与组织像什么”，才能最好地实现操作原理。例如，飞机的型构就是前方引擎，尾部方向舵以及双翼或单翼等。文森蒂说“操作原理与常规型构提供了区别于科学，知识的工程之最为清晰的实例。它是可分析的，在某种情况下，它甚至是由科学发现所触发的，但这些科学发现决不包含它也不描述记录它。波罗尼说‘科学的力学知识并不告诉我们机械是什么。’操作原理与常规型构通常是由发明家或工程师的洞察与经验的附加行动引起的。”当然现代技术是以科学为基础的技术，对操作原理和常规型构，是应该并且可能给出科学原理的解释。但运用科学原理和科学规律对技术原理和技术功能的解释决不是亨普尔和奥本海默的DN模型，从know why是不能推出

know how 的，这就必然有区别于科学解释的技术解释的模型、结构与逻辑，有许多技术哲学家正在进行这方面的研究。文森蒂以及其他技术哲学家关于技术认识论不同于科学认识论，设计知识不同于科学知识的论述，技术解释不同于科学解释这些命题，可以用上节我们讨论过的人工世界不同于天然世界，它们分属于两个世界的观念加以解释和推出。

由于技术活动有自己的独立历程，因此，至少可以将科学发展和技术开发看做是研究过程的两个分支。A. 里普在他的《作为舞伴的科学与技术》一文中提出了他的科技双分支模型。他说："这里我们将发现作为未被分析的范畴。"由这个源头出发，分出两种不同的活动：①开发（技术开发，过程控制以及反馈等）。②探索。它旨在通过科学研究增长理解。探索所得到的洞察，有时可以用以协助和改进开发（解难，理性化）以及协助"技术范式的转换"。X 射线的研究与开发，青霉素的研究与开发，中医药的研究与开发等都大体符合这个模型。A. 里普在这基础上讨论了科学与技术的协同进化。

有学者在此基础上进一步研究认为，单从技术的活动来看，它与科学协同至少有四种方式：①科学理论导向型：即先有基础理论的解决，然后有应用的研究才导致技术的开发。原子弹的研究就是这种形式。量子力学和核物理的研究解决了原子核的结构问题，放射性元素原子核辐射的应用研究解决了铀 235 发出中子的链式反应问题，随后指导原子弹的技术开发。②社会需要导向型或技术需求导向型：蒸汽机的发明与改进就是这种形式，矿井抽水的需要推动了纽可门蒸汽机的出现。瓦特对纽可门机的改进。热力学和热功效率的科学研究帮助蒸汽机进一步改进与发展。③现象发现导向型：X 射线的发现及其在医学上的应用，青霉素的发现以及人工合成氨苄青霉素的技术开发都属这个类型。④日常改进型。一些重要的产品，例如，汽车、电脑或电视，每年从外观到结构上，都有一些修修改改的改进。这些改进主要由技术自己进化的逻辑导致，无需科学的进步来加以促进，只需已有一些科技知识就够用了。

由此导出技术开发的四种模式。①科学理论导向型，由理论问题的解决引出技术上的应用，在它的进一步发展中继续需要科学探索的支持。这支持或"理性化"用⇢表示。②社会需要导向型，由社会需要推动技术问题的提出和解决。在这个过程的一定阶段上，科学的支持起着重要作用。③现象发现型。这个现象发现，可以是科学家发现的，也可以是技术家或其他人发现的，作为技术开发的出发点。④日常改进型。从技术的日常问题开始，通过常规的设计改进工艺，改进的解决步骤对技术加以改良。

科学与技术的协同，还可以从科学活动来加以分析。科学怎样在技术的促进下与技术协同进化呢？科学的发展模型也可以参照技术活动的四种方式来对称地加以分析。

（1）技术促进型。由于技术问题的解决为科学提供可观察材料和实验手段促进科学发展。例如，望远镜的发现促进哥白尼太阳系学说的提出和发展，当代射电型望远镜促进宇宙学中天文规律的发现。英国19世纪动物饲养家和植物育种家的人工选择技术促进达尔文物种起源的提出。

（2）社会需要促进型。技术发展迫切需要科学的介入进行解难从而引起科学的发展。例如，蒸汽机热级效率问题得不到解决而引起热力学理论的产生和发展。各种遗传疾病的治疗困难推动了基因科学的发展。

（3）现象导引型。天然的和实验室中自然现象的发现推理科学理论的发展如X射线、镭放射性等射线发现促成原子物理学的产生与发展。

（4）科学自我完善型。仅仅由于科学自身的问题提出和解决而引起科学理论的发展。例如，卢瑟福原子模型的自身矛盾导致波尔原子模型的出现。这样，在科学探索的长河中，同样存在类似的四条科学发展线。

哈维·布鲁克斯将科学与技术发展比喻为两条河流，他说："将科学与技术的关系看做两个积累的平行的河流更好，两者有许多独立之处和交叉联系，而它们的内在联系比交叉联系更强得多。"由于科学与技术之间相互促进的联系密切，我们也可以分析科学发展线和技术发展线之间的相互关系，将它们看做如同基因结构那样的双螺旋线。对于这个科技双螺旋线之间的联系应该怎样进行理解呢？日本科学社会学家西山田志和一吉那仁提出一个"橄榄球比赛"模型。科学与技术好像是一个橄榄球队各个成员，他们作为一个团球向前奔路，彼此相互传球，有时向前，有时向后，认识、应用、研究、开发、生产、销售彼此是重叠的，在相互传递中攻入科技的大门。

科技协同发展的分析为技术哲学的研究提供了重要课题。它说明了技术的发展如同科学发展一样，有其自身独特的内在逻辑，而彼此之间又密切关联着。技术哲学必须研究技术发展的独特的认识论结构和独特的认识过程以及技术的认识过程与其他文化，特别与科学文化发展的关系。

有学者认为，中国当前的技术哲学要重点关注技术知识论和技术逻辑的研究。技术哲学除了技术哲学的对象与方法这些元技术哲学问题外有下列六个方面的内容：

（1）技术的定义和技术的本体论地位。技术是人类的一种特殊的活动，还是人类的一种特殊的知识体系，还是各种人造物的集合呢？还是三者都是呢？技术与自然和社会的关系如何？它是人们的一种工具，还是压倒所有传统与价值的自主的文化力量呢，还是它是一种并非价值中立的社会的建构呢？我们应该以应用工具的观点看他还是用实质的观点看它，还是用批判主义的观点看待它呢？我们是否需要创造一个新的"世界3"的概念来说明技术及其人工事物的本体论地位呢？这些问题都是属于这个方面的研究内容。

（2）技术认识程序论。技术认识程序可否设想为：①技术问题的提出。②设计方案的制定，包括设计与蓝图、比例模型、样机产品等。③技术评价与检验。④计划、实施与改进。运用技术史来研究技术程序时，波普尔的知识增长公式（$P$—TT—EE—$P'$），系统工程的认识程序论可作为我们研究的参考。霍尔（A. D. Hall）的系统工程方法论详细讲解了解决工程问题过程的时间维度和逻辑维度，指出工程的设计实施过程，从逻辑上分析有六个程序：①问题定义。②目标选择。③系统综合。④系统分析。⑤最优系统选择。⑥计划实施。霍尔的论文首次刊于《技术哲学文献》（1969）中。它原本就属于技术哲学的范畴，不过在研究技术认识程序时，特别需要讨论的是技术问题的产生与分类与科学问题的产生和分类有何异同。讲求功效的技术评价标准与求真的科学评价标准有何异同。

（3）技术知识结构论：主要是设计形成的机制。设计与经验和背景科学知识、背景工程知识的关系。设计的检验标准以及设计与实施的等级层次。技术知识的逻辑推理结构等问题。在考虑与研究这些问题时，逻辑经验论的理论结构和解释模型可供参考。H. A. 西蒙的《关于人工事物的科学》所提供的设计方法论和逻辑，P. 克洛斯（Kroes）提出了技术解释的结构功能模型（1998）和 K. 康沃斯（Kornwachs）提出的技术推理的形式理论（1998）使技术知识的逻辑结构的研究，建立了初步的技术知识结构论。

（4）常规技术与技术革命：考察常规技术的范式。它的操作原理和常规型构以及技术创新和技术革命的认识机制与规律，在讨论这些问题时，库恩的科学革命的结构和拉卡托斯的科学研究纲领方法论可供参考。

（5）技术与文化，特别考察科学文化与技术文化之间的关系以及它们是怎样协同进化的。

（6）技术价值论与技术伦理学。这是我国科学哲学和技术哲学研究者讨论较多的问题。C. 米切姆的《技术哲学概论》侧重于技术伦理学的技术哲学。侧重于技术认识论的著作如 F. 拉普编的《技术哲学文集：技术科学的思想结构研究》（1974）、W. G. 文森蒂的《工程师知道什么以及他们怎样知道的》（1990）以及邦格的《科学与技术哲学》（1985）是研究技术哲学的重要文献。

## 第二节　技术系统

从系统观的角度分析，技术是一个不断变化中的体系。对技术的分类可以也应该是多样的。技术分类与目标、原则、标准和属性都有关，涉及主体倾向、社会认同、学界规范和对象特征多方面因素。技术分类不存在固定不变且普遍适用的标准。由于技术为社会环境大系统制约，技术特点与社会发展阶段和社会发展理论有一定的相关性，因而技术分类与社会学、人类学、心理学、历史学、文化学、政治学、经济学等理论体系密切关联。由于对技术本身的理解和对技术与社会关系的理解不同，技术在同一个时代的不同国家也有不同的分类标准。

从时间上划分，大体可以历时态地将世界各国的技术发展类型分为古代技术、近代技术、现代技术和当代技术。古代技术一般指 17 世纪以前的主导技术形态，这一时期的技术以材料加工为主要特征，其内部发展又分为石器技术、青铜器技术、铁器技术等阶段；近代技术一般指 17 世纪至 19 世纪末工业革命时期的技术形态，这一时期的技术体系内部分为蒸汽机技术、电力技术、机械技术、冶炼技术、化工技术、交通技术等门类；现代技术一般是指 19 世纪末至 20 世纪中期的世界主流技术形态，这一时期的技术体系是以原子能技术、电子技术、航空技术、制造技术为主干；当代技术一般是指 20 世纪 60 年代以来的前沿技术形态，主要是指信息技术、生物工程技术、航天技术、新能源技术、新材料技术、海洋技术和环境技术。从时间上作历时态划分时，在技术的实际展开上，多数技术发展阶段中技术的具体类型与具体形态都呈现出同时性与交叉性。

按技术具有自然属性与社会属性来划分，可以将技术分为自然技术与社会技术。自然技术指主要用于处理自然物或者人工自然物的技术体系类型，分为实验技术、专业技术和工程技术三类，对应于基础科学、技术科学和应用科学。实验技术是利用人工装置在可控条件下，模拟或者再现自然过程和现象，如化学实验技术、物理实验技术、生物实验技术等。专业技术是按学科门类区分，面向产业应用的专门化技术体系，如能源技术，计算机技术、激光技术等。工程技术是各类产业部门实际使用的技术体系，如栽培技术、建筑技术、过滤技术等。社会技术是指被主要用于人类社会生存、发展、管理、协调的技术体系类型。社会技术按不同社会标准划分有军事技术、管理技术、教育技术、医疗技术、商业技术、规划技术等。一般情况下，技术主要是指自然技术。

按物质基本运动形式划分，可将技术分为力学、物理学、化学、生物学，对应于机械运动、物理运动、化学运动和生物运动。这种分类还暗含了机械技术、物理技术、化工技术和生物技术由低级向高级形态演化与发展的顺序。

按生产过程来划分，可将技术分为采掘技术、材料技术、机械技术、建筑技术、交通技术、通讯技术和动力技术等；按技术占有性质来划分，还可分为专有技术、专利技术、共性技术等；按与主流技术的关系，可分为主流技术、交叉技术、边缘技术、前沿技术等；按技术的复杂程度，可分为一般技术、高新技术等。

钱学森曾提出过一个现代科学技术体系的构想。他认为现代科学技术体系，包括一个马克思主义哲学、九大部门、九架桥梁。他说："这个现代科学技术体系的结构是：在最高概括的马克思主义哲学下，分若干个大的科学部门，暂时有九个大部门。每个部门又有三个层次，一个基础理论学科层次，一个应用理论学科层次，和一个应用业务性或工程技术层次。每一个大部门也有它自己的哲学概括，可以说成是这一部门过渡到马克思主义哲学这个殿堂的桥梁。这些部门的概括也可以认为是马克思主义的基石。这九大部门及其哲学概括是：自然科学和自然辩证法、社会科学和历史唯物主义、数学科学和数学哲学（元数学）、系统科学和系统论、思维科学和系统论、人体科学和人天观、军事科学和军事哲学、行为科学和社会论、文艺理论和马克思主义美学。文艺理论这个大部门看来只有一个基础理论学科层次，因为文学文艺的创作属艺术和技巧，不算是科学。”

钱学森以研究或看问题的角度不同来区分科学部门。他将科学分为九个部门，即自然科学、社会科学、数学科学、系统科学、思维科学、人体科学、军事科学、行为科学和文艺理论。他说部门之分在于学科研究对象之不同，也在于研究或看问题的角度不同，对象只有一个，即整个客观世界，人也是客观世界的一部分。那么，什么是不同角度呢？自然科学用的角度是物质运动，社会科学用的角度是人类社会的发展运动，数学科学用的角度和量的对立统一、质和量互变，系统科学用的角度是系统或整体与局部的统一，思维科学用的角度是人认识客观世界的过程，人体科学用的角度是人体，军事科学用的角度是武装集团之间的斗争，行为科学用的角度是研究个人行为的规律，文艺理论用的角度是美。钱学森的这种划分的办法，既说明了科学的各个部门都是以整个客观世界作为自己的研究对象，它们是相互联系的；又注意了各个学科是从各自不同的角度来研究客观世界的，它们又是相互区别的。

另外，科学的九个部门，除文艺理论外（因文学艺术的创作属艺术和技巧，不算科学），其他八个部门都有基础科学、技术科学和工程技术三个层次：前者是基础理论，后者是实际技术，中间是应用科学。这种部门的横向结构，代表着不止一个或几个部门的结构，而是全部现代科学技术所共有的，是共性，是整体结构。钱学森认为，既然九大部门有着共同的层次结构，因此，关于科学体系分九大部门的构想是合理的。他认为，从每一个部门到马克思主义哲学都有一架桥梁。从自然科学到马克思主义哲学的桥梁是自然辩证法，从社会科学引出的桥梁是历史唯物主义，数学科学的是数学哲学，系统科学的是系统论（有别于“一般系统论”，也有别于“三论”），思维科学的认识论，人体科学的是人天观，军事科学的是非曲直军事哲学，行为科学的是社会论，文艺理论的是美学。

技术体系内部是由各不相同的子系统组成的。

**例 8-1** 中国农业技术体系。

2001 年新华社报道，今后 15 年，我国农业科技将优先发展 8 大关键技术体系，全面提升我国农业生产质量与水平。

8 大技术体系的具体内容是：①发展以提高农产品单产和综合生产能力为目标的增产技术，重点发展粮棉等优质高产多抗新品种及产业化技术，主要作物优质高产种植技术，生物灾害控制技术，畜禽水产新品种选育与集约化养殖技术。②发展以提高农产品质量和市场竞争能力为目标的优质技术，重点是主要农产品优质品种应用及产业化，无公害优质清洁农业技术开发，动植物品质生理、品质遗传改良等方面的关键技术，建立起与国际接轨的质量标准体系。③发展以提高农民收入和农业整体经济效益为目标的高效技术，发展高附加值畜禽水产品加工技术、农产品精深加工技术、果品蔬菜等贮藏保鲜技术，为广大农村不断提供先进适用、操作简易、成熟可靠的技术。④发展以生物技术、信息技术为重点的农业高技术，大力开展以提高动植物抗性和质量水平的转基因工程技术、酶工程技术、生物降解技术、微生物利用技术、动物基因疫苗等研究，并使其实用化、商品化、产业化，大力提升我国的农业科技水平。⑤发展为区域农业经济发展提供综合配套的支撑性技术，重点开展区域农业综合配套技术，包括技术工程化、规模化、实用化以及市场流通环节的研究与开发，为充分发挥我国不同区域和不同生态优势条件的有效利用和经济发展提供科学技术保障。⑥发展以保持农业资源高效永续利用以及加强环境保护的关键技术。⑦发展以提高现代物质投入水平为目标的农用工业技术。⑧发展以加强农业可持续发展能力为目标的基础性建设技术。

**例 8-2** 激光技术体系。

世界上第一台激光器诞生于 1960 年，我国于 1961 年研制出第一台激光器，40 多年来，激光技术与应用发展迅猛，已与多个学科相结合形成多个应用技术领域，如光电技术、激光医疗与光子生物学、激光加工技术、激光检测与计量技术、激光全息技术、激光光谱分析技术、非线性光学、超快激光学、激光化学、量子光学、激光雷达、激光制导、激光分离同位素、激光可控核聚变、激光武器，等等。这些交叉技术与新的学科的出现，大大地推动了传统产业和新兴产业的发展。

激光加工技术是利用激光束与物质相互作用的特性对材料（包括金属与非金属）进行切割、焊接、表面处理、打孔、微加工以及做为光源，识别物体等的一门技术，传统应用最大的领域为激光加工技术。激光技术是涉及光、机、电、材料及检测等多门学科的一门综合技术，它的范围一般可分为：

①激光加工系统。包括激光器、导光系统、加工机床、控制系统及检测系统。②激光加工工艺。包括切割、焊接、表面处理、打孔、打标、画线、微调等各种加工工艺。③激光焊接：汽车车身厚薄板、汽车零件、锂电池、心脏起搏器、密封继电器等密封器件以及各种不允许焊接污染和变形的器件。④激光切割：汽车行业、计算机、电气机壳、木刀模业、各种金属零件和特殊材料的切割、圆形锯片、压克力、弹簧垫片、2mm 以下的电子机件用铜板、一些金属网板、钢管、镀锡铁板、镀亚铅钢板、磷青铜、电木板、薄铝合金、石英玻璃、硅橡胶、1mm 以下氧化铝

陶瓷片、航天工业使用的钛合金等。⑤激光打标：在各种材料和几乎所有行业均得到广泛应用。⑥激光打孔：激光打孔主要应用在航空航天、汽车制造、电子仪表、化工等行业。⑦激光热处理：在汽车工业中应用广泛，如缸套、曲轴、活塞环、换向器、齿轮等零部件的热处理，同时在航空航天、机床行业和其他机械行业也应用广泛。我国的激光热处理应用远比国外广泛得多。⑧激光快速成型：将激光加工技术和计算机数控技术及柔性制造技术相结合而形成。多用于模具和模型行业。⑨激光涂敷：在航空航天、模具及机电行业应用广泛。

**例 8-3**　21 世纪航空前沿技术体系。

为了准确把握未来航空技术的发展趋势，促进我国航空技术的跨越式发展，2001 年 5 月～2002 年 2 月，中国航空工业发展研究中心对 21 世纪的航空前沿技术进行了全面研究，在重点分析 40 项航空前沿技术的创新性、实用性、技术可行性和经济可行性的基础上，选出了 10 项最有发展潜力的航空前沿技术，以下是这些航空前沿技术概况。

（1）飞机一体化设计技术。

（2）高超声速技术。

采用吸气式发动机的飞行器无需自带氧化剂，可直接从大气中吸取氧气，依靠气动力飞行，使用碳氢燃料时比冲可达 10 000～40 000m/s，有效载荷大，飞行成本低，可控能力强，安全性好，并可长时间重复使用。

（3）高超声速推进系统技术。

（4）多电/全电发动机技术。

（5）先进主动流动控制技术。

（6）射频综合技术。

（7）虚拟座舱技术。

（8）机载激光武器系统技术。

（9）纳米复合材料技术。

（10）微机电系统及其制造技术。

## 第三节　高新技术

高新技术是一个变动的概念，具有相对性，从侧重于技术创新层次与水平上看，有时也称为高技术。世界各国对高新技术没有统一的认定标准与定义。

根据中国国家级高新技术成果认定的操作实际，高新技术主要有如下含义：①高新技术成果应体现技术密集和智力密集的特征，具有创新性、高渗透性和强辐射性；能够推动传统产品更新换代或有助于产业结构的调整、开拓新型产业；有条件进入国际市场或替代进口产品；②高新技术成果的技术指标应超过或达到国内先进水平；③高新技术成果应能够形成规模生产或产业化，并能产生明显的经济效益和社会效益。

20世纪末开始，中国国家科技管理部门通常在下列范围内认定高新技术：①微电子技术和电子信息技术；②空间和航空航天技术；③光电和光机电一体化技术；④生命和生物工程技术；⑤新材料技术；⑥新能源、高效节能技术；⑦生态和环境保护技术；⑧地球和海洋工程技术；⑨基本物质和辐射技术；⑩医药和生物医学工程；⑪其他在传统产业基础上应用的新工艺、新技术。

国家规定，申请认定高新技术成果必须同时具备以下条件：①属于科技部颁布的高新技术范围；②已经通过科技部或省级科技管理部门的认定；③为企业主营产品的核心技术；④技术成果的出资者对该项技术合法享有出资入股的处分权，保证公司对该项技术的财产权可以对抗任何第三人；⑤出资入股的高新技术成果需由经工商行政管理机关登记注册的评估机构作价。

高新技术成果认定的程序我国各地略有不同，一般程序为：

（1）完成高新技术成果的评价。申请认定的高新技术成果，首先需完成由合法的评估机构对该项成果进行的评估作价，国有资产的评估结果还需完成国有资产管理局对评估结果的确认。

（2）提交高新技术成果认定申请。已完成评估和确认的高新技术成果，需填写申请书，并提交下列文件：①技术成果出资申请书：载明技术成果的权力状况，使用权的出让情况及其实施效果。②出资人对该项成果享有权力的证明文件，包站专利证书、成果获奖证书、软件登记证书、植物新品种登记证书、专利权受让合同、技术合同等有关法律文件或鉴定证书。③技术入股意向书，以及公司实施该项成果的立项批文或投产计划。④技术成果价值评估报告和确认书。⑤其他相关证明文件。

（3）审核及认定。鉴定机构一般为国家省级以上科技管理部门，在接到材料齐全的申请后的若干工作日内完成审核，发给高新技术成果认定书，各项目持有单位凭认定书到工商行政管理局办理有关登记手续。

863计划是中国实施的较为成功的高新技术战略。通过对863计划的分析，可以从国家技术战略的层面了解我国高新技术发展的基本思路与基本管理方法。

20世纪80年代以来，以信息技术、生物技术、新材料等技术领域为中心的新的技术革命浪潮有力地冲击着全球，对全球生产力的发展，人类创造力的发挥，产生了巨大的影响，引起了经济、社会、文化、政治、军事等各方面深刻的变革。高技术及高技术产业成为国与国之间，特别是大国之间竞争的主要手段。技术发展的事实证明，谁掌握了高技术，抢占到科技的“制高点”和前沿阵地，谁就可以在经济、政治、社会发展战略上更加主动。因此，世界重要国家都把发展高技术列为国家发展战略的重要组成部分，集中投入大量人力、物力与财力。

1983 年美国提出了“战略防御倡议”（即星球大战计划），随后欧洲提出了“尤里卡”计划，当时的经互会成员国提出了“2000 年科学技术进步综合纲要”，日本提出了“今后十年科学技术振兴政策”等。这些国家与组织着眼于 21 世纪的战略高度提出了特定领域技术发展规划的设想并组织了实施，对世界技术格局和政治、经济发展格局产生了重大影响。此时，我国的经济和社会发展面临着许多重大问题，如人口、粮食、能源、环境等，迫切需要高技术的突破和应用。作为发展中国家，如何适应世界高技术发展日新月异的新形势，积极跟踪世界先进水平，缩小与国际主要发达国家的差距，成为一个重要的技术发展战略问题。能不能发挥中国社会制度的特长，集中力量，在有限的高技术领域内重点部署工作，对促进中国经济和社会的发展，保证中国国家整体安全，以科技现代化促进国防、工业、农业现代化，提高企业技术升级具有长远的重大意义。

1986 年 3 月 3 日，王大珩、王淦昌、杨嘉墀、陈芳允四位长期工作在国防高技术领域的老专家给中共中央写信，提出要跟踪世界先进水平，发展我国高技术的建议。这封信得到了邓小平的高度重视，他亲自批示：此事宜速决断，不可拖延。从此，中国的高技术研究发展进入了一个新阶段。为了使这一计划切实可行，将风险减少到最低限度，在此后的半年时间里，中共中央、国务院组织 200 多位专家，研究部署高技术发展的战略，经过三轮极为严格的科学和技术论证，中共中央、国务院批准了《高技术研究发展计划（“863”计划）纲要》。由于科学家的建议和邓小平的批示都是在 1986 年 3 月作出的，这个计划被命名为“863”计划。

我国是一个发展中国家，在较长时期内，还没有条件投入大量人力、物力、财力，去全面大规模地发展高技术，不可能也没有必要在世界范围内同发达国家开展争夺高技术优势的全面竞争. 因此，863 计划从世界高技术发展趋势和中国的需要与实际可能出发，坚持“有限目标，突出重点”的方针，选择生物技术、航天技术、信息技术、激光技术、自动化技术、能源技术和新材料 7 个领域 15 个主题作为我国高技术研究与开发的重点，希望通过 15 年的努力达到下列目标：

（1）在几个最重要高技术领域，跟踪国际水平，缩小同国外的差距，并力争在我国有优势的领域有所突破；

（2）培养新一代高水平的科技人才；

（3）通过伞形辐射，带动相关方面的科学技术进步；

（4）为 20 世纪末和 21 世纪初中国经济发展和国防建设奠定比较先进的技术基础，并为高技术本身的发展创造良好的条件；

（5）把阶段性研究成果同其他推广应用计划密切衔接，迅速地转化为生产力，产生经济效益。

与国际上其他国家高技术发展计划相比，我国的 863 计划具有如下几个特点：

（1）作为发展中国家的高技术计划，确定了相当有限的领域和目标，而且主要围绕经济发展和提高人民生活水平进行部署；

（2）在高技术基础比较落后的情况下，虚心学习国际上的一切有效的经验和先进技术，积极倡导国际高技术研究与发展的交流和合作；

（3）863 计划的施行由政府主导，同时鼓励企业的参与。

863 计划在整体框架设计上选择了对我国发展有重大影响的 7 个高技术领域。同时，根据世界高技术发展的变化在实施过程中做了适当的动态调整。1993 年通信技术作为一个主题列入 863 计划。1991～1995 年，分别将水稻基因图谱、航空遥感实时传输系统、HJD－04 型大型数字程控交换机关键技术、超导技术和海洋技术作为专项纳入 863 计划。1996 年 7 月，将海洋高技术作为 863 计划的第八个领域。至此，863 计划共有八个领域、20 个主题。

这些领域与主题分别是：

（1）生物技术领域。

①优质、高产、抗逆的动植物新品种主题（101）；

②基因工程药物、疫苗和基因治疗主题（102）；

③蛋白质工程主题（103）。

（2）航天技术领域（两个主题）。

①性能先进的大型运载火箭（204）；

②和平目的空间科技的研究与开发（205）。

（3）信息技术领域。

①智能计算机系统主题（306）；

②光电子器件和光电子、微电子系统集成技术主题（307）；

③信息获取与处理技术主题（308）；

④通信技术主题（319）。

（4）激光技术领域（三个主题）。

高性能和高质量的激光技术成果应用于生产带动脉冲功率技术、等离子体技术、新材料及激光光谱学等技术科学的发展。

（5）自动化技术领域。

①计算机集成制造系统主题（CIMS）（511）；

②智能机器人主题（512）。

（6）能源技术领域。

①燃煤磁流体发电技术主题（613）；

②先进核反应堆技术主题（614）。

（7）新材料领域。

高技术新材料和现代科学技术主题（715）。

（8）海洋技术领域。
①海洋探测与监视技术主题（818）；
②海洋生物技术主题（819）；
③海洋资源开发技术主题（820）。
（9）专项。
①水稻基因图谱；
②航空遥感实时传输系统；
③HJD－04E 型大型数字程控交换机关键技术；
④超导技术；
⑤高技术新概念新构思探索。
863 计划是分阶段实施的，“八五”期间共有 23 项重大项目：
（1）重大关键技术项目。
①两系法杂交水稻技术；
②抗虫棉花转基因植物；
③恶性肿瘤等疾病的基因治疗技术；
④大规模并行计算；
⑤光纤放大器及泵源；
⑥2.16m 红外自适应光纤传输系统；
⑦2.4GB/S SDH 高技术光纤传输系统；
⑧航空遥感实时成像传输处理系统；
⑨基于 STEP 的 CAD/CAPP/CAM；
⑩6 000m 水下自治机器人；
⑪10MW 高温气冷实验堆；
⑫双层浑光离子渗金属技术；
⑬金刚石膜制备技术及应用。
（2）重大成果转化项目。
①基因工程多肽药物；
②两系法杂交水稻的示种示范；
③曙光计算机；
④大功率激光器及其应用；
⑤企业的 CIMS 推广计划；
⑥机器人自动化示范工程；
⑦高性能低温烧结多层陶瓷电容器；
⑧氢镍电池及其相关材料。
863 计划在“九五”期间设有 27 项重大项目：

(1) 两系法杂交水稻；
(2) 抗虫棉花等转基因植物；
(3) 生物技术药物；
(4) 重大疾病相关基因的研究；
(5) 恶性肿瘤等疾病的基因治疗；
(6) 动物乳腺生物反应器；
(7) 超级服务器的研究与开发；
(8) 国产服务器应用系统；
(9) Internet/Intranet 应用软件开发平台及其示范工程；
(10) 量子阱 DFB 激光器实用化目标产品；
(11) 实用型模块化成像光谱仪系统研制；
(12) 码分多址（CDMA）蜂窝移动通信系统开发；
(13) 8×2．5 Gb/s SDH 波分复用实验系统；
(14) 计算机集成制造系统（CIMS）推广应用；
(15) 10MW 高温气冷实验堆；
(16) 快中子实验堆（中国实验快堆）；
(17) 镍氢电池产业化开发；
(18) 高性能片式电子元件及材料；
(19) LED 外延材料；
(20) 人工晶体及全固态激光器；
(21) 有机光导鼓；
(22) 高档稀土永磁铷铁硼及其应用；
(23) 金刚石膜及其应用；
(24) 光盘级聚碳酸酯；
(25) 海洋环境立体监测系统技术和示范试验；
(26) 海水养殖动物的多倍体育种育苗和性控技术；
(27) 莺琼大气区勘探关键技术。

在课题项目实施的同时，863 计划进行了国家级高技术研发基地与国家重点实验室的建设，主要有：

(1) 863 计划资助建设的研究开发基地。

①基因工程疫苗联合开发中心；
②基因工程药物联合开发中心；
③国家智能计算机系统研究开发中心；
④国家光电子工艺中心；
⑤国家 CIMS 工程研究中心；

⑥国家储能材料研究开发中心；
⑦微组装中试线。
（2）863计划资助建设的重点实验室。
①基因图谱实验室；
②大规模集成电路设计实验室；
③CIMS设计自动化工程实验室；
④CIMS工艺设计自动化工程实验室；
⑤CIMS柔性制造工程实验室；
⑥CIMS网络与数据库工程实验室；
⑦CIMS管理与决策信息工程实验室；
⑧CIMS重量系统工程实验室；
⑨CIMS系统技术工程实验室；
⑩人工智能在机器人中应用实验室；
⑪智能机器人知觉实验室；
⑫智能机器人控制理论与方法研究实验室；
⑬智能机器人机构研究实验室；
⑭机器人装配系统实验室。

除了实行国家重点实验室制度外，863计划还首次在我国科研项目组织上实行了首席科学家责任制，使一批优秀的科技专家在项目总体设计与过程管理上起了核心作用。通过一系列的技术管理创新，863计划实施后，总体上达到了国家原定的目标。863计划在国民经济与社会发展中发挥了重要作用。十年后，1997年我国在863计划的基础上，加深了对当代世界前沿科技发展现状与趋势的认识，及时地实施了973计划，扩大了研究领域，加强了过程管理，更具有前瞻性、战略性，成为中国21世纪初的重要技术支柱。

# 技术理念

## 第一节　技术哲学

与科学相比，技术进入哲学的视野较晚。1877 年德国哲学家 E. 卡普（E. Kapp)提出“技术哲学”（philosophie der technik）一词，以 20 世纪 70 年代下半期三个事件为标志，技术成为哲学的关注中心之一：不定期的《哲学和技术通讯》（*Philosophy and Technology Newsletter*）（1975 年至今）、年刊《哲学和技术研究》（*Research in Philosophy and Technology*）（1978 年创刊，1986 年起更名为《哲学与技术》以及哲学和技术学会（*Society for Philosophy* and Technology，SPT）创立（1978 年）。

技术哲学有两个主要流向：工程的技术哲学（engineering philosophy of technology）和人文的技术哲学（humanities philosophy of technology）。卡尔·米切姆（Carl Mitcham）说：工程的技术哲学始于为技术辩护，或者说始于分析技术本身的本质——它的概念、它的方法、它的认知结构和客观表现。然后，它致力于发现人类事物中到处体现出来的自然，并且实际上试图用技术来解释非人世界和人类世界。工程的技术哲学用技术的依据和范型来追问和评判事物，从而加深或拓广技术意识。人文的技术哲学，也可以称为解释学的技术哲学，则力图考察技术的意义——它同非技术的艺术、伦理、政治、宗教的关系。它关心人类世界的非技术方面，考察技术如何可能（或者不可能）。它致力于用非技术准则来追问技术，以此来增强对技术的觉悟。

从哲学上讲，技术哲学的兴起缘于对技术存在论的觉悟，即认识到技术是人的存在方式。西方技术哲学的核心思想是揭示了技术作为人的在世方式这个存有论或生存论的本质和地位。首先，技术是人的在世方式。柏拉图主义存有论建构了超越的本质世界，将人规定为概念思维主体。从某种意义上说，它把作为思维实体的人的存在方式规定为科学认知。康德以其纯粹理性批判把这个存有论课题转换到认识论层面来探究。从柏拉图到康德，技术并未进入哲学的视野。技术充其量只被认为是对科学的应用，是科学的延长。技术更多地在社会学层面上得到重视。人的存在本质（本质存在）在于作为对象化的实践者。人从石器时代就制造和使用工具，他的制造（making，manufacture）就是技术的活动，人的在世方式便是技术。技术哲学的重要先驱弗里德里希·德绍尔（Friedrich Dessauer）用存在主义来发展技术哲学，他就指出了技术之作为人的在世方式的特征。他认为康德探讨了科学认知、道德行为和美感，还应该增加“第四批判”，即“技术制造”的批判。所以要进行“第四批判”，是因为技术制造是人的在世方式，而且是最基本的方式。

西方哲学从柏拉图主义存有论到现象学存有论的转向，可表征为从“我思故我在”过渡到“我在故我思”。“我在故我思”，也就是“我行动故我思”。“技术的实用主义现象学”（pragmatic phenomenology of technology）成了技术哲学的主流。实用主义认为经验不是静态的感知，而是行动和实践。现象学认为存在是原始现象在人的技术制造行动中的显现，这就是技术的存有论的地位。人以技术作为在世的方式，这决定了人对自然采取行动和作用的态度，而不是如动物那种静观的态度。J. 杜威指出：接受日常知觉客体的态度和把这些客体当做出发点的态度之间的重大差异是，它标志着整个生活精神，对待一切存在着的东西的整个态度上的一次革命。业已存在的自然不再是像原来那样必须加以接受和服从，忍受或享受的某种东西。自然现在是有待去改变，去支配的某种东西。重要的是去作用于自然，使之变出更好地满足我们需要的新客体。

引起这场革命的正是技术，技术创造了人，因为技术决定了人的在世方式。反过来说，因为人以技术作为在世方式，所以人才成为人而区别于动物。

海德格尔指出，制造物被制造者“占有”，这种“占有”是一种技术性质的“认识”，从而制造物成为敞开之域，而自然之物的“占有者”在其自身之中，因而是遮蔽着的，只有进入制造物的敞开之域才向人开显。这就是说，人以技术构成视域。他认为，制造物的占有乃是“洞明”，即并不是制造和制造方式意义上的技术，也不是更广义的制造能力意义上的艺术；不如说，洞明是一个认识概念，表示对任何一种制作和制造之基础的精通；对一种制造（如床的制造）必须在何处到来、结束和完成的精通。先行被洞察到的床的外观，乃是为精通者所认识的东西，并且取决于这个精通者；只有作为这样一种东西，它才是表象之起始和对制作的占有。在制作物那里，它们的运动状态以及它们的完成状态和被制作状态的静止的占有并不在它们本身中，而是在另一个事物中，在建造者中，在那个支配着作为占有的洞明的东西那里。借此就完成了与“自然存在者”的区分；后者之所以被叫做“自然存在者”，是因为它们运动状态的占有并不在另一个存在者中，而是在它们本身所是的存在者中（并且是就它们是这种存在者而言）。房子之为房子，即一座建筑，在主人的建筑意图（它在建筑师的建筑规划中得到规定）中有其起始和占有。这种规划，亦即希腊人所谓的先行被视见的房子的外观（aussehen），在字面上讲就是“相”，支配着每一个施工步骤，支配着建筑材料的选择和加工。即便房子已矗立在那里，它虽然矗立在它的铺设好的基础上，但从来不是从它自身而来，而始终只是作为建筑而矗立的。由于房子矗立着，用希腊文讲就是立身于敞开域和无蔽域之中，它其实在如此矗立之际从来不能把自身置回到它的“占有”中；房子从未扎根，而始终只是被放置和被安装起来的。

技术认识论认为发明即发现。现象学的存有论和生存论作为哲学观揭示了技术作为人在世方式的存有论本质和地位。在这个形而上学基础之上，从传统的认识论层面考察技术，“技术发明”实际上也是一种“发现”。

科学发现缘于科学知识是对自然实在的认识。德绍尔提出技术创造固然要同自然规律相符合，且服从人的目的，但这些只是必要条件，却不充分。因为，存在着“技术问题的先定解决方案”，称之为“第四世界”（依康德规定的世界序列）。因此，技术创造和发明同样是对这个对象世界的“发现”。

技术发现和科学发现不同。科学发现必定限制于现象世界，也必须经过现象关涉实在，其认识思维机制即胡塞尔所说的“理智直观”。技术发现所应对的“第四世界”中的未知事物并不通过现象表现出来。技术发明的认识心理机制，德绍尔称之为“内心构想”（inner bearbeitung）。工程师以此心理而同“第四世界”相接触，作出发现。“第四世界”中的未知事物未形诸现象，这决定了“内心构想”带上神秘玄妙的色彩。E. 舒尔曼（E. Schuurman）指出：“发明的确是建立在人的自由之上的一种不可分析的行为。心理学认为，作为个人自由表现的发现可以通过特定的教育，通过‘大脑开发’，通过有利于宽容的批评的习惯性行为来推动。与之完全相符合的是发明者的以下特点：灵活的思维方式、活力、年轻、思索性头脑、对已知事物的新见解力、因而与传统答案的偏离、高度的直觉力、精益求精的趋向、内省力、与勇气伴随的高度智慧力、不合于众。所有这些特点都是发明的条件。在根本上，发明是神秘的。”这段话不仅说明了“内心构想”的“内涵”，同时也表明“技术发现”并非如通常所认为的那样仅仅倚重实践和经验，而且同样需要高度灵活丰富的想象。这里有必要对“技术发现”的实践和经验向度的认识问题作存有论的说明。尽管“第四世界”或者说“技术实在”的未知东西并不形诸现象，然而其中的已知东西即已有的技术和技术客体（广义的“机器”）却构成现象的视域。技术发现是对这视域的开拓，既为开拓就离不开原有视域。

技术实在论引出了“技术认识论”。核心问题是：技术发明是发现。这里有一个“技术知识”的问题。技术实在论为“技术知识”奠定了形而上学的基础，确立了它的知识论地位。科学知识是关于自然客体的，技术知识则是关于技术客体，包括人造物和技术制造与应用的技能的。

技术知识可划分为四种类型。

1. 感觉运动技能的知识

这是关于技术制造和应用的技能的知识。这属于“知道怎么做”的知识，通过直观、试错式学习、师徒传授等方式获取。这是一种潜意识的知识，同波兰尼（M. Polanyi）所说的作为个人知识的“默示知识”相通。事实上，波兰尼着眼于科学知识，却常以技能的知识为例。这说明科学知识和技术知识在这种类型知识上相通，或者说，科学知识也包含技术性知识的成分。

2. 技术的准则或经验法则

这是对默示知识作言传的初步尝试。是对解决问题的战略作的启示性说明，有如烹饪法说明。

3. 描述性定律或者说技术法则

这种知识和科学的定律有相似之处，即在表面上是描述性的，只是暗含着对行动的规定。不过，它又不同于科学定律，即没有明显的理论构架可用以解释这种定律。这是因为，这种定律通常乃直接从经验导出。这类公式亦称“经验定律”。

4. 技术理论

这包括实体的（substantive）和运作的（operative）两种类型。前一种类型一般同技术制造有关，后一种则同技术应用有关。实体理论实质上是科学理论对实际情境的应用，例如，空气动力学或者说飞行理论，就是流体力学的应用。运作理论从一开始就关乎人和人机复合体在实际情境中的运作，如决策理论、运筹理论。

科学知识的真理性在于对存在者本质的符合，由经验来辩护，而除了这实在性一面之外，这真理性还有其有效性的一面。不过，这里实在性是基本的、主导的方面。技术知识是关于人造物的制造和应用的认识。它的真理性在于技术制造和应用的有效性，要由制造和应用的实践来辩护。当然，技术知识也有其实在性的一面，即它同超越的“先定解决方案”相符合，问题是这种符合也由制造和使用的实践来辩护。这就是说，就技术知识而言，有效性不止是其真理性的基本的、主导的方面，而且包容着实在性方面。另一个是技术不应视为应用科学的问题。把技术仅仅视为应用科学，是囿于概念形而上学看待技术的结果。随着技术作为人之在世方式的存有论地位的揭示，技术作为关于人造物及其制造与应用知识的认识论地位也得到确立。这就是说，技术有着对于科学的形而上学独立性。在这种独立性面前，认为技术是应用科学的观念也就站不住脚了。从存有论层面而言，技术作为人在世方式而构成视域。把技术看做“应用科学”，导致把技术放在自然存在者的境域中去显现。这样，技术自身构成的视域和境域就被遮掩起来。其实，如前所述，人根本上乃以技术制造和应用来构成视域，让自然存在者在其中开显。

在认识论层面上，技术对于科学的独立性或者说同科学的基本差异主要包括三个方面。一是有一套独特的范畴。它们包括：基本设计概念；准则和规范；理论工具，主要是设计思维所运用的理智概念；定量数据，包括各种关于非技术的和技术的事物的描述性知识；实际的考虑；设计手段，包括类比思维、非语言思维和具象思维。二是技术理论有其独特性。技术理论关涉人造装置，技术的实验研究也是运用模型、试验性机器。工程师如果囿于科学所持有的理论态度和实验方法，就很难实际解决工程问题，因为那样无法对工程和技术问题形成理论洞见。三是技术实现对技能或技艺（technical skill）的依赖。这一点对于认识技术的非科学特征有着关键的意义。这里要强调的是，技术不是对知识的应用，它本身就是一种独立的知识，而其特点是始终依从于技艺。

当然，说技术在根本上不是“应用科学”，并不是说，技术不包含对科学知识的应用。不过，这只是技术的一个因素而非其本质。如前所述，同自然规律相谐和，本来就是技术的一个必要条件。然而，技术中运用科学知识不是简单照搬，而是要加以改造，甚至颠倒过来运用。而且，不仅技术离不开应用科学，科学也离不开应用技术。实际上，科学理论也受机器和实验设备，一般地说也就是技术营造的环境影响。总之，科学和技术之间存在互动，两者之间有着复杂的交互关系。

技术是人的在世方式。折射到方法论层面来看，人的生存来源于人的力量，技术强化这种力量，为人的在世提供工具和手段。这样，人把技术的创造、制造和应用，把技术创造的客体即机器或者说机械看做为人力量的延长。这就是所谓的“器官投射”（ogran projection），它成为技术的方法论纲领。

E. 卡普说：工具和器官之间的内在固有关系这个有待揭示和强调的关系——尽管这关系与其说是自觉的发明，还不如说是无意识的发现——在于，人不断地以工具生产自我。其实用性和力量有待增强的器官是支配性的因素，所以，工具的适当形式只能导源于器官。例如，大量精神创造物都产生于手、手臂和牙齿。弯曲的手指成了钩，手的凹陷成了碗；从剑、矛、桨、铲、耙、犁和锹之中可以看到手臂、手和手指的各种样态，它们显然适应于狩猎、打鱼、园艺和田野的工具。技术从两个方面去延长人的器官：体力和脑力或者说智力。就脑力方面而言，最突出的是电子计算机。它被称为“电脑”，便直白地道出了这个底蕴。

舒普写道：工具确实是器官的延伸，社会则是身体的延伸……不过这对于理解当今技术或许帮助不大——今天的技术要复杂得多，涉及的范围更广，变化也更多，与勒鲁瓦·古朗在谈到石斧时所说的物质初级功效相去甚远。实际上，现代技术根本上仍不脱这种“延伸”，只是这种“延伸”不是简单的模拟，而是复杂的折射关系，而且把人的体力和脑力两方面结合成一体去“延伸”。“网络”可谓现代技术的最新产物，它同样是这种“延伸”的成就。网络是通信技术和计算机技术结合的产物。控制论（它本身也是人脑神经过程的投射）创始人维纳（Norbert Wiener）说，“我对神经系统的复杂机制有所了解，所以我知道，我们周围的世界只有通过神经系统才能接近，我们所有的关于世界的信息局限于这种系统所传递的那有限的信息。”同样，在计算机技术方面，互联网的起源可以追溯到 40 年前，那时，第一批计算机共同体刚刚形成。今天千百万人——我们每个人——的现状和未来亿万人的前景都发源于少数先驱者当初的情形。这最初的计算机共同体建于“分时技术”，它以循环方式向成员转接计算机的注意，让每个使用者都感到，他受到该机器的安全注意，犹如受到侍应几个餐桌的伶俐而又殷勤的招待员所提供的那种服务。招待员正是体力和脑力的结合。其实，现代信息技术被称为“电子推土机”。这传神地喻示，技术是器官的投射，因为推土机原是人的体力的延伸，不仅如此，IT 还大大增强了脑力。

技术是人的在世方式，技术也是人的知识。这从存有论和认识论的层面上揭示出技术与人的相互关系。“技术是器官的投射”，又从方法论层面展现这种关系。这里重要的是，要认清机器作为技术制造物，其本质为人造物。这种方法论洞见启示我们，必须在人的主观性和机器的客观性之间取得某种平衡。科学知识社会学代表人物 B. 拉图尔（Bruno Latour）说：“我认为人们犯了两个对称性的错误：一个错误与人的定义有关，人被看做脆弱而柔顺的东西，有点儿像黄油或者蜂蜜，必须保护他不被客观化。另一个错误与技术物品有关，人们认为技术物品越是远离激情、主观性和社会利益，它的功效就越大，创造的利润也越大。如果从这两极出发——像锅里煮着的牛奶一样必须加以保护和监视的人类为一极，必须保护其不受政治利益的控制的技术物品为一极——将很难把它们连接起来。因为它们之间不再有任何共同点：一方面是作为权利主体的小矮人，另一方面是弗兰肯斯坦似的怪物，一种可怕的东西，准确地说是一个客体。两者之间所有的一切都会消失，而我们其实就生活在这两者之间。”存在主义张扬人的主观性，但同样肯定技术之为人的在世方式。拉美特里（La Mettrie）提出了“人是机器”的著名命题，这正是肯定和点明了人的客观性方面，而它恰恰是“技术的”。同样，由此也暴露了技术的“主观的”方面。技术物品是人造的，人主观地从自己的官能出发去创造，制造和应用机器。

“技术是器官的投射”，这个技术方法论原理揭示技术物品的人造物本质，从而凸显了技术创造、制造和应用中以及技术物品即机器中的人性。技术，尤其现代技术全方位地包藏着人性，包括康德以其“三批判”所建构的人性的“智德美”三向度。

“智”的向度是技术中人性的根本。所谓“人工智能”的技术，是人性在技术中的这方面体现的典范。人工智能主要创始人西蒙（Arthur Simon）正是从研究人的经济决策智能来发展计算机技术。西蒙作为数理经济学家，从中进一步认清了管理行为的本质是决策。他表明，决策是个过程，包括确定所要决策的问题，寻求可能的解决，对这些可能解决作抉择，对抉探进行评价和检验等四个阶段。同时，他高度重视计算机对管理行为也即决策的应用。他由此把决策分为程序式决策、非程序式决策和介于两者之间的决策三类。程序式决策完全可由计算机完成，非程序式决策的各组成部分也可能是程序式的决策。这样，决策总在一定程度上运用计算机。西蒙的这个工作除了对管理科学作出重要理论贡献，也许更重要的，还使他由此产生了‘人类问题求解’和对此可进行科学研究，从而建立起有关的科学理论的重要思想。”他和纽厄尔一致认识到，作为问题求解过程的人类思维是一个“符号操作系”或“信息加工系”，同时，研究人类问题求解，也即研究人类思维这个信息系统，其最好途径是用计算机模拟它。使计算机模拟人类问题求解过程，也就是使之具有人类的智能。这就是人工智能的研究。人工智能这个技术观念始终是计算机技术发展的主要动力。

至于技术中人性的“德美”两向度，里尔克（Rainer Rilke）说，对我们祖父母而言，一所房子，一口井，一座他们熟悉的塔，甚至他们自己的衣服，他们的大衣，都还是无限宝贵，无限可亲的。几乎每一事物，都还是他们在其中发现人性的东西和加进人性的东西的容器。现在到处蜂拥而来的美国货，空泛而无味，似是而非的东西，是生命的冒牌货。一座美国人所理解的房子，一个美国苹果或一棵美国葡萄树，都与我们祖先的希望和沉思所造的房子、果实、葡萄无共同之处。里尔克认为，技术物品可以是善美的，也可以是恶丑的。它们是技术本质的表现手段。海德格尔说过：甚至当人们还试图凭借过去的价值观念来掌握技术，在进行这种努力时已经运用了技术手段，而所运用的技术手段已非仅存外貌而已，在这种时候，技术之本质的威力还是表现出来了。因为利用机器和机器生产根本上并不就是技术本身，而只是技术的本质在技术原料对象中设置起来的过程中适合于技术的一种手段。技术的本质的“威力”包括人性的“德美”。问题在于技术的创造者、制造者和使用者要自觉到这一点，以之作为方法论原理，致力于用技术物品去实现技术的本质力量。

## 第二节　技术伦理

20世纪上半叶，科学的主要目标是扩展确证无误的知识，科学共同体社会规范的核心精神是保证科学知识的客观性，这种规范实质上是一种准伦理规范。随着科学的社会功能，尤其是技术的社会功能突显，科学的总体目标转向为人类及其生存环境最佳化，科技界展开了科学技术伦理的新思考。这种新的建构兼顾科学的求知和技术的社会功能，并以客观公正性和公众利益优先作为其伦理原则，形成了新型的科技伦理规范，也可理解为科学技术的社会规则。

现代技术的迅猛发展使技术成为一种前所未有的强大力量。面对技术所带来的日益难以克服的负面效应，技术中性论及其始终居于后手的伦理对策，受到了普遍的质疑。技术决定论和技术的社会建构论的研究表明，技术是一种负载价值的实践过程。据此，伦理制约应成为技术的一种内在维度，主体对技术责任的履行应贯穿于技术的全过程。在此基础之上，技术和伦理将可能统一在一种异质性的技术—伦理实践之中，实现技术与社会伦理价值体系的良性互动和整合。

科学社会学创始人之一英国的贝尔纳，曾经为科学勾勒了一组动态的形象：①一种建制；②一种方法；③一种累积的知识传统；④一种维持或发展生产的主要因素；⑤构成我们诸信仰和对宇宙和人类的诸态度的最强大的势力之一。其中，科学作为一种建制和作为生产要素这两种形象，只是近代以后才出现。

科学的社会建制化始于17世纪。1645年，英国产生了“无形学院”，在此基础上后来成立了皇家学会。科学家胡克为学会起草的章程指出，皇家学会的任务是：靠实验来改进有关自然界诸事物的知识以及一切有用的艺术、制造、机械实践、发动机和新发明。皇家学会是科学与技术的共同平台，科学与技术成为一种有明确目标的社会建制。

胡克设立的目标有两层含义。其一，科学应致力于扩展确证无误的知识；其二，科学应为生产实践服务。显然，后一个任务是技术的任务。

随着科学建制化的发展，科学研究逐渐职业化和组织化，科学家和技术专家也随之从其他社会角色中分化出来，成为一种特定的社会角色，集合为有形的或无形的科学共同体。这样，社会对科技建制的外部控制逐渐减弱，而科技建制内部的自治则逐渐加强，用以补偿外部控制的不足。

科学社会学的另一位创始人默顿，运用结构功能理论，研究了科学建制内部的规范结构。在默顿的研究范式中，科学的社会规范被称为科学的精神气质，是一种来自经验，又高于经验的理想类型，其合法性在于，它有利于实现（纯）科学活动所设定的求知目标。从功能上来讲，科学的社会规范具有内、外双重作用。一方面，它可以约束和调节科学共同体内部的行为；另一方面，它是科学共同体对外自卫的原则。科技研究中的责任成为对科技进行全局性伦理责任的一个主要方面，而以社会责任为核心内容的科技专家的职业伦理规范，也得以广泛地建构。

默顿认为，普遍性、公有性、无私性和有条理的怀疑主义等作为惯例的规则构成了现代科学技术的精神气质。这些精神气质决定了科学建制内的理想型规范结构。

1. 普遍性要求

在对科学家的研究成果的评价中，不应考虑种族、性别、年龄、宗教、民族、国家、阶级、个人品质或任何诸如此类的非认知性的因素。虽然这些因素会影响到科学成果的形成，但成果一经产生，只有运用纯科学评价系统，才能对其在认知领域所作的贡献作出客观公正的评判。普遍性意味着科学是一项向全人类开放的普遍事业。它强调，在科学真理面前人人平等，社会应该保障学术思想自由和探索自由。

2. 公有性要求

科学家公开科研成果（对技术专家而言，是专利保护制度），即科学家只拥有科研成果的优先权，而不享有占有权。这一规范实质上是社会与科学建制之间的一种契约。科学共同体能成为一种自主的科学建制的根本原因在于，它具有不断为社会提供公共知识资源的功能。

3. 无私性要求

科学家为“科学的目的”做研究，而科学活动的目的在于追求真理和拓展知识，任何私利，偏见和欺骗都违背了这条规范。由此，科学家对真理的追求应胜过对私利的关注，他们应该尽可能地避免片面性。更为重要的是，科学家的成果要接受同行的严格审查。

4. 有条理的怀疑主义要求

对所有的知识，无论其来源如何，在其成为相对确证无误的知识之前，必须借助经验和逻辑的标准，经过同样的仔细考察。科学活动对其成果始终持一种批判的态度，它不承认绝对的权威，也不承认永恒的真理。

默顿还提出了竞争性规则。他认为科学技术知识创新，特别是优先权之争。

与前面四项规范不同，竞争性更强调研究者的权利。它通过同行承认和奖励，肯定科学技术专家的独创性工作，以补偿他们遵守科学社会规范时履行的义务，用荣誉和社会认可激励科学家继续担当好科学家角色。可见，竞争性和优先权之争是科学的社会规范不可或缺的构成方面，它们对于保持科学的社会规范体系中权利和义务结构的平衡，维持这一体系的有效运行，具有重要的意义。

虽然科学的社会规范是一种理想类型，但由于它能有效地服务于科学活动的目标，因而成为科学内部的自律规范。值得指出的是，如同所有的社会规范一样，科技的社会规范是一种“应然”与“实然”的关系。在现实的科技实践中，这些社会规范或者伦理守则不可避免地遭遇到科学建制内外两个方面的冲击。

科技建制可能与社会建制目标发生冲突，如纳粹德国的“反相对论公司”、前苏联的“李森科事件”和中国对“资产阶级遗传学”的批判等，都是政治目标与科技目标冲突的产物。尽管人们已经日益认清科技的重要性，此类冲突仍有发生。科学技术与政治、军事、经济、文化等社会建制的互动与整合中，科学技术的独立与自治权仍将受到各种形式的挑战。

科技的社会规范是它与社会的基本契约，可以帮助人们认清来自科学建制外的危害和侵蚀的不合理性，并据此进行自卫。除了迷信、宗教和意识形态因素外，伪科学活动，也逐渐引起了科技界的注意。

在科学技术研究学界，不良行为大量存在，而且有上升趋势。

在弄虚作假者中，无名的年轻学者有之，知名的学术权威有之，甚至还有诺贝尔奖获得者，他们的行为已危及整个科学事业的发展。美国的物理学家密立根，由于测定电子电荷获 1923 年诺贝尔物理学奖。他去世后，研究者发现，他并未如他所保证的那样，公开了其全部数据，而是以某种理论为指导有选择地发表数据。虽然他依据的理论正确，并获成功，但是测量方法和结果都优于密立根的埃伦哈夫特，却难以从理论上证明“存在非整数电荷”。他因全部发表的数据中的“坏”数据得不到密立根客观的旁证而陷入精神崩溃。后来，科学家采用埃伦哈夫特的实验方法发现了存在分数电荷的证据。有选择地发表数据，是一种弄虚作假，对科学有潜在的巨大危害。

科学家作弊的动机主要是对名利的不当追求。科学发现的优先权之争，发表论文的数量的压力，科研经费的争取等因素者是导致弄虚作假行为的潜在诱因。而从客观上来讲，科学的社会规范的执行机制的乏力和名望、地位、权势等社会因素的干扰使科学界的弄虚作假行为屡屡得逞。

面对这种趋势，应该看到，科学的发展已进入大科学时代，科学研究的高投入、高风险和高回报和必然地功利性追求成为科学，尤其是技术的重要目标。科学技术的社会规范需要做出一些调整。例如，在公有性问题上，科学界已认可对某些知识的有时限的独占（知识产权），发明和发现的界限也日益模糊化。在坚持科学的社会规范的基本的同时，我们必须依据势态的变化改革科学的社会规范的实际运行机制。如果说在以求知为主要目标的时代，依靠科学的社会规范内化于科学家的意识中的“科学良心”和“超我”，可以起到有效的规范作用。在功利和求知双重目标并行的大科学时代，除了诉诸科学家个体的道德自律，还必须强调外在的有力的规范结构的建构。只有当科学的社会规范内在于调节科学工作者行为的评审体制和社会法规与政策制度之中，并通过这些运行机制获得强制性时，才能有效地阻止违规行为，同时使遵守规则者获得心态的平衡。

20 世纪 80 年代末，国际科学界对科研中的作伪问题十分关注，接连披露出一些科学家弄虚作假的案例，尤其是涉及世界著名科学家的“巴尔的摩案件”更是引起了科学界和整个社会的轰动。有鉴于此，1989 年初，美国成立了“科学求实办公室”专门负责调查科学研究中的作假行为，10 年间，受理近 80 起案件。1992 年，来自美国国家科学院，国家工程学院和国家医学研究院的 22 名专家，在曾任尼克松总统科学顾问的爱德华·E. 戴维的主持下，进行了一次大规模调查，发表了题为《有辨别是非能力的科学：研究过程诚实性的保证》的报告，提出了建立非官方、非营利性的“科学诚实性顾问委员会”（SIAB）的建议。

我国科学界人士及时注意到了这一动向。邹承鲁等联名发表了《再论科学道德》一文，在《中国科学报》发起了科学道德问题的讨论。郝柏林和何祚庥参与揭发了 1990 年两起剽窃行为。1993 年 1 月，《中国科学报》以《一次中外科学界极其罕见的剽窃论文事件》为通栏标题的爆光了剽窃行为，部分挽回了这一事件造成的恶劣国际影响。但是，进入 21 世纪以来，随着科学技术研究评价体系的侧重转变。随着科技研究与社会经济的关系日益密切，中国科学技术研究界的一些人时而暴露出不良行为，引起了我国有道德感的专家学者的高度关注，中国科学院、中国工程院颁布了相关的行为守则，一些专家学者已经开始建立一些探索性的机制与方法（如专业批评网站），捍卫科学技术伦理原则的尊严。学界的这些主动的作为，为科学技术的社会规范内化于科技管理体制和社会法规制度，并形成有强制力的运行机制，开创了一个良好的开端。当然新的运行机制的建构，将是一项复杂而艰巨的工作，这不仅需要科学界改进同行评议、论文审查和重复实验等项工作，还需要社会环境的相应改变。

科学建制发展的过程也是科学走向专业化和职业化的过程。直到 19 世纪，许多著名的科学家大都是业余的，拉瓦锡是一个财税官员，焦耳曾是一个啤酒商，本世纪初，爱因斯坦在创立狭义相对论时，是瑞士伯尔尼专利局的职员。但现在诺贝尔科学类奖项的得主全部是职业科学家。

科学作为一种社会分工所形成的职业，自然有其不可推卸的社会职责。社会作为科学建设的“恩主”，为其形成发展提供了财政保障和体制支持。教育体系的建立，科研机构的设置，奖励机制的构建，科技政策法规的确立等一系列的社会行为，使科学建制成为唯一有能力系统地从事知识创新，为社会发展提供知识储备的社会部门。鉴于此，科学建制的主要职责应是正确有效地行使继承，创造和传播科学知识，回馈社会的支持和信任。而这一职责的行使，不可避免地涉及职业伦理规范问题。

职业伦理规范是社会分工的产物，也是利益主体分立关系的表现。从社会分工来看，职业伦理规范是各种社会建制之间以及它们与整个社会之间的一种契约，其目的在于获得一种普遍性的相互信任。这种普遍性的相互信任无疑建立在普遍性的诚实和职业信用之上。从利益主体分立来看，职业伦理规范是各种利益关系的协调机制之一，它在利益纷争的主体之间，引入了以共生为诉求的均衡力量。

如果将科学的社会规范与科学的职业伦理规范进行比较，有其区别和共同之处。科学的社会规范强调，科学的奋斗目标确定了科学的精神气质和科学工作的规范结构，科学的职业伦理规范则从分工和职责的行使这一角度引出科学的职业规范；前者对认知目标负责，后者对社会、雇主和公众负责。因此，如果说后者是伦理的，那么前者是准伦理的。由于科学的职业伦理规范已经将其认知目标分解到对各类利益主体的责任之中，便意味着科学建制的职责不再仅是拓展确证无误的知识，而是向着为人类社会及其生存环境谋取更大福利这一目标努力。在另一方面，我们可以看到，两者都是科学活动在不同发展阶段因其活动性质而内生出的一种伦理诉求。这一诉求反映了社会化的科学实践活动的本质需求，体现了科学活动与伦理实践的内在统一。所以，从某种程度上来讲，科学的社会规范与科学的职业伦理规范是正相关的。

1949 年 9 月，国际学会联合会第五次大会通过了《科学家宪章》，其中关于科学家义务的规定有以下 6 条：

（1）要保持诚实、高尚、协作精神；

（2）要严格检查自己所从事工作的意义和目的，受雇时须了解工作的目的，弄清有关道义的问题；

（3）用最有益于全人类的方法促进科学的发展，要尽可能地发挥科学家的影响以防其误用；

（4）要在科学研究的目的、方法和精神上协助国民和政府的教育，不要使它们拖累科学的发展；

（5）促进国际科学合作，为维护世界和平、为世界公民精神作出贡献；

（6）重视和发展科学技术所具有的人性价值。

这些规范，是在反思原子武器、法西斯和纳粹的人体实验等非人道运用科学技术成果的基础上产生的。在科学目的日趋功利的今天，其价值和意义更加彰显，它已成为制定各种具体的科学职业伦理的准则和基础。

在具体的科学职业伦理准则的制定过程中，科学研究的目的、手段、过程和后果得到了更多的关注。许多科学技术专业学会都制定了详尽的职业伦理准则，对学者与社会、雇主、接受科学试验的人、公众和同业的关系作出了极其具体的规定。这些规定所传达的一个重要信息是，科学研究的自由不是绝对的，科学活动须遵守一定的游戏规则。但是，仅有这些由众多的专业联合会制定的各类职业伦理准则是不够的。科学研究作为一种拓展人类知识新疆域的活动，较其他任何职业活动更具有变动性。一套具体的静态准则，不可能总是有效地为新涌现的个案提供伦理立场。科学研究者需要一种“实践的明智”，需要一种分析科学活动的伦理冲突的实质的能力。这种能力来自科学工作者对科学活动中应坚守的伦理精神的理解，而这一伦理精神应该是科学的职业伦理准则所遵循的原则。唯有明确了这些原则，才可能使职业伦理准则具有动态的适用性，成为一种有效的规范。

科学活动的基本伦理原则应该是对科学的社会规范的伦理拓展。科学活动的基本伦理原则的目标是增进人类的福利，拓展认知在符合这一目标的前提下，成为一个重要的子目标。这是一个从认知视角向伦理视角转换的过程，通过这一转换，认知客观性拓展为客观公正性，知识的公有性拓展为公众利益的优先性。

科学活动的客观公正性强调，科学活动应排除偏见，避免不公正，这既是认知进步的需要，也是人道主义的要求。客观性与公正性有时候是矛盾的。例如，心理学家是研究智商时发现，即使是在没有偏见的测试中，黑人也由于某种原因比白人的智商低。在这种情况下，研究者应该如实公布测试结果吗？显然，如果不作任何背景说明，“客观”地公布研究结果，将会导致某种不公正。这是否意味着研究者应“修正”结果以规避不公正呢？答案是否定的，因为它明显违背了科学研究应坚持的客观性。

明智的解决办法可以是，将客观性与公正性结合起来。在这个例子中，研究者一方面应该客观地公布测试数据，另一方面还必须对相关背景作出客观公正的分析，从而避免和尽可能减少公众对结果的误解和误用。客观公正性作为科学活动的基本原则，反映了科学和伦理的内在统一。如果说客观性所强调的是确保认知过程中信念的真实性，那么客观公正性则在此基础上，进一步突显科学活动中涉及的人的行为的公正性。这一原则要求，在研究过程中，研究者要保持客观公正，使研究的风险得到公平合理的分担；在研究结果形成之后，要审慎地发布传播和推广运用，尽可能避免不公正的后果。研究者不仅要对知识和信念的客观真实性负责，更要为这些知识和信念的正确传播和公正使用负责。

公众利益优先性原则是科学活动的另一项基本原则。这条原则的出发点是，科学应该是一项增进人类公共福利和生存环境的可持续性的事业。一切严重危害当代和后代人的公共福利，有损生态环境的可持续性的科学技术活动都是不道德的。这一原则是对科学活动中的各种行为进行伦理甄别的最高原则。根据这一原则，可以对某项研究发出暂时或永久的“禁令”，反过来，也可以用这条原则反观设置某些“禁区”的合理性。

依据公众利益优先性原则，在科学研究中，科学家首先要对研究中的个人（如接受试验者）和研究成果的运用可能影响到的公众的利益负责。如果将科学工作者当作第一者，科学工作者的雇主（大学、企业、研究所等）作为第二者，那么这些个人和公众可称为第三者，而这些第三者的利益应该优先于前二者，至少不能为了前两者的利益而严重损害第三者的利益。为此，首先研究人员应向有关个人和公众客观公正和全面地传播有关知识，保障他们的知情权，使其具有实际参与决策（决定）的能力。其次，要对知识的垄断作出合乎公众利益的限制，避免企业等利益集团利用投资，控制研究，独享研究成果这一公共资源。最后，当第二者或其他研究者的目的将严重损害相关个人和公众利益的时候，科学研究者有义务向有关人群乃至全社会发出警示。

如果我们将科学视为一项为公众福利而创造、传播和运用确证知识的社会性事业。那么，客观公正性和公众利益的优先性两项基本原则，应该是科学活动中的一种内在约束。在科学技术专家的职业训练之中，对这两条原则的领悟是不可或缺的。这一领悟过程伴随着科学工作者的研究经历不断地丰富和加深，通过与实践的结合，会逐渐内化为他们的职业素养中重要的有机组成部分。

技术哲学家 C. 米切姆认为，技术由以下四类要素互动整合而成：①作为对象（人工物）的技术，包括装置、工具、机器、人工制品等要素；②作为知识的技术，包括技艺、规则、技术理论等要素；③作为活动的技术，包括制作、发明、设计、制造、操作、维护、使用等要素；④作为意志的技术，包括意愿、倾向、动机、欲望、意向和选择等要素。其中，各类要素的划分不是静态的区分，它们在互动整合过程中，已因相互渗透而成为兼具自然和社会双重属性的异质性要素。

技术的非价值中立性，使人必须对技术本身作出道德上的反省。由于技术依据的客观基础是主体间的建构，技术在本质上是与风险相伴的不确定性活动，同时，技术以设计和创新作为其核心理念，为了使技术造福人类（不仅仅只是当代）及其生存环境，道德伦理制约应该成为现代技术的内在尺度。在现实的技术活动中，存在着复杂的社会利益和价值冲突，为了实现技术变迁与社会伦理价值体系之间的良性互动，一方面，技术主体要自觉地使其受到伦理价值体系的制约，另一方面，伦理价值体系也应该成为一种随着技术发展而调整的开放体系。

雅斯贝尔斯对技术的工具性作过人类学解释：①技术是实现目的的手段；②技术是人的行动。技术仅是一种手段，它本身并无善恶。一切取决于人从中造出什么，它为什么目的而服务于人，人将其置于什么条件之下。技术工具论或价值中立论的观点认为，需要规范的是利用技术手段所要实现的目的和实际达到的后果。换言之，对于技术这种人类行为，一般的伦理准则即可对之加以规范，无需特殊的伦理标准。然而，有关技术的哲学、历史、社会学等方面的进一步研究表明，技术与技术的运用和后果并非绝对分立，技术本身是负载价值的。有关技术非价值中立的讨论主要来自两个方面：技术决定论和社会建构论。

技术决定论认为，技术是一种自律的力量，即技术按自身的逻辑前进，“技术命令”支配着社会和文化的发展，技术是社会变迁的主导力量。培根和孔德的专家治国论，埃吕尔（Jacques Ellul）的技术自主论，丹尼尔·贝尔的“非意识形态化”、马尔库塞的“技术理性”和海德格尔的“座架”等都是技术决定论的具体表现。技术决定论调强技术的价值独立性，甚至将现代技术视为一种自主地控制事物和人的抽象力量。埃吕尔指出：“技术的特点在于它拒绝温情的道德判断。技术绝不接受在道德和非道德运用之间的区分。相反，它旨在创造一种完全独立的技术道德。”

技术决定论有乐观的和悲观的两种类型。乐观主义的技术决定论者认为，科学是对自然实体逐步逼真的描述，技术作为科学的应用，沿着与科学进步相类似的逻辑体现了效率和技术合理性的不断想升，因而由科技进步所带来的更多的可能性和更高的效率，反映了一种类似于生命进化的客观自然趋势。由此，技术进步应该是人性进化的标准，而一切由科技进步所导致的负面影响（包括各种形式的异化）将为新的科技进步所弥补，科技发展最终将促成道德伦理体系的新陈代谢。

悲观主义的技术决定论者则认为，现代技术在本质上有一种非人道的价值取向。海德格尔认为，现代技术的最大危险是人们仅用工具理性去展示事物和人，使世界未被技术方式展示的其他内在价值和意义受到遮蔽；如果现代技术仍作为世界的唯一展示方式存在下去，道德对技术的控制也只能治标而不能治本。悲观论者对技术进行了浪漫主义和意识形态式的批判，呼吁人们反思技术的本质，认清技术对人和事物的绝对控制，以寻找对现代技术的超越。因此，与乐观论者相反，悲观论者否定了现代技术具有的独特价值取向。

与技术决定论的立场相对应，技术的社会建构论认为，技术发展根植于特定的社会情境，技术的演进由群体利益、文化选择、价值取向和权力格局等社会因素决定，其所持立场为社会决定论，又称社会情境论（contextualism）。技术的社会建构论强调了人在支配和控制技术方面的主体性地位和责任。显然，在现实的社会情境中，技术的行为主体是有具体的价值取向和利益诉求的具体人群。进一步的研究显示，技术行为主体的价值和利益的分立，一方面，可能使某项具体的技术成为相关社会群体价值妥协和利益平衡的结果；另一方面，也可能使某项技术成为处于优势的相关社会群体所追求的东西。从技术的整体和长远发展来看，各项技术的相关社会群体之间价值和利益的分立，使技术决策成为一种分立性的行为，因其往往不顾及整体和长远后果，加剧了由主体认知局限性和其他复杂性因素造成的技术后果的多向性、复杂性和难以预测性。

虽然技术决定论和社会建构论对于技术所负载的价值有不同的看法，但它们分别从两方面揭示了技术的价值负载：技术具有其相对的价值独立性，这种相对独立性不仅表现为技术对客观自然规律的遵循，还表现在技术活动对可操作性、有效性、效率等特定价值取向的追求，而这些独特的价值取向对于社会文化价值具有动态的重构作用；技术是包括科技文化传统在内的整体社会文化发展的产物。技术的发展速度、规模和方向，不仅取决于客观自然规律，还动态地体现了现实的社会利益格局和价值取向。对这两个方面加以综合，可以看到技术的价值负载，实质上是内在于技术的独特的价值取向与内化于技术中的社会文化价值取向和权力利益格局互动整合的结果。

技术的客观基础来自科学对客观经验世界的描述，由此，技术的内在逻辑和独特价值也取得了绝对自主的合法性。问题的关键在于，科学理论所揭示的实在是科学共同体的科学活动所建构的实在，而非客观实在本身。这意味着：科学理论是尝试性的建构活动的产物，科学理论是科学共同体的主体间共识。由于主体及其所处情境必然地影响到技术的客观基础，所以并不存在一种所谓技术变迁的自然轨道，技术独特的价值取向，不可能也不应该成为一种单独存在的自主性的“技术命令”，更不应该仅以技术进步作为人性进化的标准。

现代技术的主体间建构和技术活动的价值负载表明，技术从本质上来讲是一种伴随着风险的不确定性的活动。在现代技术运行过程中，技术人员与其说是把握了知识的应用者，不如说是处在人类知识限度的边缘的抉择者。因此，技术绝不仅仅意味着科学的运用，面对技术固有的不确定性，科技工作者需要综合思考科技的社会文化因素，方能确定可接受的风险水平。其中，伦理因素的考虑无疑是一个重要的方面。

站在相对中性的立场，可以认为，技术的核心理念是“设计”和“创新”。如果说近现代科学把世界带进了实验室，现代技术则反过来把实验室引进到世界之中，科学之“眼”和技术之“手”将世界建构为一个人工世界。

从积极的意义上来讲，设计是人类最为重要的创造性活动之一。设计行为贯穿于技术活动的始终，深刻地影响到了人的心理（如行为控制技术）和生理（如基因工程）活动。由于设计是一种目的性的、有时间和资源限制的活动，完美的设计是不存在的。

在现实的设计活动中，所使用的主要方法是模型方法。模型方法的主旨是通过简化抽取相关的影响因子，以有效地实现设计目的。简化的主要目的往往是保证制造的便利，而非揭示事实的规律，并且简化模型在很多情况下就实现技术指标而言是有效的。但很显然，基于模型方法与简化因子基础之上的技术指标，是技术的不确定性的重要根源之一。同时，在模型式设计中，社会价值伦理因素往往被视为无关宏旨的因子而略去。

创新是经济化和社会化的技术体系的主要发展动力。技术创新是一种广义的设计，涉及新产品、新生产方法、新市场、新原料、新的组织管理形式等诸方面。不论是传统的技术创新线性模型，还是流行的链环模型，所关注的主要是研究开发体制、经济环境、市场需求和组织形式等产业和经济因素，而社会伦理价值和社会文化倾向或受到忽视，或仅被看做一种不甚重要的外部因素。

在现代技术发展的很长一个阶段，占主导地位的指导思想是技术中性论和乐观主义的技术决定论。因此，技术设计和创新主体或者只关注技术的正面效应，或者仅将技术视为工具，只是等到技术的负面后果成为严峻事实的时候，才考虑对其加以伦理制约。许多具有政治、经济和军事目的的技术活动往往只顾及其利益和目标，绝少顾及其伦理意义。当技术的恶性负面效应迫使人们对其加以伦理制约时，常常旧的“坏”技术难以克服，新的“坏”技术又不断出现，使人的伦理价值体系始终在被动退让。20 世纪以来，化学武器、核污染、生态环境问题等恶性现象，以及“先制造，后销毁”，“先污染，后治理”，“先破坏，后保护”，等等的现实对策，都反映了这种思路的局限性。

弗洛姆对现代技术发展的两个坏的指导原则提出过质疑。这两个原则是，①“凡是技术上能够做的事情都应该做”。②“追求最大的效率与产出”。显然，第一个原则迫使人们在伦理价值上作无原则的退让，第二个原则可能使人沦为总体的社会效率机器的丧失个性的部件。由此可见，为了使技术服务于造福人类及生存环境这一最高的善，从根本上摆脱这两个坏的原则，必须从技术的设计和创新阶段开始，将伦理因素作为一种直接的重要影响因子加以思考，进而使道德伦理制约成为技术的内在维度之一。20 世纪 70 年代以后兴起的环境评价、工业生态化、并行工程、学科际多因素技术评估、循环经济等新的技术思想都反映了技术伦理制约内在化的趋势。

技术决策、技术过程、技术应用与伦理价值选择具有高度的关联性，而且，在有关价值的考虑与选择中，与技术相关的主体，起着不可替代的作用。因此，从技术与伦理关系的角度，可以将技术活动视为技术相关主体的统一的技术-伦理实践过程。由于技术-伦理实践是由技术和伦理价值两种因素构成的异质性实践，两种因素的良性互动尤为重要。在技术发展历程中，除了政治经济、军事等显见的社会因素外，许多隐含的社会伦理价值因素。例如，群体利益分配、文化选择、价值取向、权力格局和伦理冲突等，一直发挥着重要影响。与显见的社会因素相比较，科技工作者、科技管理决策者以及公众对其重要性的认识尚不明确。科技专家和管理决策者较少直接主动思考技术的伦理价值因素，有意或无意地忽视伦理价值因素。公众也不能对其价值取向作出评判，一项技术的价值选择的受益者乐于支持共识不明的现状。事实上，人们对技术的不了解，与其说是对技术因素的无知，不如说是技术所隐含的价值因素未得到公开明确揭示的结果。因此，为了促成技术与社会伦理价值体系之间的互动，首先必须公开充分地揭示和追问技术过程中所隐含的伦理价值因素。

技术的相关社会群体不仅应充分考虑技术过程中的伦理价值因素，使技术内在地接受社会伦理价值体系的制约，而且还应该在深刻地领悟其中的伦理精神的基础上，主动地和创造性地构建新的社会伦理价值体系。这种新体系，既应秉承原有的普遍性的伦理精神，又应使伦理体系及其精神实质随技术-伦理实践领域的拓展而拓展，从而使它成为一种可随技术变迁而调适和变更的开放的框架。

技术主体在技术-伦理实践中的主动性和创造性，实质上体现了技术主体对技术的责任。技术是人的实践形式，而人是世界上唯一为其行为承担责任的生物。所以，在技术-伦理实践中，核心的伦理精神不只是信念或良心，责任是更为重要的伦理精神。前者强调行为者的内在动机，后者则强调行为者应时刻关注行为可能的多方面效果，并及时采取恰当的行动。

由于现代科技具有既高度分化又高度综合的特征，为了有效地履行责任，技术的相关主体必须诉诸文化际和学科际的努力。这种努力的一个重要表现是，技术从构想和设计阶段开始就尽可能地考虑到更多的影响因子。技术的加速变迁与社会伦理价值体系的巨大惯性之间的矛盾，往往使技术与伦理价值体系之间的互动陷入一种两难困境。一方面，新技术，尤其是一些革命性的，可能对人类社会带来深远影响的技术的出现，常常会带来伦理上的巨大恐慌；另一方面，如果绝对禁止这些新技术，我们又可能丧失许多为人类带来巨大福利的新机遇，甚至与新的发展趋势失之交臂。显然，除了某些极端违背人性的技术及其运用应受到禁止之外，对于大多数具有伦理震撼性的新技术，较为明智的方法是引入一种伦理“软着陆”机制。

新技术的伦理“软着陆”机制，就是新技术与社会伦理价值体系之间的缓冲机制。这个机制主要包括两个方面：其一，社会公众对新的或可能出现的技术所涉及的伦理价值问题进行广泛、深入、具体的讨论，使支持方、反对方和持审慎态度者的立场及其前提充分地展现在公众面前，然后，通过层层深入的讨论和磋商，对新技术在伦理上可接受的条件形成一定程度的共识；其二，科技工作者和管理决策者，尽可能客观、公正、负责任地向公众揭示新技术的潜在风险，并且自觉地用伦理价值规范及其伦理精神制约其研究活动。

在现实的技术活动中，新技术的伦理“软着陆”机制已得到较为普遍的运用。如各国相继成立了生命伦理审查委员会，在一些新技术领域，科技工作者还提出了暂停研究的原则。这些实践虽不能彻底解决新技术与社会伦理价值体系的冲突，但的确起到了良好的缓冲作用。例如，1974 年美国科学家曾建议，暂停重组 DNA 研究，直到国际会议订出适当的安全措施为止。尽管重组 DNA 研究旋即得到了恢复，但这次暂停引起了科技共同体和公众对此问题的关注，进而对其利弊得失作了全面的权衡，并制定了研究准则，这对重组 DNA 研究的长远发展是有利的。无疑，这是技术与社会伦理价值体系的良性互动的一个成功的案例，它对我们实现新技术（如克隆技术、人工智能技术）的伦理“软着陆”具有重要的参考价值。

## 第三节　技术批判

法兰克福学派对科学技术的批判是现代西方哲学中影响最大的流派。第二次世界大战后，科学技术的迅猛发展加剧了西方社会的一系列矛盾。科技的极大成功，在深刻地改变社会与人类生活的同时，正在成为统治人的物质力量，并进而强化了工业社会对人的统治。法兰克福学派展开了技术的哲学、伦理学、社会学的批判。

“批判理论”（critical theory），在其特定意义上，即是指法兰克福学派（frankfurt school）的社会哲学。它以马克思主义的激进意识和批判潜能为起点，整合了精神分析、存在哲学（后期还包括语言哲学、解释学等）等思想，发展为对现代社会、特别是发达工业社会进行跨学科综合性的研究和批判。批判理论诞生在德国，有充分的传统背景。广义地讲，批判理论就是德国思想家反省文明历史、批判现代社会的思想学说。席勒对恐怖政治与机械分工的美学否定，青年黑格尔派对古典哲学的实践性转向，马克思对资本主义社会所作的经济学/哲学分析，尼采重估一切价值的呼号，弗洛伊德对文明压抑人性的揭发，胡塞尔对“欧洲危机”的忧虑，海德格尔早期对西方历史遗失“存在”的发现及晚期对“技术”的敌意，等等，均属批判理论的家庭成员，或可概括为“反抗现代性”。

“反抗”，不是知识精英对现代世界怀旧的，禁欲式的拒绝。它正视现代性整体结构中工具理性和功能主义的现实，确认现代性的未完成性，改写并扩充现代主义及先锋艺术的否定精神以推进现代性的自我校正，反抗现代性是真正的现代思想。“反抗”也不是暴力行动和革命实践，而是基于人性潜能的理论反思和文化批判。批判理论家认识到，在 20 世纪真正的主体性和自由的力量已分崩离析，合理的要求只能以缄默的确定形式出现，理论是向诚实的人们敞开着的实践的唯一形式。批判理论放弃了经典马克思主义以斗争实行剧烈变革的主张，拒绝向他们寻求实现其观念的社会力量妥协，自觉选择思想领域。批判理论把思想和现实实践对立起来，坚持前者的优先性并反复比较，以超越作为暂时的历史现象的后者。

从人本学的角度出发看工业社会技术异化的现实，是法兰克福学派的共同特点。霍克海默和马尔库塞着重强调科技异化在于运用科技的外部因素。霍克海默认为，科学技术作为生产力和生产手段，是推动社会发展的重要原因。但科技在发挥其积极作用时，却陷入了深刻的危机之中。在如何看待这种危机及其原因时，霍克海默说：并不在科学技术本身，而在于那些阻碍科学发展并与内在于科学中的理性成分格格不入的社会条件。他认为，科学技术总是在一定的社会环境下运用的，社会环境如何，直接决定了科学技术的社会功能。因此，科技危机是与社会的普遍危机相关联的。

马尔库塞进一步发挥了霍克海默的思想。他认为，科学技术的异化与科学技术本身没有必然的联系，而在于社会劳动组织方式出了问题。马尔库塞把科技异化的根源归结为理性的工具化。在他看来，马克思的本质异化论可以从更深层次上理解理性的异化现象。根据马克思的观点，本质必然要求对象化，而对象化涉及人的目的和物的规律，只有满足这二者即实现合目的性与合规律性的统一，人才是自由的，但二者的矛盾常常导致本质的异化。这也是科技异化的重要原因。

马尔库塞认为，现代科学的原则是先验地构造起来的，所以它们能成为一个自行推进生产控制领域的概念工具，理论的操作主义开始和实践的操作主义相一致。趋于更有效统治自然的科学方法，通过对自然的统治来为人对人更有效的统治提供纯概念和工具。技术的面纱掩盖了不平等和奴役的再生产。发达工业文明的奴隶是地位提高了的奴隶，但仍然是奴隶。马尔库塞认为，在一种新的意义上说，正盛行的社会控制形式是技术的。技术结构和效率已成为使人们隶属于既定的社会劳动分工的一个重要工具。

与霍克海默和马尔库塞不一样，哈贝马斯认为科技异化的原因在于科技自身。他认为，用社会环境的因素去说明科技的异化，最终必然以对社会环境的批判代替对科学技术本身的批判，从而导致对科学技术批判的不彻底。他认为，科技就是导致人的异化与奴役的根源，科学异化在于科技自身。针对马尔库塞的观点，哈贝马斯坚持赋予科学技术以原罪性质，也就是说，科学技术之执行意识形态功能，科学技术之产生消极的社会功能，是其自身固有属性所使然，是由它自身发展的逻辑所决定。他认为正是科技自身决定了它的命运。

法兰克福学派的思想家，对科技异化的看法虽有不同，但出发点与宗旨却高度一致，即以人为关注的目标，以人的主体地位的确立为核心。总之，科技异化的根本原因在于，人的自由自觉的对象化的劳动不再确保自己的本质，而表现为人的类本质的异化，基于此的社会则是异化的社会，异化遗忘了人自身的存在，只有技术与物的统治。

法兰克福学派各成员在技术理性及其弊端的揭批上有高度的共同性。技术理性指的是围绕着目的的合理的行为即技术实践所形成的一整套基本文化价值。技术理性是理性观念发展的新阶段，它把自然设计成控制和组织的潜在工具，它包含人对自然的对象化和完量化处理、有效性思维、组织系统与有序化等重要理念。整个现代科技就奠基于这种技术理性之上并得到发展。但是，技术理性对科技的良性进步与人类社会的可持续发展构成了威胁。对此，学派成员达成高度共识，他们认为，工具的、主观的、操纵的理性，是技术统治的奴婢。马尔库塞认为，从固有的工具主义特征看，技术中立性的解释并不能成立。

法兰克福学派认为，技术理性的弊端主要体现在以下方面。

### 1. 技术作为“意识形态”对人的统治

哈贝马斯认为，技术与科学在今天不仅仅是生产力，而且是作为意识形态的生产力，它们实现了对自然的统治，而作为意识形态，它们实现了对人的统治。他说：在我看来，更为重要的是，技术统治论的命题作为隐形意识形态，甚至可以渗透到非政治化的广大居民的意识中，并且可以使合法性的力量得到发展。这种“意识形态”在哈贝马斯看来具有三个特点：一是更具操纵性，二是较小意识形态性（即统治更直接），三是更具辩护性。因此，具有很大的危害性。科技作为意识形态力量比以往的意识形态更令人难以抗拒。新意识形态实际上表达的就是“技术统治的意识”，这种技术统治的意识通过非政治力量的科学技术，潜移默化地发生作用，既有效地维护了现行政治统治的合法性，又成功地压制了人们寻求解放的愿望与努力。

### 2. 产生单向度的人

马尔库塞认为当代发达工业社会是一个与人性不相容的病态社会。在他看来，当代工业社会由于科技的发展而成了一个“富裕社会”，但它同时也变成了一个“病态社会”。而这个病态社会最大的病症就是它使人成为单向度的人，即只有认同与顺从现实社会这一向度，而丧失了对现存社会进行否定与批判这个第二向度，这无疑是对人的本性的摧残。他说，技术作为工具的领域，既可以加快人的衰弱，又可以增长人的力量。在现阶段，人们对他们自己的机械装置或许比以前更加软弱无力。马尔库塞综合了韦伯、霍克海默和阿道尔诺对工具理性的批判，指出现代科技与人的异化同步，加强了技术的统治地位，从而在社会生产和社会生活中，技术成为理解一切的关键。在发达工业社会的自动化和机械化的过程中，个人不是调整而是模仿，个人同他的社会一体化。由于技术理性的影响，本能结构也呈现出了单向性即攻击性，这不仅表现在人和人的冲突上，还表现在人与自然的对立上。

3. 大众文化中的工业化趋势

文化的大众化是现代文化的一个重要走向，在这一走向中，由于技术理性的广泛渗透，出现了文化的工业化。在现代后工业社会，由于受商业价值的支配，文化的产生变成了文化的生产。而文化生产的目的是为了获得利润，一切成果都是顶先计划好的，以便经得起市场的竞争。现代文化表现为一种文化工业，在大众文化的生产中推行了标准化、一律化，是工业流水线的副产品。大众文化的工业化的观念是意识形态的，受文化工业的支配，在大众文化中已消除了高低级差别和文化多样性，但缺乏民主气氛。法兰克福学派反对大众文化，不是因为它是民主的，而恰恰是因它不民主。文化丧失了个性和批判力，成为技术统治人的手段。显然，大众文化的工业化正在将文化导向末途。

4. 死亡意志支配与掠夺着自然

马尔库塞还对现代技术兴起的社会心理进行了独特的研究。马尔库塞同意后期弗洛伊德的观点，即认为人有两种基本冲动即爱欲与死亡。这里，爱欲指一种建立联系和在更高的社会秩序里聚集一起的趋向。爱欲反抗死亡和尽量延迟向死亡的堕落，是生命的保存力量。而死亡则是生物体为了解除生命的张力，而回归到更原始简单状况的内驱力，它是攻击性的与毁灭性的。马尔库塞认为，现代文明是以对这两种本能冲动的抑制为前提的。在他看来，现代技术文明之所以可能，是由于改造利用了死亡本能及其生物。主要的破坏性从自我向外部世界的转移，导致了技术上的进步。这就是说，之所以有现代技术文明，是因为对死亡本能的改造与利用。因此，技术文明的深层中潜伏着巨大的破坏性与毁灭性，一旦彰显，自然将受重创，人类将失去家园，后果严重。

5. 技术系统的非人道化

科学与价值的分裂，导致了科学理性的单向度的发展，出现科技的非人道化。弗洛姆说，如果人们知道现代技术发展的方向，那么就会去打断其发展。但如果人们对此毫无意识，让其发展，在人们被惊醒的时候，就会发现厄运已不可逆转。现在许多人仍按照第一次工业革命时期的观念去思考问题，处理现在和对待未来。弗洛姆认为，早在 19 世纪不少思想家都预言了这些危险，例如，马克思当时就看到了机器生产可能带来的危险。马尔库塞指出，一切自由都取决于对奴役状态的意识，而这种意识的产生总受到统治地位的需求和满足的阻碍，而且这些需求和满足已被个体内化。人陷入困惑之中，人感到被动、无助、乏力、孤单与忧虑，失去了众多的生活情趣，踏上了非人道的歧路。

针对现代科技的异化以及技术理性带来的诸多弊端，法兰克福学派的思想家们提出了批判的社会理论，以马克思主义中的激进意识和批判潜能为核心，整合了精神分析、存在主义等现代思想，发展为对现代社会尤其是发达工业社会进行的跨学科综合性的研究与批判。力图在技术批判中探索出一条技术人道化的可行道路。

在如何使用新技术，从而把自然从技术征服下解放出来的问题上，马尔库塞认为，在一个全新的社会、政治、人道和美学的条件下，一种“替代的”新技术与科学是可能的。这些新技术将冲破现存技术的统治，使自然和人获得解放。马尔库塞把科学技术发展的方向寄希望于科技与哲学艺术的结合上。马尔库塞认为，艺术具有批判功能，艺术而不是文化的任何其他方面维护着人类解放与幸福的形象。在此，马尔库塞强调艺术在技术统治时代的价值与意义。随着科技的转变，将会出现象怀特海所设想的新理性即理性的功能是促进生活的艺术，在这种新理性中科学、哲学与艺术实现完美的结合。

哈贝马斯的批判解释学认为，技术理性的泛滥导致科技的意识形态化，使人类的正常交往陷入危机，而要消除意识形态化，就必须全面弘扬人类理性，创造一种和谐的交往情境，彼此能平等地、真诚地交往和对话，从而达到相互理解，为此，就必须改变技术旨趣高踞于交往旨趣之上的状况。他认为，人作为社会存在，是具有交互主体性的个人。人的形而上的本质存在也就是这种社会存在，其表征是交往行为，而交往行为的伦理本质在于承诺价值。在哈贝马斯看来，交往行为所体现的是交往合理性，目的性行为所体现的是目的合理性或工具合理性。而在哲学层面上，与交往合理性相应的是主体际哲学，而与目的合理性相应的则是主体哲学。胡塞尔天才地洞察到日常生活世界在近代科学产生以后就遭受了损害。哈贝马斯受此启发也极力倡导日常生活世界，因为日常生活世界作为交往背景的直接性和整体性而保证了有效交往。因此，人们应回到日常生活世界中去。关于技术的人道化的具体步骤，弗洛姆认为，要促使技术的人道化，必须首先对经济和社会系统加以控制。要通过激活个体、人道化的消费与心理更新等步骤加以实现。

# 第十章

# 技术建制

## 第一节 技术中介

技术的实现需要一定的建制，技术信息不对称就是其中一个重要约束条件。在实现技术创新中存在着技术需求与技术供给之间的不平衡。没有市场，有效需求的技术供给是不可能持久的，因而，技术中介显示出了重要性。

技术中介是指中介方以知识、技术、经验和信息为另一方与第三方订立技术合同进行联系、介绍、组织工业化开发、并为履行合同提供服务的活动。技术中介具有纽带、桥梁、组织、协调作用，通过特殊的技术服务推动技术成果的转移和扩散，创造出相应的经济效益和社会效益。

技术市场是知识形态的商品按照商品经济的机制进行生产和交换的关系的总和。它包括科技决策、研究开发、成果转让、技术服务直至形成生产能力的整个过程。无论是决策环节、开发环节，还是流通环节、服务环节，都需要有适应技术成果商品化要求的技术中介活动。由于技术成果具有知识性、无形性和竞争性的特点，技术中介比一般经济中介意义和作用更为重要。技术中介与一般中介服务有显著区别。一是技术中介是为特定的目的进行服务，即仅指中介方为技术供需双方订立和履行技术合同进行的服务。二是技术中介提供全程服务，即贯穿洽谈、签约、履约的全过程，不仅周期长，而且内容丰富、复杂，是一种“多角色化”的服务。三是技术中介以技术知识为基础提供服务。它在本质上属于技术服务。《技术合同法实施条约》把技术中介归入技术服务的范畴。

技术中介主要是指技术市场上的中介方。实际上，在技术成果向现实生产力转化的过程中，还有大量的非市场因素发挥着巨大的作用，例如，政府职能部门和政府官员以及政府所执行的各种计划：星火计划、火炬计划、科技成果重点推广计划、军转民计划等。政府行为对于技术成果的二次开发和推广应用有很大的作用。从广义上讲，这类政府行为也属于“技术中介”范畴。

技术中介或人员的分类方法有很多种。可以按其所有制性质分类，按法人资格分类，也可以按从属关系分类。任何分类方法都只能从某一角度认识技术中介的特点和作用。依据其在技术转让链条上所处的客观位置，可将技术中介分为三类。

第一类中介方是靠近企业的技术中介。这一类中介包括：①企业的上级主管部门。例如，国家和各省市、部委、总会、工业总公司中的科技司局，这些机构的成果处、推广处等。②政府职能部门。各级科技局、发展计划委、计经委、工业局、农业局、乡镇企业局、多种经营局等。③行业协会。④国家到地方的各种技术推广部门。例如，农业技术推广站、林业技术推广站、海产技术推广站、畜牧技术推广站。⑤企业长期挂钩的科研机构、大专院校、咨询顾问单位和专家。⑥小型技术市场。绝大多数县市和一部门地区级的技术市场，由于没有形成规模效益，其场所、人员属当地科技局和技术市场管理办公室合署办公，经费则由政府拨款。这类技术市场通常有数十个或数百个相对固定的服务对象，形成服务网络。各种信息、咨询服务都是免费的。即使有少量收费，也多是象征性的。一部分小型技术市场工作活跃，卓有成效。

第一类技术中介的特点是：①从宏观层面了解企业、行业状况，掌握技术需求。②带有强烈的官方色彩和政府干预能力，具有组织、计划、协调、调控和各种社会资源、政府资源（如贷款、税收、土地、外汇管理等）的支持能力。③非盈利目的。这类技术中介作用不具有市场规律特点，更接近于计划经济体制下的技术推广工作，即不签中介合同，不收费，为企业发展尽义务。④在技术中介活动中，较多地代表本地企业和地方经济的利益。

第一类技术中介活动的主要内容和方式有：①参加全国性技术交流活动、加入信息网络，根据地区、行业、企业的需求，收集信息，寻找项目，为企业提供信息服务。②组织专业性会议，专家洽谈，组织招商引资、技术推广和科技下乡活动，为供需双方提供接触机会。③向企业推荐具体项目。④协助企业参加技术交易洽谈，为技术交易双方提供中介服务和其他服务。⑤组织技术开发。⑥协助企业进行项目准备和项目实施工作。

优秀技术中介群体通常具有的特征有，强烈的事业心和特殊的工作热情，较高的科技、文化素质和丰富的工作经验，较强的社会活动能力，即不但具有信息、预测、论证能力，还具有融资、转化、营销能力。队伍相对稳定。有的连续在同一岗位上工作十多年或二十年以上，对当地情况了如指掌。第一类中介方，在项目的洽谈阶段或建设阶段，能为企业解决一些困难，甚至提供担保，提高成果成交和实施的成功率。但是在技术合同中，第一类中介方并不体现，即不以合同中的“中介方”的名义出现。这种情况下形成了“无中介”合同。

第一类中介方存在的不足是，政府介入过多抑制了社会中介机构的发育，与技术的市场化程度有差异；缺少激励，存在着责任心不强和积极性不高的现象以及官僚主义、结构性低效能和腐败等问题；经费匮乏、手段落后，常常信息不足、力不从心。

与靠近企业的第一类技术中介不同，靠近发明者的技术中介称为第二类中介方。

第二类中介方包括：科研单位和大专院校的技术开发办公室，简称“开发办”。北京市 70 多所大专院校和 400 多个科研院所，大部分设有开发办。厂矿企业的技术处、设计处、中心试验室、开发办等。据统计，我国 12000 多个大中型企业，已建立技术开发机构 8000 多个。一部分科技开发公司的推广部、协作部。科研机构和大专院校的科研工作的市场依存度越来越大，近年已达到 55%～76%，市场需求成为研究开发事业发展的主导动力。因此科研机构和大专院校的开发办有不断增强的趋势，其职能也越来越明确。有些单位的开发办具有独立法人或二级法人资格，有营业执照和独立账户，能够独立地与外界签署合同，开展技术服务和各种项目合作；厂矿企业的开发办，就总体来讲，对外职能较弱，工作不够活跃。

第二类技术中介方的主要职能是，收集了解本单位或外单位技术成果信息、编印项目简介或可行性分析报告；参加各种交流和发布活动，作为委托代理人向社会发布科技成果信息；进行各种洽谈、直接签订技术转让和技术服务合同，或者作为中介方，协助本单位或外单位技术成果持有人洽谈并签订技术合同；向技术开发单位反馈项目需求信息，组织协调本单位技术开发工作。

大部分靠近技术发明者的开发办，并不直接从事技术开发工作，对于技术开发的协调管理职能也逐渐弱化。因为技术开发作为科研工作的一部分，通常由科技处或科研处统筹管理。开发办的工作重点是对外技术推广与转让。它与本单位的技术开发和持有部门（研究室、教研室、课题组）形成了一种代理关系。有些开发办的主要经费来源是技术转让费和服务费提成。

随着各单位开发办的职能的单一化，技术市场上出现了“职业发布人”。即各单位经常参加技术成果发布和洽谈的人员相对固定，有的已有 10 年以上的历史。这些“职业发布人”平均每年在全国各地参加各种类型的发布会、洽谈会数十次，对项目情况非常熟悉，社会活动能力、发布和洽谈能力比较强，对于技术转移的规律性也有深入了解。“职业发布人”的出现提高了技术成果转移的质量和效率。

第二类中介方更多地代表了技术持有人的利益和态度。在签订技术合同时，第二类中介方常常代表供方签约，因而也形成了“无中介”合同。只有在供方和需方直接洽谈成交时，才形成了“有中介”合同。在履行合同时，接产方与技术持有人打交道很多，第二类中介方继续发挥协调、监督作用。由于合同中常常“无中介”，第二类中介方的中介费也不在洽谈内容和程序之中。事后，第二类中介方根据事先约定从转让方或服务方取得中介费。

第二类中介方面临的困难和存在的问题是，各单位的开发办虽然广泛深入地介入了技术市场的活动，但是内部没有实行市场机制。技术成果转让的效果与开发办的个人利益没有挂钩或体现不明显。由于机制的原因，一部分开发办的人员积极性不高，责任心不强，有的对项目情况了解不深，影响转让。观念陈旧，投入不足，手段落后。多数开发办没有固定的业务预算，绝大部分项目停留在“白纸黑字”的水平。科技成果缺少必要的包装和展示，在媒体上做广告较少。观念和手段落后，严重影响了项目信息的传播和技术贸易的成交。

第一类和第二类中介方在技术贸易的洽谈和实施过程中，发挥了重要的纽带和桥梁作用，但是，从市场经济以及法律的观点，他们还不是严格意义上的中介方，而是技术供方或需方的委托代理人。从技术合同上看，他们是“幕后”中介方，没有他们的参与，技术贸易不能成交，但是签署的合同都是“无中介”的，而且许多情况下在签署合同时，第二类中介方却以技术供方的身份出现，在合同的“供方”栏目上签字。从技术合同实施的角度看，第一类和第二类中介方处于监督和协调的中介地位。

第一类和第二类中介方的参与，是一种不规范的中介或“准市场”性质的中介。造成这种状况的原因是，他们和技术供方或需方除了有某种经济利益关系之外，还有其他关系或联系，如隶属关系、同事关系等。但他们为技术供求双方沟通了信息、撮合了洽谈和交易，促进了各种要素的组合，达到了科技成果转化为现实生产力的目的。

专业技术中介机构可称为第三类技术中介。这类技术中介包括专业技术中介公司、技术开发公司或开发中心、常设技术市场（包括网上技术市场）、各级各类学会、专利事务所、媒介和科技信息研究单位的信息咨询服务部。这类中介方具有企事业法人资格，或者具有社团法人资格。

第三类中介方的服务内容主要有，收集、整理、提供技术信息；组织各种技术交易活动；组织技术成果的二次开发（商品化、产业化）；协调并促成供需双方签订技术合同；监督协调技术合同的全面履行，调解技术合同纠纷；提供法律顾问、市场调查等咨询服务；组织科技攻关。

第三类中介方的业务活动的特点是，它在受到技术供方和需方明确委托和承诺的前提下，才开展中介工作；它在技术供求双方确保其中介方的地位、作用和利益的前提下，才安排供需双方直接沟通或见面；在形成技术合同时有“中介条款”，有中介方的签章，因此是三方共同签署的协议，有时还会专门形成技术中介合同，由二方或三方签署。中介方按技术贸易的规模和效益以及中介服务的质和量，收取中介服务费。第三类中介方的中介工作，是一种比较规范的市场行为。中介方的经济利益是明码实价，按劳付酬，对降低社会技术交易成本起到重要的激励和杠杆作用。

技术中介通过解决技术信息不对称，提供了技术供给与技术需求之间的衔接平台，提高了技术成果有效流动性、增大了技术价值实现的可能性。通过降低技术交易成本推动了技术创新、技术应用。

技术中介涉及技术价格，技术的价格是指技术受方为取得技术使用权所愿支付的、供方可以接受的使用费的货币表现。也可以从供、受双方所处的不同立场和所提供的技术内容出发，把技术的价格称为：补偿（compensation)、酬金(remuneration)、收入（income)、收益（profit)、提成费（royalty)、使用费(fee)、服务费（service fee ）等。因此，技术价格可理解为上述各种含义的总称。

技术价格的高低是以利用该技术所能带来的经济效益大小为转移的，利用该技术所产生的经济效益越大，其价格也就越高，相反，所产生的经济效益越小，其价格也就越低。

技术价格基本上是由三部分构成：进行技术转让交易所发生的直接费用（人员往来、准备资料等)、分摊的部分技术研制费和预期利润。

技术价格的表示方法与一般商品价格的表示方法不同。一般商品价格多采用固定价格，由买卖双方所约定的一个固定金额。技术价格则是同技术受方利用技术所取得的经济效益联系在一起，用一种计算方法来表示。

技术价格（使用费）的估定是一个复杂的问题。使用费应是“技术受方收入或利润的一部分”，应从受方的总收入中支付。国际上通称为“LSLP”(licensor's share on licensee's profit)，即技术供方占技术受方利润的份额。通过提成率的计算，分技术单元核算以及各项差价分析，就可以比较准确地估计出某项技术使用费的大致合理水平。

1. 提成率的计算

技术供方占技术受方利润的份额通常以一个固定的百分比表示，该百分数通称为提成率（royalty rate)。提成率的计算公式如下：

提成率＝供方在受方利润中的份额×（受方的销售利润/受方产品销售价）

或

提成率＝（支付给技术供方的使用费/产品的净销售额）×100%

一般讲，基础工业提成率应为2%～3%；工业中间产品应为3%～4%；耐用消费品应为4%～5%；非耐用消费品应为4%～5%；高级技术产品应为5%～6%。

2. 分技术单元核算

①基本费用。它包括：基本设计、生产流程、保养维修方法、质量控制规程、试验方法及为合同所需的全部情报资料的编制费等。②特别设计费。即为满足技术受方的特殊要求，对基本设计进行修改的费用。③分包费用。④项目技术文件准备（所需人时的支出）。⑤派遣专家介绍技术、座谈等所需费用。⑥为培训受方人员及准备培训的教学和设施及资料的估计成本。⑦各项专利的状况（已申请未批准；已批准，有效期还很长；有效期即将届满）。⑧设备分项价格。⑨估计供方所期望得到的利润。

算出各技术单元在使用费总额中一般应占的百分数，或应占的大体金额，得出总的使用费水平。

3. 各项差价分析

差价是指两种或两种以上因素在条件相同或基本相同的情况下，经比较计算所得出的价格差额。以此来校正和获得某项技术的使用费合理水平。具体作法主要有以下几种：

（1）独占与非独占许可差价。供方授予受方的技术使用权大小和范围不同，所要求的使用费不同。亦即，某项技术的独占使用权，使用费高，非独占使用权使用费低。

（2）出口销售范围差价。受方要求出口的地区越大，供方所要求的使用费越高。

（3）支付方式差价。总付方式，总支付使用费金额比分年提成总计金额为低。

（4）支付货币差价。供方往往将汇率变动风险加到使用费中，所以以供方本国货币支付使用费比使用其他国家货币支付使用费要低。

（5）专家条件差价。

（6）罚金条件差价。

（7）竞争性差价。

技术是抽象而无形的，它是以信息形态存在的。它不可能像普通商品一样放进商场，摆上货架。在发生转移之前，它存在于技术持有者手中。在有形的常设技术市场或临时的技术交易会所展示和传递的往往是有关技术的一些信息，技术的本身并不可见。技术的转移或交换发生的场所，往往是技术供方所在地或需方所在地，也可能在这两种所在地多次反复发生，从而成为技术市场的一部分。技术转移过程周期较长，不可能像普通商品那样“一手钱一手货”地即时结清，而是在供需双方之间分阶段逐步完成。

技术商品和技术商品支持的特殊性，决定了技术市场在时间和空间的概念上被大大地拓宽了。技术商品的交换是在技术持有者和技术购买者之间随时随地发生的，凡是有科研活动存在的场所就有技术市场存在。广义地说技术市场是技术商品的一切交换关系的总和，它存在于技术贸易全过程的时间和空间之中。

技术市场的功能主要有：

（1）展示功能。技术交易的实质是技术信息的交易。常设技术市场展示的技术信息具有集中、综合等特点，便于客户比较。

（2）交易功能。常设技术市场提供洽谈场所和中介服务，同时具备咨询、评估、登记、结算、仲裁等一系列便利条件，为技术交易提供了良好环境。

（3）组织功能。常设技术市场具有组织和寻求技术商品货源、组织举办技术交易活动以及人员培训、上门服务、难题招标和二次开发等业务功能，有力地推动技术成果的交易和转化。

（4）辐射功能。技术市场既是技术信息网络的一个接点，又是无形的技术商品的“落脚处”。具有集中、综合、高效、可靠等优越性，因而成为某一地区的技术交易的活动中心和辐射中心。

常设技术市场一般具有区域性。例如，设在天津的北方技术市场，面向华北和西北；沈阳技术市场面向东北三省。这种区域性是就该技术市场的辐射能力而言。由于地域辽阔、经济发展不平衡、运输不便和文化习俗差异等因素在短期内不可能消除，因此区域性市场将长期存在。区域性市场使生产者和用户产生多方面密切联系，形成特殊的供求关系，需要特色产品的适应性技术。从而产生了对区域性技术市场的支撑条件。例如，我国中西部地区，由于经济、科技的发展相对迟缓，地方财政支出也相对拮据，一市一县单独建设技术市场往往势单力薄，难以形成规模效益。

为适应技术商品流通的需要，全国各地建设了一批常设技术市场，各级政府和科技局以及社会各界给予了足够重视和各种支持。常设技术市场是技术市场体系建设中的重点工程。国家科技部批准建设了上海、天津、沈阳、武汉、成都、重庆和郑州大型常设技术市场。一些省市则组建了省级和地区、县市的常设市场，初步形成了常设技术市场的网络体系。

技术市场的建设还要有三个特殊条件：一是权威性。要有相当数量的科研单位和企业作为其基本客户，其中有一部分是著名院所和大型企业，其信息系统必须实现全国联网。只要有良好的信誉和一定的权威性，才能吸引重要客户。二是深入性。突破一般性的牵线搭桥的简单中介，有能力组织和参与大中型技术转让项目的二次开发、项目建设，为其全过程提供多层次全方位服务。因此，高水平高素质人才是技术市场建设的灵魂。三是从属性。一个技术市场的建立和运作，必须服从和服务于当地经济发展总体目标和规划，密切为经济发展的主项目、主战场服务，并且融为一体，使当地的经济发展对技术市场产生强烈的依赖性，并从中获益。具备了上述三条，常设技术市场才有可能成为技术成果转化为现实生产力的运作中心，成为当地技术商品流通的主渠道，进入良性循环，从而获得旺盛和持久的生命力。

行业性技术市场，又称专业性、产业性技术市场，是我国多层次、多种形式的技术市场体系中极其重要的组成部分，对于推动行业的技术进步起着主要作用。

行业性技术市场具有以下特点：

(1) 技术交易主体集中。行业性技术市场多数是按照“条条”组建起来的，例如，国务院各部委、总会组建的本行业的技术市场，由各科技司局主管，其行业内部的企业、科研院所、信息中心，在行政、业务、技术诸方面隶属同一系统，有着长期的天然的联系，只是通过技术市场把市场经济机制引进原有的技术协作关系之中。这种传统的格局，有利于技术开发、技术转移和技术贸易的组织协调。尽管存在着同行业之间的市场竞争，在行业性技术市场中，协作气氛浓厚，各种纠纷较少。

(2) 技术交易主客体相对集中。由于处于同一行业中，各交易主体涉及的专用技术和通用技术也比较集中。例如，煤炭行业的技术分为煤炭勘测、矿山设备、矿山建设、采掘储运、炼焦和煤化工等几个领域；化学工业按其产业结构可以分为基本化学原料、化学肥料、化学农药、有机化学、合成材料、日用化学、化学药品、化学纤维、橡胶制品、塑料制品等行业；高新技术行业则以信息、通信、材料为主。以行业为基础建立的技术市场，便于技术成果的归口管理和对口交流，提高科技转让的效率。

(3) 信息渠道比较畅通。各行业都有自己的信息中心，有的建立了专业性电子信息网络，一部分大中型企业和科研院所建立了信息终端。专业性技术专刊有固定的发行渠道，各种专业性会议也是交流技术信息的良好机会。技术信息的交流是技术市场运作的重要内容。行业性技术市场具有信息交流的优越条件。由于信息渠道畅通，便于对各种技术进行比较鉴别，也避免了重复开发和重复转让。

(4) 行业内部为主、无偿服务为主。多数行业性技术市场其技术交易的主体和客体局限于行业内部。例如，石油行业的技术市场按全国的油田所在区域组建了东部、中部、西部三个行业性技术市场。这些市场每年分别举办一次大型的技术成果交易会，参加者是各油田的二级单位，重点交流勘探、钻井、采油、储运、石油机械等专业性成果，涉及多种经营技术很少，也基本上不邀请石油系统之外的单位参加。

其他形式的技术市场。报纸、杂志、广播、电视、网络等媒体是技术信息传播的重要渠道，中国科学院、科技部与浙江省共同创建的中国网上技术市场就是一种尝试。民营技术贸易机构是技术信息市场的重要参与者，特点是积极、主动、及时、但规模小、影响面小。某项发明或技术成果一旦公诸于世，发明者往往会收到来自四面八方的信，主动要求成为专利成果代理。发函单位多数是民营技术贸易机构。所谓“代理”，只是把技术信息在一定范围内传播，一旦有了用户，这些机构又以有偿方式向用户提供发明者的地址或电话。社会上有不少“微型”技术贸易机构，即以此为生。其可靠性和服务质量并不高，主要服务对象是非职务发明的持有者、乡镇企业、私营企业等。

科技出版物以印刷型科技文献为主，光盘、录像带、缩微等电子声像出版物占比重很小，但有增加的趋势。印刷型科技文献包括：科技期刊和报纸、科技成果汇编、科技报告、会议文献、专利文献、学位论文、科技图书、技术档案和产品样本、标准文献等。

科技期刊和报纸出版周期短，发表信息快，内容新颖，能及时反映国内外科技动态；品种多、数量大，包括了几乎所有领域、学科和专业；拥有庞大的采编、写作队伍和广泛的读者群。这些特点使科技期刊和报纸成为传播技术信息最简单、最基本的手段。此外人文社会科学类的报纸的广告栏也是传播技术信息的重要阵地。报纸上刊登的技术信息，通常在一周内即有客户反馈。但是需要连续刊登两三个月才能有较多的客户上门。对于技术推广方来说，出版物的宣传效果、影响面和反馈速度要好于发布会和交易会。

专利文献是描述新发明的技术说明书，又是记载所有权状况的法律文件。专利文献提示了技术内容和所有权归属，为准备采用这类发明的人或企业提供购买使用权许可证的对象，也可据此分析市场状况。专利文献集技术、法律和经济三种信息于一体，这是它有别于其他科技文献的最大特点。

专利文献对于技术开发、成果转让和项目建设都非常有用。通过检索专利可以避免重复开发以及从公开的成果中受到重要启发，提高发明的效率；也可以避免把公开技术当做专利技术或技术秘密进行购买。

专利文献的内容主要有发明说明书、专利局公报、专利分类资料和检索工具书、专利申请档案。说明书扉页上，用国际标准化的代码标志着每个著录项目。正文包括序言、发明细节的叙述和权利三部分，序言通常是追溯发明的背景情况，介绍现有技术水平和存在的缺点，引出发明所提供的改进和解决的问题，发明细节常结合附图来叙述，列出多项实例和最佳方案。权利是具体要求保护的范围，权利要求范围内的内容是受法律保护的，严禁他人无偿占用。但权利范围外的说明书内容则与本件专利权无关。从文中也能发现有价值的技术信息，而不会构成侵权，除非涉及另一件专利的权利内容。总之要设法避开或绕过权利内容，在不存在所有权的领域内获取技术信息而不承担任何法律责任。

专利局公报，是国家专利局为报道一定时间内专利申请案的受理和审查批准情况而定期出版的通告性杂志；专利分类资料和检索工具书，主要是用于专利文献的分类和检索，是专利局受理专利申请案时，对发明进行分类，再进行审查的工具书；专利申请档案，是专利局内存放的每项发明如何成为专利的历史记录，一般不公布于众，主要用于出现专利纠纷时调出以便阅读检查；检索专利文献通常使用专利检索工具，也可以根据商品和样品上印的专利号进行查找。通过国家专利部门检索技术信息不仅方便、准确、可靠，而且收费比较低廉。

## 第二节 技术评价

对技术发展给自然环境和社会环境带来的影响进行预测，简称技术评价。美国科学院对技术评价的解释是：确定现有技术和潜在技术对自然环境和社会环境的总作用，寻求保护自然资源和社会资源的新技术以及确立技术评价的方法。其实质在于从长远的观点出发，阐明科学技术的发展所产生的积极的作用和消极的后果，探索能获得经济效益最大而副作用最小的方法。

技术评价的研究始于20世纪60年代。它同环境保护战略的研究密切相关。例如，人类为了解决能源问题，需要发展核电站。美国当时推算，如果到2000年美国核电站的发电能力同热电站相等，排放到大气中的二氧化碳和二氧化硫将各减少一半，用于发电的石油和煤的消耗量也将大大减少。但另一方面，由于核电站冷却水的消耗量是热电厂的二倍，这对江河、湖泊和海洋将造成严重的热污染，势必改变水生生态系统的结构。同时核电站每年排放出的放射性物质达4700亿居里，将给人类生活带来严重的潜在危险。又如汽车使用内燃机会造成大气污染，用电动机代替内燃机可以大大减轻对大气的污染，而且可以降低噪声。但为此却需要建设更多的电站，结果是汽车所造成的污染减轻，热电厂或核电站所造成的污染加剧。因此，技术发展给环境和社会带来的影响，应进行全面评价。

新技术的发展和大规模的资源开发活动对自然资源和生态系统造成的破坏已经对人类社会发展造成危害。研究技术发展的影响，寻求和发展保护资源新技术，从根本上防止环境的破坏，可持续发展越来越引起人们的重视。

广义的技术评价包括三个方面：①技术评价：评价拟建项目不同厂址、工艺技术路线、生产装置的优劣，并选出最佳。②经济评价：计算分析拟建项目的投资额、成本、销售额、利税等财务指标，评价其经济效益和社会效益。③预可行性研究及可行性研究：在技术评价、经济评价、环保论证的基础上编制预可行性研究报告或可行性研究报告。

联合国专家认为，综合指数便于进行总体评价和相对地位的比较，并可以作为分指标详细研究的起点。如同人类发展指数一样，技术成就指数（TAI）也是一个综合指数。

从人类发展研究的宗旨出发，TAI 的设计者强调这一综合指标衡量的是各国创造、应用和每一位公民享受技术成就的程度（或可能性），而不是国家在科技发展方面的努力和投入；它不是要评出哪个国家在全球技术发展中处于领先地位，而是着重于一个国家作为整体参与创造和利用技术的情况。《人类发展报告》提出“技术成就指数”的直接目的是反映各国在网络时代参与技术创新的状况和能力，它体现一个国家在创造技术、传播技术和培养人的技能等方面所达到的水平。

TAI 的指标设计一方面考虑了处于不同发展水平的国家所共同关心的内容，另一方面特别注意发展中国家制定技术战略时需要考虑的重要指标。TAI 着重评价各国 4 个方面的能力，即技术创造、新兴技术应用、传统技术应用和人的技能培养。

1. 新技术的创造

这是最高水平的技术能力。不是所有国家都一定要处于全球技术发展的前沿，但所有国家不论贫富，都需要技术创新能力，因为即使是对产品或工艺进行改造使之适应本地条件和生产力水平也需要具备技术创新的能力。TAI 采用两个指标描述一个社会的创新水平。一个是国内人均发明专利授权量，反映当前发明活动的水平；另一个是人均技术出口收入（技术使用费和许可费的外汇收入），反映过去成功的创新中目前仍然有用并具有国际市场价值的一部分存量。

2. 新兴技术的扩散

为了从网络时代带来的机遇中受益，各国都必须应用创新成果。这一方面的两个指标是：因特网的扩散（人均因特网主机数）和中高技术产品占全部货物出口的比重。

3. 传统技术的扩散

网络时代的发展机遇离不开传统技术的应用。传统技术的广泛扩散是新技术应用的前提条件。这里选用的两个指标是人均电话数（包括固定和移动电话）和人均用电量。无论是应用新技术还是各方面的人类活动都要用到这两项技术。电话和电力的使用对于工业化初期的技术发展很重要，而在较为高级的阶段其增量的重要性不突出，例如，印度需要大力推广电话和电力网，使全体国民都能参与技术革命，而日本和瑞典则已超越这个阶段。因此这两个指标的数值采用对数计算，并以OECD国家的平均值作为最大值。用对数计算可以保证随着指标值的增加，它的指数值的增加幅度会逐渐下降。

4. 人的技能

劳动者拥有足够的技能对于保持国家的技术活力是至关重要的。新技术的创造和使用都需要以充足的具有较高技能的劳动力为前提。当代技术发展要求劳动者具备适应能力，即能够掌握源源不断的新技术。这种能力的基础是培养认知能力及自然科学和数学能力的基础教育。TAI采用两个指标来反映这种创造和吸收创新成果的能力：15岁以上人口接受正规教育的平均年数，高等学校自然科学、数学和工程技术领域在校生占入学年龄组人口比重。

TAI的指标构成精炼，继承了“人类发展报告”指数构建的一贯风格。在指标的选择上特别注意数据来源的可靠性和连续性，对于数据获取困难的指标宁肯舍弃不用。TAI的计算方法也力求简捷实用。这样一项指数一旦建立，就比较容易做到长期连续使用。联合国《2001年人类发展报告》对能够得到有关数据的72个国家（地区）按TAI进行了评比排序，结果揭示出各国技术发展水平的巨大差距。位列榜首的国家是芬兰，TAI达到0.744；而倒数第一的是莫桑比克，TAI仅为0.066。报告将这些国家分为4组。

（1）技术领先者。TAI大于0.5的国家共有18个，这一组被称为“技术领先者”。这组国家处于技术创新的最前沿，它们具有自主持续创新能力，在技术创造、扩散和技能培养方面都取得了很大成就。它们的技术发明指标明显高于第2组。继芬兰之后，美国、瑞典和日本分列第2～4名。韩国和新加坡是这一组里引人注目的两个国家，分别列第5和第10位，它们近几十年来技术进步速度很快。从单个指标方面分析，亚洲国家的中高技术产品出口占货物出口总额的比重指标普遍较高，在技术领先国家中，新加坡（74.9%）和韩国（66.7%）仅次于日本（80.8%），分别居第二位和第三位；两国自然科学与工程技术大学生在入学年龄组人口中的比重指标较高，新加坡为24.2%，韩国为23.2%，仅低于芬兰和澳大利亚，分别列第3位和第4位，远远高于其他国家，对排名贡献较大。韩国排名靠前还得益于人均专利指标很高，达到每百万人779件，仅次于日本，列第二位；同时，韩国15岁以上人口平均受教育年数达到10.8年，虽低于美国（12.0）、挪威（11.4）等，列第7位，但高于总分排名第一的芬兰（10.0），显示出韩国多年坚持普及教育的发展战略的效果。但是在反映传统技术应用与传播的指标方面，新兴工业化国家还存在一定差距；而在技术贸易和人均上网计算机数量方面韩国和新加坡都与发达国家存在较大差距，成为影响两国排名的主要负面因素。

（2）潜在的技术领先者。TAI在0.35～0.49之间的国家（地区）共19个，被称为“潜在领先者”。它们包括西欧国家如西班牙、意大利、希腊、葡萄牙等；东欧国家如匈牙利、波兰、捷克等；亚洲的中国香港特区、马来西亚等，也包括中南美洲的一些发展中国家如墨西哥、阿根廷、智利等。这一组国家和地区在人的技能指标方面与“技术领先”组相仿，传统技术扩散也较为广泛，但创新比较少。例如，中国香港每千人拥有电话数达到1212部，超过“技术领先组”的大多数国家，人均电力消费也达到第一组的平均水平，但是技术创新指标很低，每百万人口专利数只有6件，新兴技术传播指标也明显低于“技术领先”国家。中国香港的情况在第二组具有一定的典型性。中国香港和马来西亚的TAI排位分别为第24和30位，在这一组列第6和12位。

（3）技术的积极采用者。这一组共有26个国家，TAI在0.20～0.34之间，被称为“技术的积极采用者”。这组国家积极采用新技术，其中大部分发展中国家，如巴西、中国、印度、印度尼西亚、南非等国，人的技能指标大大高于第4组。这些国家大多有重要的高技术产业和技术中心，但传统技术的扩散缓慢并且不够普遍。中国TAI列第45位，在第3组中排在第8位，前面有南非、泰国、巴西、菲律宾等7个国家。印度是这一组的最后一名。

由于主要使用人均指标，尽管中国各项指标的分子规模都很大，但是分母即人口基数更大，使得中国排名比较靠后。这显示出“技术成就指数”的指标设计旨在反映每一位公民享受技术成果的机会和国家的技术普及能力的基本宗旨。与中国情况相似的印度、巴西的排位也相对靠后。从单个指标的比较来看，对中国总排名做出积极贡献的指标有4个：发明专利、技术出口收入、中高技术产品出口比重和平均受教育时间，分别排第36、44、28和42位。其中，中高技术产品出口指标领先作用明显，对于中国的指标排序所起的积极作用最大。低于中国总体排名的分项指标也是4个：人均上网计算机数、电话普及率、人均用电量和高校在校生比重，分别列第59、51、52和56位。从四大类指标分析来看，中国技术创造指标的排名好于技术扩散应用指标。人的技能指标既表示对技术创新的潜在投入能力，也反映技术创新成果对提升社会教育水平的积极影响。我国高等教育普及指标在各项指标中比较落后，对整体排名的负面影响较大。中国人口平均受教育时间指标国际排名第42位，虽然好于高等教育比重指标，但与发达国家和一些发展中国家相比仍有较大差距。

（4）技术落后者。最后一组共有9个国家，TAI低于0.20，被称为“掉队者”。这组国家在技术扩散和技能培养方面落后很远，很大一部分人口还未能从传统技术的扩散中受益。评价一个国家的技术发展在世界上的相对地位可以有许多角度，如技术实力、技术竞争力、技术创新能力等。在这些概念的不同内涵指导下设立不同的指标体系进行测度，从而得出各不相同的结论和排序结果。当然，由于它们之间在内涵上的大量交叉与重迭，无论是指标体系还是评价结果又总是表现出密切的联系。《人类发展报告》公布的“技术成就指数”着重从技术促进人类发展的角度评价世界各国和地区的技术状况，强调国家和地区的创造、传播、应用技术的能力以及全体公民享受技术恩泽的可能性。因此，全部采用等权重的平均指标和相对指标即成为技术成就指数的一个显著特点。这样的评价宗旨、评价体系和评价结果对于帮助各国从总体发展的角度分析技术竞争态势，制定科技发展战略具有一定的实用性和参考性。中国的 TAI 分值为 0.299 ，排名列第 45 位，基本反映了我国技术发展处于世界中等水平的现状。把广大落后农村地区的人口考虑在内，我国的平均技术水平不仅与发达国家如芬兰（0.744）、美国（0.733）、日本（0.703）等存在巨大差距，而且也与以中等发达国家和地区为主体的“潜在的技术领先者”如西班牙（0.481）、意大利（0.471）、捷克（0.465）等存在一定差距。特别值得注意的是马来西亚（0.396）、墨西哥（0.389）、阿根廷（0.381）等发展中国家的平均技术水平也优于我国，已经进入“潜在的技术领先者”行列。

按照技术成就指数的评价，中国属于“技术的积极采用者”之列。改革开放以来，尽管我国在积极引入国外资金的同时，大量引进先进技术，在较短的时间内迅速提高了主要产业的技术水平，对于国民经济发展起到了重要的推动作用。但目前我国多数产业的主体技术仍来源于国外，企业的自主创新能力不足，科技创新缺乏后劲仍然是制约我国产业竞争能力进一步提高的主要瓶颈之一。国际对比研究显示，研究与发展经费与国内生产总值的比例（R&D/GDP）小于 1%的国家，基本处于技术引进与应用层次；具有强大的引进、消化、吸收能力的中等发达国家的 R&D/GDP 指标一般在 1.5%以上；自主创新能力较强的发达国家的 R&D/GDP 指标全部在 2%以上。1999 年我国的 R&D/GDP 指标为 0.83%，大体与技术成就指数“技术的积极采用者”的评价相吻合。2005 年我国的 R&D/GDP 已达到 1.5%，这必将推动我国的整体技术水平跨上一个新台阶。

尽管“技术成就指数”采用了不利于人口大国的评价体系，但是根据 TAI 的评价结果，我国的平均技术水平在参评的发展中国家中仍然位居前列，大约在前 15 名之内。在“技术的积极采用者”中列第 8 位。对具可比性的巴西、中国和印度三个发展中大国的数据进行比较，巴西（0.311）总排名第 43 位，印度（0.201）总排名第 63 位，这个评价结果大体反映了我国的技术发展水平处于发展中国家前列的实际状况。

中国是一个发展中的大国，同时也是人均自然资源短缺、科学技术相对落后的国家。我国的产业技术水平和劳动力的技能水平处于世界的中等层次，具有总量巨大和内部结构复杂的特点。从 TAI 指标评价结果来看，我国的技术扩散应用指标的排名不如技术创造指标的排名，特别是反映高素质劳动力培养和技术传播能力的高等教育及通讯设施的普及方面与发达国家，甚至一些发展中国家相比都存在较大差距。我国实现经济结构调整和增长方式转变的关键在于劳动者素质的不断提高，只有通过多种教育培训方式、完善的技术传播体系和大量的技术普及活动才能将劳动者与现代技术紧密地联系起来。对于一个人口众多的发展中大国而言，努力提高劳动者的知识及技能水平和整体素质是促进生产力发展的第一要务。

科学技术评价要坚持以国家目标或科技自身发展目标为导向，要针对计划、项目、机构、人员等不同对象，根据国家、部门、地方等不同层次，基础研究、应用研究、科技产业化等不同类型科学技术活动的特点，确定不同的评价目标、内容和标准，采用不同的评价方法和指标，避免简单化、“一刀切”。

战略性基础研究的评价要以社会经济发展和国家安全中重大基础科学问题为导向，突出国家目标与科学发展目标的有机结合，以科学技术前沿的原始性创新和集成性创新、解决国家重大需求的实质性贡献以及优秀人才培养为主要评价标准。

自由探索性基础研究的评价要以科学发展目标为导向，主要以新发现、新概念、新理论和新方法等原始创新性成果和创新性人才的培养为评价标准，注重原始性创新和科研人员的创新潜力，鼓励探索，宽容失败。

科技条件工作的评价要以给科技、经济与社会发展和国家安全等提供支撑和服务为导向，以基础数据、资料、资源的准确性、权威性、系统性、连续性、共享性和处理手段的先进性，大科学设备的使用率和使用效果，以及对决策的咨询与服务效果等为主要评价标准，要把对国民经济、社会和科学技术可持续发展的贡献作为评价重点，注重整合、共享与服务。

应用研究的评价应紧密结合经济建设和社会发展的需求，以技术推动和市场牵引为导向，以技术理论、关键技术、共性技术和核心高技术的创新与集成水平、自主知识产权（专利、版权、标准、专有技术等）、潜在的经济效益、社会效益等要素为主要评价标准。

科技产业化的评价以建立企业为主体的科技成果转化与产业化机制，发展高新技术产业，优化调整产业结构为导向，以培育具有自主创新能力的高新技术企业为评价重点，以产品的技术先进性和创新性及其未来的产业化水平和发展前景为主要评价标准。这类科学技术活动要以市场评价为主，对这类科学技术活动的评价应注意吸收经济学家、管理专家及产业界人士的意见。

**例 10-1** 计算机专家系统技术评价。

随着计算机专家系统应用的日益广泛以及专家系统原型的日益增多，对专家系统进行评价是典型的技术评价案例。

专家系统评价方法大体上可分为三个阶段：首先是主观评价阶段，即主观评价方法；其次是“黑盒”内部的技术评价阶段；最后是经验性评价阶段。

这些方法可用于专家系统开发过程当中，为开发过程能维持正确的轨迹提供反馈；也可应用于专家系统研制结束后评价系统的整体效能。

（1）主观评价法。

主观评价法是从用户的角度对系统进行评价，评价的目标是系统的可用性。这需要由确定系统的效能量度来完成，效能量度将提供评价系统的可用性所需的信息。效能量度的确定在开发过程开始时特别重要，这些量度对于设计者来说也是非常重要的，因为设计者可以从这些量度弄明白专家系统的动机，从而为系统设计或改进提供思路。

多属性应用技术为效能量度概念提供了一个正式的体系。多属性应用技术是一种处理那些难于完全用定量方法来分析复杂问题的手段，是一种定性、定量相结合的方法。这里用多属性效能量度评价方法对专家系统进行主观评价。

多属性效用法其基本思想是将全局的效能量度分解成若干层次，在比原有问题简单得多的层次上逐步分析，可以将人的主观评价用数量形式表达，之后，再将它们综合生成一个总评价量度。当多属性效用法应用于专家系统评价时，将系统从概念上分解成不同属性类，该类再进一步分解，依次下去，直到觉得对每一系统属性都能定义并获得精确、可靠、有效的量度（打分）为止，然后通过将属性打分转换成整体量度，来得到对专家系统的主观评价结果。

（2）技术评价法。

技术评价方法有三类：第一种是评价知识库是否是最小表示，评价知识库逻辑一致性和精确性的静态测试；第二种是由领域专家评价知识库的功能完整性和预见准确性以及推理能力；第三种是评价整个系统服务需求的软件测试和检验方法。

影响问题最小表示的因素有：

①冗余规则：各规则或规则组基本有相同的结论，如 $p \wedge q \to h$ 和 $p \wedge q \to h$，$A \in \{(2,4)\} \cup \{(3,5)\} \to g$ 和 $A \in \{(2,5)\} \to g$。这两组规则实际上分别是等价的，故是冗余规则，可以直接从库中删除一个。

②包含规则：当一个规则或一组规则的含义已在另一个规则中表示出来时，可从类似的但约束条件较少的一个规则中得出结论。

③规则的简化。

实际上，上面主要指的是知识的无效表示，一般来说对系统的正确性没有大的影响，但是它可以降低系统的运行速度，并且在对知识库修改与扩充期间成为问题的根源。冗余规则、包含规则可以被检测出，并被删掉，对系统的逻辑推理没有影响，然而，某些情况下，在库中保留较特殊的包含规则可能是有目的的，它可以影响冲突的解决机制和推理控制策略。规则的简化意味着用等价的单个规则替换原来的两个或多个规则。这样，通过以上异常的清除将得到一个逻辑上等价的知识库，只不过是更精巧、更简洁一些而已。

逻辑一致性和精确性。逻辑一致性是指两种或两种以上的知识形式、规范一致，知识库中的知识不会发生矛盾、冲突等。知识的精确性要求知识确切、无二义性。下面给出适合于静态测试的知识库异常分类，这里的知识库以“IF…，THEN…”的形式生成规则。有了这一分类，我们可以分别对每一异常作出相应的处理，以保证知识库一致、准确。

①逻辑一致性。

一致性特殊地指这样一种情况，一致规则的应用导致结果的模糊或非一致性，含糊的结果缺乏确切性。有两个规则可以应用于同一输入，但输出却不同，这种结果也许是无害的，但是在无功效系统中要认真分析。影响逻辑一致性有下列几个因素：

冲突规则：那些采用了相同（或非常相似）的条件，但导致不同结论的规则（规则组），或其组合违背了逻辑原理（例递推性等）的规则。

圆周规则：那些导致返回初始条件（或中间条件）而非结论的规则。不必要的 IF 条件：在一个条件上的值并不影响任何规则的结论。

冲突规则是一种危害的规则，依据预想的解释，同时产生的输出可能不全正确。例如，有些设备可以工作在一个或仅一个状态，而推出的结论是设备同时工作在两种不同的状态，这将导致物理上的不协调。

②逻辑完整性。

影响逻辑完整性有下列几个因素：非参考属性值：规则中，条件的值不能导致一个结论；非法性值：规则中条件所能接受的值之外的值，不可得到的结论（或终点），不能将输入条件和输出结论直接或间接联结起来的规则。对于小且结构良好的知识库，上述异常的静态测试可以由人工来完成，对于中等规模或大规模的数据库，人工完成静态测试需作出很大的努力，所以目前正在实现由人工向自动静态测试仪的转变，这将代表着评价知识库逻辑一致性和完整性的主要发展进程。

功能完整性和预见准确性。一般，知识库的功能完整性和预见准确性要由领域专家参与，要用一些典型的测试用例与专家的诀窍来测试其反映，看能否与专家的看法一致或能否提示专家思考更深入的问题。

功能完备性的主要判据包括知识库是否包含了所有希望的输入条件和结论，结论的完整性和知识边界，预见准确性的最终目的是检验知识库能否表现“正确的推理”，即正确的输入能否得到正确的输出，同样的输入能否得到一致的输出。而“正确的推理”又必须以知识库的准确性为基准，知识库准确性的主要判据包括：事实的准确性、规律的准确性、知识表示的准确性，知识库的可改性（控制可扩充性）。

预见准确性用测试器和性能标准来完成，所要求的标准是以事实为根据，预见准确性的测试要通过测试实例来体现。测试时要注意，测试实例的结构是一个重要问题，即问题不是测试实例的个数，而是测试实例的作用范围，也就是反映输入范围的良好程度。测试实例中应包含那些容易导致系统严重故障的实例，也应包含那些模拟系统最普通操作的实例。

知识库的完备性也可通过对整个系统完备性的分析和执行来获得，在某些情况下（不是太大的系统）可以由 PROLOG 的执行机制完成，也可以由某些基于规则的验证系统完成，比如 CHECK，可以检测循环规则，而 COVER 可用于检测反向推理系统的缺点。确实，一个系统一旦被证实具有完整性，那么该系统可被认为是可靠的，在将来可以安全使用。相反，对于很多复杂的系统，这种完整性检测是相当不可行的，尤其是系统中掺和了某种语言解释函数，这时可以通过保持执行规则的动态轨迹和在随后阶段获得的结果来验证系统的完整性。

服务评价。上面两种方法主要是针对知识库而言的，服务评价是对专家系统满足用户需求程度的评价。它包含四个阶段，第一阶段是人工分析，由有经验的软件工程师针对问题分析其需求说明、设计和实现计划。第二阶段是静态分析，可由人工或自动完成，分析设计文档和软件。第三阶段是动态分析，借助一组测试数据，比如随机测试、功能测试，来执行软件。第四阶段是可选的，用来证明程序的正确性。

（3）经验评价法。

经验性评价阶段侧重于获得系统性能的主要量度，例如，经验性阶段的主要目的是评估是否人作决策更好，更快，利用或不利用该系统，哪种方式获得的信息更多？从而为系统改进提供好的建议。经验评价首先要有用户参加，有真正的专家和有代表性的用户参与评价，用户给出对系统的主观评价，由专家给出系统的技术评价，以便系统性地评估系统性能是不是用户类型的功能。

经验评价方法可分为：实验、准实验、实例仿真研究和历史数据统计分析。下面仅对实验进行介绍。

经验评价中考虑最经常和最一般的是实验。当用户想实际使用开发好的专家系统时，实验特别适合，因为实验专门帮助用户或参与实验人员完成从一个采样测试到较大抽样群的测试。

典型地要考虑这样两种实验。其一，实验要反映专家系统性能约束的客观基准，如果专家系统通过该实验测试合格，则系统是有效的，否则将其搁置起来。例如，假设用户借助专家系统在 30min 内可以做出某决策，然而，若用户组织要求一项决策在 15min 内做出，那么专家系统的这种辅助是无效的，若要求一项决策在 30min 内做出，那么专家系统的这种辅助是有效的。不过这个性能基准对于一些实时的活动是必要的。但对许多专家系统应用，它们是不必要的。其二，反映系统非伸缩判决规则的性能基准，即系统的其他特征对性能基准的失效没有补偿作用。

（4）综合测试和评估判据的多属性效用分析。

有两个分支：第一个分支包括技术评价判据，这些包括设计编码标准、能力（即知识库）和服务（即方便的软件）要求。第二个分支包括经验的和主观判据，这些按性能和可用性判据分组，性能又分解为以事实（或专家打分）为依据的判据和判断，可用性分解成以与系统一同工作的参加者的观察为基础的判据和用户的反映意见。

## 第三节 技术规划

技术发展是一个系统工程，涉及技术体系、技术项目、技术条件等多方面形态与环境因素，在实际技术发展中世界各国和各个相关技术领域都需要对技术的未来走势及其可能条件进行预设计，因而需要对技术发展进行总体考虑，即制定技术发展规划。

技术规划或称技术发展规划，是对给定周期内给定领域技术体系发展的构想与条件设置。技术规划的主要框架一般包括：

（1）技术规划的起始与预期时间段。根据当代技术发展的周期形态特征，目前通常认为 1 年以内的属于短期规划，1～3 年的属于中期规划，3～5 年的属于长期规划，5 年以上的属于远期规划。短期规划主要研究与制订在实际生产与社会发展中已经遇到的最紧迫的技术安排，中长期规划主要处理未来即将面临的技术关系与难题，5 年以上的技术规划主要是原则性设想和战略性刻画。

（2）规划涉及的技术领域范围。从国家行政层次可分为国家技术规划和地区技术规划；从技术类型，可分为综合性技术规划和行业性技术规划；从技术层次，可分为共性技术和专用技术规划等。

（3）技术规划制定原则。比如技术引进与技术原创的关系，先进技术与适用技术的关系，技术前瞻与当下需求的关系，技术发展重点与一般的关系等。

（4）技术现状与问题分析。主要涉及规划内技术在可比范围内的实证情况，明确优势、劣势、机遇、挑战。

（5）技术趋势分析。对规划内给定技术的发展前景做出预测，分析可能的发展特点、方向、速度与总体态势。

（6）技术目标设定。确定技术在规划完成时的达到的可比水平、层次、规模、产业化水平等预期形式，这一部分内容特别需要确定量化的，可验证的指标。

（7）技术发展阶段设定。制定分步骤、分层次的技术规划实现的分期、分解目标，为总体规划的整体实现提供各个局部实现的依据。

（8）技术发展布局。主要涉及规划中的核心技术、关键技术与共性技术的划分，上下游技术的配套，技术研发中心的数量、层次及其地理分布与归属管理。

(9) 技术发展的保障机制。涉及技术研发经费、技术政策法规（如技术保护、知识交易等）、研发人员、技术研发中介过程及产业化等。

技术发展战略是技术发展的重大选择，是技术发展基本模式与主要路径的选择。例如，从国家技术发展的层面思考，是选择技术引进为主的发展模式，选择技术原创为主的发展模式，还是选择两者并重的发展模式？在哪些领域、哪些阶段，依据什么标准进行选择？又如，从中国21世纪初的发展现实与发展前景出发，是首先发展工业化，还是首先发展信息化，或者走信息化与工业化相结合的道路？

发展中国家从总体上讲同时也是技术落后国家，由于当代世界经济发展、社会进步与技术发展水平密切相关，是否技术落后国家就永远是落后的，有没有可能走出一条技术赶超道路？这通常是发展中国家技术战略的核心问题。

发展中国家的技术发展战略面临着两种选择。一是与发达国家一样，依靠本国技术原创发明来获得新技术，创建本国的技术体系；二是利用与发达国家的技术差距引进技术，包括买专利、模仿等，构成适合本国的技术体系。在中华人民共和国的发展历史上这两种方式都使用过，20世纪50年代从苏联大量引进技术，60～70年代自己创建技术体系，80年代开始又从欧美日本等技术发达国家大量引进技术，现在仍然是引进与原创并存。

技术引进与技术原创哪一种方式比较好，依成本和效益的比较而定。技术发明即技术原创，尤其是在现代高科技产业上的发明，投入很大，风险很高。研究发现拥有核心技术、领导技术潮流的世界500强企业的投资回报率很低，甚至亏本。经济落后的发展中国家，想要靠自己的研发取得新技术，在最前沿的技术领域与发达国家竞争，成功和失败的概率与发达国家一样，由于技术研究力量的不成熟，代价往往还要大。发展中国家在技术创新中面临巨大资金的投入难题。因此大多数发展中国家选择引进技术的战略。最通常的方式是买专利，专利越新，成本就越高。过了专利期的，可以免费引进。买专利成本一般只要这项专利技术研发成本的三分之一，同时可以避免自主研发所可能遭遇的大概率的失败。所以，发展中国家以引进技术为主来取得技术创新，成本会远低于发达国家自己发明技术的成本。

由此引出的一个问题是，引进技术是否永远落后？发达国家处于技术前沿，因而必须自己研发新技术，否则就没有技术创新。同时，发达国家必须在资本密集度很高的产业采用资本密集的技术来生产，这对发达国家的企业而言，也是一个不得已的选择。因为在发达国家的要素结构中，资本相对丰富，劳动力相对短缺。一个社会在这样的要素禀赋结构下，必须进入到能够用资本来替代劳动的产业，采用能够用资本来替代劳动的技术，在市场当中才能够有竞争力。所以，发达国家以资本、技术密集为其经济结构的特征。发展中国家要在产业、技术结构上赶上发达国家，就必须在要素结构上赶上发达国家，提高整个经济当中每个劳动者所能使用、支配的资本的量。

发展中国家怎样才能提高整个国家的要素禀赋结构，也就是每个劳动者所拥有的资本的量呢？资本来自于每一期生产当中剩余的积累。每一期生产当中扣除了各种成本以后，就企业而言是利润，就整个国民经济而言则是剩余。剩余可以有两种用途：增加当前的消费或是作为积累以增加下期生产可使用的资本。所以，在每一期生产中剩余越大、积累越多，每个劳动力可以使用的资本就会增加得越快。

如何才能在每一期生产当中创造最多的剩余，实现最高的积累？关键在于每一期生产都要充分利用比较优势。也就是当这个经济的要素禀赋结构中劳动力相对多、资本相对稀缺时，必须进入到能够更多地利用廉价的劳动力、少利用昂贵资本的产业，并采用能够用廉价的劳动力替代昂贵的资本的技术。处于中国目前这样的发展阶段，资本相对稀缺、劳动力相对丰富，就应该进入到劳动力相对密集的产业，或是进入到一些资本密集的高新科技产业中劳动力使用比较多的产业区段。这是我们的比较优势。既然这些产业或区段合乎我们的比较优势，我们的企业生产出来的产品在国内、国外市场中就有最大的竞争力，可以占领最大的市场份额，赚取最高的利润，获得最大的剩余。而且因为资本投入小，资本的回报率会最高。一方面剩余最大，另一方面资金的回报率最高，这样愿意在剩余当中用来作为积累的积极性会最高，要素禀赋结构的提升也会最快。

中国有能力集中资源来发展某些最尖端的产业和技术。问题是，一个发展中国家要赶上发达国家并不是有一两个产业赶上就达到了，而是整个国家总体综合产业水平。总体的产业水平赶上的前提是整个要素禀赋结构水平。而且，要想保持和发达国家的产业同一水平，就必须和发达国家一样，不断投入巨大的研发成本。在最前沿技术上的研发投资每项动辄需要数十亿美元，这样的投入水平不是发展中国家所能承担的。

发展中国家以引进技术为主，并不等于说可以不必从事新技术的研发。除了关系国家安全的产业外，也还有一些产业也必须靠自己来研发新技术。以电视机的产业为例，20 世纪 50 年代，美国是最先进的，当时重要的技术研发，黑白电视机、彩色电视机的发明都来自在美国。到了 60 年代以后，美国退出电视机生产，日本成为生产电视机最发达的国家，那个时期电视机的技术研发基本上都是来自日本。到了 90 年代以后，日本逐渐退出家电产业，韩国成为生产彩色电视机的最发达国家，彩色电视机的新技术也更多的来自于韩国。所以，在一般产业上要不要自主从事新技术的研发，主要决定于与发达的国家在相同的产业上有无比较优势。

以引进技术为主，中国还能维持多少年的快速增长？何时有可能赶上发达国家？一般说来理论分析只能指出某项政策的影响是正是负，无法决定其效果的大小、实现时间的长短，而从实证经验中推测更为合理。日本是以引进技术为主而实现赶上发达国家的一个典型。日本东京产业经济研究所将中国20世纪末的发展水平和日本20世纪50年代末、60年代初的水平作了对比，发现两者非常接近。日本依靠大量引进、消化、改进技术从而使经济取得快速增长，从1960年算起，用了28年的时间，到1988年人均收入赶上美国。

信息化是当今世界技术的重要领域，也是当前世界技术发展的主要方向。但是，各个国家的发展经历与现实基础不同，在发展信息技术的战略决策上存在着明显的差距。

日本与美国在信息化建设的关键时刻，在进行重大战略决策曾有三次完全不同的选择，这三次决策深刻地影响了这两个技术先进国家的信息技术形态，并导致了它们在信息化发展道路上的完全不同的结果。

第一次选择是20世纪80年代，当时世界发达国家的技术专家已经在对21世纪信息化的发展前景进行预测。其中一个核心问题是，21世纪初的社会、家庭和个人信息的主要显示方式是什么？日本研究的结果认为，电视机将会是主要的信息显示中心。基于这个判断，日本政府和各大公司集中了最优秀的技术团队对电视机的关键技术进行了研究与开发，突破了一系列技术难题，取得了一批技术专利，出现了一批技术成果，日本富有前瞻性地，着重研发了数字式、高清晰度、大屏幕、背式投影的电视机，随后又开发了液晶显示、壁挂式电视机，并迅速将技术成果产业化、商品化，推向国际市场。而美国并没有将技术力量集中于研发电视机，美国认为21世纪初，计算机是信息显示的中心。美国着力开发了功能完善、结构可靠、价格低廉、通用性强的个人计算机。事实表明，美国的战略选择是正确的，21世纪初已经到来，全世界范围内，计算机在社会信息、家庭信息和个人信息显示中的核心地位已经无可争议。在世界各地都可以看到日本生产的电视机，而很少看到美国生产的电视机，但是，在信息产业中日本远远落后于美国。

第二次决策发生于20世纪90年代初，日本发现计算机日益显出了强劲的社会应用前景与行业渗透力，决定将计算机的设计与生产作为国家重点产业发展方向。此时的问题是，计算机设计与生产本身是一个庞大的系统，类似日本这样的国家也只能在计算机整体技术领域发展中有所选择、有所侧重，而无法全面研究。当时摆在日本决策者面前的有两种方案，一是重点开发内存条，二是重点开发芯片。日本认为，从日本的技术能力、技术特点、技术资源和市场前景看，首先应该研发计算机内存条。作出这样的决定后，日本经过近5年的努力，在90年代中后期，相继在计算机内存条的关键技术上获得突破，并以日本卓越、灵敏的技术与产业的转化机制，迅速形成了大规模的商品化生产能力，日本生产的优质计算机内存条在世界上形成了强大的竞争力。但是日本很快发现，在世界计算机内存市场上，遇到了强大的竞争者，这就是中国台湾和韩国。由于相对而言，计算机内存条设计与生产的技术门槛低，面对世界市场的强烈需求，台湾与韩国也将这一技术领域定为主要突破口。在日本形成大规模生产能力时，它已经面临着不可忽视的竞争者，计算机内存生产形成了三强鼎立的局面，而且这三大生产基础均在亚洲，形成了很强的区域与行业的双重竞争压力，日本未能实现它曾经设想的垄断计算机内存世界市场的战略构想。反观美国，从 90 年代以来，在计算机硬件领域内美国一直将计算机芯片作为主攻方向。在全球范围内形成了英特尔、AMD 这样的在行业中绝对领先的公司，牢牢地控制住了全球计算机的发展方向与发展进程，建立了不可超越的技术优势与产业优势。日本在信息技术的关键性决策上又发生了重大失误。

第三次决策发生在 20 世纪 90 年代中期，此时 21 世纪的通信方式成为关注的焦点。日本战略研究家认为，基于固定电话模式经扩展的传真机将会成为未来的主要通信方式。日本在这一技术方向上进行了重点投入，研发了多功能、一体化、小型化、高可靠性、兼容性强的传真机，并在市场竞争中具有明显的价格优势与造型设计优势。现在世界各地的商场都在出售由日本设计、生产的传真机，但是世界的通信方式并不如日本研究家们设想的那样围绕传真机为核心，而是普遍地转向以互联网为核心的通信方式，传真机的销售远远没有达到预想的成功。互联网正在迅速或者事实上已经成为政府、社会、企业、家庭和个人间最重要的通信方式。而互联网正是由美国技术专家为主研发、推广的，它在 21 世纪初的技术前景、产业前景与社会前景使它成为 20 世纪最重要的技术发明之一。

日本是一个技术能力非常强大的国家，从它的技术水平、产业基础上分析，它完全应该在全球信息产业中占有更重要的地位，但日本目前在世界信息产业中所处的地位与它本身技术强国的地位很不相称，这说明技术战略选择对于技术发展具有方向性、根本性、全局性的影响与作用。

同样，中国发展信息化时也面临着艰难的选择。研究专家很快就注意到，作为世界信息技术先导国家的美国，除了它在进行战略决策时的清醒、理智、科学外，美国的经济实力、社会发展阶段是它能实现工业化到信息化战略转移的基本前提。美国是在顺利完成了工业、农业、国防和科技现代化，实现了城市化的条件下，在世界第一的综合国力基础上，在市场化需求非常强烈的背景下，开展信息化建设的，这就是美国的国情。而中国是在工业化尚未完成，或者说工业化有很重的任务需要完成，在有 9 亿农业人口的国家，在经济与社会发展落后，这样一个世界上最大的发展中国家，面临信息化时代的。中国发展信息技术、搞信息化建设处于与美国截然不同的社会发展阶段与综合经济基础。

中国要不要搞信息技术，要不要进行信息化建设？20 世纪 80 年代与 90 年代曾经有过数次激烈的争论。部分专家认为，研发信息技术，进行信息化建设，要充分考虑可能性与现实性，要充分考虑中国的现实基础，目前中国的国情是，实现工业化现代化是主要任务，应该集中国家资源，重点突破现代工业技术，形成中国的现代化工业体系。而且信息技术属于高新技术范畴，探索性强，风险大，成功概率小，技术突破难，中国又是穷国，发展信息技术与信息产业需要巨额投资。他们的建议是，信息技术的发展可以暂时缓一下，等中国工业化基本完成后，经过 21 世纪前 15～20 年的工业化建设阶段，再进行信息化建设。他们认为，这是现实的选择，符合发展规律。

与此相对的观点建议立刻大力发展信息技术，将信息化建设列入国家近期战略重点。他们认为，信息化是世界发展的新的历史阶段，信息技术正在改变整个世界的基本格局，信息技术是渗透于整个技术领域的技术类型，当今世界信息技术的影响力已经日益强大，如果中国不发展信息技术，在这一个技术发展周期中就无法在世界上占据应有的地位。20 世纪 90 年代初与 90 年代末的两次海湾战争中，美国军队表现出的军事能力、全新战争形式与出乎意料的战争结局，有力地证明控制信息在现代社会发展中的重要作用，给中国专家以强烈的震撼。同时，90 年代中期以来，互联网所表现出的广阔市场前景与巨大商业价值，令人无法否认社会整体面貌正在发生令人难以置信的变化。专家们认为，在信息时代时间概念与传统工业时代有完全不同的含义，再过 20 年，无法预测与想象世界信息化的发展程度与发展方向，很可能当中国再过 20 年有了工业基础准备开始信息化时，世界信息化已经改变了基本模式，有的专家甚至认为，在 20 年内中国如果不形成自己的信息技术能力，中国的国家安全也会成为一个令人担心的问题。

面对这样两难的选择，中国的决策是：立即大力发展信息化，将信息技术列入国家技术发展战略的重点内容。考虑到中国的国情与世界信息化发展的特点与趋势，中国信息化发展战略的要点是：①将信息技术放到国家战略性优先发展地位。②中国的信息化发展模式是，信息化与工业化相结合，以信息化带动工业化。③信息化建设以应用为主，以社会化、规模性的信息技术应用需求推动信息技术产品化、商品化发展。④争取在若干重要的、涉及国家安全、产业核心的关键技术上有所突破。

通过对信息技术发展战略的研究，可以认为，技术发展战略是技术演化中带有根本性的、全局性的工作。它具有主动性、方向性、整体性的特点。政府公共技术政策是技术规划与战略发展的重要内容。政府资助研究开发的政策是公共财政政策和科技政策的一部分，由于科学技术成果价值的特殊性，政府应该在研究开发中发挥什么样的作用，是一个学界关注的问题。政府资助研究开发的主要问题不仅是一个财政能力问题，更重要的是如何选择资助方向，最有效地利用公共资金。

政府资助资金主要来源于财政资金，应遵循公共财政支出原则确定政府资助方向，主要的原则是：

第一，公共品原则。公共品是指广大公众都有可能从中获益，但不一定为之付费的产品。“公共品”有两个基本特征。一是其消费具有非竞争性。公共品可以联合消费，某个人的消费不会减小其他人的消费数量；二是公共品的非排他性。当公共品被提供给某人消费时，不能阻止其他人的消费。纯粹公共品必须同时存在这两种特性，部分符合特性的可以视为准公共品。在公共品领域，价格和竞争市场机制不能起到优化资源配置的作用，因此，需要政府“看得见的手”进行调节。

由于知识是人类的共享成果，任何人都可以免费使用，其对社会的价值远远超过对发明人的潜在价值。新知识公之于众后，能够迅速在分享其所有权的人群中间扩散，为许多人带来收益。基础研究创造一般性知识，属于公共品领域。尽管首次使用新知识的成本可能是极为巨大的，但后来使用知识的边际成本几乎为零。因此，企业或者个人通常没有能力，也不愿意进行基础性研究。

知识可以分为一般性知识和特殊技术知识，两类知识的公共性不同。一般性知识，如数学定理、人类基因原理等具有非排他性，是公共品。而针对某一特定需要的特殊技术知识，如产品和工艺技术等，由于其特定用途，应用面相对较窄，能够通过专利等政策实现排他性，发明者可以从中得到较多好处。因此，一部分特殊技术研究开发属于非公共品领域。有些特殊技术本身并不属于公共品，但可用于公共品。

公共产品并不一定必须由政府来提供，基础研究也不一定都由政府来资助，但是，必须有相应的政策引导民间投入，并保证民间研究的利益。从公共品原则出发，中央财政科技资助资金应主要用来支持基础研究和部分公共品所需技术的研究开发。

第二，外部性原则。有些产品和服务不仅形成直接成本和效益，还在生产和使用过程中产生外部成本和效益，也可以称做社会成本和效益。通常，一项新技术的研究成果不论是否有竞争性，都为其他人提供了可以利用的知识，因而具有正外部性。由于应用技术成果的行业特点和应用广度不同，各种应用技术的外部效益不同。一般来说，可利用面广和能够带来较高附加值的应用技术的外部效益较大。

政府公共财政资金支出的目标是追求社会福利和社会效益最大化，因此，政府财政资金通常支持那些可利用面广，能够提高国家整体竞争力的应用技术的研究开发和推广。如节能技术、农业技术、卫生健康技术等。对应用面较窄的应用技术，可以通过专利等措施形成排他性，以及其他政策鼓励企业的研究开发。

由于生产组织和产业链条不同，技术的外部效益和扩散性不同，需要采取不同的政策。如，医药研究开发通常适用于专利保护，而计算机技术一般不采用专利保护。在美国，计算机技术的研究开发获得较多政府资助。

第三，转移支付原则。转移支付是公共财政支出的一个重要原则。财政转移支付的目的是提高财政支出的社会边际效益。通常，财政支出政策是从高收入阶层向低收入阶层转移，从发达地区向欠发达地区转移。政府资助的知识传播和技术推广也是一种常用的转移支付方式。如资助农业技术推广项目是对农民的转移支付，资助贫困地区科技项目是对贫困地区转移支付，针对中小企业的技术转移项目是对中小企业的转移支付。

政府资助研究开发的方向应与政府的职能和资助资金性质相一致。政府支持研究开发的目的主要是建立可供私人部门和公共部门各种用户使用的资源贮备；政府资助的研究项目应当是公共性强、外部效益大、边际社会效益高的研究项目。

对于产业技术而言，要分析其形成和发展的不同阶段，每个阶段的研究开发成果的公共性和外部性不同，政府在各个阶段中的作用也不同。

产业技术研究开发过程大致可以分为三个阶段。

第一个阶段是基础性研究。基础性研究通常不是以特定方向为目标，主要是认识和发现规律，提供知识。基础研究成果的应用方向不确定，其效益往往要在很长时间内才能显现出来，公共品的特点较强，应用的风险比较大，尤其在产业发展初期，企业没有实力进行这样的研究开发。因此，基础性研究通常是在政府资助下由大学和科学研究机构来进行的。

第二个阶段是应用研究。应用研究是基础性研究与市场化产品技术研究开发之间的一个阶段，是以实现特定用途为目标进行的研究开发活动，但不是市场化和商业化的产品研究开发。其研究成果是产业基础科学技术，应用面比较广，共用性较强。通常，一个企业无法完全应用其研究成果，又难以阻止其他企业应用这些成果。

应用研究开发是产业共性技术的研究开发，也叫做“竞争前研究开发”。一般来说，企业是在产业基础技术或共性技术的基础上进行产品技术和工艺技术的研究开发。如果基础性和共性技术成果被一个企业控制，可能造成资源配置的浪费。因此，政府应该资助应用研究。从国际经验来看，应用研究大都是由企业与大学和实验室共同进行的，大学和实验室起着重要作用。

第三个阶段是产品和工艺技术开发。这个阶段的研究开发是与某一特定市场需求紧密相关，以盈利为目的的产品和工艺技术研究开发。产品和工艺技术开发是企业层次的研究开发，以企业为主。

这三个阶段的研究和开发对产业技术形成的影响不同。基础性研究和应用研究是产品技术和工艺技术的基础，应用研究则是利用基础性研究成果探索实用技术。随着技术进步的不断深入，特别是在一些高新技术领域，基础性研究和初期应用研究的界限不是绝对清楚的，因此，学界出现了将两个阶段合并的提法。

从国际经验来看，技术研究开发有两种基本模式。一种是以基础性研究开发和应用研究为基础的发现型研究开发，从内部创造新技术。通常，创造技术带来的超额利润大，维持的时间长。美国在许多领域属于发现型研究开发，其技术优势是创造前沿技术，通过新的前沿技术的产业化形成新兴高技术产业。因此，经济发展后劲较强；另一种是以引进技术消化吸收和改进为主的模仿式研究开发。模仿研究开发是根据市场需求引进技术，可以享受“技术搭车”的优势，较快实现追赶。但模仿型研究开发缺乏创新，在技术发展上受人制约。例如，战后的日本通过引进制造技术实现赶超战略，多数产业技术的研究开发以引进国外技术的消化吸收和改进为主，属于模仿型研究开发。其技术优势是将引进技术与市场需求结合，降低成本和提高质量。

由于产业技术发展的三个阶段的性质和研究开发的主体不同，政府在这三个阶段中的作用不同。在三个阶段中，基础性研究的公共性和风险性最大，应用研究次之。很明显，从政府职能和公共财政的性质出发，支持基础性研究和共用性大的产业技术研究开发是政府的一个重要任务。而具体产品和工艺技术的研究开发则是企业的事情。应用研究是产业技术的基础性研究，即有共性技术，有较大的潜在商业价值。这一阶段应是政府和企业共同发挥作用，政府重点支持和组织战略性产业的应用研究。产品和工艺技术的研究开发则应主要依靠税收、专利等政策鼓励企业增加投入。

市场经济条件下，政府一般不干预企业的生产经营活动，但为了提高和保持国家战略和优势产业在国际上的竞争优势，也会支持一些依靠民营企业难以独立完成的具有战略意义的商业性产业技术研究开发项目。欧美等市场经济国家政府为了提高特定产业的竞争力，大力支持其产业技术的研究开发。典型的例子是，美国政府资助计算机产业技术开发和欧盟有关国家政府共同出资研制“空中客车”飞机。

计算机行业是一个收益丰厚和高度竞争的产业，但是美国政府投入大量资金资助计算机技术的研究开发。美国联邦政府在计算机产业发展的各个阶段都发挥了重要作用。在计算机产业发展初期，美国政府作为计算机技术的用户直接投资于研究开发项目。当计算机产业逐步趋于成熟时，为提高美国计算机产业的竞争力，在世界保持领先地位，美国政府和产业界联合起来，资助计算机科学和技术研究开发。

但是，政府在产业技术研究开发中的作用是对产业界的补充，而不是代替产业界。尽管美国政府和企业都为计算机技术研究开发提供资金支持，但是其目标和作用不同。美国政府资助计算机技术研究开发的重点，一是培养和维持大学的研究能力。在美国计算机的发展过程中，大学起了重要作用。政府在为大学提供研究基础设施和培养人才方面投入大量资金；二是支持长期基础性研究开发。有些20世纪60、70年代联邦政府资助项目的研究成果到90年代才逐步进入商业应用；三是政府支持早期产业技术的研究开发。有些产业界提出的研究成果，由于种种原因没有继续投入开发，政府支持其研究开发，推动了成果的产业化；四是支持大型应用系统的研究开发。由于一些大型应用系统需要多方面的合作，学校和企业通常难以组织实施这类大项目。政府通过资助大型应用系统的开发，把大学和企业研究室联系在一起，完成同一个研究项目。

英法德等欧盟国家合资研制"空中客车"，也是一个很好的例子。由于美国的客机制造企业在军事订货中获得了技术和研发资金，竞争力较强。欧盟认为大型民用客机制造业是战略性产业，欧洲应该保持其竞争力。为了与美国抗衡，英法德等四国政府联合出资研制"空中客车"。1992年以前，"空中客车"的研究开发费用几乎100%是由政府提供的。由于政府补贴，"空中客车"的市场竞争力增强，市场占有率提高。为了解决欧美民机贸易摩擦，1992年美国与欧盟的民用飞机贸易协议条款中规定，政府对"空中客车"的研究开发资助不得超过33%。由此可见，政府是否支持和如何支持与商业直接相关的技术开发，要视产业技术与国家战略和整体利益的关系而定。美国和欧洲一些国家的政府为了使本国的某些战略行业在全球占居保持领先地位，不仅花大钱资助基础性研究，而且在资助重要产品技术研究开发方面投入了大量资金。

政府资助基础研究和"竞争前"技术研究开发也是符合国际惯例的，WTO限制政府补贴，但允许政府对基础性研究和"竞争前"技术研究开发的补贴。

由于知识的公共性和技术成果的外部性，单纯依靠竞争性市场机制，不能实现研究开发资源的优化配置。理论和实践经验证明，政府在产业技术研究开发中的作用主要是弥补市场不足。政府应在企业不愿意或无力进行投入的领域发挥积极作用，与企业研究开发形成互补。

政府资助基础性研究的目的是实现社会整体的长期利益最大化。政府资助研究开发是一项长期战略，其目的不是追求本身的直接利益，而是实现社会整体效益最大化；不仅仅是为了眼前的短期效益，而且是为了带动社会长期发展。因此，政府资助的项目大都是一些基础性、实验性和不确定性较强的研究项目。

政府资助基础性研究，不仅形成可供产业部门利用的知识成果，而且有许多间接成果。一是为企业技术研究开发提供人才支持。装备精良的大学是培训年青科学家与工程师的良好场所，政府对大学的开放性、开发性研究的资助对培养人才起到重要作用，也是对企业进行产业技术开发的重要支持。二是对产业技术开发提供指导作用。基础性科学知识将为实用技术研究提供智力支持，不仅可以为企业的研究提供方向性指导，而且可以为企业提供思路和可借鉴的经验教训，使企业研究避免风险。三是提供基础设施支持。政府资助项目，特别是对大学和国家实验室的科学研究设备等研究基础设施的资助，为商业性研究与开发提供了可利用的研究设施。企业可以委托大学和研究室利用这些设备进行应用技术研究开发。

在应用技术研究开发领域，政府应在少数影响国家安全和产业竞争力的重点领域发挥作用。首先，政府是公共产品的主要提供者，同时也是公共技术的重要用户，政府也需要自行研究或采购提供公共产品必需的技术。如国防技术、人类生命技术、环境保护技术、人才培养等。

而在可竞争性产业技术领域，一是政府应重点资助竞争前的共性技术研究开发；二是在产业选择上，政府应集中力量资助对国家竞争实力有重要影响的行业的关键技术研究开发和产业化；三是在研究开发阶段上，政府应重点资助基础性研究和产业基础技术的研究开发，具有市场竞争价值的新产品的工艺技术研究开发应以企业为主体；四是在产品技术和工艺技术方面，政府应重点支持应用面广、社会效益大的产品和工艺技术研究开发的推广，如节能技术、农业技术等。

产业发展的不同阶段，政府的作用也在不断变化。在产业发展初期，企业的实力不强，市场不成熟，基础性研究和应用研究的风险都比较大。因此，政府不仅要支持基础研究，还要增加对应用研究和具有商业价值的共性技术研究开发的支持力度，促进应用技术的研究开发。当产业进入成熟期，企业的实力增强，对市场的把握能力也增强了，企业也开始根据自己的发展需要进行一些与自身发展目标和产品开发相关的基础性研究。因此，在产业快速发展和成熟期，政府要重点支持有广泛应用前景的基础性研究和共性应用技术的研究开发。政府应更多利用政策来调动企业研究开发的积极性，而不是直接资助企业研究开发。随着技术进行的深入，一些高技术产业的研究开发投入大幅度增加，一个企业或院校难以支撑和组织大规模的研究开发，政府应重点资助大型联合研究开发项目。

政府集中力量扶持重点不等于由政府确定技术的发展方向，应充分发挥市场对技术的选择功能。除了少数公共产品行业，例如，国防技术的发展方向应由政府确定外，大部分民用产业技术的发展要靠市场选择。例如，在高清晰度电视技术的发展中，美国和日本采取了两种截然不同的路径，产生了不同的结果。美国是由行业协会制定有关计划，公布今后将逐步用数字电视系统代替模拟电视系统，并确定了预测时间表、资助计划和频道安装分配规划，为电视台、制造业、用户等制定相应的优惠政策，给各方面一个充分准备的时间。这一规划首先在公共广播电视台试行。日本是政府选择技术方向，企业跟从。政府把模拟技术作为下一代电视技术来支持。结果，美国的数字技术路线在市场上获得成功，日本的高清晰电视的技术路线走了弯路。

# 第十一章

# 技术进步

## 第一节　技术演化

技术始终处于一定的变动周期之中，稳定态和变动态交替出现。技术的总体发展样式称为技术形态，包括技术模型、技术结构、技术评价、技术范式。技术演化是技术形态的变化过程与阶段。技术演化依据不同演化程度包括技术变化、技术发展、技术进步、技术创新和技术革命；按发生学可分为技术引进、技术模仿、技术消化、技术更替；按技术生命周期可分为技术萌芽、技术发生、技术发展（成熟）、技术衰退、技术消亡。

技术演化的基本条件主要有：技术性质、技术环境、技术需求、技术创新、科学研究、技术传承。

技术演化的本体论根据是实体世界本身的变动本性、实体世界的多样特性。技术演化的认识论根据是人类对世界认识的变化，包括认识范围、认识深度、认识能力、认识方式。技术演化的方法论根据是技术理论的演化、技术方式的联动与延伸性。

按技术体系分，技术演化可分为技术外部演化与技术内部演化。技术演化的动力主要有，技术专家的创造性，社会对技术的新需求，技术内部的逻辑延伸，基础科学理论的应用。技术演化有渐进与突变的区分。技术的渐进式演化是指技术形态的变化总体上仍然处于原有范式中，但在具体表现形式上，在某些环节、个别领域、若干特征上出现了新的变化。而技术的突变式演化则是指技术发展在总体上超出了原有范式，实现了整体性变化。

**例 11-1** 纳米技术的演化。

20 世纪末，美国认为，纳米技术的发展将经历以下五个阶段：第一阶段的发展重点，是要准确地控制原子数量在 100 个以下的纳米结构物质。这个阶段的市场规模约为 5 亿美元。第二个阶段是生产纳米结构物质。该阶段的市场规模在 50 亿～200 亿美元之间。第三个阶段，大量制造复杂的纳米结构物质阶段。该阶段的市场规模可达 100 亿～1000 亿美元。第四是纳米计算机阶段。这个阶段的市场规模将达到 2000 亿～1 万亿美元。第五阶段里，科学家们将研制出能够制造动力源与程序自律化的元件和装置，市场规模将高达 6 万亿美元。美国认为，虽然纳米技术每个阶段到来的时间有很大的不确定性，但在 2010 年之前，纳米技术有可能发展到第三个阶段，超越"量子效应障碍"的技术将达到实用化水平。

**例 11-2** 冲压技术的演化。

20 世纪国际冲压技术发展经过了五个阶段：第一阶段，50 年代以前，采用一台双动拉伸压力机打头和数台单动压力机组成冲压流水线，手工上、下料完成大型覆盖件的冲压生产。生产效率低，人身安全环境差，冲压制件质量差；第二阶段，60 年代，还是采用一台双动拉伸压力机打头和数台单动压力机组成冲压流水线。但为了降低体力劳动，减少操作人员人数，每台压力机都配备了下料机械手；第三阶段，70 年代，为全自动冲压生产线，即多台压力机配备拆垛装置，上、下料机器人，压机中间翻转或穿梭传送装置等，再加上电控系统，就组成了 1～2 人操作的全自动冲压生产线；第四阶段，80 年代，由于多工位压力机的出现，采用一台双动拉伸压力机和一台多工位压力机组成冲压生产线。多工位压力机的主夹板机械穿入双动压力机的模区，同时在双动压力机与多工位压力机之间配备有相应的翻转机械，以完成工件传递；第五阶段，90 年代以来，数控液压气垫出现后，不再采用双动拉伸压力机作为冲压线的打头设备，而是将数控液压气垫装入大型多工位压力机的第一工位，只有一台大型多工位压力机械形成了柔性冲压生产单元。可进行柔性冲压生产的带数控的液压气垫的大型多工位压力机是冲压成形发展方向，也是当时世界冲压技术的最高级发展阶段。

**例 11-3** 生物工程技术的演化。

生物工程经历了七个发展阶段：①发酵原理的创建：1857 年，微生物学奠基人巴斯德提出了"在化学上不同的发酵是由生理上不同的生物所引起的"重要论断，从而为发酵技术的发展提供了坚实的理论基础；②纯种培养技术的发明：1881 年，德国细菌学家科赫发明了营养明胶上画线以分离细菌纯种的方法，后经其助手海斯夫人的建议，改用更实用的琼脂来取代明胶，从而有力地推动了纯种分离技术的发展；③酶及其催化功能的发现：1897 年，德国化学家布赫纳用磨碎酵母菌的细胞汁对葡萄糖进行酒精发酵获得成功，并由此开创了微生物生物化学和酶学研究的新纪元；④深层通气培养技术的建立：1942 年，由于第二次世界大战中救护伤员的迫切需要，推动了青霉素深层液体发酵技术的发展，并导致在发酵工程中具有革命性和普遍意义的生物反应器技术的建立；⑤体外基因重组技术的问世：1973年，美国斯坦福大学医学院的科恩和博耶等将大肠杆菌中两种不同特性的质粒片段用内切酶和连接酶进行剪切和拼接，获得了第一个重组质粒，然后通过转化技术将它引入大肠杆菌细胞中进行复制，并发现它能表达原先两个亲本质粒的遗传信息，从而开创了遗传工程的新纪元；⑥固定化酶和固定化细胞技术的出现：日本于1969年首先将固定化氨基酰化酶应用于DL-氨基酸的拆分工作，1973年，又进一步用固定化细胞连续生产L-天冬氨酸，开创了固定化酶和固定化细胞工业应用的新局面；⑦细胞和原生物质体融合技术的建立：1962年，日本的冈田善雄利用仙台病毒的促融作用，首次诱导了艾氏腹水瘤细胞的融合；1974年，高国楠利用PEG（聚乙二醇）完成了植物细胞原生质体融合的实验；1979年，生达利用操作简便、快速和无毒的电脉冲技术完成了植物细胞原生质体的融合。从此，细胞融合技术在动、植物和微生物新种的培育中发挥着日益重要的作用。

**例 11-4** 计算机技术的演化。

计算机技术发展分近代、现代与当代三大阶段。①近代计算机阶段。近代计算机指用齿轮杠杆为主要部件的机械式或机电式计算机。1642年法国科学家帕斯卡发明了齿轮式加减法器。1673年德国科学家莱布尼兹发明了齿轮式乘除法器。1821年英国剑桥大学数学教授巴贝奇发明了差分机，1834年他又发明了分析机，包括输入、处理、存储、控制、输出五部分装置，可惜这部机器限于工艺条件直到他逝世亦未全部完成。国际上称他为“计算机之父”。1944年哈佛大学物理教授艾肯在IBM公司的支持下，完成了用齿轮和继电器为部件的机电式计算机Mark，才使巴贝奇的梦想变成现实。②现代计算机阶段。现代计算机指利用先进的电子技术代替机械齿轮技术，继电器依次被电子管、晶体管、集成电路取代而制成的数字电子计算机。现代计算机的奠基人是英国科学家图灵，他的主要贡献有二：一是建立图灵机模型，确立了可计算性理论。二是提出图灵测试，为人工智能研究打下基础。计算机（computer）一词正是他最先使用的，不过当时主要指组织起来进行数值计算的一组人员。通常把数字式电子计算机的发展分为四代：第一代为电子管计算机，典型机器有ENIAC（1946）、EDVAC（1952）、IBM701（1952）等，第二代为晶体管计算机，典型机器有IBM7090、7040、Burroughs6500、CDC6600等。第三代为中小规模的集成电路计算机，典型机器有IBM360，370系统。第四代为超大规模的集成电路计算机，除了传统的大型主机和小型机外，又出现了为数众多的微型机、工作站，出现了超级计算机。③当代计算机阶段。20世纪90年代，计算机的发展进入新阶段。微处理器芯片的功能越来越强大，性能越来越完善，计算机网络越来越广泛，用许多芯片组成的多处理系统正成为速度最快的新式超级计算机。可以把当代计算机发展阶段理解为高速计算与高速网络相结合的时代，多媒体、超大型知识数据库向个人提供服务的时代。

**例 11-5** 美国载人航天准备阶段技术发展步骤（表 11-1）。

**表 11-1 美国载人航天准备阶段技术发展步骤**

| 编号 | 飞行器名称 | 发射日期 | 载荷 | 发射日的飞行情况 |
|---|---|---|---|---|
| 1 | “V-2”火箭 | 1947.2.20 | 果蝇和种子 | (1) 研究火箭飞行物理因素对活体的影响<br>(2) 遥测高空飞行时的生理效应<br>(3) 研究宇宙辐射 |
| | | 1948.6.11 | 猴子 | |
| | | 1949.6.14 | 猴子 | |
| | | 1949 | 猴子 | |
| | | 1949.12.18 | 猴子 | |
| | | 1950.8.31 | 小鼠 | |
| 2 | 空蜂 | 1951.4.18 | 猴子 | (1) 研究火箭飞行物理因素对机体的影响<br>(2) 探测低重力情况，附带进行宇宙辐射的研究 |
| | | 1951.9.20 | 猴子、小鼠 | |
| | | 1952.5.22 | 猴子、小鼠 | |
| | | 1952.7.26 | 猴子、小鼠 | |
| 3 | 雷神-艾希尔 | 1958.4.23 | 小鼠 | 飞行高度为 224km，回收均告失败 |
| | | 1958.7.9 | 小鼠 | |
| | | 1958.7.23 | 小鼠 | |
| 4 | 丘辟特 | 1958.12.13 | 猴子 | (1) 研究火箭飞行各物理因素对机体的影响<br>(2) 探测宇宙辐射对机体的影响<br>(3) 研究短期失重对机体的影响<br>(4) 研究火箭弹头的救生回收方法 |
| | | 1958.5.28 | 猴子 | |
| | | 1959.9.16 | 小鼠 | |
| 5 | 小兵 2 号（飞船模型） | 1959.12.4 | 猴 | 高空救生试验。发射成功。回收了飞船和动物 |
| 6 | 小兵 1B 号（飞船模型） | 1960.1.2 | 猴 | 中断飞行试验。发射成功。回收了飞船和动物 |
| 7 | 水星红石 1 号 | 1960.11.21 | 假人 | 不载人亚轨道飞行试验。检查座舱性能，因助推器故障发射失败 |
| 8 | 水星红石 1A 号 | 1960.12.19 | 假人 | 不载人亚轨道飞行试验。检查座舱性能。发射成功 |
| 9 | 水星红石 2 号 | 1961.1.31 | 黑猩猩 | 载动物亚轨道飞行。检查环境控制系统。发射基本成功 |
| 10 | 水星阿特拉斯 3 号 | 1961.4.25 | | 绕地球轨道飞行 1 圈，试验座舱—助推器系统，检查地面跟踪系统和回收系统。因火箭故障飞行失败 |
| 11 | 水星红石 3 号 | 1961.5.5 | | 载人亚轨道飞行。训练航天员，检查座舱系统 |
| 12 | 水星红石 4 号 | 1961.7.21 | | 载人亚轨道飞行。训练航天员，检查座舱系统 |
| 13 | 水星阿特拉斯 4 号 | 1961.9.13 | | 载人飞船轨道飞行的彩排。检验座舱—助推器系统、地面跟踪和回收系统 |
| 14 | 水星阿特拉斯 5 号 | 1961.11.29 | | 是“水星”飞船和运载人轨道飞行前的最后一次鉴定飞行。进一步试验飞船各系统，评定跟踪和回收系统 |

注：美实现首次载人轨道飞行，各飞行器无载荷的发射未列入此表

美载人航天前的发展步骤可分为两大阶段：

（1）高空火箭生物探测阶段：

①主要由空军进行（表 11-1 中 1～4 号）。

②火箭的不控制轨道飞行（5、6 号）。

（2）载人飞行准备阶段：

①火箭的亚轨道飞行。载荷包括动物、假人和航天员（7～9、11、12 号）。

②动物和假人的地球轨道飞行（10、13、14 号）。

## 第二节　技术预见

最初的“技术预见”定义是英国的马丁（B. Martin）1995 年给出的：所谓技术预见就是要对未来较长时期内的科学、技术、经济和社会发展进行系统研究，其目标就是要确定具有战略性的研究领域以及选择那些对经济和社会利益具有最大化贡献的通用技术。经济合作与发展组织（OECD）技术预见的定义是：系统研究科学、技术、经济和社会在未来的长期发展状况，以选择那些能给经济和社会带来最大化利益的通用技术。一般性研究基本沿用了 OECD 的表述。

这两个表述都是从科学、技术、经济和社会这个大系统来综合考虑在未来较长时间内能够相互适应的科技、经济发展战略，其意图既要考虑到从科学催生技术，由技术激活经济，引导新经济，由此推动社会经济的发展，又要从社会对经济的需求，包括对经济的规范，以此作用于技术，作用于科学，使科学、技术与经济的发展能够合乎社会的理性预期。这两个表述均强调了如何选择能够为经济和社会带来最大化利益的通用技术。其中，能否为经济与社会带来最大化利益充当了选择通用技术的最高标准。

但是，马丁强调了确定具有战略性投资价值的研究领域，它主要是被用来产生临界技术（critical technology）和关键技术（key technology）。美国多用临界技术概念，实际上包括了关键技术，欧洲以及许多发展中国家则多用关键技术，实际上也包括了临界技术。这与美国作为世界科学中心和技术中心，而其他国家只能在少数领域拥有与美国相抗衡的发展规模与发展水平有关，这是对关键技术概念的不同表述。在中国，习惯上将关于技术预见对技术的选择称之为对“关键技术”和“通用技术”的选择。技术预见是依据科技、经济和与社会的系统发展趋势要求，选择能够为经济和社会带来最大化利益的关键技术和通用技术。技术预见所倡导的基本理念是要在通过对科学、技术、经济、环境和社会的远期未来进行“整体化预测”的基础上，“系统化选择”那些具有战略意义的研究领域、关键技术和通用技术，利用市场的“最优化配置”来最终实现技术发展的经济、环境与社会效益最大化。

技术预测（technology forecasting）与技术预见（technology foresight），是两个相近而有区别的词。有学者认为，技术预测是根据社会与经济发展目标的设定，预测那些在国民经济发展中必须解决的技术和科学技术问题。技术预见就是要对未来较长时期内的科学、技术、经济和社会发展进行系统研究，其目标是要确定具有战略性的研究领域以及选择那些对经济和社会利益具有最大化贡献的通用技术。

它们要解决的问题都是针对经济与社会发展中所遇到的技术问题和科学技术问题，但解决问题的秩序、解决问题的范围和解决问题的深度有较大不同。就秩序而言，前者强调的是社会与经济，即社会目标是第一位的；后者强调的经济与社会，即经济目标是第一位的。就范围而论，前者强调的是要解决那些在国民经济发展中必须解决的技术问题和科学技术问题，特指的成分较大，对象非常明确，有特定的界面；后者要解决的则是两个层面的问题，一是要确定具有战略性的研究领域，二是要选择能够最大化经济利用和社会利益的技术，特指成分也比较大，但范围相对较广，界面也比前者要复杂一些。就解决问题的深度来说，前者强调的是要解决好最迫切需要解决的问题；后者强调的一是解决好战略性研究领域的选择，二是要解决好通用技术的选择，并使之达到最优化程度。

从这两个定义对技术分工及角色定位理解来看，前者所描述的技术具有明确的分工特征，界面相当明确，没有涉及与科学的关系，也没有涉及技术与经济、社会的互动关系，只强调了技术对经济和社会单方面的责任和义务；后者则从科学、技术、经济和社会相互作用、相互依存、相互制约的系统论角度阐述了技术的功能。可以说后者所描述的“技术”是高度背景化的，它是整个大系统中的一个子系统，而不像前者那样将“技术”置身于经济和社会之外，是一个相对独立的系统。

通用技术则更多地受经济与社会的需求拉动，其次才是关键技术和科学的推动。就其作用效果来说，由于技术的价值最终取决于市场的认同，取决于经济社会的认同。因此，对预见技术的作用效果当然会比对预测技术的作用效果要强。再者，预见技术是选择的结果，它承担着科学界、技术界、经济界、社会等诸多方面的期望，而预测技术并不是各界参与选择的结果，而是带有客观规定性的结果。说得再具体一点，预见技术渗透着人们按照自己所期望的和满意的方式去发展，它能够最大限度地体现人本主义、人文关怀，尤其会体现人们对生活质量和生存环境不断改善的种种期望，而预测技术停留在趋势展望层次上以及它能给经济社会提供怎样的解决问题方式，还没有上升到预见技术的高度。

技术预见超越了“历史决定论”，认为技术的未来发展不仅有多个可能性，而且即使要实现某种可能性也要在很大程度上依赖于人们事先的意愿、预期、选择、决策、资源配置力度、配置方式等一系列行为。

区分技术预见与技术预测的还有后验评价法，最直观的区分方法就是看研究者如何组织和如何操作此类活动的。如果在他们所开展的活动过程中将技术的预测和选择等权利完全或大部分委交于科技界的“精英专家”和一部分技术专家的话，那么，这种预测和选择就不是技术预见意义上的“预测”和“选择”，而是技术预测意义上的“预测”和“选择”。虽然在世界各国进行着各式各样的“预见活动”，且大都采用“德尔菲问卷调查法”，但如果采用的仅仅是向分布在科技界和政府科技管理部门工作的少数技术专家发放问卷，那么，这种“预测”和“选择”仍然不是技术预见意义上的“预测”和“选择”，而是技术预测意义上的“预测”和“选择”。

世界上只有少数国家和地区从事严格的技术预见研究。一般对技术预测与技术预见并不作严格的区分。

日本的科学技术委员会（STA）在 1970 年着手开始了第一个预见分析，采用德尔菲法在国内进行关键技术和通用技术的选择。科技界、政府界的专家人数与来自产业界、经济与社会等各界专家人数之比约为 1∶10，以后每隔五年进行一次。1994 年，日本国家科技政策研究所（NISTEP）对第一次技术预见（预测至 2000 年）的实现率进行了评估，发现 28％的预见得以完全实现，另有 36％部分得以实现。德尔菲法同样被德国所采纳。德国对未来审视的结果与同时在日本进行的审视结果有惊人的相似。

英国此后也开始进行技术预见，主要集中在以下三个方面：①识别在未来 20 年可能的社会、经济、环境、市场的发展趋势；②为满足未来预见之需求，在研发、基础科学、工程学和工艺领域的可选择的发展途径；③为保证国家的繁荣和人民的生活质量，应用于科学创新的公众资金的最佳使用。

法国技术预见可分为两种：德尔菲法调查由高等教育及研究部主导，关键技术的调查由工业部主导。法国由于传统上在规划方面重视情境分析、交互影响矩阵（cross-impact matrices）及德尔菲法等分析方法，所以活动的进行能得到不同身份较高阶层人士的支持。关键技术调查十分成功还归因于执行单位在权力、预算方面的支持及明确的目标。

荷兰由教育及科学部执行的预见计划，认为技术是知识产生系统及创意循环的共同枢纽，并指出以下四个社会的发展趋势，是荷兰的研究必须要实现的：知识性社会的信息及沟通；可持续发展的经济；国际化及区域化趋势；生活品质。经济部和兰德（Rand）及库黎（Coopers & Lybrand）顾问公司合作进行的技术雷达计划（technology radar）首先找出了对荷兰重要的 15 个技术领域，然后对策略性技术的知识供给和需求情形进行比较。此外，经济部也进行过技术调查（technology survey），主要的目的是希望能促进技术移转。由此可得出结论，对于工业发达国家而言，对未来技术发展的实现情况有相同的期望。

韩国在1994年运用德尔菲法从事重大的技术预见研究，其目的也是强调在所有领域科学技术的长期发展路径，表明科技向何处去。预见以20年为周期，与日本德尔菲法不同的是，它认为技术主题的选择必须是非常严肃的。这可能与韩国处于不同于日本的科技发展阶段有关。澳大利亚科技委员会（ASTEC）进行的预见通过采用大量不同的方法识别了三种未来类型：从现状外推出的期盼的未来，依存于变化世界的可能未来，社区想达到的所偏好的未来。同时得出六个关键要素：对创新和企业家精神的需要，对以技术为主导文化的社会的需要，对全球化过程中抓住机会的需要，对保护自然环境的需要，对社区良好行为可持续发展的需要，对建立一个前瞻性的科技体系的需要。除了这六个关键要素，还指出了影响变革的主要力量：全球一体化，信息和沟通技术，环境的可持续发展和生物技术。

匈牙利的经济及社会体制均处于转型时期和变革之中，主要的政府机构及职能也在进行调整和成型，因此正适合于进行中长期问题的研究。其技术预见首要目标在于提升国民的生活质量，提高国家长远的国际竞争力。运作小组由20名来自产业界、学术界及政府部门的专家组成，于1997年10月成立，经过反复、深入地酝酿，确定了以下7个讨论的议题：人力资源（教育及就业），健康，信息技术、资讯与媒体，自然及人工环境，制造业和商业过程（新材料及新工艺、原料供应网、全球化……），农业综合企业及食品业，运输。

美国并没有重要的国家层面的前瞻活动，这和政府的结构有很大的关系。在国家层次上，由于国会要求，所以设有专门工作小组，进行未来重要技术的评估。但多是供国会参考，影响力并不大。相反，产业界为了因应国际化的竞争，争取政府的研发支持及整合产业者之间的研发力量，做了许多的工作。不过，和其他国家比起来，美国的前瞻活动都是较短期的，以未来5～10年为主要的范围。美国的政府部门，例如，国防部、国家研究中心、前国会技术评估办公室从20世纪60年代就开始进行了技术预见，所以被认为是一些早期的技术预见使用者。

技术预见的方法因国家的不同而不同，美国倾向于强调技术发展带来的机会，同时其他国家还强调了社会、环境和技术发展带来的其他广泛牵连。日本和德国采用的是德尔菲法，而其他国家采用从专家小组讨论和特定专家研究等不同方法。关键技术法由于采用短期、密集的专家讨论，所以最容易执行，成本也较低，美国的前瞻活动倾向于采用这种方法。德尔菲法由于问卷发放不容易，所以国际的德尔菲法调查，大多采用日本多次调查而得的问卷，不过由于国情的不同，在各国反应并不一致。许多国家都倾向将讨论的空间放大，混合采用不同的方法，以便让不同的意见都有交流的机会。

国外技术预见具有如下共同特点：① 对技术预见的认识已取得基本共识。

经过50年探索，技术预见的概念得到逐步发展和完善。多数专家学者认为英国SUSSEX大学SPRU研究所的马丁（Ben Martin）的描述可以作为技术预见的定义，即“技术预测是对未来较长时期的科学、技术、经济和社会发展进行系统研究，其目标是确定具有战略性的研究领域，选择对经济和社会利益具有最大贡献的技术群”。② 各国技术预测领域趋同。尽管各国咨询的专家数量不同，使用的方法有所差异，但各国专家预测未来技术发展的主要领域是信息与通信、生命科学、材料与加工、先进制造、资源与能源、医疗保健、交通运输、农业、海洋地球和空间、服务等。③ 从本国需求出发开展预测工作。技术发展具有共性，但各国技术预测都是从本国经济社会发展需求出发来开展的。美国在许多技术领域处于世界领先地位，在进行国家关键技术选择时，主要从技术供给能力来考虑。日本、德国和英国等国家主要从经济社会需求拉动来考虑，重点突出社会经济发展目标，以及有助于实现这些目标所需的技术。④ 已形成了规范的预测方法。技术发展到今天，不仅各种学科相互交错，更新速度加快，而且与经济社会发展的联系越来越紧密，因此，对未来技术的预测，传统的趋势外推等方法已不能适应当今技术的发展。目前大多数国家采用的技术预测方法是大规模德尔菲调查法，这是把社会各方面专家的分散智力综合集成为战略性智力的比较科学的方法，此外，一些国家还采用了情景分析法。⑤ 对战略决策产生了较大影响。随着技术预测的不断深入，对各国科技政策的制定和研发资金投入等方面产生了较大影响。例如，日本在“科学技术基本计划”（2001～2005年）中，确定的重点研究领域是：生命科学、信息通信、环境、纳米技术和新材料、能源和制造技术，这些领域是对技术预测重点的进一步聚焦。英国的科学部长手里掌握着一笔数额相当可观的研发后备资金，专门留给技术预测研究报告所提出的应优先发展的科技领域。英国政府围绕实施“技术预测计划”提出的“技术预测挑战竞争”计划，旨在资助“技术预测计划”优先领域内科技界与工业界相互合作的研究开发项目。德国联邦政府与州政府在一定程度上按照技术预测的研究结果来制定科技政策，并根据本国与外国技术发展趋势预测的对比来安排研发资金分配，例如，德国联邦教研部在2001年制定未来5年生物技术研究框架时参考了1998德尔菲的预测结果。韩国也把技术预测作为政府制定科技政策的基础。可见，西方主要发达国家和一些新兴工业化国家已把技术预测作为提高政府决策能力的一项长期的基础性工作。

美国是技术预见（technology foresight）活动的主要发源地，在技术预见史上有一个人物特别重要，他的科技发展咨询报告提出的基本理念成了1945～1985年长达40年之久的科学技术预测活动的基本理念。他就是美国负责国家科技政策事务的万涅瓦·布什（V. Bush）。1945年7月，布什向美国总统杜鲁门提交了一份45页的美国科技发展咨询报告：《科学：永无止境的前沿》。在该报告中，布什就如何激励科学家从事科学事业而采取的措施提出了建议。他认为：“联邦政府应该支持最前沿科学的开拓性研究，这是美国的一项基本国策。”他还认为，“科学活动是一项最值得投资的一项活动，是最能获得高收益的一项长期投资工程，尤其是基础研究。”布什进一步敦促说，“只要我们敢于对科学做长期投资，它总有一天会给我们的国家、经济、社会及国民带来安全、稳定、繁荣和财富。”

布什在这份报告中对开出了需要优先发展的重点科目“菜单”，强调加快基础研究的重要性。布什说近五年来，由于美国的科学家已经将他们的知识和才华全部运用到服务于战争的军事应用研究领域，但当原有的基础研究潜能逐步耗尽时，加强基础研究就显得非常必要和及时。为此，必须对战时的研究方向作出迅速调整。他还认为，“不论是来自新知识、新产业发展的需求，还是来自更多的科学家和工程师们的就业需求均，均要求他们继续探索自然规律，生产关于这些领域的客观知识或经验知识，并将这些知识运用到特定的经济、社会目标中去。这些新知识的最核心的部分将从基础研究中获取，而且也只能从基础研究中获取。”

布什报告具有如下特征：①科学技术事业是一项最具投资价值的领域。②政府投资于基础科学研究必将给这个国家的人民带来健康和财富，必将给这个国家带来经济增长、社会繁荣和国家安全。因此，投资于基础科学研究应该是，也必定是美国的一项基本国策。③新知识、新产业主要推动力来自基础研究，科学家的创造力也来自基础研究，因此，加强基础研究是催生新知识、培育新产业以及激发科学家创造力的基本前提。

集中到一点，就是科学是能够获取高额利润的一项投资事业，只要给基础研究不断注人经济资源和人力资源，它就会连续不断地向这个国家的防卫、经济、社会及国民输出安全、稳定、繁荣以及健康和财富。它成为此后许多国家和地区进行科学技术预见活动的核心理念。

布什的“社会契约论”在技术预见史上占有非常重要的地位。杜鲁门采纳了布什提交的重点投资领域菜单，以前所未有的拨款力度积极投资于基础研究。从晶体管的发明到集成电路、直至大规模集成电路的问世，直接推动了美国，乃至全球性的信息技术革命和产业革命，在很大程度上得益于联邦政府部门对“布什菜单”所列具的基础科学——物理学和化学的重点投资。美国在生物科学领域赢得的领导地位同样得益于布什菜单。

在美国推出上述政策之后，率先做出反应的就是苏联，他们最早关注美国科技政策走向，他们对技术预测所给予的重视程度是相当高的。苏联技术预测专家们给技术预测定义是：科学预测是国家在经济、政治、技术和其他领域中采取各种行动方案时，对未来科学的可能状况和发展途径所做的设想。技术预测是根据社会和经济发展目标的设定，预测在国民经济中必须解决的技术问题和科学技术问题。

从苏联专家给技术预测所下的定义来看，有两个层次：其一是科学层面，它强调的是一个国家或地区在经济、政治、技术及其他领域中采取各种行动方案时，需要对科学在未来的可能状况和发展途径做些设想。它的预测模式本质上是一种关于科学在未来可能出现的走向进行趋势分析，在趋势分析基础上作出趋势外推，它的目的就是要为政府在国家层面上就经济、政治、技术及其他领域采取各种行动方案时提供决策依据的。其二是技术层面，即技术预测，是根据社会和经济发展目标的设定，预测在国民经济发展中必须解决的技术问题和科学技术问题。它的定位很直白，就是为了社会和经济发展，去解决国民经济中必须解决解决的技术问题和科学技术问题。因此，从他们给技术预测所下的定义来看，对技术的预测本质上就是解决国民经济发展中所遇到的“技术瓶颈”问题，而且是必须解决的“技术瓶颈”问题，甚至可以说预测基本上是针对经济与社会发展趋势的，或者说是对经济与社会发展的特定需求进行趋势预测的。

苏联开展的技术预测活动并不需要对非“瓶颈”的技术问题负责，甚至也不需要对一般性的“瓶颈”问题负责。事实上他们关心更多的是科学预测。因为，苏联是在冷战背景下进行技术预测活动的，同美国在战前就开始规划科学发展计划是有所区别的。苏联开展技术预测活动从很大程度上讲是为了在冷战时代能够同美国在政治、军事博弈中居攻势地位，因而在给定的整个科技资源条件下，必须将这些资源的绝大部分优先配制给基础研究，防卫研究，而留给直接解决国民经济发展中的经济技术的资源就相当有限了。

日本围绕着关键技术选择所开展的活动却朝着另外一个方向发展，日本在冷战时代的迅速崛起似乎说明了他们专注于技术发展，专注于投资那些能够推动本国经济与社会发展的技术，专注于解决本国经济及社会发展中的技术问题的“技术立国”的技术预见模式具有更强的诱惑力。

战败后的日本首先面临的是经济资源短缺，根本无力组织和调动必备资源用于优先发展基础科学。对他们来说，只能将可以调动的有限资源优先用于恢复战后经济，缓解失业压力。因此，他们要解决的技术问题首先是服务于经济与社会发展的技术问题，而不是其他。日本战后经济的迅速崛起，直逼美国，说明了他们技术预见与规划选择模式的确收到了很大的成就。

日本模式的成功自然引起了美国预测专家的高度关注，他们不得不反思这样一个问题，日本因存在着资源短缺现象迫使他们在进行技术选择时倾向于解决当前的和那些可以预期的现实问题是值得他们借鉴的，美国并不拥有满足“布什菜单”的足够资源，甚至连关心美国科技政策的资深科学家也发表了“基础科学到底要多少才算够了”的疑问。美国同样存在着资源短缺问题，如果基础科学继续优先抢占，甚至掠夺其他领域的资源，势必会引起社会总资源配置的不合理。如果说在二战即将结束时有数以万计的科学家和工程师需要借助于发展基础科学才能解决他们失业问题的话。那么，时至今日，在有百万计工人失业条件下，是解决宇宙问题以及遥远的未来问题重要，还是解决眼下这些失业工人的就业问题重要呢？是澄清“黑洞”、“夸克”概念重要，还是解决那些已经影响到人们生存质量的环境问题重要？再者，“布什菜单”虽然承诺了只要今天敢于投资，将来一定会有高额回报的“社会契约”究竟有多大的兑现能力，何时兑现，如果不可能兑现，社会又有怎样的约束机制来要求它兑现，并在规定的投资周期内收回巨额投资？

事实上，所有国家都存在着资源短缺的问题，在给定经济和智力总资源条件下，在科技与其他投资领域、当前与未来相互争夺资源的情况下，所有国家均面临资源合理配制问题，每单位资源的使用都存在机会成本。这就需要通过技术预见来合理配制资源，任何一种过度投资行为都将带来不经济现象。

如果从更加精确的层面讲，任何资源的使用均受边际收益递减规律的制约，任何经济品的产出均受边际成本递增规律的制约。当将给定资源连续地投资于某一给定领域或就会出现，必然会出现边际收益递减，边际成本递增的现象。基础研究存在着这样的制约吗？答案是肯定的，以科学家在实验室探讨物质结构为例。

当科学家在实验室致力于将基本粒子继续纵深分解时，尤其是涉及夸克层次时，实验成本上升之快已超乎人们的想象，世界上已经没有哪个国家有这样的支付能力了，以至于美国国家能源部在后来不得不关闭设在得克萨斯州的超级超导对撞机实验室。即使按照布什的“社会契约”假定，将来夸克物理学一定会给美国，乃至给全世界带来丰厚的回报，但受资源稀缺的制约，美国也不得不最终放弃在该领域的实验投资。

由此可见，正是资源稀缺事实的存在，才迫使人们在投资科技时不得不本着“有所不为，才能有所为”的原则有选择地重点投资那些最值得投资的领域。技术预测之所以要被技术预见所取代，关键问题就是前者没有，或较少考虑到资源是稀缺的这一基本事实。

布什的遗产是科学是决定一个国家经济发展和社会繁荣的基础。不仅如此，它也是为国家、社会及国民提供安全、健康和财富的保障，假设在一定程度上得到了验证。但当人们不得不计及资源是稀缺的这一事实存在时，当人们不得不将解决国家经济发展与社会繁荣放在首位时，当人们不得不在解决长期问题与现实问题之间做出取舍时，当人们不得不在相互争夺社会总资源的诸多投资领域对其机会成本和比较收益做出权衡时，当解决其他问题比解决基础研究问题来得更加突出时，当新一届政府需要在给定任期内完成它所承诺的大量的经济目标与社会目标时，当社会公众要求政府解决现实问题而不能容忍政府置当前目标于不顾，去解决不确定的面向未来的基础研究问题时，布什的那份契约以及建立在该契约基础上的“菜单”就难以满足人们的口味了。

任何国家在发展自己的科学技术事业时总要受到资源稀缺性的制约。因此，哪些技术应该得到优先选择，哪些技术应该服从当前发展目标，哪些技术应该服从长远发展目标，哪些技术可以引导一些新产业，哪些技术可以服务于改造和提升传统产业，哪些技术可以用来改善人们的生活质量，哪些技术可以为人们带来健康等，就需要政府从社会总资源的配置视角，从社会总需求出发，合理选择将要进行的研发项目，最大限度地避免科技资源的闲置与浪费。在资源稀缺对科技的制约与经济发展对科技的需求之间存在着巨大反差的压力下，加强对科技未来发展趋势的主动引导，依据市场需求，参照预期实现时间及收益等一系列标准有条件地选择一些关键性技术和通用技术进行投资的技术预见活动也就应运而生了。

马丁和约翰·斯顿（J. Johnston）在分析技术预见受到空前重视，首先它来自于市场经济的竞争压力。经济全球化的一个直接结果就是造成了竞争者的大量增加，任何一个国家不得不与那些具有不同生产成本的竞争者进行市场博弈，政府可借助于制订与之相适应的科技政策与产业政策，并通过具体的投资活动应对这种压力。其次是工业化国家所面临的政府开支日益加大，原因是随着人口的老化，人们对社会福利的需求将日益增加，政府每花费一笔经费均要向国会、议会等一些制约政府支出行为的权利机构或社会公众详细说明其理由并给出投资价值评估。最后是科学与技术的研发成本日益增高，没有一个国家能有足够的财力追求所有的科学与技术的发展机会。技术预见恰好提供了这样的一种机制。

以“社会契约论”为其基本假设的技术预测的立论前提是“科技为社会”，预测的目的是“社会为科技”；以“资源稀缺论”为其基本假设的技术预见的立论前提是“社会不可能为科技提供无限的资源”，预见的目的是“选择最具投资价值的重点领域、关键技术和通用技术，实现其经济与社会利益最大化”。

我国科技规划中蕴含着技术预测。1949年以来，我国一直重视制定国家宏观战略规划。通过集中各方面力量，全面科学地规划未来是我国政府宏观管理的重要手段之一。改革开放前，我国先后制定了两个科技发展规划：《1956～1967年全国科学技术发展远景规划》（简称十二年科学技术规划）和《1963～1972年科学技术规划纲要》。改革开放以后，我国又制定了多个科技发展规划。如《1978～1985年全国科学技术发展规划》，《1986～2000年科技发展规划》，《中长期科学技术发展纲要（1990～2000～2020）》以及“五年科技规划”等。由于规划自身的战略性意义，在确定战略目标、主要任务及发展重点时，都需要对未来发展方向、需求、能力及手段的预测和评估。也就是说，在我国历次科技规划中部分蕴含着技术预测研究。

我国规划过程主要采用多部门、跨学科行业的专家会议、会商，在一定程度上达到对未来科技发展趋势的共识。这样的预测，主要靠专家学者平时的研究积累和对科技发展前景的远见。随着我国科技活动规模的扩大，水平不断提高，经济社会发展对科学技术的需求日益增加，研发领域和项目也越来越多，需要全面、系统地对未来科技发展趋势进行研究。通过技术预测，明确我国科技发展方向，正确选择经济社会发展中的重大关键技术问题，为战略决策提供支撑。

1992～1995 年，原国家科委综合计划司和政策体改司共同组织了国家关键技术选择研究，该项研究界定了我国国家关键技术的定义、原则、准则，确定了 4 个关键技术领域：信息技术、先进制造、先进材料和生物技术，并通过德尔菲和专家会议法选择出 24 个关键技术和 124 个技术项目。1997～1999 年，我国又对农业、信息和先进制造 3 个重点领域未来 10 年的技术发展进行了调查，在原国家科委综合计划司的领导下，组织 1200 名社会各方面的专家，对上述 3 个领域的技术发展进行咨询调查。通过两轮预测、分析评价以及反复论证，对 308 项（农业 100 项、信息 112 项、先进制造 96 项）技术进行了预测分析，并选择出 128 项国家关键技术，其中农业 34 项、信息 55 项、先进制造 39 项。这些研究在我国科技规划的制定、科技计划调整、重点项目选择等方面发挥了重要作用，同时也带动了部门和地方此项工作的开展，目前已形成了一批专门从事技术预测研究的人才队伍和专家网络。

但是，我国的技术预测还存在不足：一是只在几个重点领域开展研究，不能从整体上把握我国未来科技发展的总趋势。二是我国的技术预测结果没有得到广泛宣传，仅在有限范围内传播，而美国、日本、德国、英国等国家的技术预测结果则通过报刊、书籍、电视等各种传媒进行广泛传播，让广大社会公众了解和参与技术预测，有效利用技术预测结果。三是技术预测是一项复杂的系统工程，需要长期不断的跟踪研究，但这次技术预测完成后，没有持续进行下去。

总体上，通过技术预测进行科技重点选择在我国仍处于探索研究阶段。形成这一现象的原因：一是因为我国长期以来就已经形成了一套制定科技规划的传统的科学方法，这套方法仍然能够发挥一定效力；二是全面系统地开展科技综合预测涉及面比较广，牵涉部门多，任何一个部门要组织这项工作，都需要得到各部门的支持配合。因此，采用新的预测方法来制定科技发展战略将是一件创新性工作。

我国开展技术预测是新时期我国科技发展战略的需要。21 世纪初期是我国国民经济和社会发展实现的重要战略机遇期。从我国当前社会经济发展需求出发，开展未来若干年我国技术发展调查研究，积极选择和重点突破国家关键技术，努力实现产业化，是关系到我国科技、经济和社会长远发展的战略性问题。

目前我国科技规划的制定主要采取多层次的大规模专家会议法，这类预测方法虽然在以往的科技规划中起到了一定的作用，但也存在专家数量相对较少、各领域相对封闭、信息交流不充分和基础研究薄弱等问题。技术预测可以使我们能更加准确地把握未来科技发展趋势，为科技规划的制定奠定基础，从而形成“预测—选择—规划”的决策管理链。同时，通过此项工作的开展，加大科技部与科技界、经济界和社会各界的广泛交流与沟通能力，让更多的专家参与科技决策。这是公众了解未来科技发展趋势的需要。技术预测是企业制定战略计划的需要，利用技术预测调查结果，我国企业可以在不断变化的市场环境中分析有利条件，把握自身优势，了解竞争对手，寻找潜在的合作伙伴，选择重点技术进行开发，参与国际竞争。研究人员可以利用技术预测结果，分析自己的长处和短处，进一步明确研发方向。

根据我国经济和社会发展的实际需求，结合我国科技发展规划和计划工作，我国技术预测的总体目标是：通过对近中期科技、经济和社会发展进行系统研究，确定对我国国民经济和社会发展具有战略意义的优先发展领域和关键技术群，为我国科技规划制定、科技计划调整和重点项目选择提供依据，为社会公众提供科技发展趋势的信息，逐步形成科学、民主的科技管理决策体系。

我国技术预测的主要任务是：进行经济和社会发展需求分析。从我国近中期国家的总体战略目标和我国的基本国情出发，确定国民经济和社会发展对科技的需求以及科技发展内外部环境因素。如经济全球化和加入 WTO 对我国科技发展的影响，科学技术如何支撑国民经济结构的战略性调整，科学技术如何减轻经济和社会发展的资源约束等。

在需求分析的基础上，选择若干领域，组织科技、经济和社会发展等各方面的专家开展技术预测调查。调查内容包括：各项技术对我国的重要性，对技术可能实现时间的预期，技术的商业机会，影响技术实现的相关因素和可能遇到的困难，发展技术的途径（加自主研发、联合开发、引进等）以及与发达国家的比较等。另一方面，对目前未曾出现过的可能的技术突破进行探索，提出国家关键技术选择建议。在技术预测调查的基础上进行综合研究，根据我国国情，有选择地确定一批关键技术作为研究重点，尤其是对经济增长和国家安全至关重要的关键技术，为国家中长期科技规划提供依据。

## 第三节　技术创新

技术创新理论的渊源一般可以追溯到德国历史学派经济学家弗里德里希·李斯特和美籍奥地利经济学家的约瑟夫·熊彼特。

李斯特对于创新体系研究的贡献主要集中于三个方面：其一，他率先提出

“政治经济学的国家体系”的概念，李斯特的“国家体系”概念是弗里曼的“国家创新体系”概念的第一块基石。其二，李斯特明确地指出并且深入地分析了国家专有因素对于一国经济发展和经济政策选择的巨大影响。他强调国家专有因素的独特性，强调不同国家的历史条件、文化传统、地理环境、自然资源以及国际背景等对于一国经济发展战略选择的决定性影响。其三，李斯特明确地提出了后进国家在面对先进国家的技术限制和技术封锁的情况下所应该采取的国家技术战略，强调了在国内产出科学技术能力的重要性。

在技术创新上对后来的学者真正有影响的是熊彼特。在1912年出版的《经济发展理论》一书中，熊彼特明确地将经济发展与创新视为一体，称经济发展“可以定义为执行新的组合”，包括以下五种情况：①采用一种新产品或者一种产品的一种新的特性；②采用一种新的生产方法；③开辟一个新的市场；④掠取或控制原材料或半制成品的一种新的供应来源；⑤实现一种工业上的新的组织。熊彼特还明确地将发明与创新区别开来，以为只要发明还没有得到实际上的应用，那么在经济上就是不起作用的。经济发展是一个以创新为核心的演进过程的观点，的确可以作为我们制定有效的创新政策战略的有益指南。创新是一个社会过程，而不仅仅是一种技术的或者经济的现象，技术创新的主要驱动力量是个人（企业家）和企业（拥有），而其活动的成败与否则主要依赖于他们所活动于其中的社会经济环境。技术创新政策的主要目标是创造一个有利的创新环境，而不仅仅只是资助科学、基础研究和政府对于私人企业的研究开发活动的补贴。

熊彼特最大的贡献就是把发明、创新和创新的扩散做了区别，指出企业设计、开发、生产和销售一种新产品的能力与发明活动并不一致，两者也不必然并存于同一组织之中。熊彼特技术创新模型可以概括如下：①从科学的最新进展到重大发明之间存在着一种非特定方式的流动（非持续性的）。②一组企业家（在熊彼特看来，他们是资本主义经济的主要推动力）认识到这些创新的未来潜力，并且准备冒险进行开发和创新。③一旦进行了一项重要创新，它将导致现存市场结构的不均衡，成功的创新者获得了额外的增长速度和暂时垄断利润作为报酬（图11-1）。

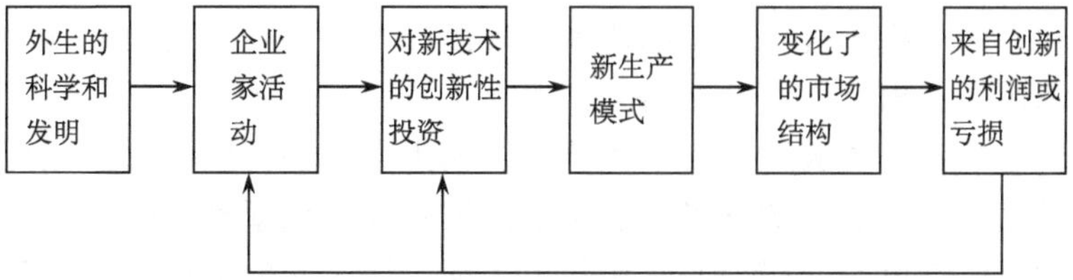


图11-1 熊彼特企业家创新模型（Ⅰ）

技术创新的实质内容，是指不同企业、大学、科研机构和政府机构之间围绕着科学技术发展及其商业应用所形成的一种相互作用的机制。这个模型基本是一个具有几个连续阶段的线性模型，但在其中已经存在着从成功的创新到增加研究开发活动的正反馈环路模型，被描绘为一种从“得自创新利润”到“企业家活动”和“创新投资”的联系。这种反馈必须首先被解释为对于利用研究开发作用为经济进步的工具的刺激，而不是一种创新改进思想的流动。在 20 世纪 70 年代初期以前，西方学术界普遍认为只存在一个熊彼特技术创新模型。

熊彼特在 1942 年发展了其关于创新在经济中的核心作用的观点，认为大企业在经济发展和创新过程中起着决定性的作用。他认为，“只要我们深入事情的细节，追踪进步最惊人的个别项目的进步的由来，那么我们会追踪到大企业门上……于是我们不免要吃惊地怀疑，大企业也许和创造这种生活水平有更多关系，而不是和降低生活水平有更多关系”。“一个现代企业，只要它觉得它花得起，它首先要做的事情就是建立一个研究部门，其间成员都懂得他的面包和黄油取决于他所发明的改进方法的成功。”根据熊彼特有关经济“创造性毁灭”的判断以及有关大企业在这一过程中的决定性作用的论断，经济学家菲利浦斯提出了第二个熊彼特技术创新模型的基本形式，即大企业创新模型。此后，弗里曼在其 1982 年所著之《工业创新经济学》中对这两种模型作了进一步的修改，并为学术界所普遍接受。在这个模型中，大企业取代了企业家有位置，研究开发活动主要是由企业内部的机构承担的。尽管如此，外生的科学和技术一直与内生的科学和技术相伴而生。这种模型的反映大企业在 20 世纪越来越多地利用内部研究开发力量这一重要趋势。弗里曼（1982）和莫厄里对于这种趋势进行了更为详细的研究。弗里曼将技术研究的作用不断增加描述为“与科学相联系的技术的兴起”。

熊彼特创新模型Ⅰ和创新模型Ⅱ的主要区别在于模型Ⅱ包括大企业进行的内生的科学与技术活动。从创新到增加研究开发支出存在一个强大的正反馈回路，从而形成了一个“有效的”自我强化周期，发明活动越来越处于大企业的控制之下并且强化了它们的竞争地位，科学、技术、创新投资与市场之间的“耦合”现在更加密切而持续地联系在一起了。尽管如此，熊彼特模型Ⅰ和模型Ⅱ之间仍然存在着基本的共同之处，即它们都是技术推动模型，即强调技术创新是企业内生的，是技术进步推动着经济的长期增长。它们的基本政策含义是：技术创新的速度，规模和方向取决于技术进步的速度、规模和方向，更多的研究开发投入就有更多的技术创新产出。大企业在研究开发支出方面具有优势，所以，它们在技术创新方面也必然具有先天性的市场优势。正因为它们都特别强调研究开发对于持续创新的推动作用，后来的学者将这两个熊彼特技术创新模型合称为“技术推动模型”。大约从 20 世纪 50 年到 60 年代下半期，居于支配地位的创新模型一直是这种简单的线性技术推动模型，从科学发明通过应用研究逐步前进到技术开发以及企业的生产活动，最终导致新产品进入市场。市场只是被看做研究开发成果的接受者。这个模型的基本假定是"更多的研究开发投入"等于"更多的创新产出"。

熊彼特以后的西方学者在技术创新研究方面的工作主要出现于20世纪50年代中期以后，基本上围绕着两个方向：一是新古典经济学家为将技术进步纳入到新古典经济学的理论框架中所做的努力，其结果就是经济增长理论以及近年来发展的新经济增长理论；二是以美国经济学家J. 施穆元勒、N. 罗森伯格和英国经济学家C. 弗里曼为代表，侧重研究科技进步与经济经结合的方式、途径、机制以及影响因素等，经验研究和案例分析为特点。他们依照经济分析的熊彼特传统，强调技术创新和技术变革在经济增长中的核心作用，承认企业家是推动技术创新的主要推动力，承认经济结构对于技术创新的促进作用，迷恋于熊彼特所谓的"创造性毁灭过程"，即创新总是以一种演进的方式重新塑造它由以产生的市场结构。这些遵循熊彼特传统的经济学家主要集中在英美两国，其中尤以英国苏塞克斯大学的科学政策研究所最为著名。该所了一大批秉承熊彼特传统的技术创新经济学家，包括克里斯托弗·弗里曼、乔万尼·多齐、凯思·帕维特等，并发表了大量重要的技术创新研究成果。

1979年由沃尔什、汤森德、阿尔拉德利斯与弗里曼等共同主持完成了在解决技术创新的技术推动说与市场拉动说之争方面的重要文献。在美国，遵循熊彼特传统的经济学家主要有斯坦福大学的内森·罗森伯格教授和哥伦比亚大学的理查德·纳尔逊等。新熊彼特学派学者在技术创新研究中的共同特点是注重技术创新过程的研究，技术创新产生的技术经济基础、技术轨道与技术范式、技术创新集、技术创新的扩散以及长波等重大理论问题都是他们研究的重点。在长期的研究工作中，这些学者在熊彼特理论的基础上提出了许多著名的技术创新模型，包括企业家创新模型、线性模型、相互作用模型、链环—回路模型和创新周期模型等等。从20世纪60年代中期起，这些学者孜孜不倦，努力工作，先后提出了五代技术创新模型，并以此为基础提出了大量有关技术创新政策的建议。其中，施穆克勒于1966年发表《发明与经济增长》一书，对1840～1850年间美国4个主要资本货物部门（铁路、石油冶炼、农业机械和造纸业）及部分消费品工业部门的专利数与投资额进行了统计分析，得出了市场成长和市场潜力是发明活动速度和方向的主要决定因素的结论，从而提出了创新的需求拉动说。这与熊彼特的技术推动说显然是相矛盾的。英国苏塞克斯大学科学政策研究的沃尔什、汤森、阿奇兰德里斯和弗里曼等人于1979年进行的一项研究批评了施穆克勒的方法，认为他们的研究结论与熊彼特理论更为一致，即"科学、技术与市场之间的联系是复杂的，相互作用的，而且是多方向的，主要驱动力量随时间和工业部门不同而有所变化"。罗森伯格则更多的是从技术特性与经济特性方面展开研究。他在自己的代表作《黑箱之谜：技术与经济学》中指出："作为基本的、演进着的知识基础的科学技术同市场需求的结构一道，在创新中以一种互动方式起着核心作用。忽略任何一方面都将导致错误的结论和政策"，从而将技术推动论和需求拉动论有机地结合了起来。

技术创新是一个系统，存在着复杂的多要素结构。创新是一个从新思想的产生，到产品设计、试制、生产、营销和市场化的一系列的活动，也是知识的创造、转换和应用的过程。其实质是新技术的产生和商业应用。它既包括技术创新，又包括非技术创新，如知识创新、管理创新、制度创新和服务创新等。

随着知识经济时代的来临，国际竞争的战线明显前移，以推动各种知识成果转化为核心的技术创新已成为提高综合国力的重要因素。竞争的层次已从企业上升到国家和政府一级的系统整合水平。

技术创新理论的形成是一个深化与积累的过程。新古典经济学的代表马歇尔曾明确指出，知识是生产力中最强大的动力，而组织则帮助知识发挥作用。熊彼特关于经济变革的动态理论，则更强调以要素的新组合为基础的各种创新在推动经济变革中的巨大作用。在其后的深入研究中经济学家们进一步发现，创新不是一个简单的从新思想的产生到科研机构的开发、中试，再由生产部门生产、营销部门营销的线性过程。它是企业内的研究开发部门、生产部门和营销部门以及企业与企业外的研究开发机构、高等院校及其他企业互相作用的结果。不仅如此，政府、金融、法律、文化等因素也都是影响创新的重要变量。因而，对创新效率的考察，必须从系统整合的角度出发。政府在创新系统中的作用是 1987 年英国学者弗里曼在研究日本的经济发展时，发现日本的产业政策以及政府有关部门在日本创新中的重要作用而提出来的。20 世纪 90 年代后，对创新的研究成为许多国家和国际组织研究的课题和制定政策的基础。

创新涉及新思想、新发明的产生、产品设计、试制、生产、营销和市场化等一系列活动，涉及多个部门和组织。企业、大学、科研机构、中介机构和政府部门是技术创新的主要组成部门。近年来对创新的研究不仅关注企业的技术创新，更关注知识在国家经济发展中的作用，重视在国家层次上的知识的生产、传播和应用。国家创新制度的安排和网络结构是一个国家创新活动的重要决定因素。通过影响知识的生产，进而影响发展，这种结构是由产业界、科技界政府在发展科学和技术中相互联系与交往而形成的。

在市场条件下，企业是创新的主体。首先，创新是一项与市场密切相关的活动，企业会在市场机制的激励下去从事创新。其次，根据古典学派的创新理论，创新是指生产要素的重新组合，这种组合只有企业家通过市场来实现，这个作用是其他组织和个人无法替代的。最后，技术创新需要很多与产业有关的特定知识，它们是产业技术创新的基础。由于这些知识具有局域性，常带有产业和企业专有的特点，因而科研机构难以提供。从基础知识向应用的转化需要很多新知识，如工艺、制造方面的知识，企业更具有这方面的供给优势。过去人们常以为，科学发现和技术发明可无成本地转化为商品。现在人们认识到，科研成果要转化为商品，还需要大量的工程化的知识，市场的知识。这些知识很多不是书本上的知识，而是在干中学、用中学的实践中积累的知识，是需要投入时间和资金才能获得的东西。

在技术创新中，科技型小企业与大企业同等重要。大企业有较强大的资金和技术实力，使它们有能力从事产品创新与大规模的工艺创新。它所具有的比较完善的创新组织，又使其可以较容易地实施技术创新战略。而科技型小企业因机制灵活，创新动力大，一旦有资金帮助，会更愿意从事创新。当今许多微电子方面的大创新都是当时一些名不见经传的小企业发明出来的。微软、网景等公司的发展便是例证。应当指出的是，作为创新的主体的企业是指现代企业制度意义上的企业，它们具有创新的动力和能力，是创新投入、活动和收益的主体。

科研机构和大学都是重要的技术创新源。在讨论对知识的生产、传播和使用的制度安排和结构时，一般将知识分成科学知识和技术知识两类。科学知识的特征是增加人类对客观世界的认识，一般没有直接的、特定的实用意义，是"公共产品"。但它是技术知识发展的基础，对国家社会经济发展和国家竞争活力有着深远的影响。由于科学知识与实际的生产应用往往有相当的距离，企业不能立即见到经济效益，因此它们对科学知识的生产不大。同时，为了使科学知识产生最大的公共利益，实现其社会目标，美国、日本和德国等国政府承担着大部门的科学知识研究与开发的投入，主要投入在基础研究和应用研究中，由大学和国立科研机构来执行。另外，企业也不同程度上开展自己的基础研究，其目的并不仅仅是要生产多少科学知识，而是要掌握该领域的发展动态，以抓住新出现的商业机会，如AT&T公司的贝尔实验室。

知识经济时代的来临强化了科研机构、高校在技术创新中的作用，因为企业的创新活动越依赖于它们生产的知识。

教育和培训是知识创造、生产、应用以及传播的重要环节，其主要功能是传播知识、提供人才和提高人的素质。从根本上说，创新依赖于人的素质及创新思维能力的提高。没有一支高水平的人才队伍，新的知识难以创造，难以产生。没有宏大的高素质的劳动者队伍，难以掌握和运用新的知识和技术，技术成果也能以转化为现实生产力。况且，在知识不断更新的时代，只有对员工进行新技术知识的再培训，才能提高员工进行新产品开发和生产的能力。同时，从知识流动的角度看，教育和培训能通过人这个载体，使知识和技术向社会扩散。

中介机构是沟通知识流动的一个重要环节。不同层次，不同领域的咨询服务等中介机构是沟通科研部门与企业间知识流动的纽带和桥梁。各国都把这种中介机构的建设看做是政府推动知识和技术扩散的重要途径。

技术创新是一个以市场为基础的资源配置系统。在确定从事什么创新、什么时候进行创新、以什么方式创新、给创新者以什么样的回报时，市场机制能提供信号，驱使企业在一定时候从事某种创新，这种信息不是随便能计划或规划的，不是个别政府官员能预测的，不是行政的方式能够及时做出反映的。只有处在市场竞争中的企业能够做到。但由于创新过程内在的技术的不确定性、市场的不确定性、权益分配的不确定性的政策环境的不确定性以及市场机制在激励创新中的不完善，从而需要政府的一定程度的干预，需要政府负担起应负的责任并对相关的各项事务发挥重要影响，因而在技术创新中应强调政府和市场机制的互补作用。对发展中国家而言尤其如此，因为这些国家的企业的创新能力低，政府可为企业创新构筑良好的符合本国国情的政策法律环境和基础设施以及通过政策、法规、计划、项目、采购、财政金融、服务等多种形式，影响、引导与干预创新活动的作用与效率。

技术创新是各国历史发展的产物。不管有意还是无意，受历史、政治、文化等因素的影响，每一个国家都会以不同的制度安排来推动创新。这种差异性造成了创新的多样性和效率上的差异。即使同是发达经济国家，创新制度也各不同。

在发展中国家和新兴工业化国家，由于其市场机制不够完善，企业的创新能力比较薄弱，政府在推进创新中发挥了重要作用，韩国和日本的经济起飞过程一直是在政府的积极参与下实现的。

美国、英国和德国虽然在经济体制、社会环境和文化上有很大的不同，但是基本上都是以市场作为配置资源的基础的国家。在研究开发活动的投入和执行上有很多共性：研究开发投入占 GDP 的比重为 2%～3%，资金投入较稳定，而且由于 GDP 基数较大，因此在研究开发活动中有充分的资金保障，促进了知识的生产，传播和应用，提高了国家竞争能力。从总体上来看，企业在研究开发投入和执行方面扮演主要角色，在投入方面占总投入的 50%～70%，执行方面占 60%～70%，主要侧重于应用研究和开发；在基础研究投入方面，政府承担绝大部分，大学和公共科研机构是主要执行机构。

各国在研究开发方面又各有特色，存在差异。各国政府在其研究开发投入中的社会目标上有差异，美国政府侧重支持国防方面的研究，而德国、日本政府更注重工业技术的研究与开发。另外在企业研究开发活动专业化方面，所选择的技术领域也不同。深入分析它们技术创新的共性和个性，有利于从我国国情出发，依照经济和科学技术发展规律，完善和发展我国的面向社会主义市场经济，面向知识经济时代的技术创新。创新活动还有其在具体历史环境和历史条件下进行的特殊性，即国家专有因素的特殊作用。以弗里曼和纳尔逊为代表的新熊彼特主义技术创新经济学家强调李斯特的传统，重视技术创新的国家专有因素以及具体的社会制度与文化背景，从而将李斯特传统与熊彼特传统有机地结合了起来。

新古典学派关于技术创新的研究是建立在“市场失败”的基础上的，认为政府干预技术创新的合理性主要是因为在技术创新过程中存在着“市场失败”，即在充分发挥作用的情况下，用于创新的经济资源不可能得到有效配置的一系列状况，包括公共商品，创新收益的非独立性、规模与风险。在这种情况下，政府干预将极大地促进技术创新活动。这一流派主要围绕两个方面进行研究。其一是分解技术创新对于现代经济增长的贡献率，代表人物是索洛，丹尼森和乔根森；其二是将技术创新纳入经济增长模型，如阿罗、罗默等。他们的共同特点是都把技术创新视为同资本、劳力和自然资源一样的经济增长要素。

国家创新系统这个概念是由英国经济学家弗里曼在 1987 年首先提出来的。他在 1987 年研究日本时发现，日本在技术落后的情况下，以技术创新为主导，辅以组织创新的制度创新，只用了几十年的时间，便使国家的经济出现了强劲的发展势头，成为工业化大国。在一国的经济发展和追赶、跨越中，仅靠自由竞争的市场经济是不够的，需要政府提供一些公共商品，以推动产业和企业的技术创新。弗里曼将国家创新系统定义为“公私部门的机构组成的网络，它们的活动和相互作用促成、引进、修改和扩散了各种新技术”。他给予四个因素以重点关注：政府政策的作用，企业及其研究开发努力的作用，教育和培训的作用以及产业结构的作用。不仅如此，弗里曼特别强调在剧烈的技术变革情况下，将技术创新与组织创新和社会创新结合起来的必要性。

纳尔逊在 1993 年主编出版的《国家创新系统》一书中，明确指出，现代国家的创新系统在制度上相当复杂。它们既包括各种制度因素以及技术行为因素，也包括致力于公共技术知识的大学和研究机构以及政府的基金和规划之类的机构。其中，私人以盈利为目的厂商是所有这些创新系统的核心，纳尔逊是而强调了科学和技术发展中的不确定性，并在此基础上提出了多种可能的战略选择。根据纳尔逊的说法，国家之间在“产业组合”上差异“强烈地影响着国家创新系统的形态”。研究开发系统的这些国家特点对于科学技术如何更好地融入工业活动之中并进而使一国的创新更为容易还是困难具有重要含义。

佩特尔和帕维认为，国家创新系统提出的重要性在于：传统的有关技术进步的理论认为，开放的贸易系统将使技术的国际性迅速扩散成为可能，从而使后发国家的追赶成为可能。但不同国家在对技术的投资上政策是不相同的，从而造成了国际技术差距在某些国家之间的扩大。佩特尔和帕维把国家创新系统定义为“决定一个国家内技术学习的方向和速度的国家制度、结构和竞争力”。他们认为，国家之间创新绩效的不同主要在于系统的失效和多样性。

以本特阿克·伦德瓦尔为代表的一批学者主要是通过考察用户与厂商的相互作用来研究国家创新系统的各组成部门，因而属于国家创新系统研究的微观学派。伦德瓦尔认为，国家创新系统可定义为“一个创新系统是由在新的、有经济价值的知识的生产、扩散和用上互相作用的要素和关系所构成的”，从而衡量一个国家创新系统的效率指标是生产、扩散和使用有经济价值知识的效率。国家创新系统中的主要子系统是：企业的内部组织、产业结构、公共部门、金融部门及其他部门、大学和研究开发部门。

波特研究的最大特点是将国家创新系统的微观机制与其宏观运行实绩联系起来，在经济全球化的大背景下考察国家创新系统，因而属于国家创新系统研究的国际学派。在他看来，国家的竞争优势正是建立在成功地进行了技术创新的企业的基础之上的。政府应该追求的主要目标是为国内的企业创造一个鼓励创新的环境。波特教授的这种国家竞争力理论被认为是国家系统的另一个学说。他认为，一个国家的优势决定于以下四个重要因素：第一，要素条件，如熟练劳动力的供给，基础设施状况；第二，需求条件，该国对产业产品的需求；第三，相关的支持产业；第四，企业的战略与竞争状况。

经济合作与发展组织的专家们接过了国家技术创新系统这一思想，并试图通过收集和分析各种指标使其实用化。他们认为，国家创新系统的核心内容或者说关键目标是科学技术知识在一国内部的循环流转。对于国家创新系统运行实际的测试与评估也是以四种类型的知识或者信息的流动为主要指标：其一，企业之间的相互作用，主要是合作研究活动和其他技术合作。其二，公私相互作用，主要是指企业、大学与公共研究机构之间的相互作用，包括合作研究、专利共享、合作出版和更正规的联系。其三，知识和技术的扩散，包括新技术的工业采用率和通过机器设备等途径的扩散，这是创新系统中最传统型的知识流动。其四，人员流动，主要是技术人员在公私部门内部以及两者之间的流动。经合组织还开发了国家创新系统的政策意义，指出研究国家创新系统的政策含义是纠正技术创新中的系统失效和市场失效；即纠正企业因急功近利而对技术开发的投入不足。通过创新的产、学、研合作计划，网络计划，建立创新中介机构，以纠正创新的系统失效。国家创新系统的政策意义之一是加强整个创新系统内的互相作用和联系的网络。

技术创新中政府具有社会责任，政府承担与扶植的技术创新主要是关系国家整体利益，长远利益的重大、关键、共性技术领域。市场经济条件下，企业是技术创新的主体。企业技术创新的过程，是把新技术创造性地应用于企业的设计、制造、生产、销售和管理等经营活动，从而获得更好的经济效益和社会效益的过程。企业技术创新包括两个方面：一是创造新的实用技术，即技术发明的实用化；二是新的实用技术的应用，即实用技术的商业化。企业技术创新由研究开发、技术创新、生产经营、决策管理等一系列活动构成。技术创新通常包括产品创新、工艺创新（即过程创新）、设备创新和能源、材料创新。

依照创新的程度，企业技术创新分为根本性创新和渐进性创新。渐进性创新，是指在两个技术突破之间的较小的技术改进。如果说国家技术创新主要侧重于“高技术”，那么企业技术创新则侧重于强调“新技术”，即该技术是世界首创、国内首创或者是行业内首创。但是当今世界，科学技术高度发达，在基本技术原理方面取得新的发现已越来越难，绝大部分技术创新是现有技术在不同领域和不同产业之间的移植、综合，因此企业技术创新要注意“综合就是创新”的观念。很多重大创新（即根本性创新）也常常是现有技术的组合式创新。国内技术市场上，技术卖方推出的技术成果中，属于产品创新的成果占较大比例，占60%～80%。而技术买方的兴趣也集中在寻求新产品上。作为技术创新的其他重要内容，例如，工艺创新、设备改造、降低单耗、提高产品质量等，在技术市场上不仅成果供给少，而且需求不旺，处于被忽视的地位。对于各类工业企业、科研院所和高等院校的调查表明，与工艺创新相比，产品创新占绝对优势。即开发以产品创新为主导，生产厂家则优先考虑开发新产品和新市场。

在计划经济长期制约下，很多企业产品品种几十年一贯制，早已陈旧落后，跟不上时代的需求，随着市场经济的发展，大量企业技术创新战略转向开发新产品。与发达国家速度相比，中国处于特定高增长阶段，多数产业每年都有两位数的增长，经济学称为“增长机会供给充裕”。在这种经济环境中，新产品质量并不是产品销售的关键，差一些也还卖得出去，生产成本高一些企业也能生存，企业面临的成本质量压力不足以激发工艺创新动机。同时，仍然存在的国营企业，尤其是重点企业有依靠国家不断引进技术进行产品更新和技术更新的依赖心理，而中小型民营企业尤其是个体私有企业，因技术力量薄弱难以依靠自身研发力量进行工艺和设备的改革。再加上长期形成的不合理的科研体制，使大量科研单位和企业联系不密切，不了解企业工业创新的需求。科研单位常常只从单纯研究的角度思考，只能进行实验阶段的开发，对于产业化之后的后续开发既缺少资源，也缺少经验和动力。

技术创新能产生巨大的经济与社会效益。中科院20世纪80年代创立的全国粮食产量预测新方法就是一例。粮食在中国国民经济中占有特别重要的地位。“民以食为天”，保证巨大人口的粮食供给是中国的头等重要大事。在中国现代史中曾多次发生由于粮食歉收，出现大规模饥荒，以致人口大量死亡，发生严重的社会动乱的史例。陈院士，深感进行粮食产量预测研究的重要性。1980年中央要求中科院派专家应用运筹学进行产量预测。当时中央提出了两个要求：第一，为了便于及早安排粮食的消费、存储和进出口，要求预测提前期为半年左右。如果预测的提前期太短，当中国因歉收而需要进口时，国际市场的粮价就提高了。第二，预测精度误差在3%以下。

中国科学院研究小组经过比较提出了以投入占用产出技术为核心的系统综合

因素预测法。首先进行了文献调查，发现国际上谷物产量预测主要有三种方法：

（1）气象产量预测法。该法认为谷物产量高低取决于天气好坏，主要根据气象因子利用数理统计方法来预测谷物产量。在预测方程中基本上都是气象因子。例如，美国著名的小麦预测专家 L. M. Thompson 的美国堪萨斯州冬小麦产量预测模型根据 4、5、6、7 月份的降水量和温度等气象因子预测冬小麦产量。预测方程的误差约为产量的 10%。

（2）遥感技术预测法。各种作物具有不同的光谱特性，即对不同波长的电磁波的反射率和辐射率各不相同。遥感技术即利用卫星上的传感器所接收的地面目标物所反射和辐射的电磁波来进行作物产量预测。

（3）统计动力学生长模拟法。该方法是在植物生理学原理基础上，利用模拟方法研究各种环境因子与作物产量的关系，例如，温度、光照、$CO_2$ 浓度等对作物光合作用、蒸腾、呼吸、干物质形成、籽粒发育过程的影响。由于难以及时获得大面积的各种数据，该方法仍处于小范围实验阶段。

根椐国外文献报道，上述三种方法的预测提前期通常为两个月左右，误差为产量的 5%～10%。这是由于地表作物尚未生长到一定程度就难以利用遥感技术进行预测。而世界气象科学的发展水平对 2 个月以后的天气情况还难以作出可靠的预测，影响了这些方法的预测提前期和预测精度。

上述方法不能满足课题要求，中国科学院研究小组提出了新的系统综合因素预测法。从学术思想来说，把粮食生产看做一个系统，利用系统科学方法来研究。影响粮食产量的因子很多，主要有三大类：一是社会经济技术因子，如农业政策、价格、良种、肥料、灌溉、机械动力等；二是自然因子，包括气象因子和非气象因子；三是随机因子。必须全面地系统地综合地考虑这些因子的作用。气象产量预测法认为，社会经济技术因子的作用是一个长期的平稳的过程，粮食产量年度间的波动由气象因子决定。根据中国的情况，除天气外，社会经济技术因子也是粮食产量波动的重要因素。例如，1952 年以来中国粮食产量有两次大波动。第一次是 1959～1961 年粮食产量的大幅度下降；第二次是 1981～1984 年粮食产量大幅度上升，1981 年为 6500 亿斤[①]，1984 年为 8148 亿斤，3 年中增加了 1648 亿斤。这主要是由于社会经济技术因子而非气象因子造成的。因此，为提高预测精度，必须综合地考虑社会经济技术因子和自然因子的作用，不仅考虑系统内部各种因子的作用，而且考虑外部环境对系统的影响。

在预测技术上，提出并采用了投入占用产出技术，考虑边际报酬递减的非线性预测方程和最小绝对和方法。1998 年中国科学院实施知识创新工程以来，又提出了非线性投入占用产出技术，以双向正负指数形式反映化肥施用量与粮食亩

① 1 斤＝500g

产的函数关系，取得了很好的效果。

投入产出分析是美国科学家 Wassily W. Leontief 所创立。他利用数学方法和计算机研究各部门产品的投入与产出之间的数量关系和数量规律，利用它可以计算部门间的关联度，研究某个部门最终需求变动和产品价格变动对其他所有部门的影响，计算各种类型的完全消耗系数等。目前世界上已有 100 多个国家编制和应用了投入产出表。Leontief 由此获得 1973 年诺贝尔经济学奖金。

为进行全国粮食产量预测，课题组编制了中国农业投入产出表，发现耕地在粮食生产中起着远比化肥、农药更为重要的作用，但包括耕地在内的自然资源在投入产出分析中完全没有得到反映。以后在研究中国各省、市、自治区的农民人均收入时又发现，各地区农民的平均受教育水平是决定农民人均收入高低的最重要因子。但是人力资本（劳动力熟练程度）、科学技术（如知识和固定资产质量）等在投入产出分析中也基本上没有得到反映。经过较长时间研究后，课题组在国际上首先提出了投入占用产出技术。这种方法的特点是不仅研究部门间产品的投入与产出的关系，而且研究占用与产出、占用与投入之间的数量关系。常规的投入产出模型只研究经济系统在某个时期所发生的经济流量的投入与产出关系，而没有反映这个经济系统在某个时点上的存量情况，即自然资源、固定资产、流动资产、劳动力、科技和教育等存量的占用状况。占用是进行生产过程的前提和基础。投入占用产出分析的特点是把经济系统的流量分析与存量占用联为一体进行考察和分析。在此基础上，他们提出了新的模型和很多计算方法，如考虑占用的完全消耗系数计算方法等。

投入占用产出分析获得了国际著名学者，如美国科学院院士 Walter Isard，投入产出分析的创始人、诺贝尔奖金获得者 Leontief 教授，国际投入产出协会前主席 Karen R. Polenske，澳大利亚昆士兰大学教授 R. C. Jensen 和诺贝尔奖金获得者 Lawrence Klein 等的好评。澳大利亚昆士兰大学教授 R. C. Jensen 和 A. G. Kenwood 在备忘录中写道："澳大利亚方面对中国所发展的新的投入占用产出方法极为欣赏，并期望这个方法将在澳大利亚得到应用"。并把"投入占用产出技术的应用"列为双方今后的合作研究项目。美国科学院院士 Walter Isard 认为："投入占用产出分析令人极为感兴趣"，是"非常有价值的发现"。投入产出分析的创始人、诺贝尔奖金获得者 Leontief 认为："投入占用产出及完全消耗系数计算方法是我们领域的一个非常重要的发明和创造"。国际投入产出协会前主席，美国麻省理工学院 Karen R. Polenske 多次建议进行投入占用产出技术及其应用的合作研究。根据她的建议，美国国家科学基金委在 1996 年批准作为美中国际合作研究和交流项目（US-China Cooperative Research：No. INT-9511512），以后连续多次列为美国科学院的国际合作研究项目（INT-9970425）。

目前国内已有很多学者研究投入占用产出技术及其应用问题，投入占用产出技术已成为投入产出领域的一个重要研究方向。

课题组通过预测技术创新，在每年 4 月底完成当年度全国粮食产量预测报告，5 月初经中国科学院院长审批，报送中央主要领导以及中央有关部门，供中央和各部门作为决策参考。自 20 世纪 80 年代初开始，我国每年进行粮食产量的大规模抽样调查。通过对 850 多个县，1.8 万个村，21 万地块，300 多万个样本进行实际割测，得到全国粮食产量。课题组把预测产量和国家统计局公布的抽样实割产量进行比较，得到预测误差。

通过技术创新，课题组取得了很好的成果。第一，预报粮食产量丰收、平收、歉收预测方向明确。国务院农村发展研究中心曾致函中国科学院："特别是在我国粮食产量起伏很大的年份，这项研究提供了较准确的预报，起了预警作用，使各项农业工作较为主动"。第二，预测提前期在半年以上。中国 70％的粮食在秋季收获，11 月全国范围秋收才结束，而预测报告通常在 4 月底就已经完成，为政府有关部门安排粮食消费、储存和进出口留下了充足的时间。第三，预测精度很高，多年平均误差为抽样调查产量的 1.8％。如 2001 年预报全年粮食产量为 9180 亿斤，实际产量为 9053 亿斤，误差为 1.4％。目前国际上发达国家粮食产量预测的误差为 5％～10％，如美国农业部提前 2 个月对谷物产量进行预测的误差为 8％～9％，此项科研工作在方法技术上和实际应用上已达到国际领先水平，在学术上获得国际运筹学一等奖。粮食产量预测研究是根据国家的战略需要开展的。中国专家没有简单地沿用国际上通行的方法，而是从实际出发，经过广泛调研和深入分析，独创性地把粮食生产看做一个系统，利用系统科学的方法和多种数学工具，提出了"投入占用产出技术"，研究粮食产量预测。这种方法的特点是不仅研究经济系统在某个时期所发生的经济流量的投入与产出的关系，而且反映其在某个时点上的存量情况。此方法更全面地反映了影响粮食产量的因素，取得了令人满意的结果，充分显示了创新思想在实际经济与社会发展中的重要价值。

2001 年 12 月 10 日，中国科学技术信息所公布了 2001 年度中国科技论文统计结果。我国科技工作者 2001 年在国内科技期刊上发表论文共 22381 篇，比 2000 年增加 12.4％。我国的国际论文数量也呈现良好增长势头，已经在世界排名中跃升到第 6 位的位置（位居前 5 位的国家分别是：美国、日本、英国、德国和法国）。这从一个侧面反映了我国科技研究与开发实力在不断加强，我国科技研究与开发在国际上的地位也在迅速提高。

利用一些重要的论文与引文数据库来评价科技产出情况，也是国际上一些著名科技评价机构的惯用做法。

美国乔治亚理工学院的技术政策与评估中心（TPAC），于 2002 年 6 月在《科学与公共政策》（Science and Public Policy）上发表了一篇题为《测度国家

“前沿技术”能力》的文章，通过分析前沿技术论文发表情况，对各国的前沿技术地位进行了排名。中国与德国、英国和法国一起，被列为前沿技术研究与开发（R&D）强国。

TPAC 成立于 1981 年，从事技术密集型项目的跨学科研究和分析。自成立以来，该中心就对衡量国家竞争力的“高技术指标”（HTI）进行研究，并将其结果定期提供给美国国家科学基金会。由此可见，该中心所得出的评价结果是具有权威性的。

为了评价基于技术类论文的发表情况，TPAC 选用了两个数据库——INSPEC 和 EI Compendex，这两个数据库有效地覆盖了“技术”R&D 类刊物，因而其数据具有较强的说服力。

TPAC 认为，只有那些能在未来（大约）15 年之内对经济产生重要影响的技术，才是“前沿技术”。TPAC 参考了兰德公司的“前沿技术”目录中的前几类（软件、计算机硬件、用于制作计算机元件的设备、通信技术、生物技术、材料、能源），按照“最近且增长强劲”的双重标准，在两个数据库中按分类代码进行搜索，最后确定出 5 类“前沿技术”即：光学通信、计算机硬件、半导体材料、生物技术以及软件。TPAC 选择了 33 个国家和地区进行分析。

# 第十二章

# 科学技术的社会建制

科学技术的发展，表现为从个体的活动向群体的活动的转变，从社会的边缘性活动向社会的中心活动的转变，从社会个别层次、领域的活动向社会全方位的活动的转变。科学技术与社会的互动不断增强，对社会系统及其演化产生了重大的影响，并逐渐发展成为现代社会中的独特社会建制。社会建制，是社会学的概念和分析方法，用于描述和分析某种活动的社会体制化程度。社会建制是指为了实现特定的社会需要而形成的相关社会活动的体制，一般而言，社会建制包括组织、制度、价值观、物质支持体系等要素。

## 第一节　科学技术的社会组织形态

### 一、科技工作者的社会角色

角色概念源于戏剧。美国社会学家米勒首先将角色概念引入社会学，认为个人在社会中总是扮演一定的角色，角色代表了对处于一定社会关系、社会地位的人所期望的行为和社会意义。以色列学者本·戴维详细研究了科学家角色的演变过程和科学社会体制化的过程，写出了《科学家在社会中的角色》这部堪称经典的著作。科技工作者是科学技术组织的主体，所以在论述科学技术的组织系统之前，先从科技工作者社会角色形成的角度来讨论科学技术社会体制化的进程问题。一般来说，社会越是原始，社会结构中的社会角色就越是简单；相反社会越是发达，社会结构中的社会角色就越是分化、越趋繁复。从历史的角度来看，科技工作者的社会角色就是这样从无到有经历了很长时间才逐渐形成的。科技工作者社会角色的形成，反过来又反映了科学家和技术专家的上升社会地位以及科学技术得到的社会承认。

总体上说，在古代社会或资本主义社会之前，科技工作者的社会角色尚未形成。首先，基于脑力劳动的知识生产活动还处于十分低下的状态，科学技术远未达到近代以来的专业化、学科化、职业化水平。古代科学的认识处于萌芽和混沌的状态，不但自然科学与社会科学内部缺乏学科的细分，就是自然科学、社会科学和人文学科之间都缺乏明确的学科界限，人类的知识处于混沌未分的状态而被包括在早期的自然哲学甚至神学体系之中。原子，在今天它只是物理学中关于物质结构的概念，而在古代希腊它同时又是哲学概念，有着广泛的解释效力，从宇宙的生成到人的感觉都可以用原子来说明。正因为如此，在古代产生了许多像亚里士多德这样的百科全书式学者，他们往往同时是哲学家、数学家、神学家，不仅社会缺乏对他们科学家角色的公共认知，而且他们自身也缺乏科学家的自我意识。其次，古代的技术认识活动与生产劳动直接连在一起的，没有形成技术活动与生产活动的分离。技术发明和创新仅仅是生产经验的直接概括和提升，技术认识处于经验阶段，既缺少理论的指导又上升不到理论体系；技术发明者就是劳动者中的能工巧匠，如中国的鲁班、毕昇，他们从事技术工作既不是专业更不是职业。最后，古代科学和技术之间关系相当疏离，没有形成科学与技术互动甚至一体化的状态。在科学技术史的研究中，人们认为古代科学和技术史源于不同的传统：古代科学源于学院传统和贵族传统，古代技术则源于工匠传统和平民传统。这表明古代科学与哲学、神学有着密切的知识关系，其主体往往是有权有钱的社会上层阶级；而古代技术则与生产活动有着直接的依存关系，其主体往往是社会的下层百姓。不同的传统，使得古代科学研究不能通过技术与社会生产和生活发生直接的作用关系，古代的技术认识不能得到科学理论的有效指导并上升为理论，科学与技术几乎成为两股道上跑的车。科学与技术的分离，造成了古代科学技术对社会的整体影响极其微弱，无法积极作用于社会组织结构及其变化发展。

科技工作者的社会角色是在近代欧洲尤其是在资产阶级革命和资本主义社会化大生产中形成的。第一，文艺复兴、宗教改革、启蒙运动这三大思想解放运动改变了欧洲中世纪神学占统治地位的社会文化传统，也改变了人类的知识生产和知识体系。自然科学开始从神学的附属地位摆脱出来，从自然哲学的庞杂体系中分化出来，形成一门门独立的、有着明确的研究对象和研究范式的学科。越来越多的科学家开始以观察和实验为基础去研究自然，而不是从宗教和哲学的原理出发去解说自然，哥白尼、伽利略的天文学就是个典型。科学成为与宗教、哲学、艺术并立的独立知识体系。第二，社会化大生产尤其是以机器为基础的社会化大生产，极大地推动了技术的发展和独立。早期资本主义的手工工场生产突破了个体劳动和家庭生产的局限性，生产过程的分工合作日益精细化，人们对于促进分工合作的技术越来越重视。地理大发现带来的海外贸易将市场竞争的机制直接引入到技术竞争中去，进一步推动了技术的发展。机器生产诞生后，技术的复杂性、独立性不断增强，从事技术工作的人数大大增加，发明家、工程师作为职业开始出现，技术活动慢慢地与生产活动区分开了。第三，近代的科学和技术之间的互动日益密切，对社会的影响力日益增强，极大地改变了社会生产方式和社会生活方式。一些来自实验室的技术不断地上升到理性的科学认识。例如，蒸汽机技术促进了热力学的发展，一些理论的发现衍生出新的技术比如电磁学导致了电磁技术的发展。科学与技术的互动带来了产业结构的不断调整和发展，交通、通信、医疗等领域的科学技术水平的提高，还带来了人们生活方式的极大改变。生产和生活方式的变化，同时表征着社会分工和社会结构的改变，科学技术的发展和应用带动了一大批知识型的职业和知识型的社会组织的产生，比如教师与大学、科研人员与研究机构、医生与医院、领航员与港务局、专利员与专利事务局、气象预报员与气象局等等。

近代陆续产生的大批专事科学技术研究和教育的机构，对于不断提高科学技术活动的社会组织化程度，确立科技工作者的社会角色起了重要的作用。大约从1645年起，有一批崇尚培根实验哲学的人物开始每月在伦敦聚会讨论科学问题。这一活动最终导致世界上第一个有影响的科学家组织——英国皇家学会的成立（1660年宣布成立，1662年获得英王查理二世的特许状）。在英国之后，1666年法国建立了巴黎科学院，巴黎科学院的专职研究制度和领取国家薪俸的院士制度的出现，是科学家社会角色形成过程中的重要一步。欧洲中世纪的教会大学演变和发展成世俗大学，成为孕育近代科学家角色的温床。起初，这些大学的任务是训练和培养神职人员、法官和医生，教师所教授的课程也围绕神学、法学和医学这些专业，后来逐渐有一些教师对科学问题发生兴趣，最后终于有一部分教师是靠专门教授自然科学课程而得到工资的。这样，教授自然科学的大学教师这种社会身份和社会职业就逐渐出现了，在这种社会身份和社会职业中孕育了未来科学家角色。大学教育和研究为科学家的活动提供了职业岗位，使科学家成为社会中一种新型的角色。德国的大学虽比意大利、法国和英国要晚一些，但德国的大学在18世纪首先演变为研究型大学，建立了附属于教授教席的研究组织，率先形成了教师必须进行科学研究以及训练研究生的一整套制度。这些历史发展导致了大学教师——科学家这样一种社会角色的形成，或者说科学家的社会角色在这种研究型大学的教师身份中实现了。工程师角色的出现，除了与近代以来欧洲社会生产发展的客观需要有关之外，还与工程技术教育的昌盛和改革密不可分。近代欧洲的工程技术教育发展与生产发展并不是完全同步的。后起进行产业革命的法国和德国在工程技术教育上领先于英国，1747年法国建立了以培养土本工程师为主的桥梁道路学院，1794年又设立了中央社会活动学校，并于次年改名为巴黎综合技术学校，确立了国家综合性科学技术教育体制。德国在1809年创办了柏林大学，并对旧的大学制度进行改革，增加实验科学和技术教育的内容，设立了工学院；1821年起又开办了柏林实业学校及其他一大批中等专业技术学校。而英国直到1841年，伦敦大学内才设立了民用建筑、机械制造等技术系，以后又由国家专门委员会研究建立高等和中等技术学校。高等工程技术教育的发展，培养了一大批工程师，这样，近代工程师队伍便不断壮大，并作为一种社会角色逐渐取代了传统工匠的社会角色。

进入20世纪之后，随着科学技术在现代社会中的重要性已被普遍认识，科学事业已成为社会的事业和国家的事业，科学技术已成为对人类历史发展前途和现代国家兴亡起决定作用的一种力量。在这种情况下，科技工作者在社会中的地位也得到了普遍的承认，科技工作者的社会角色便稳固地确立了起来。

### 二、科学技术的社会组织

科技工作者并非在抽象的空间而是在具体的一定范围内即特定的组织中发挥作用的。科学技术组织的具体存在形式，可分为社会内在组织形式和社会外在组织形式两种情况：社会内在组织形式就是学派、无形学院等非正式组织形态，社会外在组织形式就是国家的、社会的科学研究组织机构等正式组织形态。科学技术的社会内在组织形式往往是科技工作者自发形成的，具有松散性、非正规性，没有明确的制度和管理职能，但拥有相同的科学范式和研究纲领；科学技术的外在组织形式往往是国家和社会力量自觉建立的，有明确的制度、组织构架和分工合作关系，具有对相关事务的管理职能。但二者实际上也可以重合，如学派以某个或某几个研究机构为基地。科学技术的社会组织大致有如下几种：

学派。科学家不仅要个人自由思考、独立钻研，也需要社会地组织起来共同活动，学派就是这种共同活动的重要形式。它由一些具有共同学术思想的人们组成，他们保持密切的学术思想的交流或科学研究的合作，并有公开的学术权威作为自己的带头人或领袖。一些有生命力的学派还有世代相继的师承关系，甚至具有广泛的国际性，如历史上的毕达哥拉斯学派、法国百科全书学派，现代的哥本哈根学派、布鲁塞尔学派，数学的布尔巴基学派等等。学派组织具有内聚性（以权威作为组织的“核”）、整体性（有竞争力的集体）、传统性（学术思想的历史继承关系）和排他性（学术思想上的党同伐异）。学派在推动科学发展上表现出巨大的科学能力，它能使可贵的学术思想经过集体的、数代人的努力，日臻完善和成熟，而不致夭折。它有利于造成学术争鸣的态势，易于保护真理、发展真理和揭露错误。当然，某些学派的过分的排他性会形成封闭的门户之见，也会削弱自身的生命力而走向萎缩，但这种消极面毕竟是次要的。这种以共同学术思想为纽带的科学共同体的社会内在组织形式，具有其他组织所不可替代的作用，它是科学思想发展的内在的重要组织机制。

无形学院。介于学派与一般科学共同体之间的，还有一种也是以学术思想沟通为基础的、被称为无形学院的形式。它同学派的共同点是以优秀的科学家为中心，立足于自由联合，进行学术思想通信交流和自由讨论。不同之处是，它不一定是单科性的而往往是多科性的，是为了彼此充分交流借鉴而并非为了坚持某种特定的学术主张，所以排他性不强。普赖斯在研究现代学术交流的社会网络时发现，由于现代科学即使是最小的分支也有成千的同行，所以真正有学问的人就分裂为非正式的小团体。他认为任何一个大学科中都有这种小规模的、百人左右的优秀人员的“无形学院”。这些人通过互送未定稿、通信、交流信息，或者进行教学和科研上的互访或合作来加强联系。在科学前沿，往往是由少数人的非正式交流系统的“无形学院”创造出新知识，然后由正式的交流系统估价它、承认它、推广它、传播它。多学科的“无形学院”的活动还往往成为新学科（交叉学科、边缘学科）的温床。所以，“无形学院”也是科学共同体富有生命力、创造力的内在组织形式之一。

创新者网络。创新者网络这个概念原出自技术创新经济学，意指一种特殊的创新者组织形态，即网络组织，它介于市场和企业之间，是两者互相渗透的产物。与市场或企业组织相比，网络组织是一种松散的组织，其核心与成员组织（如企业）之间的联系可强可弱，但成员组织之间有一种合作的关系作为网络组织的联结机制。这种“创新者网络”颇似“无形学院”。如前所述，“无形学院”实际上是科学共同体中的一个子群体，其特点是成员之间主要依靠非正式的交流，从而能迅速获取最新的信息，因此“无形学院”往往处于科学的前沿、率先创造出新知识。与此相似，“创新者网络”也可以视为技术共同体的子团体。它与一般的通过创新者（如企业）之间正式的交流（如技术报告、技术资料、杂志书籍、专利转让等）而形成的技术共同体的不同之处，在于它提供了创新者进行非正式交流的机会，使其发生直接的互动，从而提高创新活动的效率。具体的制度安排包括合资项目、签订转包合同、R&D 合作、政府主办的联合研究项目，以至人员流动等，这些也就是“创新者网络”的不同类型。不过，有一点需要注意，创新不仅仅是一个技术上的概念，一个技术创新不仅是一项技术发明，还包括它在商业化上的成功。

创新团队。创新团队是围绕明确的研究目标、具体的研究任务而组成的研究组织。团队成员根据共同的研究纲领，通常是在一位领袖成员的带领下，通过目标分解、任务分工有计划地、严密地进行知识创新活动。创新团队的运行既基于团队领袖的学术威望，又依靠实现目标的组织管理，团队领袖往往具备学术权威和行政能力的双重素质。创新团队一般规模不大，在十几人左右，除团队领袖外还有若干位核心成员，团队成员根据完成任务所需的专业知识来组成，相互间有着良好的知识、方法、能力的互补性；一般成员进出团队较灵活，保持开放性，以方便多学科的交叉和汇聚；随着研究目标的实现和任务的完成，团队可以解散、重组。

学会。学会是科学技术共同体诸种形式中人员最为广泛的社会外在组织形式。它是受国家法律保护的职业科技工作者团体。作为社会组织的一部分，学会在历史上是从 17 世纪英国皇家学会成立后才开始形成的。学会是科学劳动者的集团利益的代表，它的主要任务是促进学术交流，保障学会成员的权利，并承担相应的学术评价和监督的职能。当代的众多学会不但已覆盖各国的科学技术共同体成员，而且已经走向国际性的联合。在现代国家里，各种学会也是政府领导科学技术的智囊团和思想库，是促进社会科技事业发展的有组织的力量。

研究院所。科学技术最强的社会组织形式是在国家和社会直接领导下的科研机构，这就是国家的各级科学院、研究院、研究所，以及大学、企业等企事业单位的研究所、研究室。国家级科研机构侧重基础研究、综合性应用研究，地方、企业侧重应用和开发研究，大学则基础研究和应用研究并重。研究院所的具体组织形式随着科学技术的发展而变化。例如，为适应大科学时代的特点，许多国家甚至国际举办了科研中心这种新的有力的科学社会组织形式，它是科学既分化又综合的趋势在科学组织上的体现。科研中心是一种刚性和柔性组织的结合，它既有一定的专门队伍、配套的实验设备、资料情报和行政管理系统，又能灵活地组织力量，实现重大的综合性的科学研究任务。20 世纪 60 年代美国为实现阿波罗登月计划建立的宇航研究中心，就是这种组织形式的代表。又如，为适应高技术产业化迅猛崛起的趋势，官、产、学、研联手组建科学-技术-生产一体化的科研组织机构。

### 三、科学技术的社会支持系统

在大科学的时代，科学技术的组织与其他社会系统结成了相互依存、相互交叉的关系。用系统的观点来看，科学技术的组织必须以其他社会组织系统为支撑才能生存和发展。社会对科学技术的支持体系，主要表现在以下方面：社会对科学技术发展的经济支持系统，社会对科学技术发展的信息和科研设备支持系统，社会对科学技术发展的教育支持系统，社会对科学技术发展的立法、管理支持系统。

经济支持系统。在小科学时代，科学研究所需资金、设备不多，一般除依靠科学家自身财产外，主要依靠“恩主”（贵族、资本家、慈善机构和赚了钱的科学家等）的支持。随着科研题目越来越大，周期越来越长，资金要求也越来越高，科研投资就超出个别“恩主”所能支持的范围，继之而起的是联合的“恩主”即科学基金会。但科学基金会的支持能力也是有限的，由于大科学时代的典型项目均有耗资巨、风险大的特征，特别是军事科研项目占了很大比重，所以现代社会的科学研究经费，相当部分只能由国家财政支持。另外，在高技术产业化的背景下，企业自主投资和风险投资公司投资成为技术研发最主要的科研投入形式。

信息支持系统。马克思说，科学劳动"部分地以今人的协作为条件，部分地又以对前人劳动的利用为条件"。"前人的劳动"主要体现在图书资料中，"今人的协作"则包括情报信息交流。所以，图书情报信息工作是科学研究的重要条件。早期的科学家集研究工作和图书资料情报工作于一身，随着科技事业分工的发展，使图书情报信息工作成为社会一部分人的专门职业，并构成相对独立的社会文化建制，这是科学文化事业发展的必然结果。那些完全附属于科研机构之下的图书情报机构，当然是科学的社会组织的内部结构，而那些规模巨大、自成体系、面向全社会的图书资料情报系统，则可以认为是科学研究的社会信息支持系统。进入互联网时代，信息支持系统的形式、内容、技术和工具又有了极大的发展。

实验技术装备支持系统。实验技术装备是科学这种特殊的知识生产的特殊劳动工具。随着科学研究的规格和难度的提高，实验技术装备也越来越复杂，技术环节分工极细，每一装备都要有专门人员监护维修，每次实验都需要众多的各类工程技术人员共同合作，这就使科学实验环节逐步依赖于专门的人员从事使用管理。而且，造价昂贵的实验技术系统，如果只为某一专门机构和个别课题服务，也会形成巨大浪费。于是为公众服务的实验技术设备及其人员，组成相对独立的社会组织就成为非常必要了。现在越来越多的实验中心、测试中心、计算中心等的建立，标志着科学研究的实验技术装备支持系统的独立发展。

教育支持系统。教育系统原本是整个社会的人才支持系统，它作为科学的社会支持系统的特殊作用是在资本主义社会建立后才实现的。近代欧洲的大学教育改革，使学校成为有计划地培养科学家和工程师的"生产基地"，大部分学校从以神学、哲学为主要教育内客转为以科学技术为主要内容，使人类教育进入了以科学教育为主的新的历史阶段。科学教育在现代社会，通过提高民众的科学素质，来提高全社会的科学技术能力。科学教育本身其实也是科学知识的再生产，它系统整理人类的科学财富并加以提炼，通过编写教材对科学知识进行再创造，并以科学的手段方法向人们普及灌输。历史上每一个科学先进的民族都是从发展教育入手并以强劲的教育系统为其持续发展之依托的。

国家权力支持系统。推进科学技术的发展，是现代国家的重大事务和政府的重要职能。国家和政府为了实现其政治、经济、文化和社会发展目标，立法通过相关的科学技术法律，并制定科学技术政策、法规和发展战略，编制科学技术发展计划和重大项目，组织、协调或指挥重大科技项目的研究和试验，组织和开展科学技术交流以及重大的技术引进，筹集和分配科学研究经费，引导和调控科学技术的发展及其应用，实现科学技术与经济、社会之间的协调发展。

## 第二节　科学技术共同体的内在机制

### 一、科学技术界的分层

分层这一概念来源于地质学。在社会中也存在分层现象，即由于社会成员之间有差异，可以根据差异程度把社会成员划分为若干不同的层次。社会分层研究即是考察反映社会不平等程度的社会等级结构。马克思是最早尝试考察社会分层的人之一，他的分层标准是阶级分析；社会学的先驱者之一 H. 斯本塞从权力的分散和集中程度分析了社会的等级结构；另一位社会学大师 M. 韦伯则明确地以权力、财富和声望为三个基本维度研究了社会分层现象；结构功能主义的创始人 T. 帕森斯提出，物质财富、家庭出身、社会职业甚至对价值标准的共识都可以成为分层的根据。

在科学界，最重要的是获得科学家们一致的承认，默顿说“承认是科学王国的通货”。科学家受到的承认越多，他在科学共同体中的地位就越高，反之就不会有地位。声望是一种无形的社会承认，这种承认完全是科学家们自愿做出的。因此，用个人声望作为反映科学家学术水准的分层指标比较合适。

用“知名度”这个概念可以在相当大程度上反映声望的等级。杰出的科学家在科学界中有很高的知名度，因为他们的科学贡献早已通过学术交流系统为所有科学家了解，并且在后者的科学著作中被频繁引证。因此，科学家发表的论文数量和被引证的次数可以作为“知名度”的经验测量指标。引证数还可以作为论文质量的测量指标。美国两位社会学家 S. 科尔和 J. 科尔对科学界的社会分层现象做过详细的定量研究，并出版了专著《科学界的社会分层》。科尔兄弟用两种方法来测量知名度。首先，他们对标志着学术承认的科学奖励进行了声望和知名度的调查，要求抽样得到的 120 名大学物理学家，在问卷上回答对 98 种科学奖励的声望和知名度的评估并进行排序，结果表明，仅有 3 种奖励具有极高的声望（诺贝尔奖、费米奖、国家科学院院士称号），不同奖励的知名度也有很大的差异。因此，根据一位科学家所获得的奖励的声望和知名度，可以间接地显示该科学家的声望和知名度。然后，科尔兄弟又对 1308 位物理学家进行了问卷调查，询问他们对前述的 120 名物理学家的工作的熟悉程度，并以回答熟悉某位科学家工作的人数占被调查者总数的百分比作为判定该科学家的知名度的分值。结果也显示出明显的分层结构。美国学者洛特卡在研究科学生产率的分布时发现，发表了不同数量论文的科学家人数与论文数量之间有一个平方反比关系，即对某一个学科领域来说，产出 n 篇论文的科学家人数约为发表一篇论文的科学家人数的

$1/n^2$。由此可以得出结论，在科学界是高度分层的，无论用什么指标衡量，科学家获得的学术承认都有很大差别，由此形成了一个金字塔型的等级结构。

科尔兄弟的研究表明，决定声望（专业成就）最重要因素是承认。承认一方面表现为同行的褒奖，比如论文、专著或发明的获奖，称之为认可质量；另一方面承认表现为论文引证率，说明你的研究得到了同行的肯定和重视，称之为研究质量。至于在什么大学获得博士学位（社会出身）、发表论文和著作的多少（研究数量）、在什么水准的学术机构任职（职业成就）对学术声望也产生影响，但比起前者来要小得多。科尔兄弟通过对五个学科中300名具有博士学位的教授进行调查，得出认可质量、研究质量、研究数量、社会出身、职业成就对声望（专业成就）总效果的影响值分别为0.52、0.44、0.22、0.15、0.14。

科学技术共同体的分层不取决于阶级、权力、财富、社会地位，只能取决于承认这一普遍主义的原则。承认靠的是学术水平、研究质量，只有做出了独创性的成果和创新了知识，才能得到承认。在科学不当行为和学术腐败中，大量存在着用行政权力和金钱去攫取学术荣誉和学术地位，值得我们高度重视。

### 二、科学技术界的互动

互动是人与人之间的交互作用，是人与人交往的基本方式，是人结合和组织起来的基础，是人社会化的前提。科技工作者之间的互动主要有学习、交流、合作、竞争、冲突等形式。良性的互动可以促进科学技术的发展，违背科学精神的恶性互动则阻碍科学技术的发展。

学习。科技工作者之间的互相学习除了知识的传授之外，还包括模仿、暗示这些互动方式。当年轻人开始入门科学训练时，不仅学习具体的知识和研究方法，而且接受了老师从行动到思维方式、情感取向、习惯性格等方面的暗示。因此，寻求名师，模仿和学习他的研究方法和工作作风，成为一条科学界的社会化的捷径。著名华裔物理学家杨振宁年轻时就曾到处寻找得过诺贝尔奖金获得者费米，希望跟随他学习。在年轻的科学家看来，学习知识不是最为重要的，关键是要掌握名师思考问题和解决问题的方法，这一般不是靠讲授，而是要在追随名师的过程中去领悟这些暗示。即使对于成熟的科学家，模仿和暗示仍然是一种互动形式。一位科学家在发表一项成果时，他实际上在做如下暗示：我的选题是有意义并且是可解决的，我采用的研究方法是客观有效的，我依据的理论是正确的，我的结论是科学的并能够接受检验。如果这些暗示被其他科学家接受的话，就会有科学家模仿他的研究，以检验这些暗示的正确性。如果有许多科学家同时接受这些暗示并意识到它们的意义的话，这个选题就有可能形成一个研究热点，大量的模仿研究将会出现。

交流 。交流是科学技术最重要的互动方式。科学交流可划分为正式交流和非正式交流两大类。正式交流主要指那些由正式出版物刊登论文和在正式会议上的报告发言。非正式的交流包括口头上和通信方式的交流，多数是个体之间的互动。交流不仅是学术思想的传播手段，也是科学成果进一步深化的机制。默顿曾高度评价交流这种互动方式使观念和经验变成“创新和发现的要素”。他说：“一个科学家可以做出一些观察，但他没有做出解释。如果这些观察不交流给其他研究者，那么它们对科学发展就没有意义。但是一旦它们被提交给别人寻求解释，一旦有了社会互动，就有了一种可能性（更多的思想相互接触，就有更大的可能性）。即这些观察可以被一个理论所统一并系统化。”① 默顿还把科学交流视为科学家为了获取学术承认采用的战术。按照社会学中的“交换理论”，提交给科学期刊的论文实际上是一种礼物，它交换的报酬是学术承认，期刊接受投稿意味着作者的科学地位已被确定，这是一种学术承认。但在技术活动中，技术知识的交流方式则要复杂得多，比如可能是通过申请专利有偿地公开，可能是通过出售许可来保证有偿使用，还可以不公开即保密或部分保密，有时甚至公开了也难以交流，因为技术知识中有大量诀窍（know-how），这些默化的知识难以形式化。

合作。科学技术合作的不断加强是由于研究的规模和复杂性急剧增加造成的。19 世纪中期，一名化学教授能够在化学的任何一个领域进行研究和指导学生，而现在他只精通化学的某一分支的某个研究方向。这种专业化虽有利于科学知识的深入发展，但在大规模的研究中常常感到力不从心，因此需要不同学科的科技工作者分工合作。第二次世界大战以来，大规模的科学研究项目越来越多，以至于首先在美国出现了现代集体研究方式，即“大科学”的研究方式，最著名的像研制原子弹的曼哈顿计划、登月的阿波罗计划。现在，一项大规模研究甚至可以动员上千名科技工作者合作完成，最典型的是人类基因组计划，有 6 个国家的数千名科学工作者历时 15 年才基本完成。科学技术的合作规模不断扩大，从学科内合作到跨学科合作，从国内合作到跨国合作，从科学界、技术界的界内合作到科学、技术、产业之间的跨界合作。科学合作的增加还表现在研究成果发表时往往是十余位学者共同署名，正如匈牙利著名科学计量学家布劳温指出的“当代，绝大多数出版物均是几位作者共同协作的成果”。

竞争。竞争与合作是相反相成的互动方式。在社会交往中，往往既有竞争又有合作，在科学生产活动中也是如此。科学界从来就是一个竞争的世界，在年轻科学家入门之初，竞争就已经开始。为了就学于高声望的学校，为了追随有成就的导师，为了获得好的工作条件，无一不需要年轻科学家的艰苦努力，去争取那有限的位置，以便能够利用累积优势。在这些方面，科技界的竞争跟一般的社会竞争没有大的差别，都是由于资源约束造成短缺，只有通过竞争来分配有限的物

---

① 默顿．十七世纪英国的科学技术与社会．四川人民出版社，1986．330

质和精神的资源。最能体现科学竞争的是关于科学发现优先权和技术发明优先权之争。在默顿看来，优先权之争是科学建制的目标和科学的规范互动的结果。科学建制的目标就是要扩展确证无误的知识，也就是要求科学家们做出独创性的贡献，而科学的公有主义规范要求科学家为了科学要公开他的发现。做出独创性发现的科学家把知识贡献给了整个科学界，他自己不占有其研究成果，他所有的唯一“科学财产”是获得科学同行的承认。一句话，优先权的确立意味着科学家充分地扮演了自己的专业角色，因此优先权之争间接地反映了科学家对科学规范的遵守和角色期望的满足。而在技术发明优先权的竞争背后，往往还聚集着更加激烈的商业竞争。

冲突。正是由于科技工作者之间上述互动行为中可能存在的不协调，使得科技工作者产生了另外的互动即冲突。冲突大致可分为三类：关于学术问题的冲突、关于科学的性质和行为的冲突、科学家之间的个人冲突。学术问题上的冲突是屡见不鲜的，科学家在某一学术问题上有许多不同看法，这些不同看法的表面化即引起冲突——学术论战。一般来说，学术论战是一种具有正功能的冲突，即它能够使学术问题更加清晰，对学术问题的考察更全面，从而促进问题的解决。但是，关于科学的性质和行为的冲突深受各种社会因素的影响，冲突也就更为复杂。例如，英国的培根和法国的笛卡儿对科学方法的性质有不同的看法，培根强调归纳而笛卡儿注重演绎，这两种不同的方法论造成了英法两国科学界的长期敌对和封闭，直到牛顿为止。总的说来，这种冲突的正功能不多，应该尽力通过协调使其缓和。科学家个人的冲突既可能是个性的冲突，也可能是利益的冲突。法拉第的恩师化学家戴维反对法拉第当选皇家学会会员便是一例。在多数情况下，科学家之间的个人冲突实际上是他们利益之间的对立，而这些利益又与他们的科学活动和声望密切相关，因此所有这些冲突很少有讲和的。

某些冲突由于过分激烈，甚至可以视为越轨行为。在科学技术界，严重的越轨行为大致可分为两类：一是在科学研究中各种形式的欺骗行为，二是利用科学界外的力量来打击竞争对手或巩固自己的地位的行为。欺骗行为包括主观修改实验数据，故意含混不清研究的方法和时间，对前人的工作不给予应有的承认，剽窃别人的研究成果，对他人的帮助不表示应有的感谢等等。欺骗行为主要出现在尚未完全系统化以及实验难以完全复制的学科中比如生命科学和心理学等学科。利用科学界之外的力量打击竞争对手也是较常见的科学越轨行为。由于科学研究所依赖的资源完全由外界供给，因此外界（尤其是政府和工业界）对科学研究有很大的牵制作用。有些厂商愿意提供巨额资金给那些将证明他们的产品（尤其是化学制品和生物制品）不会危害公众和环境的研究，而对质疑其产品的研究则拒绝提供资金。政府在政治上对科学界的控制使得政治也成为科学争论中的武器，比如前苏联的遗传学争论、中国马寅初的人口的批判。要解决这些问题，必须有赖于科学界有更大的自主性，才能使科学的规范内化为科学家的道德和行为准则，用专业的方法来解决冲突和越轨问题，建立起科学界内部的有效控制，保证科学体制的良性运行。

### 三、科学技术界的马太效应

科学技术共同体在社会运行中，会出现优势积累效应。默顿称之为马太效应。马太效应典出《圣经·马太福音》第25章中的一个故事，里面有一段话说"凡有的，还要加给他，让他有余；没有的，连他所有的，也要夺过来"。马太效应被用来形容导致两极分化过程和状态的机制。

最初，默顿在研究科学奖励中发现：有名望的科学家的贡献被给予了过高的赞扬，而另一方面，那些相对不知名的科学家虽然做出了程度相近的科学贡献，却只能得到低得多的承认。有名望的科学家的论文发表非常容易，发表后被阅读和引证率很高，在合作研究中人们总是认为他们的贡献最大。相反，没名望的科学工作者要发表论文很难，获得他人的承认更难。孟德尔在发现遗传定律时是一个在科学界无人知晓的修道院僧侣，他的论文屡遭冷落，最后好不容易发表在一个不知名的杂志上，却没有人注意，这一伟大的科学发现被整整埋没了30年。马太效应不仅在科学奖励和承认中存在着，同时在科学技术活动的方方面面都发挥着效力，成为科学技术界分层的重要的机制。科学家一旦具有一定优势后，就有了更多机会进一步去获得成果和承认，他们的论著以很高的频率被引用，并不断得到种种学术荣誉的桂冠，他们有机会出席各种评审会获得评价他人成果的权力，参与制定相关学科发展计划以及重大科研项目，便于获取更多的资源。与此相反，大多数科学技术共同体成员越来越丧失科学王国的"通货"而变成"无产者"，变成知识生产中默默无闻的人。

马太效应的核心是荣誉背景的增强和放大作用。在科学系统中有一种"棘轮现象"，只要科学家达到某一显要位置，就不会再退回到原来的位置，一旦获得诺贝尔奖就永远享有这种荣誉。因而"棘轮"的作用使科学家凭借过去的荣誉在科学界赢得尊重，人们对他们的信任也会形成思维定势，认为他们今后一定也会取得杰出成就。由思维定势产生的成就期望导致人们对已出名的科学家的成果予以积极评价，并在科研课题、科研经费、科研设备等资源分配上给予厚待，从而形成良性循环的优势积累。相反，对于无名的科技工作者，人们的成就期望很低，对于他们的成果评价往往也低，使他们在科研资源分配上处于劣势，从而导致劣势积累的恶性循环。

马太效应对科学技术的发展既有积极作用，也有消极作用。从积极作用的角度看，马太效应是科学技术共同体运行的常规机制，就像市场机制是经济运行的常规机制一样。马太效应的发挥，有利于在大科学条件下合理整合配置科研资源，提高科研资源的集中度和规模化程度，有利于集中人力、财力和物力定向解决学科发展和经济社会发展中的重大关键问题；在常规科学发展时期，马太效应有助于学术思想的传播，促进共同体内部的学习、交流和合作，组成科学学派和科学团队，形成学科独特的研究传统和范式；在科学革命时期，马太效应有助于不同研究纲领之间的竞争，促进新旧理论范式的转换。马太效应的消极作用主要表现在不利于青年科技工作者的成长，不利于新的学术思想的传播和承认，尤其不利于青年人提出不同于权威科学家观点的学术思想；青年科技工作者的创新工作得不到相应的资源和承认，权威科学家又由于荣誉太多、兼职太多，不能安心从事研究工作，资源分配的不合理，也会带来科研效率的低下甚至浪费；极端的情况下，有的权威会利用马太效应打击、扼杀不同学术观点和竞争者，牟取私利。对于马太效应的消极作用，应该通过自觉地建立相关的学术制度和规范学术道德去限制和缓解。

## 第三节 基于社会体制目标的科学技术社会规范

### 一、科学技术的社会体制目标

科学技术的社会规范应该服从于科学技术的体制目标。那么，科学技术的体制目标是什么呢？科学技术的体制目标应由三个方面的交集组成：科技工作者从事科研活动的动机、科学技术共同体的目的、社会大系统对于科学技术的要求这三个方面的重叠交叉决定了科学技术的体制目标。当然，科学的社会体制目标与技术的社会体制目标是有差别的。

#### 1. 科学的社会体制目标

科学的社会体制目标肯定与科学家从事科学活动的动机有关。但是，个别科学家的具体动机是千差万别的。爱因斯坦在纪念普朗克诞辰 60 周年的演讲中，把从事科学的人分为三类：第一类人爱好科学，是因为科学给他们以超于常人的智力上的快感，科学是他们的特殊娱乐，在这种娱乐中能寻求生动活泼的经验和雄心壮志的满足；第二类人之所以把他们的脑力产物奉献在祭坛上，为的是纯粹功利的目的；还有第三类人，这类人有消极和积极的两种动机。消极的动机是要摆脱人们自己反复无常的欲望的桎梏，积极的动机是总想以最适当的方式来描绘出一幅简化和容易领悟的世界图景，渴望看到一种先定的和谐，这种渴望是无穷毅力和耐心的源泉。爱因斯坦说，前两类人都会由于环境的变化离开科学的殿堂，只有这第三种人会坚持下来，他们从事科学的动机，不是为了金钱和自己的利益，而是为了追求客观知识本身，即为知识而知识，是一种非功利的动机。

科学共同体按库恩的观点是由科学范式联结起来的组织，本质上是一个知识组织。尽管科学共同体中也存在其他的利益、情感方面的人际关系，但是在科学共同体中最本质的关系和活动，是围绕知识的信念传统、理论框架、研究方法而展开的知识关系和知识活动。知识创造是科学共同体基本的组织目标。社会大系统对于科学的要求也会很多，有经济的要求、政治的要求、还有文化的要求，文化的要求中核心的是知识创新的要求。显然，在科学家从事科研活动的动机、科学共同体的目的、社会大系统对于科学的要求这三个方面的关系中，知识创新是共同点。

1942 年默顿发表了《科学的规范结构》一文，明确指出科学的体制目标是扩展确证无误的知识，也就是要求科学家做出独创性的贡献，不断发现真理、不断增加科学共同体和社会的知识存量。当然，这并不意味着科学对知识的实用价值毫不关心，科学家也确实常常会带着某种应用的意图去从事研究。但是，归根到底，科学的终极目标在于获得关于自然的知识。科学的这个体制目标，对于理解科学的社会规范至关重要。

#### 2. 技术的社会体制目标

技术的社会体制目标也应该与技术工作者的动机、技术共同体的目的、社会大系统对技术的要求这三者之间的共性来决定。如果说科学的社会体制目标是追求真理，那么，技术的社会体制目标就是追求有用性和功利性。技术工作者改良和发明技术，是为了解决生产和生活中的问题，提高生产效率和改善生活质量；技术共同体尽管也是知识组织，但是直接追求的是知识在社会生产和生活中的应用，也就是用知识来获取实际的利益和功效；社会大系统对技术更是直接要求用技术的进步来推动社会经济的发展，为人类社会增进福利。很显然，技术的体制目标则是功利的，是要利用技术产生直接的社会经济效益。应该指出的是，尽管有用性和功利性作为技术的体制目标，其出发点不一定是公益的，但它的结果却同时提高了整个社会的福利水平。在这个意义上，技术的体制目标与整个社会的利益是一致的。

科学与技术的体制目标不同，对科学和技术的活动及其成果评价的依据也就不同。科学的评价标准是真理标准，注重知识的增长；技术的评价标准却是经济的，重在技术发明的经济效益和价值。

### 二、科学的社会规范

社会规范是社会行为的规矩和社会活动的准则。社会规范的本质是对社会关系的反映，同时也是社会关系的具体化。社会规范有成文的，也有不成文的。前者是人们共同制定并明确施行的，后者是相习成风、约定成俗的。因此，社会规范既可以是外在的制度和政策，也可以是内在的信仰和价值观。社会规范对人们的行为起着控制、约束、引导和激励的作用，以保障实现具体行为的社会体制目标。

关于科学的社会规范，有许多不同的论述。但是，最经典的表述是默顿的“科学的精神气质”的概念，“科学的精神气质”包括了公有主义、普遍主义、无私利性、有条理的怀疑这四条科学的社会规范，默顿在后来的文章中又加上了独创性和谦逊。

公有主义。这条规范要求研究者不占有和垄断科学成果，因为科学研究是建立在前人或同时代人的知识积累之上的。所有科学发现都是社会协作的产物，都是属于“公共知识”。任何一个以个人命名的规律和理论都不归于发现者和他的后代所有，也并不给这些人使用和支配的特殊权利。这条科学伦理的理性原则把科学中的所有权要求减少到了最低的限度：科学家的知识“产权”仅限于根据这些发现对知识的贡献来量度、承认和评价。反过来讲，他的发现要得到及时的承认和适当的评价，他就必须尽快公开他的发现以取得优先权，这样才能得到同行的承认，而且他还必须完全公开他的发现，这样才能得到适当的评价。正因为如此，在科学史上，科学家之间争夺科学发现优先权的冲突是很激烈的。但是，要注意的是，科学家所争夺的是优先权而不是占有权或垄断权。优先权之争始终没有向科学知识是公共财富这一观点提出挑战。

普遍主义。这条规范强调科学的标准的一致。只要是科学真理，不管它的来源如何，都服从于不以个人为转移的普遍标准。科学发现的权利和理论论据的评价，是根据发现和理论本身固有的价值和科学的标准来进行的，而与国家、种族、阶级、宗教、年龄等等无关。普遍性原则与科学知识的客观性直接相联系，自然界的规律是具有普遍性的，科学表述的真理与提出这种表述的个人属性没有关系。因此，不存在所谓的东方科学与西方科学之分，更没有无产阶级的科学与资产阶级的科学的区别。沙文主义者可以把他们认为是异己的科学家名字从科学历史教科书中抹去，但是这些科学家所提出的科学公式却仍然是科学本身不能缺少的内容。默顿还指出，科学的普遍主义原则说明科学事业是向所有人开放的，也就是说，人们追求真理、学习与研究科学的机会是普遍的，不受其他条件限制。

无私利性。这条规范要求从事科学活动、创造科学知识的人不应以科学谋取私利。科学家从事科学活动的唯一目的是发展科学知识而不是其他。科学家不能因为自己个人的其他原因接受或拒绝一种科学思想或观点，他也不应该以任何方式从自己的研究中谋取个人的私利。默顿指出，从事科学活动的人，决不是为了赚钱或营利，而是热衷于探索和发现，是内在的科学兴趣的驱使。特别是，这个问题并不是单纯的道德问题，而是科学体制的要求。他指出这不是主张利他主义，也不是提倡利己主义，因为无论是利他或利己都会把体制的分析与动机的分析混淆起来。他认为，科学家从事科学活动的动机确实是多种多样的，科学的社会规范就是要在一个宽广的范围内对科学家的行为进行制度上的控制。

独创性。这条规范要求科学家依靠自己，独立思考，所提交的学术论文必须提出新的科学问题，公布新的数据，论证新的理论或者提出新的学说。独创性是科学进步的发动机，科学论文要排除纯粹的模仿研究和显然已经被反复利用的材料的堆积。这促使科学家必须把研究兴趣集中一个相对有限的范围内，持续关注相关领域先前的全部研究和飞速增长的新文献，从而保持科学研究的独创性。

有条理的怀疑主义。这条规范强调科学的永恒的批判精神。它要求所有的科学知识，不论是新的还是老的，都要经过仔细的检验；无论是哪一个科学家做出的贡献都不能不经过检验而被接受，科学家对于自己和别人的工作都应该采取怀疑的态度。有条理的怀疑主义作为科学的社会规范，能帮助科学家发展创新精神。在科学史上，正是由于达尔文大胆怀疑上帝创世的宗教神学，因而提出了生物进化论学说；爱因斯坦也是由于没有恪守牛顿力学，没有把它当作“永恒的真理”，而是运用自己的思考，大胆地进行怀疑，才创建了相对论。有条理的怀疑，是理性的、积极的怀疑，是人的主体性在人的思维特质上的突出表现，而不是消极的、否定一切的怀疑，是任何有作为的科学家应有的行为规范，也是实现科学的体制目标的必然要求。

需要指出的是，默顿以“科学的精神气质”来命名的科学社会规范是一个理想的模式。它不是对科学家活动“实然状态”的简单概括和总结，而是立足于科学的体制目标即“扩展确证无误的知识”，对科学共同体的“应然状态”进行的价值抽象，尽管有不少争论，但是其经典地位至今未曾从根本上动摇过。当然，现代科学技术发展所带来的科学与技术的一体化、知识经济条件下产生的知识生产产业化的新现象，对于如何坚持科学的社会规范尤其是坚持公有主义和无私利性原则也提出了新的要求，需要我们在具体的措施和观念上进行调整来适应新的变化。

### 三、技术的社会规范

由于体制目标的不同，技术的社会规范与科学的社会规范有很大差别。同时，对技术的社会规范的研究以及所取得的共识还非常少，下面只能初步和简单地讨论一下这个问题。

我们先通过与科学的比较来探讨技术的社会规范问题。第一，与科学的公有主义规范不同，技术服从非公有规范，或称独占性规范，具体的制度安排是保密和专利制度；但是，技术也不是完全不公开，专利制度就是有偿公开，国家在特殊情况下（比如瘟疫）可以对某些技术（制药和治疗技术）强制征用。第二，技术具有以有用、适用为原则的特征，用以评价技术的标准，不仅是技术的合理性，而且是社会的合意性，后者显然不具有普遍性；但是，技术除了具有社会属性外，还具有自然属性，技术评价也要遵循自然科学原理和定律的普遍性。第三，无私利性规范对技术也不完全适用，按照技术的体制目标，追求功利正是技术体制的激励机制，技术发明的成果在一定时期内是归发明者或其所在集团单独所有的。第四，技术的独创性要求比科学低，运用科学原理进行技术创造，虽然有技术原理的构思，但往往是局部性的，不必追求理论的普适性。第五，在技术体制中，对旧有技术的挑剔和寻找替代技术虽然经常发生，但对怀疑和批判精神的要求不如科学体制那样强烈，而且，一项新技术的提出和应用，往往要向旧技术妥协和让步，才能嵌入已有的技术体系并发挥作用。

英国科学社会学家齐曼提出了所有者的、局部的、权威的、定向的和专门的技术社会规范特征。他认为，技术即产业科学产生的是不一定公开的所有者知识，它往往集中在局部的问题而不是总体的认识上，技术研究者是在管理权威下做事而不是作为个体做事，他们的研究被定向到实际目标而不是追求知识，他们作为专门的解决问题人员被聘用而不是由于个人的创造力。齐曼对此也仅仅是提出了一种观点，进行的讨论也是初步的，但为我们进行更深入的研究提供了一种新的路径。

# 第十三章

# 科学技术与创新型国家

## 第一节　可持续发展战略

### 一、可持续发展概念

“可持续发展”一词，最初出现在20世纪80年代中期一些发达国家的文章和文件中。到目前为止，可持续发展作为一个完整的理论体系仍在完善的过程中。对于可持续发展的概念或定义，全球范围内进行了广泛的讨论，并从不同角度对可持续发展进行阐述。

1. 具有较大影响的几类可持续发展概念

（1）着重于从自然属性定义可持续发展。较早的时候，持续性这一概念是由生态学家首先提出来的，即所谓生态持续性。它旨在说明自然资源及其开发利用程度之间的平衡。1991年11月，国际生态学联合会和国际生物学联合会联合举行关于可持续发展问题的专题研讨会。该研讨会的成果深化了可持续发展概念的自然属性，将可持续发展定义为：“保护和加强环境系统的生产和更新能力”。从生物圈概念出发定义可持续发展，即认为可持续发展是寻求一种最佳的生态系统，以支持生态的完整性和人类愿望的实现，使人类的生存环境得以持续。

（2）着重于从社会属性定义可持续发展。1991年，由世界自然资源保护同盟、联合国环境规划署和世界野生生物基金会共同发表《保护地球——可持续生存战略》的报告。报告将可持续发展定义为：“在不超出地球生态系统的承载能力的情况下改善人类生活质量”，并且提出可持续生存的九条基本原则。这九条基本原则既强调了人类的生产方式与生活方式要与地球承载能力保持平衡，以保护地球的生命力和生物多样性，又提出了人类可持续发展的价值观和130个行动方案，着重论述了可持续发展的最终落脚点是人类社会，即改善人类的生活质量，创造美好的生活环境。报告认为，各国可以根据自己的国情制定各不相同的发展目标。但是，只有在发展的内涵中包括有提高人类健康水平、改善人类生活质量和获得必须资源的途径，并创造一个保障人们平等、自由、人权的环境，才是真正的发展。

(3) 着重于从经济属性定义可持续发展。这类定义有不少表达方式。不管哪一种表达方式，都认为可持续发展的核心是经济发展。在《经济、自然资源、不足和发展》中，作者 Edwatd B. Barbier 把可持续发展定义为“在保持自然资源的质量和其所提供服务的前提下，使经济发展的净利益增加到最大限度”。还有的学者提出，可持续发展是“今天的资源使用不应减少未来的实际收入”。当然，定义中的经济发展已不是传统的以牺牲资源和环境为代价的经济发展，而是不降低环境质量和不破坏世界自然资源基础的经济发展。

(4) 着重于从科技属性定义可持续发展。实施可持续发展，除了政策和管理因素之外，科技进步起着重大作用。没有科学技术的支持，人类的可持续发展便无从谈起。因此，有的学者从技术选择的角度扩展了可持续发展的定义，认为“可持续发展就是转向更清洁、更有效的技术，尽可能接近‘零排放’或‘密闭式’工艺方法，尽可能减少能源和其他自然资源的消耗”。还有的学者提出，“可持续发展就是建立极少产生废料和污染物的工艺或技术系统”。他们认为，污染并不是工业活动不可避免的结果，而是技术差、效益低的表现。

### 2. 国际社会普遍接受的可持续发展概念

1987年，挪威首相布伦特兰夫人主持的世界环境与发展委员会，在对世界重大经济、社会、资源和环境进行系统调查和研究的基础上，提出了长篇专题报告——《我们共同的未来》。报告采纳了“可持续发展”的概念并进行推广，对可持续发展给出了定义。这份报告对可持续发展提出了这样的定义：可持续发展是指既满足当代人的需要，又不损害后代人满足需要的能力的发展。

1989年5月举行的第15届联合国环境署理事会经过反复磋商，通过了《关于可持续的发展的声明》，对可持续发展概念进行了更为详细的解说：可持续发展指满足当前需要而又不削弱子孙后代满足其需要之能力的发展，而且绝不包含侵犯国家主权的含义。环境署理事会认为，要达到可持续的发展，涉及国内合作和国际的均等，包括按照发展中国家的国家发展计划的轻重缓急及发展目的，向发展中国家提供援助。此外，可持续发展意味着要有一种支援性的国际经济环境，从而导致各国特别是发展中国家的持续经济增长与发展，这对于环境的良好管理也是具有很大重要性的。可持续发展还意味着维护、合理使用并且提高自然资源基础，这种基础支撑着生态抗压力及经济的增长。再者，可持续的发展还意味着在发展计划和政策中纳入对环境的关注与考虑，而不代表在援助或发展资助方面的一种新形式的附加条件。

## 二、可持续发展的基本原则

### 1. 发展原则

发展原则包括三个方面：第一，发展的必要性，认为发展是可持续发展的前提，那种主张必须停止发展以保护环境的观点是不可取的。第二，发展不纯粹是一个经济现象，发展与经济增长的概念有着明显的区别，发展不等于经济增长。从最终意义上讲，发展不仅仅包括人民生活的物质和经济方面，还包括其他更广泛的方面，发展是集社会、科技、经济、文化、环境等多项因素于一体的完整现象；可持续发展的最终落脚点是人类社会，即改善人类的生活质量，创造美好的生活环境。第三，发展是人类共同的和普遍的权利，无论是发达国家还是发展中国家都享有平等的不容剥夺的发展权力。特别是对于发展中国家来说，发展权力尤为重要。目前，发展中国家正经历着来自贫穷和生态恶化的双重压力，贫穷导致了生态恶化，生态恶化又加剧了贫穷。《里约环境与发展宣言》中的第五条原则就写道："所有国家和所有人民应把清除贫困作为可持续发展的一项不可或缺的重要任务"。因此，对于发展中国家而言，发展权尤为重要。只有发展才能为解决生态危机提供必要的物质基础。

### 2. 可持续性原则

可持续发展从人类长远利益出发，追求发展的可持续性，即人类社会世世代代延续不绝的发展。它不仅要实现当代人自身的发展，而且也要实现未来世代人的发展。可持续发展绝不是短期的发展，不是人类以今天的利益换取明天的利益。它确认人类社会系统之间存在相互制约的关系，把有利于生态资源的持续存在和永续利用，视为重要的基本原则。正是在这种意义上，世界自然资源保护同盟、联合国环境规划署和世界野生生物基金会在 1991 年撰写的《保护地球：可持续生存战略》的报告中，把可持续发展界定为："在不超出地球生态系统的承载能力的情况下改善人类生活质量"。

### 3. 共同性原则

地球是一个相互依存的整体，只有全世界范围的共同发展才是真正的发展；

人类生活在同一个地球上，全球性的“生态危机”表现了人类所遇到的危机的共同性、安全的共同性和未来的共同性，实施可持续发展需要不同国家超越文化和意识形态的差异来采取联合的共同行动。鼓励和支持各国政府之间为解决全球性问题而开展的各种形式的合作，谴责和制止那些把污染严重的技术和产业输入不发达国家和地区的行径，为停止军备竞赛、停止核武器的生产与试验以及干净彻底地销毁一切核武器与大规模杀伤武器而斗争。

4. 公平性原则

可持续发展观确认，人与自然的危机和人与人的矛盾不可分割，只有解决人与人之间的不公平性，才有可能达到人与自然间的协调和谐。所谓公平，是指人与人之间的互利共生，协同发展。这里有两层含义：一是代际公平。强调当代人在发展与消费的同时，应当承认并努力做到使后代人有同等的发展机会。当代人的发展不能以损害后代人的发展能力为代价。这里包含两个基本点：其一，当代人对后代人生存发展的可能性负有不可推卸的责任，必须加强对未来人负责的自律意识；其二，可持续发展要求当代人为后代人提供至少和自己从前辈人那里继承下来一样多甚至更多的财富。当代人不能滥用自己的环境权利，不能因片面追求自身的发展和消费，而剥夺了后代人理应享有的发展与消费的机会。可持续发展要求今天的人类不应以牺牲今后几代人的幸福而满足自身需要。这一代人要把环境权利和义务有机地统一在一起，在维护自身环境权利的同时，也要维护后代人生存与发展的权利。二是代内公平。同一代人中一部分人的发展不应当损害另一部分人的利益。在一个国家内，地区利益服从国家利益；在国际范围内，国家利益服从全球利益。它要求在区域内部和不同区域间从成本效益的角度实现资源利用和环境保护两者的公平分配和负担。为了实现代内公平，世界环境与发展委员会建议人们通过国际公约和国际法来解决资源和环境问题。要求各国遵循这样一些关键原则：“每一个国家有责任不损害其他国家的人民健康和环境；对任何由跨国界污染引起的危害都应承担责任并赔偿；所有有关各方享有获得补救措施的平等权利”。

### 三、科学技术进步在可持续发展中的作用

科学技术的迅猛发展，极大地推动了各国可持续发展战略的实施，特别是信息技术、生物技术、新材料技术、新能源和再生能源技术、先进制造技术、航天航空技术、海洋技术以及环保技术的发展为缓解资源短缺、抑制环境恶化、改善人类健康状况、实现社会经济和环境的协调发展提供了有效的技术途径。

改革开放以来，我国实施了对国家前途和命运具有深远影响的两大战略：一是科教兴国战略，二是可持续发展战略。这两大战略之间并不是孤立的，而是高

度相关的。制约可持续发展的因素很多，但归根到底，关键的制约因素是科学技术。科学技术不仅影响到经济发展，还影响到社会的发展与环境发展。因此，科学技术在可持续发展中居于核心地位。

1994年我国在世界上率先制定了《中国21世纪议程——中国人口、环境与发展白皮书》，在推动《中国21世纪议程》和实施可持续发展战略中，科学技术发挥了巨大作用。近年来，我国在通过科学技术进步促进可持续发展中，做了如下工作：①加强可持续发展战略研究，为国家可持续发展决策服务。围绕我国可持续发展未来将面临的人口、资源、环境等重大问题，开展前瞻性、战略性研究，为各级政府部门决策提供科学依据。② 集中研究开发一批对可持续发展有重大影响的关键技术，提高可持续发展技术水平和能力。围绕对人口、资源、环境等方面发展有重大影响的关键技术，集中力量开展研究，初步形成具有自主知识产权的技术系列和技术系统，提高我国可持续发展的技术支撑能力。③加强可持续发展领域的科技示范工作，探索不同的发展模式。科技示范工作主要从区域发展、社区发展和科技综合示范三个层次展开。④加强基础研究和基础性工作，提高可持续发展科技能力建设。⑤加速可持续发展科技成果的产业化，推动相关产业的发展。以科技为先导推动医药卫生、资源、环保、海洋等领域产业结构调整，加大科技成果的推广应用力度，用高技术和先进适用技术改造提升传统产业。⑥深化科技体制改革，建立可持续发展创新体系。

## 第二节　知识经济社会的来临

### 一、知识经济概念

自工业革命以来，技术和知识在经济发展中的作用越来越大。早在1912年，美籍奥地利经济学家熊彼特在《经济发展理论》一书中就明确指出，资本主义发展的根本原因不是资本和劳动力，而是创新，而创新的关键就是知识和信息的生产、传播、使用。1962年，美国经济学家弗里茨·马克卢普发表了《美国的知识生产和分配》一书，书中详细地分析和论证了知识和信息在经济发展中的作用，他根据美国从第二次世界大战至20世纪50年代末的社会生产发展和产业结构变化的背景，提出了“知识产业”的概念。1973年，哈佛大学社会学家丹尼尔·贝尔所著的《后工业社会的来临》一书出版，提出后工业社会是围绕着知识组织起来的，其目的在于进行社会管理和知识革新与变革。贝尔对后工业社会的特征作了概括：①经济方面：从产品生产经济转变为服务性经济；②职业分布：专业与技术人员处于主导地位；③中轴原理：理论知识处于中心地位，是社会革新与制定政策的源泉；④未来方向：控制技术发展，对技术进行鉴定；⑤决策选择：创制新的“智能技术”。1980年，未来学家阿尔温·托夫勒在代表作《第三次浪潮》中明确地提出，人类已经历了农业化浪潮、工业化浪潮，第三次浪潮——信息化浪潮也即将到来。他预言了信息革命将给人类社会带来一场新的巨变。1990年，他在新著《权力转移》里，更鲜明地提出：随着西方社会进入信息时代，社会的主宰力量将由金钱转向知识。20世纪90年代初，世界管理大师彼德·德鲁克在他的著作《后资本主义社会》一书中提出，我们正进入知识社会。他认为，知识社会是一个以知识为核心的社会，“智力资本”已成为企业最重要的资源，受过教育的人成为社会的主流。在知识社会，知识已成为社会的核心，知识资本（生产和传播知识的经费）的比例已大于资金资本。

总部设在巴黎，以发达国家为主要成员国的经济合作与发展组织，在1996年发布了一系列报告，在国际组织文件中首次正式使用了“知识经济”这个新概念。在经济合作组织《以知识为基础的经济》报告中，对知识经济的内涵进行了界定，认为知识经济是建立在知识和信息的生产、分配和使用之上的经济。报告把人类迄今创造的所有知识分为四大形态：即事实知识（know what）、原理知识（know why）、技能知识（know how）和人力知识（ know who）。据估计，当时经济合作组织主要成员国国内生产总值的50%以上是以知识为基础的。经济合作组织《1996年科学、技术和产业展望报告》最后总结说：事情已使人们越来越清楚，知识是支撑经济合作组织国家经济增长的最重要因素。世界银行1998年版的《世界发展报告》命名为《发展的知识》，声称知识经济时代即将到来已成为共识。

经济合作组织认为：知识经济是和农业经济、工业经济相对应的一个概念，它指的是当今世界一种新类型的、富有生命力的经济。知识经济的主要特征是：

（1）科学和技术的研究开发日益成为知识经济的重要基础。1993年，全部经济合作组织国家的工商业的科技研究开发有将近2/3的经费是用在高技术产业上。在制造业中的高技术行业的工资也高于平均工资水平，并且促进了生产力的最快增长。在那些对高技术的高风险投资小心行事的国家，20世纪80年代后期以来也把服务业研究经费的1/4或更多的比例花在高技术的R&D上。

（2）信息和通信技术在知识经济的发展过程中处于中心地位。在制造业的行业中，计算机和通信设备是增长速度最快的部门。在美国、加拿大、荷兰、爱尔兰、瑞典和英国，其增长速度都超过了10%。1992～1993年在半导体方面的资本投入，北美和欧洲的经济合作组织国家已经以20%以上的速度增长，1993～1994年度和1994～1995年度，北美、欧洲和日本都以34%以上的速度快速增长。在信息和通信设备的部门与行业的投资中，金融、长途电信及零售业等方面的服务性产业占了巨大比例，在美国和英国高达75%以上，美国较之欧洲和日本，明显处于领先地位。

（3）服务业在知识经济中扮演了主要角色。工业经济向知识经济转变，在产业结构挑战上表现为经济重心由制造业向服务业转换。在 20 世纪 80 年代，经济合作组织净增的 6500 万个工作岗位中，95 %是由服务业提供的。在国际贸易中，服务业所占比重越来越大，全球化的势头正在加强。在 1975 年，服务业在世界贸易中占 1/4，1993 年增加到 1/3 以上。由于高新技术的不断涌现，新型产业群，如电脑、通信、航空航天等产业迅速崛起，同时也带动与其相关的服务性产业如雨后春笋般蓬勃发展，这将为社会提供更多新的就业机会。美国作为西方世界最发达的国家，率先步入知识经济社会的大门，较好地缓解了社会失业问题。其中主要的原因之一就是新型产业的增多和相关服务产业的兴起，为社会创造了新的就业机会。据统计资料表明，微软公司每增加一名雇员，就可以给其他行业增添六到七个工作岗位，而波音公司每增加一名雇员，只能新增三到四个工作岗位。

（4）人力的素质和技能成为知识经济实现的先决条件。由于所有的经济部门都变成了以知识为基础，并以知识为增长驱动力，以先进技术和最新知识武装起来的劳动力就成了决定性的生产要素。纵观经济合作组织国家，在制造业和服务业中的技能水平显著提高，产业更新向劳动力提出了更高的素质要求。除服务业之外，20 世纪 80 年代以来，制造业上新增加的大多数岗位都是需要高技能的白领阶层。向知识经济的转变带来非常高质量的就业要求。在经济合作组织国家，许多技术已经大规模地产业化，许多技术尚未成为生产力，但蕴藏着巨大的开发潜力。例如网上工作和多媒体产业，将制造业和服务业融为一体，新一代计算机硬件和软件、通信设备以及高保真的视听技术的开发，将把生产者和传播者都带到崭新的产业中去。

## 二、当代科学技术发展与知识经济的兴起

当今世界科学技术的发展趋势，主要有五大特征。

一是科技创新、转化和产业化的速度不断加快，原始科学创新、关键技术创新和系统集成的作用日益突出。今天，人类基因组、超导、纳米材料等本属于基础研究的成果，有的早在研究阶段就申请了专利，很多科学研究的成果迅速转化为产品，走进人们的生活；原始科学创新、关键技术创新和系统集成的作用日益突出，竞争已经移到原始创新阶段，原始创新能力、关键技术创新和系统集成能力已经成为国家间科技竞争的核心，成为决定国际产业分工地位和全球经济格局的基础条件。

二是科技发展呈现出群体突破的态势。尽管当代科技不同学科的构成不同、功能各异，但是它们相互联系，彼此渗透交叉，整个科技群体构成了协同发展的复杂体系。这种发展趋势正是因为客观世界本身就是统一的复杂体系，科技在向微观和宏观层面深入的同时，也越来越关注复杂系统的研究。而对社会系统、经

济系统、脑和生命系统、生态系统、网络系统的研究，将对经济、社会和人与自然的协调发展和科技进步本身产生重大影响。

三是学科交叉融合加快，新兴学科不断涌现。20 世纪以来，特别是第二次世界大战以后，科技发展的跨学科性日益明显，现在的一些举世瞩目的重大科学问题，几乎都是跨学科问题；科学和技术的融合成为当今科技发展的重要特征，许多学科之间的边界变得更加模糊，未来重大创新更多地出现在学科交叉领域，学科之间、科学与技术之间的相互融合、相互作用和相互转化更加迅速，逐步形成统一的科学技术体系。

四是科技与经济、社会、教育、文化的关系日益紧密。现在的一些经济社会发展中的重大科技问题，已不单纯是自然科学与技术问题。比如温室效应、臭氧层破坏、资源环境、艾滋病等流行性疾病的防治等，这些问题不仅涉及自然科学的认知和技术支撑，同时涉及经济、政治、法律、社会发展、文化和教育等。这些问题的解决超出了自然科学技术能力的范围，必须综合运用自然科学、技术手段和人文社会科学研究协同解决。

五是国际科技交流与合作日益广泛。科学没有国界，技术的发展也必须着眼于全球竞争与合作，在经济全球化时代，任何一个国家都不能长期独享一项科学技术成果，也不可能独自封闭发展并保持科技先进水平；另一方面，随着经济全球化的迅速发展，人们面临的许多问题也越来越显示出明显的全球特征，如全球环境问题、食品安全、生物多样性保护和传染病的防治，以及反恐、维护世界和平与稳定、保障国家安全等问题，都需要全球的交流与合作。

目前，知识经济作为一种崭新的经济形态正在蓬勃兴起。知识经济的广义解释中，知识的产生、流通、分配和消费已成为经济活动的基础，相对于资本、劳动、土地和自然资源，知识已成为占主导地位并起支配作用的生产要素，故把这种经济形态称为知识经济。知识经济的狭义解释中，知识经济特指从事知识生产、知识服务的经济活动。从广义的角度看，知识作为经济基础的趋势日益发展；从狭义的角度看，知识生产和知识服务产业成为最具活力的经济部门，并代表未来经济发展的方向。以科学技术为核心的知识，在知识经济发展中发挥了两方面的功能。

一是经济基础的知识化。在知识经济时代，知识将成为最重要的生产要素，知识信息成为经济增长的主要源泉。从基本的生产要素看，知识经济同传统的农业经济和工业经济相比，已经产生了根本性的变化。传统农业社会中土地是最重要的生产资料，而工业社会中货币是最重要的资本。而在知识经济时代，天然的资源已经不是一个国家经济发展的关键，一切都以知识为基础。所有的经济中心都是知识中心，所有经济运作也都依赖于知识关系的存在，所有的其他要素都要靠知识去整合，所以知识是最基本的生产要素，其他的生产要素都要靠知识来更新和装备。

二是经济发展支柱的高科技化。它包含着经济发展的信息化、网络化、软件化、虚拟化。信息化：信息是知识经济发动机的燃料，信息技术产业是知识经济的主要产业。网络化：工业经济的最重要的基础是公路网、电网、铁路网，而高速、互动、传递信息、共享知识的新一代网络构成了知识经济的基础设施，网络给企业带来商机无限、庞大的全球性信息市场。软件化：在知识经济中，软件产品的比例大大增加，其本身不仅可作为一个产业，而且以前的传统产品也可以通过增加软件装置以提高知识含量和科技含量，知识经济的软件化的特点还表现在企业组织形式和生产方式的柔性化方面。虚拟化：由于经济活动数字化和网络化的加强，一方面使空间变小，世界成为地球村；另一方面又使空间扩大，除物理空间外，多个媒体空间通过信息处理可以产生虚拟市场、虚拟银行等，产生虚拟经济模式。

### 三、知识经济是可持续发展的经济

知识经济的主要生产要素是知识、智力和人的创造力，可以重复使用。在使用过程中，知识价值不会减少反而会增加。只要人类存在，只要人类还在思维，知识就可以源源不断的产生出来，万世不竭。因此，知识经济是可持续发展的经济。

传统市场经济条件下生产高度社会化，土地、劳动、自然资源、资本等有形资产的配置，靠市场这只无形的手来调节，不可避免地出现盲目性和自发性，因而工业经济时代的基本特征就是周期性。资本主义从来没有摆脱过衰退周期和经济危机的烦恼，马克思说，经济危机是资本主义的不治之症。在知识经济时代，知识被广泛应用于各个领域，成为取之不尽、用之不竭的“无限资源”，经济的增长不再是以资本的总量和增量为依据，不再以自然资源的极大浪费和掠夺为代价，而是利用知识这一新的资源的无限创造性和更新快捷性，有效利用有形资产，加速发展高技术产业。产业结构由于科技创新得到不断更新和调整，经济被注入新的活力。经济危机的周期被技术创新缓解了，经济衰退的周期也被迅速发展的科学技术大大弱化了。

工业经济遵循的是“收益递减”规律。经济增长是外延性增长，注重的是劳动力、资本、原材料等生产要素的投入，传统经济学的生产函数理论认为，随着这些要素的更多投入，回报率会递减。知识经济时代的经济增长是内涵性增长，主要靠技术和知识的投入而非投资和就业的增加，知识可以通过溢出效应，在几乎不增加额外投资的情况下反复利用，从而可以大大提高投资的回报，使知识的投入呈现“收益递增”。显然，以现代高科技为基础的知识经济是可持续发展的经济。

## 第三节 中国必须走创新型国家的道路

### 一、创新型国家的提出

进入21世纪，世界新科技革命发展的势头更加迅猛，正孕育着新的重大突破，科学技术对经济增长和社会发展的贡献率不断提高，世界经济开始由传统经济向知识经济转型，许多发达国家纷纷建立了面向知识经济的国家创新体系，加强了知识创新和技术创新，加大了科技与知识的投入。世界范围的产业结构正在发生深刻的变革，从劳动密集型、资本密集型产业正在向技术密集型、知识密集型产业转变。随着资源约束不断增强，环境成本不断提高，经济增长方式的转变成为经济社会可持续发展的客观要求。加入WTO后，中国经济的市场化进程加快，中国企业已经切身地感受到了来自发达国家的技术贸易保护壁垒、知识产业保护壁垒、绿色贸易保护壁垒的多重制约和压力。实践证明；任何技术创新成果的分享需要支付成本，核心技术和自主创新能力是买不来的。中国作为一个大国，既要充分利用全球科技资源，又要立足于科技的自主创新，因此，审时度势，与时俱进地调整国家科学技术的发展战略，就成为进入21世纪的中国发展的战略任务。

在2006年1月召开的全国科学技术大会上，胡锦涛明确提出了建设创新型国家的战略目标。胡锦涛在讲话中指出："当今时代，人类社会步入了一个科技创新不断涌现的重要时期，也步入了一个经济结构加快调整的重要时期。发轫于上个世纪中叶的新科技革命及其带来的科学技术的重大发现发明和广泛应用，推动世界范围内生产力、生产方式、生活方式和经济社会发展观发生了前所未有的深刻变革，也引起全球生产要素流动和产业转移加快，经济格局、利益格局和安全格局发生了前所未有的重大变化。""在世界新科技革命推动下，知识在经济社会发展中的作用日益突出，国民财富的增长和人类生活的改善越来越有赖于知识的积累和创新。科技竞争成为国际综合国力竞争的焦点。当今时代，谁在知识和科技创新方面占据优势，谁就能够在发展上掌握主动。世界各国尤其是发达国家纷纷把推动科技进步和创新作为国家战略，大幅度提高科技投入，加快科技事业发展，重视基础研究，重点发展战略高技术及其产业，加快科技成果向现实生产力转化，以利于为经济社会发展提供持久动力，在国际经济、科技竞争中争取主动权。""面对世界科技发展的大势，面对日趋激烈的国际竞争，我们只有把科学技术真正置于优先发展的战略地位，真抓实干，急起直追，才能把握先机，赢得发展的主动权。"

2007年10月，党的十七大召开。十七大报告提出：提高自主创新能力，建设创新型国家，这是国家发展战略的核心，是提高综合国力的关键。十七大报告明确要求坚持走中国特色自主创新道路，把增强自主创新能力贯彻到现代化建设各个方面，应对世界科技革命和提高我国竞争力，确保实现全面建成小康社会奋斗目标。到2020年，我国的自主创新能力显著增强，科技进步对经济增长的贡献率大幅上升，进入创新型国家行列。

## 二、我国科学技术发展战略

《国家中长期科学和技术发展规划纲要（2006～2020）》对我国2006～2020年科学技术发展战略及其内容进行了全面而详细的编制，全面完成战略任务将为我国建设成创新型国家提供基础性的支撑和保证。

### 1. 指导方针

今后15年，科技工作的指导方针是：自主创新，重点跨越，支撑发展，引领未来。自主创新，就是从增强国家创新能力出发，加强原始创新、集成创新和引进消化吸收再创新。重点跨越，就是坚持有所为、有所不为，选择具有一定基础和优势、关系国计民生和国家安全的关键领域，集中力量、重点突破，实现跨越式发展。支撑发展，就是从现实的紧迫需求出发，着力突破重大关键、共性技术，支撑经济社会的持续协调发展。引领未来，就是着眼长远，超前部署前沿技术和基础研究，创造新的市场需求，培育新兴产业，引领未来经济社会的发展。

### 2. 发展目标

到2020年，我国科学技术发展的总体目标是：自主创新能力显著增强，科技促进经济社会发展和保障国家安全的能力显著增强，为全面建设小康社会提供强有力的支撑；基础科学和前沿技术研究综合实力显著增强，取得一批在世界具有重大影响的科学技术成果，进入创新型国家行列，为在本世纪中叶成为世界科技强国奠定基础。具体地说，在我国科学技术的若干重要方面实现以下目标：一是掌握一批事关国家竞争力的装备制造业和信息产业核心技术，制造业和信息产业技术水平进入世界先进行列；二是农业科技整体实力进入世界前列，促进农业综合生产能力的提高，有效保障国家食物安全；三是能源开发、节能技术和清洁能源技术取得突破，促进能源结构优化，主要工业产品单位能耗指标达到或接近世界先进水平；四是在重点行业和重点城市建立循环经济的技术发展模式，为建设资源节约型和环境友好型社会提供科技支持；五是重大疾病防治水平显著提高，艾滋病、肝炎等重大疾病得到遏制，新药创制和关键医疗器械研制取得突破，具备产业发展的技术能力；六是国防科技基本满足现代武器装备自主研制和信息化建设的需要，为维护国家安全提供保障；七是涌现出一批具有世界水平的科学家和研究团队，在科学发展的主流方向上取得一批具有重大影响的创新成果，信息、生物、材料和航天等领域的前沿技术达到世界先进水平；八是建成若干世界一流的科研院所和大学以及具有国际竞争力的企业研究开发机构，形成比较完善的中国特色国家创新体系。

3. 五大战略重点

根据全面建设小康社会的紧迫需求、世界科技发展趋势和我国国力，确立如下五大科技发展战略重点：一是把发展能源、水资源和环境保护技术放在优先位置，下决心解决制约经济社会发展的重大瓶颈问题；二是抓住未来若干年内信息技术更新换代和新材料技术迅猛发展的难得机遇，把获取装备制造业和信息产业核心技术的自主知识产权，作为提高我国产业竞争力的突破口；三是把生物技术作为未来高技术产业迎头赶上的重点，加强生物技术在农业、工业、人口与健康等领域的应用；四是加快发展空天和海洋技术；五是加强基础科学和前沿技术研究，特别是交叉学科的研究。

4. 11个重点领域和62项优先主题

重点领域，是指在国民经济、社会发展和国防安全中重点发展、亟待科技提供支撑的产业和行业。优先主题，是指在重点领域中急需发展、任务明确、技术基础较好、近期能够突破的技术群。确定优先主题的原则：一是有利于突破瓶颈制约，提高经济持续发展能力；二是有利于掌握关键技术和共性技术，提高产业的核心竞争力；三是有利于解决重大公益性科技问题，提高公共服务能力；四是有利于发展军民两用技术，提高国家安全保障能力。

①能源领域。工业节能，煤的清洁高效开发利用、液化及多联产，复杂地质油气资源勘探开发利用，可再生能源低成本规模化开发利用，超大规模输配电和电网安全保障；②水和矿产资源领域。水资源优化配置与综合开发利用，综合节水，海水淡化，资源勘探增储，矿产资源高效开发利用，海洋资源高效开发利用，综合资源区划；③环境领域。综合治污与废弃物循环利用，生态脆弱区域生态系统功能的恢复重建，海洋生态与环境保护，全球环境变化监测与对策；④农业领域。种质资源发掘、保存和创新与新品种定向培育，畜禽水产健康养殖与疫病防控，农产品精深加工与现代储运，农林生物质综合开发利用，农林生态安全与现代林业，环保型肥料、农药创制和生态农业，多功能农业装备与设施，农业精准作业与信息化，现代奶业；⑤制造业领域。基础件和通用部件，数字化和智能化设计制造，流程工业的绿色化、自动化及装备，可循环钢铁流程工艺与装备，大型海洋工程技术与装备，基础原材料，新一代信息功能材料及器件，军工配套关键材料及工程化；⑥交通运输业领域。交通运输基础设施建设与养护技术及装备，高速轨道交通系统，低能耗与新能源汽车，高效运输技术与装备，智

能交通管理系统，交通运输安全与应急保障；⑦信息产业及现代服务业领域。现代服务业信息支撑技术及大型应用软件，下一代网络关键技术与服务，高效能可信计算机，传感器网络及智能信息处理，数字媒体内容平台，高清晰度大屏幕平板显示，面向核心应用的信息安全；⑧人口与健康领域。安全避孕节育与出生缺陷防治，心脑血管病、肿瘤等重大非传染疾病防治，城乡社区常见多发病防治，中医药传承与创新发展，先进医疗设备与生物医用材料；⑨城镇化与城市发展领域。城镇区域规划与动态监测，城市功能提升与空间节约利用，建筑节能与绿色建筑，城市生态居住环境质量保障，城市信息平台；⑩公共安全领域。国家公共安全应急信息平台，重大生产事故预警与救援，食品安全与出入境检验检疫，突发公共事件防范与快速处置，生物安全保障，重大自然灾害监测与防御；⑪国防领域。

5.16个重大专项

重大专项是为了实现国家目标，通过核心技术突破和资源集成，在一定时限内完成的重大战略产品、关键共性技术和重大工程，是我国科技发展的重中之重。《规划纲要》确定了核心电子器件、高端通用芯片及基础软件，极大规模集成电路制造技术及成套工艺，新一代宽带无线移动通信，高档数控机床与基础制造技术，大型油气田及煤层气开发，大型先进压水堆及高温气冷堆核电站，水体污染控制与治理，转基因生物新品种培育，重大新药创制，艾滋病和病毒性肝炎等重大传染病防治，大型飞机，高分辨率对地观测系统，载人航天与探月工程等16个重大专项，涉及信息、生物等战略产业领域，能源资源环境和人民健康等重大紧迫问题，以及军民两用技术和国防技术。

6. 前沿技术

前沿技术是指高技术领域中具有前瞻性、先导性和探索性的重大技术，是未来高技术更新换代和新兴产业发展的重要基础，是国家高技术创新能力的综合体现。选择前沿技术的主要原则：一是代表世界高技术前沿的发展方向；二是对国家未来新兴产业的形成和发展具有引领作用；三是有利于产业技术的更新换代，实现跨越发展；四是具备较好的人才队伍和研究开发基础。根据以上原则，要超前部署一批前沿技术，发挥科技引领未来发展的先导作用，提高我国高技术的研究开发能力和产业的国际竞争力。

①生物技术。靶标发现技术，动植物品种与药物分子设计技术，基因操作和蛋白质工程技术，基于干细胞的人体组织工程技术，新一代工业生物技术；②信息技术。智能感知技术，自组织网络技术，虚拟现实技术；③新材料技术。智能材料与结构技术，高温超导技术，高效能源材料技术；④先进制造技术。极端制

造技术，智能服务机器人，重大产品和重大设施寿命预测技术；⑤先进能源技术。氢能及燃料电池技术，分布式供能技术，快中子堆技术，磁约束核聚变；⑥海洋技术 。海洋环境立体监测技术、大洋海底多参数快速探测技术、天然气水合物开发技术、深海作业技术；⑦激光技术；⑧空间技术。

7. 基础研究

发展基础研究要坚持服务国家目标与鼓励自由探索相结合，遵循科学发展规律，重视科学家的探索精神，突出科学的长远价值，稳定支持，超前部署，并根据科学发展的新动向，进行动态调整。

①学科发展。根据基础研究厚积薄发、探索性强、进展往往难以预测的特点，对基础学科进行全面布局，突出学科交叉、融合与渗透，培育新的学科生长点。通过长期、深厚的学术研究积累，促进原始创新能力的提升，促进多学科协调发展；②科学前沿问题。生命过程的定量研究和系统整合，凝聚态物质与新效应，物质深层次结构和宇宙大尺度物理学规律，核心数学及其在交叉领域的应用，地球系统过程与资源、环境和灾害效应，新物质创造与转化的化学过程，脑科学与认知科学，科学实验与观测方法、技术和设备的创新；③面向国家重大战略需求的基础研究。人类健康与疾病的生物学基础，农业生物遗传改良和农业可持续发展中的科学问题，人类活动对地球系统的影响机制，全球变化与区域响应，复杂系统、灾变形成及其预测控制，能源可持续发展中的关键科学问题，材料设计与制备的新原理与新方法，极端环境条件下制造的科学基础，航空航天重大力学问题，支撑信息技术发展的科学基础；④重大科学研究计划。蛋白质研究，量子调控研究，纳米研究，发育与生殖研究。

## 三、我国建设创新型国家的体制和机制保障

1. 加强科技体制改革，促进国家创新体系建设

改革开放以来，我国科技体制改革紧紧围绕促进科技与经济结合，以加强科技创新、促进科技成果转化和产业化为目标，以调整结构、转换机制为重点，采取了一系列重大改革措施，取得了重要突破和实质性进展。同时，必须清楚地看到，我国现行科技体制与社会主义市场经济体制以及经济、科技大发展的要求，还存在着诸多不相适应之处。一是企业尚未真正成为技术创新的主体，自主创新能力不强。二是各方面科技力量自成体系、分散重复，整体运行效率不高，社会公益领域科技创新能力尤其薄弱。三是科技宏观管理各自为政，科技资源配置方式、评价制度等不能适应科技发展新形势和政府职能转变的要求。四是激励优秀人才、鼓励创新创业的机制还不完善。这些问题严重制约了国家整体创新能

力的提高。

当前和今后一个时期，科技体制改革的重点任务是：

(1) 支持鼓励企业成为技术创新主体。市场竞争是技术创新的重要动力，技术创新是企业提高竞争力的根本途径。随着改革开放的深入，我国企业在技术创新中发挥着越来越重要的作用。要进一步创造条件、优化环境、深化改革，切实增强企业技术创新的动力和活力。

(2) 深化科研机构改革，建立现代科研院所制度。必须以提高创新能力为目标，以健全机制为重点，进一步深化管理体制改革，加快建设“职责明确、评价科学、开放有序、管理规范”的现代科研院所制度。加快建设一批高水平大学，特别是一批世界知名的高水平研究型大学，是我国加速科技创新、建设国家创新体系的需要。鼓励、推动大学与企业和科研院所进行全面合作，加大为国家、区域和行业发展服务的力度。积极探索建立具有中国特色的现代大学制度。

(3) 推进科技管理体制改革。一要建立健全国家科技决策机制。完善国家重大科技决策议事程序，形成规范的咨询和决策机制。二要建立健全国家科技宏观协调机制。确立科技政策作为国家公共政策的基础地位，按照有利于促进科技创新、增强自主创新能力的目标，形成国家科技政策与经济政策协调互动的政策体系。三要改革科技评审与评估制度。科技项目的评审要体现公正、公平、公开和鼓励创新的原则，为各类人才特别是青年人才的脱颖而出创造条件。重大项目评审要体现国家目标。四要改革科技成果评价和奖励制度。要根据科技创新活动的不同特点，按照公开公正、科学规范、精简高效的原则，完善科研评价制度和指标体系，改变评价过多过繁的现象，避免急功近利和短期行为。

(4) 全面推进中国特色国家创新体系建设。国家创新体系是以政府为主导、充分发挥市场配置资源的基础性作用、各类科技创新主体紧密联系和有效互动的社会系统。一是建设以企业为主体、产学研结合的技术创新体系，并将其作为全面推进国家创新体系建设的突破口。二是建设科学研究与高等教育有机结合的知识创新体系。努力形成一批高水平的、资源共享的基础科学和前沿技术研究基地。三是建设军民结合、寓军于民的国防科技创新体系。形成全国优秀科技力量服务国防科技创新、国防科技成果迅速向民用转化的良好格局。四是建设各具特色和优势的区域创新体系。充分结合区域经济和社会发展的特色和优势，统筹规划区域创新体系和创新能力建设。五是建设社会化、网络化的科技中介服务体系。引导科技中介服务机构向专业化、规模化和规范化方向发展。

### 2. 制定和完善政策和措施，增强自主创新能力

政策和措施都必须有利于增强自主创新能力，有利于激发科技人员的积极性和创造性，有利于充分利用国内外科技资源，有利于科技支撑和引领经济社会的

发展。

（1）实施激励企业技术创新的财税政策。鼓励企业增加研究开发投入，增强技术创新能力。进一步落实国家关于促进技术创新、加速科技成果转化以及设备更新等各项税收优惠政策，积极鼓励和支持企业开发新产品、新工艺和新技术，加大企业研究开发投入的税前扣除等激励政策的力度，实施促进高新技术企业发展的税收优惠政策。

（2）加强对引进技术的消化、吸收和再创新。完善和调整国家产业技术政策，加强对引进技术的消化、吸收和再创新。制定鼓励自主创新、限制盲目重复引进的政策。设立专项资金，用于支持引进技术的消化、吸收和再创新，支持重大技术装备研制和重大产业关键共性技术的研究开发。把国家重大建设工程作为提升自主创新能力的重要载体。

（3）实施促进自主创新的政府采购。制订《中华人民共和国政府采购法》实施细则，鼓励和保护自主创新。建立政府采购自主创新产品协调机制。对国内企业开发的具有自主知识产权的重要高新技术装备和产品，政府实施采购政策。对企业采购国产高新技术设备提供政策支持。通过政府采购，支持形成技术标准。

（4）实施知识产权战略和技术标准战略。要进一步完善国家知识产权制度，营造尊重和保护知识产权的法治环境，促进全社会知识产权意识和国家知识产权管理水平的提高，加大知识产权保护力度，依法严厉打击侵犯知识产权的各种行为。将形成技术标准作为国家科技计划的重要目标，推动技术法规和技术标准体系建设，积极参与国际标准的制定，推动我国技术标准成为国际标准。

（5）实施促进创新创业的金融政策。建立和完善创业风险投资机制，积极推进创业板市场建设，为高科技创业风险投资企业跨境资金运作创造更加宽松的金融、外汇政策环境，逐步建立技术产权交易市场，鼓励金融机构对国家重大科技产业化项目、科技成果转化项目等给予优惠的信贷支持，鼓励保险公司加大产品和服务创新力度，为科技创新提供全面的风险保障。

（6）加速高新技术产业化和先进适用技术的推广。把推进高新技术产业化作为调整经济结构、转变经济增长方式的一个重点。积极发展对经济增长有突破性重大带动作用的高新技术产业。优化高新技术产业化环境。加大对农业技术推广的支持力度。支持面向行业的关键、共性技术的推广应用。

（7）完善军民结合、寓军于民的机制。加强军民结合的统筹和协调。改革军民分离的科技管理体制，建立军民结合的新的科技管理体制。建立军民结合、军民共用的科技基础条件平台。

（8）扩大国际和地区科技合作与交流。扩大多种形式的国际和地区科技合作与交流。鼓励科研院所、高等院校与海外研究开发机构建立联合实验室或研究开发中心，鼓励和支持企业在海外设立研究开发机构或产业化基地，鼓励科技工作者积极主动参与国际大科学工程和国际学术组织的活动。

(9) 提高全民族科学文化素质，营造有利于科技创新的社会环境。实施全民科学素质行动计划，以促进人的全面发展为目标，提高全民科学文化素质。加强国家科普能力建设，合理布局并切实加强科普场馆建设，提高科普场馆运营质量。

### 3. 实施人才强国战略，为创新型国家建设夯实基础

(1) 加快培养造就一批具有世界前沿水平的高级专家。要依托重大科研和建设项目、重点学科和科研基地以及国际学术交流与合作项目，加大学科带头人的培养力度，积极推进创新团队建设。注重发现和培养一批战略科学家、科技管理专家。对核心技术领域的高级专家要实行特殊政策。进一步破除科学研究中的论资排辈和急功近利现象，抓紧培养造就一批中青年高级专家。改进和完善职称制度、院士制度、政府特殊津贴制度、博士后制度等高层次人才制度，进一步形成培养选拔高级专家的制度体系，使大批优秀拔尖人才得以脱颖而出。

(2) 充分发挥教育在创新人才培养中的重要作用。加强科技创新与人才培养的有机结合，鼓励科研院所与高等院校合作培养研究型人才。支持研究生参与或承担科研项目，鼓励本科生投入科研工作，在创新实践中培养他们的探索兴趣和科学精神。高等院校要适应国家科技发展战略和市场对创新人才的需求，及时合理地设置一些交叉学科、新兴学科并调整专业结构。加强职业教育、继续教育与培训，培养适应经济社会发展需求的各类实用技术专业人才。要深化中小学教学内容和方法的改革，全面推进素质教育，提高科学文化素养。

(3) 支持企业培养和吸引科技人才。国家鼓励企业聘用高层次科技人才和培养优秀科技人才，并给予政策支持。鼓励和引导科研院所和高等院校的科技人员进入市场创新创业。允许高等院校和科研院所的科技人员到企业兼职进行技术开发。引导高等院校毕业生到企业就业。鼓励企业与高等院校和科研院所共同培养技术人才。多方式、多渠道培养企业高层次工程技术人才。允许国有高新技术企业对技术骨干和管理骨干实施期权等激励政策，探索建立知识、技术、管理等要素参与分配的具体办法。支持企业吸引和招聘外籍科学家和工程师。

(4) 加大吸引留学和海外高层次人才工作力度。制定和实施吸引优秀留学人才回国工作和为国服务计划，重点吸引高层次人才和紧缺人才。采取多种方式，建立符合留学人员特点的引才机制。加大对高层次留学人才回国的资助力度。大力加强留学人员创业基地建设。健全留学人才为国服务的政策措施。加大高层次创新人才公开招聘力度。实验室主任、重点科研机构学术带头人以及其他高级科研岗位，逐步实行海内外公开招聘。实行有吸引力的政策措施，吸引海外高层次优秀科技人才和团队来华工作。

（5）构建有利于创新人才成长的文化环境。倡导拼搏进取、自觉奉献的爱国精神，求真务实、勇于创新的科学精神，团结协作、淡泊名利的团队精神。提倡理性怀疑和批判，尊重个性，宽容失败，倡导学术自由和民主，鼓励敢于探索、勇于冒尖，大胆提出新的理论和学说。激发创新思维，活跃学术气氛，努力形成宽松和谐、健康向上的创新文化氛围。加强科研职业道德建设，遏制科学技术研究中的浮躁风气和学术不良风气。

建设创新型国家是时代赋予我们炎黄子孙的光荣使命，是我们这一代人必须承担的历史责任。几千年来，中华民族创造了灿烂辉煌的优秀文化，以众多的创新成就为人类文明进步作出了巨大贡献。回顾历史，展望未来，我们完全有信心、有能力为人类文明进步作出新的更大的贡献。我们要统一思想、坚定信心、奋发努力、扎实苦干，坚持走中国特色自主创新道路，以只争朝夕的精神为建设创新型国家而努力奋斗。建设创新型国家，既是历史的传承和延伸，又是时代的发展和突破；既是马克思主义与中国实际相结合的新成果，又是中国特色社会主义理论体系的一大创新，必将对中国科学技术未来发展产生深刻而长远的影响。

## 主要参考文献


艾思奇．1978. 辩证唯物主义与历史唯物主义．北京：人民出版社

爱因斯坦．爱因斯坦文集．第一卷．许良英，范岱年编译：北京：商务印书馆

鲍健强．2000. 科学之理．浙江：浙江人民出版社

北京大学哲学系外国哲学史教研室．1999. 西方哲学原著选读．上卷．北京：商务印书馆

陈兵．1999. 人类创造思维的奥秘．湖北：武汉大学出版社

陈波．2000. 逻辑哲学导论．北京：中国人民大学出版社

陈其荣．1995. 自然辩证法导论．上海：复旦大学出版社

陈其荣．2006. 当代科学技术哲学导论．上海：复旦大学出版社

陈修斋，杨祖陶．1983. 欧洲哲学史稿．湖北：湖北人民出版社

陈志良．1989. 思维的建构与反思．北京：中国人民大学出版社

丹皮尔 WC. 1989. 科学史——及其与哲学与宗教的关系．北京：商务印书馆

弗兰克 P. 1985. 科学的哲学．上海：上海人民出版社

傅世侠．1983. 科学前沿的哲学探索．辽宁：辽宁人民出版社

傅世侠．2000. 科学创造方法论．北京：中国经济出版社

关西普．1981. 科学学纲要——理论科学学基础．天津：天津科学技术出版社

黄麟雏．2001. 高科技时代与思维方式．天津：天津科学技术出版社

黄顺基．2004. 自然辩证法概论．北京：高等教育出版社

伽利略．1974. 关于托勒密和哥白尼两大体系的对话．上海：上海人民出版社

金观涛，华国凡．1983. 控制论和科学方法论．北京：科学普及出版社

金岳霖．1980. 形式逻辑．北京：人民出版社

拉普 F. 1988. 技术科学的思维结构．长春：吉林人民出版社

李庆臻．1986. 简明自然辩证法词典．山东：山东人民出版社

林超然．1988. 现代科学哲学教程．浙江：浙江大学出版社

林德宏，肖玲．1995. 科学认识思想史．江苏：江苏教育出版社

林德宏．2001. 科学方法卷．安徽：安徽教育出版社

林德宏．2001. 科学精神卷．安徽：安徽教育出版社

林德宏．2001. 科学思维卷．安徽：安徽教育出版社

刘大椿．2000. 科学技术哲学导论．北京：中国人民大学出版社

刘元亮．1987. 科学认识论与方法论．北京：清华大学出版社

刘仲林．2001. 中国创造学概论．天津：天津人民出版社

刘助柏．1999. 知识创新思维方法论．北京：机械工业出版社

栾玉广．2003. 系统自然观．北京：科学出版社

罗素．1996. 逻辑与知识．北京：商务印书馆

洛西 J. 1982. 科学哲学历史导论．湖北：华中工学院出版社

马克思，恩格斯．1995. 马克思恩格斯选集．第 3 卷．中共中央马克思恩格斯列宁斯大林著作编译局编译．北京：人民出版社

皮亚杰．1981. 发生认识论．北京：商务印书馆

钱学森．1986. 关于思维科学．上海：上海人民出版社
邱仁宗．1984. 科学哲学和科学方法论．北京：知识出版社
塞耶．1974. 牛顿自然哲学著作选．上海：上海人民出版社
申漳．1983. 简明科学技术史话．北京：中国青年出版社
沈长华．1998. 创造性思维方法．北京：中国人事出版社
沈铭贤．1991. 科学哲学导论．上海：上海教育出版社
宋文淦．1993. 符号逻辑基础．北京：北京师范大学出版社
孙小礼．1993. 自然辩证法通论．北京：高等教育出版社
汤川秀树．1987. 创造力和直觉．周林东译．上海：复旦大学出版社
瓦托夫斯基 W. 1982. 科学思想的概念基础——科学哲学导论．北京：求实出版社
王熙梅．1993. 美的思维与创造．辽宁：辽宁教育出版社
王宪钧．1982. 数理逻辑引论．北京：北京大学出版社
王雨田．1986. 控制论、信息论、系统科学与哲学．北京：中国人民大学出版社
吴国盛．1995. 科学的历程（上、下卷）．湖南：湖南科学技术出版社
吴国盛．2000. 科学的世纪．北京：法律出版社
夏甄陶，李淮春，郭湛．1992. 思维世界导论．北京：中国人民大学出版社
徐纪敏．1987. 科学美学思想史．湖南：湖南人民出版
徐炎章．1994. 科学思想方法与科学教育．山东：山东教育出版社
徐炎章．1998. 科学的假说．科学出版社
袁灿，鲍健强，许为民．1993. 科学技术研究方法论．浙江：浙江大学出版社
张巨青．1981. 辩证逻辑．长春：吉林人民出版社
张巨青．1984. 科学逻辑．长春：吉林人民出版社
张巨青．1984. 自然科学认识论问题．湖南：湖南人民出版社
张琼．1990. 科学理论模型的建构．浙江：浙江科学技术出版社
赵光武．1999. 思维科学研究．北京：中国人民大学出版社
赵总宽．1986. 辩证逻辑原理．北京：中国人民大学出版社
周守仁．1993. 对称-整合思维模式．成都：四川教育出版社

# 后　记

英国著名的哲学家怀特海（A. N. Whitehead）在《科学与近代世界》一书序言中指出："时代思潮是由社会有教养阶层中实际占统治地位的宇宙观产生的。科学方面所产生的宇宙观压倒了其他方面所形成的旧观点而独步一时。"马克思和恩格斯早在100多年前创立的"自然辩证法"以辩证唯物主义视角提出了与时代发展同步的科学的自然观、科学观和方法论。今天，"自然辩证法"已成为中国知识界的精英后生——研究生教育的必修课程，这显然是中国现代高层次精英教育中富有远见的创举。

解读具体自然科学是一种专业，从哲学的角度解读科学是一种素养。由于现行专业教育的缺陷，许多知识分子长期以来仅仅在某一个学科、某一个专业领域、某一个研究方向埋头学习或研究，导致了他们对科学的理解和自然的认识是："见木者不见林，见林者不见森。"如何超越专业的藩篱和局限？自然辩证法的学习是一种绝佳途径。当然，现代科学技术的发展在深度和广度上是马克思和恩格斯所处的时代不可比拟的，它需要我们对现代科学的新发现和新进展保持一种敏锐和开放的思维，并从中提炼出与时俱进的新的世界观、自然观、科学观和方法论。因此，本书努力吸收现代科学技术的最新成果，丰富和发展自然辩证法的理论内容，为提高研究生的理论思维水平和科学素养而尽其所能。

本书力图站在哲学的高度，梳理科学历史，总览科学经纬，把握自然规律，探究科学真谛，倡导统筹人与自然的关系，推进科技与社会的协调发展。本书遵循逻辑与历史、主观辩证法与客观辩证法、认识与实践相统一的原则，合理安排教材的体系结构和内容，坚持理论联系实际，关注当代科技和社会发展中的重大理论问题、热点问题和难点问题，介绍统筹人与自然的科学发展观，强调科技、自然和社会的可持续发展。本书注重科学性、思想性、哲理性、系统性、知识性和可读性，关注研究生教材的德育功能和智育功能，培养研究生的科学素养和人文素养、科学精神和创新精神。本书既是编者多年教学经验的积累和学术研究成果的集成，也是借鉴和吸收国内外最新的自然辩证法或科学技术哲学研究成果的结晶。

全书共13章，由鲍健强、胡平、曹增节、黄少青共同讨论和编写，由鲍健强组织和协调全书的编撰工作以及最后的统稿和定稿。各章撰稿人如下：

鲍健强、陈峰：第一章、第二章、第三章、第四章、后记。

黄少青：第五章、第六章、第七章。

曹增节：第八章、第九章、第十章。

胡平、徐玲：第十一章、第十二章、第十三章。

本书的出版得到了浙江工业大学研究生院（筹）出版基金的大力支持和资助，并作为研究生教育和教材建设的重要内容。在此表示诚挚的谢意。同时，感谢科学出版社对浙江工业大学的支持。

本书在撰写过程中参考了国内外大量的研究文献和相关资料。尽管列出了一些参考文献，但尚有部分文献未能标注，希望能得到有关作者的谅解。同时，对被参考和引用的各篇文献的作者表示真挚的感谢。由于编者理论水平、研究能力和知识面有限，本书可能存在缺点和错误，恳请读者批评指正。